教育部人文社会科学研究项目"小汽车通行权交易制度的缓堵机理与政策设计"（15YJC790081）资助

可交易的小汽车通行权

——缓堵机理与政策设计

秦华容　著

中国财经出版传媒集团

经济科学出版社

Economic Science Press

图书在版编目（CIP）数据

可交易的小汽车通行权：缓堵机理与政策设计/秦华容著.
—北京：经济科学出版社，2020.7
ISBN 978 - 7 - 5218 - 1705 - 8

Ⅰ.①可… Ⅱ.①秦… Ⅲ.①城市道路 - 交通运输管理 -
研究 - 中国 Ⅳ.①U491

中国版本图书馆 CIP 数据核字（2020）第 123782 号

责任编辑：刘　莎
责任校对：隗立娜
责任印制：邱　天

可交易的小汽车通行权
——缓堵机理与政策设计

秦华容　著

经济科学出版社出版、发行　新华书店经销
社址：北京市海淀区阜成路甲 28 号　邮编：100142
总编部电话：010 - 88191217　发行部电话：010 - 88191522
网址：www. esp. com. cn
电子邮箱：esp@ esp. com. cn
天猫网店：经济科学出版社旗舰店
网址：http://jjkxcbs. tmall. com
固安华明印业有限公司印装
710×1000　16 开　22 印张　390000 字
2020 年 7 月第 1 版　2020 年 7 月第 1 次印刷
ISBN 978 - 7 - 5218 - 1705 - 8　定价：69.00 元
（图书出现印装问题，本社负责调换。电话：010 - 88191510）
（版权所有　侵权必究　打击盗版　举报热线：010 - 88191661
QQ：2242791300　营销中心电话：010 - 88191537
电子邮箱：dbts@ esp. com. cn）

前　　言

随着我国城市化进程的推进，交通拥堵愈演愈烈，拥堵程度不断加剧的同时，拥堵的区域范围也在不断蔓延。交通拥堵浪费交通参与者的时间，影响城市运行效率，造成巨大的经济损失，同时也增加了对环境的污染排放，降低城市的宜居性与竞争力。

交通拥堵治理是世界性难题，也是全球关注的热点问题。时至今日，虽治堵相关研究历时较久，治堵政策不断推出，但许多城市面临着久治无效，甚至越治越堵的窘境，折射出现有治堵理论和实践仍有继续探讨的空间。正是在这样的背景下，本书从经济学理论出发，对造成交通拥堵的深层次原因进行解释，以期寻找解决交通拥堵问题的创新性政策工具。

任何经济问题的分析离不开供给和需求两个方面，城市交通拥堵问题也可以从供给与需求两方面寻找解决办法。对于城市建成区，城市道路宽度难以改变，道路供给缺乏弹性，道路的车辆通行量（供给量）非常有限，要从扩大供给方面着手解决交通拥堵，从理论和实践层面都被证实是低效的。从出行需求角度出发，如果能利用经济政策对出行需求进行引导和限制，促使出行需求朝向"社会最优"的方向流动，是更加现实可行的办法。

对于有限的城市道路资源，路权的合理分配也极为重要。在所有的城市交通方式中，小汽车是道路交通量中的绝对主力，占用了大部分的道路资源。截至2018年底，全国汽车保有量达2.4亿辆，其中小型载客汽车的保有量突破2亿辆，占汽车保有量的83.3%。由于大部分城市道路的路权并没有明确的界限，爆发式增长的小汽车不但过多地侵占城市道路，甚至向其他城市公共空间蔓延，致使交通拥堵更加严重。因此，城市交通拥堵的治理政策应重点着眼于小汽车出行需求的管理。

城市交通中，小汽车对道路资源的过度占用问题的解决思路与空气中二氧化碳（或污染物）的过度排放问题解决类似。对于碳排放过度的问题，国际上通过建立"碳排放权交易"机制对碳排放量实施控制。本书借鉴碳排放交易机制和排污权交易机制的成功经验，探索在城市交通领域引入"可交易的小汽车通行权"的概念，以期通过小汽车通行权交易机制的建立，实现小汽车的出行需求调控，进而缓解城市交通拥堵。

小汽车通行权交易政策通过对"小汽车行驶许可证"的总量控制，实现对小汽车出行总量的精准调控；结合通行权的自由交易机制，实现行驶许可证在个人之间的自由高效流动，从而使小汽车出行总量回归"社会最优"的同时，通行权在个人之间实现有效率的分配。小汽车通行权交易政策是最优总量目标下的市场化治堵手段，能够充分发挥市场"看不见的手"在配置稀缺道路资源中的决定性作用。

基于产权理论与运输需求管理等理论，本书对通行权交易政策的缓堵机理进行剖析，并将其与交通拥堵费等其他拥堵治理政策进行对比分析以论证其有效性；结合国内外城市交通管理的实践经验，设计了小汽车通行权交易的政策体系。本书的内容一共分为7章，内容安排如下：

第1章对城市交通拥堵进行了概述，讨论了拥堵的含义和衡量方法，分析了交通拥堵愈演愈烈的态势，总结了交通拥堵对经济、环境和生活等多方面的危害。

第2章对城市交通拥堵治理的主要政策进行了梳理，主要从扩大道路供给、优化公共交通和限制私人交通等三个方面进行论述，分析了各种常规的行政与经济治堵手段；选择国内的北京和上海两个城市作为代表，从纵向上梳理了两个城市近20年来先后采用的各项拥堵治理政策，并分析了两市拥堵治理的效果；在此基础上对国内拥堵治理困难的原因进行了分析，认为小汽车的合理使用对城市交通运行至关重要。

第3章从经济理论出发，对城市道路的经济属性和小汽车的外部性进行了分析，小汽车出行过程中会产生外部成本，并且外部成本随着拥堵程度的增加快速上升，有必要对小汽车出行采取规制措施使其回归理性。传统的行政手段并非"最优解"，征收交通拥堵费和采取通行权交易政策均可从理论上促进小汽车出行量回归到社会最优水平。

鉴于交通拥堵费政策和通行权交易政策在多方面的相似性，第4章和第5章分别对两个拥堵缓解政策的研究进展和实践状况进行了详尽分析，以期对两种政策的理论和实践状况有更清晰的认识。第4章对国内外交通拥堵费的理论基础、发展沿革和研究趋势等进行了总结，并选取了已经实施交通拥堵费政策的新加坡和伦敦进行了重点分析，通过已经实施交通拥堵费的几个城市的经验总结和另外一些城市的失败教训的总结，分析了拥堵费政策在执行层面的障碍。

第5章首先从"产权理论"出发，对通行权政策的理论基础与研究进展进行了分析，重点分析了与小汽车通行权交易政策类似的"个人碳排放交易政策"。在实践方面，介绍了北美、欧洲等多个国家和地区在可交易许可证政策方面的应用实例，为通行权交易政策设计提供经验借鉴。

第6章提出了小汽车通行权交易政策的典型方案，包括可交易的小汽车拥有许可证、燃油许可证、行驶里程许可证、行驶次数许可证和行驶天数许可证等。对于重点论述的小汽车行驶许可证，又分别从许可证的分配机制、交易机制、回收技术和监督机制进行了政策设计与重点问题的讨论。

第7章对小汽车通行权交易政策的实施相关情况展开讨论，首先从产权理论中交易成本的角度出发论述了通行权交易政策的成本，并与拥堵费政策成本进行比较；其次分析了小汽车通行权交易政策对不同群体的影响；最后分析了技术环境、城市交通环境和社会环境的变化对通行权交易政策产生的影响。

可交易小汽车通行权的研究工作需要跨越多个学科，需要基于城市交通规划、交通管理学、交通经济学、金融经济学、政治经济学、行为经济学、公共财政、公共管理、信息和通信技术、数据库与安全管理等多学科的融合运用。小汽车通行权交易政策涉及政府、个人、组织机构、社会团体等广泛的群体，要解决的问题也牵涉广泛，限于本书的研究时间与能力约束，不能一一详细探讨政策涉及的各个方面，研究中也难免疏漏，欢迎批评指正！

在城市交通管理中引入可交易的通行权是一项全新的工作，这方面的研究才刚刚开始。笔者深信，小汽车通行权交易政策前景广阔，随着新兴科技的发展与城市管理体制的创新，该政策将焕发夺目的光辉！

本书为教育部人文社会科学研究项目《小汽车通行权交易制度的缓堵机理与政策设计》的研究成果，研究历时 4 年，期间对国内的北京、上海、广州、杭州、宁波等多个城市的交通拥堵及治理状况进行了实地考察，还利用出国学习的机会收集了伦敦、纽约、新加坡和香港等多个城市的拥堵治理政策资料和数据。研究项目组成员宁波工程学院杨铭博士、长安大学李彬博士、四川交通职业技术学院王剑波博士在各个城市的调研与国外城市的资料收集与整理中承担了大量工作；杨铭博士还承担了本书第 2 章中上海、北京等城市拥堵治理政策、第 3 章中出行需求弹性分析以及第 4 章中拥堵费治理实践等部分内容的撰写任务，对全书的内容安排提出了中肯的意见，在此一并感谢！

本书的出版得到了宁波工程学院出版资助的支持，在此向关心和支持本书出版的领导和同仁表示衷心的感谢！本书的出版过程中，经济科学出版社的编辑刘莎女士对本书样稿进行了细致的审阅和校对，对本书的出版付出卓越的努力，在此致以诚挚的谢意！

研究期间查阅和参考了众多国外、国内机构和学者的研究报告与学术论文，他们的研究为本书的写作奠定了基础，给本人提出创新性的观点带来莫大的启迪，在此谨向领域内的先行者们致敬！

目 录
CONTENTS

| 第 1 章 |
城市交通拥堵概述

1.1　交通拥堵及其界定

城市公共道路是人们步行、骑行、驾车与公共交通等各种出行方式的载体，是城市公共空间的重要组成部分。生活在城市的人们，除了吃、穿、住外，每日最基本的需求就是"行"，除了自己的住所，城市居民出入最频繁的公共空间就是城市道路。城市道路通畅，出行者心情舒畅；城市道路拥堵，则出行者也跟着心塞。拥堵的交通让工作的人们不得不更早离家、更晚到家，让上学的孩子不得不更早起床、更晚睡觉，这些都是我们日常能感受到的交通拥堵带来的影响。

城市交通拥堵是指城市道路上的车辆行驶量超过道路所能容纳的最佳通行量造成的车辆行驶缓慢、拥挤、停滞等交通现象。

导致交通流缓慢的原因有很多，如部分道路封闭施工、突如其来的交通事故、大型活动导致的人流聚集、异常天气导致的恶劣道路条件等。这些都是由于外部的突发状况导致的，具有"一过性"。城市管理者对这类问题的应对办法是制定相应的应急预案，对特殊时间和事件采用针对性的应急管理措施，通常需要协调气象、卫生、交通、警察等多部门，采取联合行动。

与上述突发事件导致的交通拥堵不同，本书中的"交通拥堵"是指日常发生的，在没有这些突发情况也存在的全天性或时段性拥堵，导致这类常规性拥堵的主要原因是日常交通流量过大而不是突发的偶然性事件，这类交通拥堵具有长期性或周期性。

即使理论上对城市交通拥堵进行了如上的概念界定，然而什么样的状态算是拥堵仍然是一个模糊的概念，"拥堵状态"的临界点靠什么来判别？由于拥堵与当地的城市面积、人口规模、交通格局等有着千丝万缕的联系，因此不同国家和地区、不同规模的城市、不同人群对什么样的状态算是交通拥堵以及交通拥堵的程度有不同的衡量方法。定量的交通拥堵衡量方法能消除拥堵界定的模糊性，为制定科学的拥堵治理政策奠定基础。判断城市交通拥堵的定量方法，主要根据交通流参数中的速度、流量、密度、出行时间等当中的一个或者多个指标相结合来判断。

美国交通运输研究委员会（Transportation Research Council，TRC）出版的《道路通行能力手册（2000 年）》[1]，将道路服务水平根据路段车辆运行速度的不同分为 A ~ F 六个等级，每个等级对应不同的道路运行情况和状态，如表 1 – 1 所示。当道路的交通量与通行能力之比达到 0.85 以上，道路就处于"拥挤"状态，这时候车辆行驶速度下降到 24km/h 以下，车辆间的相互影响明显，服务等级划分为 E 级。当路段上的实际交通量大于设计通行能力时，道路进入"阻塞"状态，这时候行车速度更低，车辆处于走走停停的状态，服务等级定义为"F"级。

表 1 – 1 道路通行能力与服务水平

交通量/通行能力	≤0.45	0.45 ~ 0.60	0.60 ~ 0.75	0.75 ~ 0.85	0.85 ~ 1.0	>1.0
服务水平	A	B	C	D	E	F
运行情况	顺畅	稍有延误	能接受的延误	能忍受的延误	拥挤	阻塞

---

[1] 美国交通研究委员会，刘晓明等译. 道路通行能力手册（HCM2000）[M]. 北京：人民交通出版社，2007.

续表

对应车流	流量少、车速高、可以自由行驶的状态	车速开始受到交通条件限制的状态	流量增加，车速受到很大限制的状态	行车开始进入不稳定的状态	相较 D 级状态车速更为下降的状态	流量多、车速低、产生行车拥塞的状态
平均车速	>48 千米/时	>40 千米/时	>32 千米/时	>24 千米/时	≤24 千米/时	—

美国联邦公路管理局（Federal Highway Administration，FHA）在其公路运行监控系统（highway performance monitoring system，HPMS）的数据分析报告中，用"拥堵严重度指标"作为量化拥堵的指标，该指标被定义为每百万车公里出行总的车辆延误时间。

美国得克萨斯州交通运输研究所（Texas A&M Transportation Institute，TTI）成立于 1950 年，是交通拥堵及城市道路畅通性研究领域的国际知名研究机构。从 1982 年开始，TTI 每年出版一份《城市交通畅通性报告》（*Urban Mobility Report*），对美国全国范围内的主要城市区域交通状况进行评估（例如 2015 年的研究报告覆盖了美国国内的 471 个城市区域）。该机构收集分析了研究区域内的交通量及交通速度数据，利用拥堵测算指标对交通拥堵程度做出评估，是美国各级、各类交通运输管理者、经营者的重要决策参考，其对城市交通拥堵的分析方法和结果也被其他国家广泛借鉴与引用。

TTI 发布的《城市交通畅通性报告》中，通过如下指标来综合衡量交通拥堵的状态：道路交通拥堵指数（road congestion index，RCI）、出行率指数（travel rate index，TRI）、每日出行拥堵率（percent of daily travel in congested conditions）、出行速度（travel speed）、出行延迟（travel delay）等。其中，被广泛引用的指标是道路交通拥堵指数（RCI）。RCI 采用道路交通密度来描述拥堵强度，RCI 指标一旦达到或超过 1.0，则表明区域拥堵状况已无法承受。

对比美国上述机构的拥堵定义方式，可以发现不同政府或研究机构对拥堵定义的侧重点是不同的。例如，TRB 的《道路通行能力手册（2000 年）》侧重关注"路"的性能及通行状况，从道路的角度阐释拥堵；FHA 关注"车"的时间延迟，从车辆角度刻画拥堵造成的行驶状态；而 TTI 则从城市总体的角度，更关注"人"的出行时间延迟。

此外，伦敦交通运输局通过单位里程的出行损耗时间（lost travel time）来定义交通拥堵，该指标用实际每公里平均行驶时间与交通通畅状态下每公里平均行驶时间之差来衡量拥堵情况①。日本在道路交通形势调查中使用拥堵度作为交通畅通性的评价指标。拥堵度定义为某路段实际交通量与一天24小时或白天12小时的基准交通量之比，基准交通量综合考虑道路规划等级、设计通行能力、峰值率等因素确定。拥堵度大于1.0，拥堵时段逐渐增加，拥堵度大于1.75时，道路上呈现慢性拥堵状态。

在国内，不同城市衡量交通拥堵的方式也不尽相同。北京市采用"交通运行指数（traffic performance index，TPI）来衡量路段和区域的交通拥堵状态，简称"交通指数"。交通指数取值范围为0~10，每2个数一个等级，分别对应"畅通""基本畅通""轻度拥堵""中度拥堵""严重拥堵"五个级别，数值越高，表明交通拥堵状况越严重，如表1-2所示。交通指数基于全市装载有GPS的出租汽车动态位置（简称浮动车）数据，计算获得不同功能等级道路的车辆运行速度，然后根据道路功能不同以及流量数据计算该道路在全网中所占权重，并换算为0~10的指数值，便于出行者进行判断。交通指数以15分钟为单位更新，在北京市交通委员会网站上可实时查询。

表1-2 北京市交通指数等级划分

交通指数	对应路况	出行耗时
0~2	基本没有道路拥堵	可以按道路限速标准行驶
2~4	有少量道路拥堵	比畅通时多耗时0.2~0.5倍
4~6	部分环路、主干路拥堵	比畅通时多耗时0.5~0.8倍
6~8	大量环路、主干路拥堵	比畅通时多耗时0.8~1.1倍
8~10	全市大部分道路拥堵	比畅通时多耗时1.1倍以上

上海市采用"道路交通拥堵指数"衡量道路交通的通畅情况，该指数以一定范围内各个路段实时采集的平均车速为基本参数，按不同等级道路设施

① Transport for London（TFL）. Central London Congestion Charging Impacts Monitoring［R］. Sixth Annual Report, London, 2008.

要素和通行能力，加权集成并经过标准化后计算生成。指数值介于 0 ~ 100 之间，[0，30）之间对应为畅通，[30，50）之间对应为基本畅通，[50，70）之间对应为拥挤，[70，100] 之间对应为堵塞。数值越大，表明道路交通越拥堵，如表 1 - 3 所示。

表 1 - 3　　　　　　　　　上海市道路交通拥堵指数阈值区间

等级	畅通	较畅通	拥挤	堵塞
指数区间	[0，30)	[30，50)	[50，70)	[70，100]

资料来源：http：//www.jtcx.sh.cn/zhishu/jiedu.html.

深圳市采用"道路交通运行指数"对城市道路的通畅情况进行评估。该指数取值范围为 0 ~ 10，交通指数的数值越大，表明一次出行相比顺畅状况（比如凌晨时刻）多花费的时间越长，如表 1 - 4 所示。

表 1 - 4　　　　　　深圳市"道路交通运行指数"与出行时间关系

等级	分值	出行时间
拥堵	8 ~ 10	一次出行多花费 1.2 倍以上时间
较拥堵	6 ~ 8	一次出行多花费 0.9 ~ 1.2 倍时间
缓行	4 ~ 6	一次出行多花费 0.6 ~ 0.9 倍以上时间
基本畅通	2 ~ 4	一次出行多花费 0.3 ~ 0.6 倍以上时间
畅通	0 ~ 2	基本可按照自由车速行驶

资料来源：深圳市交通运输局，道路交通运行指数系统，http：//tocc.jtys.sz.gov.cn/#/rt/expo。

虽然各个国家以至于不同城市对交通拥堵的判定都有不同的方式和具体指标，但是其目标是相同的，即通过对交通拥堵状态进行准确、快速的判定，为交通管理决策提供数据支撑，从而达到缓解交通拥堵，提升城市交通运行效率的目的。随着传感技术、GPS 技术和其他一些交通量监测设备的改进与数据处理能力的提升，许多城市已经能够实现对特定时点、地点拥堵程度的测度，同时利用交通信息系统进行实时的路段拥堵信息处理、发布和预警，为出行规划提供实时数据，同时也为制定交通拥堵治理政策（如动态调整的拥堵费、通行权交易政策等）提供基础支撑。

1.2 我国城市交通拥堵发展态势

1.2.1 交通拥堵呈普遍性、常态化趋势

以前，交通拥堵还是大城市专属的"富贵病"，与中小城市无关。然而，近几年来，交通拥堵几乎成为各等级城市的常规"慢性病"：从北京、上海等特大城市到济南、哈尔滨、呼和浩特、合肥等省会城市，再到清远、唐山、三亚等地级市，甚至一些县级市；从东部人口密集的大都市区到西部的西宁、银川等城市，都被城市交通拥堵所困扰。

中国科学院可持续发展战略研究组每年发布《中国新型城市化报告》，2012 年报告对中国 50 个城市上班路上平均时间进行了排名：北京以 52 分钟居首，广州以 48 分钟次之，上海以 47 分钟位列第三。报告同时指出，10 年前，我国的二线城市交通拥堵很少见，但近 5 年来，交通拥堵已成为二线甚至三线城市的常态。全国百万人口以上城市，80% 的路段和 90% 的路口通行能力已接近极限①。

许多城市每日的拥堵时间正在变得越来越长。如北京，2015 年日均拥堵持续时间（包括严重拥堵、中度拥堵）达到 3 小时，较 2014 年明显增加，其中，平均每日的严重拥堵和中度拥堵持续时间分别增加了 5 分钟和 1 小时，如表 1-5 所示。

表 1-5　　　　　　北京市 2015 年与 2014 年同期拥堵时长对比

年份	严重拥堵	中度拥堵	轻度拥堵	基本畅通	畅通
2014	45 分钟	1 小时 10 分钟	2 小时 30 分钟	6 小时 45 分钟	12 小时 50 分钟
2015	50 分钟	2 小时 10 分钟	3 小时	5 小时 50 分钟	12 小时 10 分钟
时长变化	+5 分钟	+60 分钟	+30 分钟	-55 分钟	-40 分钟

资料来源：北京交通发展研究中心，北京市交通运行分析报告（2015 年）。

---

① 牛文元. 中国新型城市化报告 [M]. 北京：科学出版社，2014.

高德地图采用"拥堵延时指数"来衡量城市拥堵程度，拥堵延时指数 = 城市居民平均一次出行实际旅行时间/自由流（畅通）状态下旅行时间。高德地图发布的《2017 年度中国主要城市交通分析报告》显示，2017 年全国 26% 的城市在通勤高峰处于拥堵状态，55% 的城市在通勤高峰处于缓行状态；全国将近 2% 的城市通勤平峰处于拥堵状态，35% 的城市通勤平峰处于缓行状态。

1.2.2 交通拥堵向不同规模城市蔓延

高德地图根据"拥堵延时指数"对国内城市拥堵状况的排名显示，拥堵指数前十的城市分别是济南、北京、哈尔滨、重庆、呼和浩特、广州、合肥、上海、大连和长春（如表 1 - 6 所示）。这十个城市中，除了北上广和重庆这四个一线、特大城市外，其他几个城市在城市人口规模和经济规模上都稍逊一筹，然而其拥堵程度超过了一线城市。其中"首堵"济南高峰拥堵延时指数 2.067，平均车速仅为 21.12 千米/时；前十名中拥堵指数最低的长春也在 1.8 以上。拥堵排名前三的城市——济南、北京、哈尔滨的拥堵指数都超过 2.0，这些城市因为交通拥堵造成的实际出行时间是通畅情况下的大约 2 倍。

百度地图采用"高峰拥堵指数"作为评估城市拥堵程度的指标，高峰拥堵指数 = 工作日早晚高峰时段实际出行时间与畅通出行时间的比值。百度与高德的拥堵指数都采用了"延时"作为衡量标准，但在具体的定义上有所差别：百度仅分析了工作日早晚高峰时段，高德进行了全时段的分析（高峰时段 + 平峰时段）；高德覆盖了国内 100 个城市，百度覆盖了 60 个城市。由于覆盖范围、拥堵指标和数据来源的差异，导致部分城市的拥堵程度和排名在两个平台的报告中有所差异。

根据百度地图发布的《2017 年 Q4 & 年度中国城市研究报告》，2017 年中国主要城市拥堵指数排名位于前十的城市分别是哈尔滨、重庆、北京、济南、上海、长春、石家庄、广州、呼和浩特和唐山（如表 1 - 6 所示）。其中唐山既不是一线城市，也不是省会城市，其拥堵程度位列前 10；城市规模不大的济宁市 2017 年拥堵指数达到 1.820，拥堵排名第 17 位，而其拥堵成本排行排在了第 10 位（如表 1 - 8 所示）。这反映出拥堵不仅发生在传统认知范围的特大型、大型城市，而是已经逐渐向中小型城市蔓延。虽然百度与高德对各个城市的排名和指数略有差异，但位列拥堵前十位的城市基本都同时在榜。

表1-6 高德与百度地图的拥堵城市排名

排名	高德						百度	
	高峰拥堵延时指数		早高峰拥堵延时指数		拥堵加重指数		高峰拥堵指数	
1	济南	2.067	哈尔滨	2.052	清远	8.13%	哈尔滨	2.215
2	北京	2.033	济南	2.01	宿迁	6.85%	重庆	1.945
3	哈尔滨	2.028	北京	1.954	无锡	6.48%	北京	1.899
4	重庆	1.954	重庆	1.926	东莞	5.98%	济南	1.88
5	呼和浩特	1.95	大连	1.92	汕头	5.82%	上海	1.862
6	广州	1.894	长春	1.907	香港	4.94%	长春	1.821
7	合肥	1.881	上海	1.862	惠州	4.50%	石家庄	1.789
8	上海	1.879	呼和浩特	1.833	佛山	3.71%	广州	1.763
9	大连	1.875	烟台	1.828	赣州	3.52%	呼和浩特	1.752
10	长春	1.861	合肥	1.806	潍坊	3.11%	唐山	1.746

资料来源：高德地图，《2017年度中国主要城市交通分析报告》，http://report.amap.com/share.do? id=8a38bb8660f9109101610835e79701bf；百度地图，《2017年Q4 & 年度中国城市研究报告》，http://huiyan.baidu.com/reports/2017Q4_niandu.html。

1.2.3 交通拥堵向郊区蔓延

随着近年来城市人口的集聚及城市化、机动化水平的提高，城市的交通拥堵正从就业密集、商业设施集中的城市中心区域向郊区蔓延。

北京市2017年昌平区、通州区、顺义区的交通拥堵情况均有所上升，其中北京市昌平区的拥堵指数达1.718，比2016年上升3.7%。上海市的宝山区、奉贤区和金山区的拥堵指数也呈上升趋势，其中宝山区的拥堵指数达到1.711。

近年来，虽然有巨额资金投入交通基础设施建设，但城市交通拥堵并未得到缓解，反而愈演愈烈，拥堵不仅在全国性的空间尺度内蔓延，同时在24小时的时间尺度内越拉越长。无节制的小汽车出行导致城市交通就像黏稠的血液，城市道路就像硬化的血管，进而影响城市整体机能，亟须对症治疗。

1.3 城市交通拥堵的危害

交通拥堵为出行者与周围环境带来多种负面影响，包括出行时间延长、燃油费用增加、交通事故频繁、环境污染、温室效应、交通噪声加剧等。这些危害中，有些是参与出行的出行者承担了（如燃油成本），还有一些危害是对整个社会环境的影响，无论他是否参与出行。

1.3.1 造成巨大的时间和经济损失

道路交通拥堵不仅侵占了人们有效的工作时间，增加了车辆额外的燃料消耗，恶化了城市的交通环境，造成了交通高峰期出行的极大不便，同时巨额的交通拥堵经济损失相当于人们为交通出行支付了一笔额外税负，加重了个人经济负担和社会福利损失。2000 年，根据诺贝尔奖获得者，芝加哥经济学派的重要经济学家——加里·贝克尔（Gary S. Becker）测算，每年全球由于交通拥堵而造成的损失约占全年 GDP 的 2.5%。纳什等（Nash et al.，2003）在研究中估计，英国每年因拥堵而造成的经济损失为 150 亿英镑，占英国 GDP 的 1.5%，而法国和德国的交通拥堵造成的损失分别占其 GDP 的 1.3% 和 0.9%。

欧盟委员会（2011）发布的白皮书①估计欧盟每年交通拥堵的成本约为 1 000 亿欧元，或者相当于欧盟国内生产总值（GDP）的 1%。

据 2015 年美国运输部发布的《美国交通运输展望 2045——趋势与选择》② 中的数据，美国人平均每年浪费在拥堵上的时间约为 41 小时，相当于 5 天的假期；同时交通拥堵也阻碍了经济发展。总体而言，公路交通拥堵造成的时间和燃料损失达 1 210 亿美元，平均每个通勤者的损失超过 800 美元。1982

---

① European Commission. Roadmap to a Single European Transport Area— Towards a competitive and resource efficient transport system ［R］. 2011.

② U. S. Department of Transportation. Beyond Traffic：US DOT's 30 Year Framework for the Future ［R］. 2015. http：//www. trb. org/Main/Blurbs/172071. aspx.

年以来，由于拥堵延迟导致美国汽车通勤者平均耗费的时间增加了近3倍。

拥堵不仅给人们出行带来影响，还给货运与物流业造成损失。高附加值和高时效性商品的长运距、脆弱的供应链特别容易受到拥堵的影响。拥堵给托运人、承运人和整体经济造成了巨大的损失。例如，耐克公司每周需多花费400万美元储备额外7~14天的安全库存来弥补运输延误。每延迟一天，集装箱运输提供商需要多使用1 300个集装箱和托盘，这导致每年增加400万美元的成本。洛杉矶和长滩港口为期一周的集装箱运输中断，将会造成平均每天0.65亿~1.5亿美元的国民经济损失。全美的公路货运瓶颈每年给货车司机造成2.43亿小时以上的延迟，约为每年65亿美元的损失。

拥堵不仅给通勤乘客带来不便，还通过增加送货成本进而影响经济发展。公路运输是主要的运输方式，预计在未来30年，美国国家公路系统（national highway system，NHS）中许多关键运输路线的卡车流量都会有明显的增加。货运走廊的拥堵将会降低货物交付的可靠性，影响行业对客户需求的响应能力，增加货物的成本。过去30年，放松管制等因素已经提高了生产效率，降低了货运成本。然而，如果不能致力于推行新政解决拥堵，将可能导致未来数年所有商品运输费用的增加。

美国得克萨斯交通运输研究所2015年的《城市畅通性报告》披露，美国城市人口因交通拥堵问题导致的通勤延迟、燃料消耗和经济损失还在持续上升。据测算，1982年美国人均通勤延迟时间为18小时，全社会额外增加的通勤时间为18亿小时，因此而多消耗的燃料为5亿加仑，经济损失共计420亿美元；2000年人均通勤延迟上升为37小时，全社会额外消耗时间为52亿小时，额外燃料消耗为21亿加仑，经济损失上升为1 140亿美元；而到了2014年，对应的数字飙升至42小时、69亿小时、31亿加仑，经济损失进一步上升至1 600亿美元。

美国道路交通数据提供商INRIX公司的研究显示，2015年世界各国的交通拥堵情况都在加剧。从人均通勤延迟小时数据来看，美国（50小时）排第一，后面依次是比利时（44小时）、荷兰（39小时）、德国（38小时）、卢森堡（33小时）、瑞士（30小时）、英国（30小时）、法国（28小时）、奥地利（25小时）、爱尔兰（25小时）和意大利（19小时）。从世界主要城市拥堵情况看，英国伦敦的驾驶者因交通拥堵浪费的时间达101小时，拥堵耗时排名第一，后面依次是德国斯图加特（73 小时）、比利时安特卫普（71 小时）、德国科隆（71 小时）、布鲁塞尔比利时（70 小时）、俄罗斯莫斯科（57 小时）、德国卡尔斯鲁厄（54 小时）、德国慕尼黑（53 小时）、荷兰乌得勒支（53 小时）和意大利米兰（52 小时）[①]。

2018 年，北京市平均每天的拥堵时间达到 44.97 分钟，按照每年 232 个工作日计算，平均每人每年的拥堵时长达到 174 小时。表 1 - 7 为 2018 年我国主要城市人均年拥堵时间排名（前十）。

表 1 - 7　　　　2018 年我国主要城市人均年拥堵时间排名（前十）

排名	城市	人均年拥堵时间（小时）
1	北京	174
2	上海	151
3	广州	150
4	重庆	140
5	深圳	136
6	济南	132
7	成都	127
8	佛山	125
9	贵阳	124
10	武汉	123

资料来源：高德地图，《2018 年度中国主要城市交通分析报告》，2019 年 4 月。

2017 年百度地图对我国主要城市拥堵成本进行了测算，我国年人均拥堵成本最高的城市分别是北京、重庆和上海，其中北京市的年人均拥堵成本达到 4 000 元以上，如表 1 - 8 所示。

---

① Texas A&M Transportation Institute and Inrix. 2015 Urban Mobility ［R］. 2015.

表 1-8　　　　　　　2017 年主要城市年均拥堵成本排名（前十）

排名	城市	年人均拥堵成本（元）	单程通勤距离（公里）	拥堵指数
1	北京	4 013.31	11.00	1.899
2	重庆	2 856.59	9.62	1.945
3	上海	2 753.74	9.46	1.862
4	哈尔滨	2 537.24	7.46	2.215
5	南京	2 266.45	8.67	1.680
6	大连	2 150.09	8.32	1.731
7	济南	2 054.53	7.67	1.880
8	长春	1 882.24	7.65	1.821
9	西安	1 808.56	7.46	1.730
10	济宁	1 786.25	7.64	1.708

资料来源：百度地图，《2017 年 Q4& 年度中国城市研究报告》，http：//huiyan. baidu. com/re-ports/2017Q4_niandu. html。

1.3.2　加剧污染物排放，影响周边环境

交通运输行业一直是二氧化碳、二氧化硫、PM2.5 等多种环境有害物质的主要排放来源之一。交通拥堵迫使车辆在非理想的工况下工作，比理想工况下消耗更多的燃油，由于燃油不能实现充分燃烧，加剧排出各种微粒和污染物，从而导致温室效应、形成酸雨和 PM2.5 颗粒物超标等，对生态环境产生破坏性影响，对城市居民，尤其是参与交通和居住在道路两侧的居民身心健康产生负面影响。

以碳排放为例，随着交通运输车辆的增加与运输活动越来越广泛，交通运输业碳排放的占比在许多城市仍在逐年上升。英国运输部的报告显示，近二三十年来，英国交通运输行业碳排放在全国各产业总排放量中的占比保持持续上升态势：1990 年交通运输行业占英国国内二氧化碳排放总量的 15%，2000 年上升至 18%，2010 年持续上升至 20%，2015 年到达 24%[1]。交通运输

---

[1] Department for Transport. Transport Statistics Great Britain：2017 Edition，London［R］. 2017. https：//www. gov. uk/government/statistics/transport – statistics – great – britain – 2017.

产业中，道路运输业是最大碳排放来源。在英国，2015 年道路运输业二氧化碳排放量占到交通运输业排放量的93%，近年来占比一直在91%～93%之间。

其中，道路运输业的碳排放大部分来自小汽车出行（包括出租车）。小汽车排放的二氧化碳占到交通运输业排放量的58%，占国内总排放量的14%。历年英国小汽车排放二氧化碳占交通运输业排放量的比例变化如图1-1所示。由此，交通运输业是英国国内二氧化碳排放的主要贡献者，其中小汽车出行的碳排放量是绝对主力。

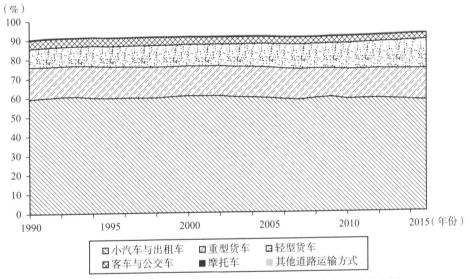

图 1-1　1990～2015 年英国道路运输业中不同行业的碳排放比例

资料来源：Department for Transport. Transport Statistics Great Britain：2017 Edition, London. https：//www. gov. uk/government/statistics/transport – statistics – great – britain – 2017.

美国也存在类似情况。2016 年，美国交通运输业的碳排放量首次超过了发电业（electric power），成为碳排放贡献最大的产业部门。根据预测，交通运输业的碳排放量将保持相对稳定，而电力行业则会因为替代清洁能源的使用排放逐渐减少，因此未来交通运输行业的碳排放占比仍会继续上升①。

---

① USA Energy Information Administration，US Department of Energy. Annual Energy Outlook 2017：With Projections to 2050 ［R］. Washington DC，2017. https：//www. eia. gov/outlooks/aeo/.

1.3.3 影响出行者情绪，造成交通安全隐患

走走停停的交通不但延长出行时间，还让出行者的焦虑情绪在密集的交通流中逐渐上升。拥堵不但是道路上车辆排队行驶的客观存在，还会对陷于拥堵交通中的出行者产生"密集"和"拥挤"的心理映射，让出行者产生焦虑、压抑和烦躁的情绪。心理的不良情绪继而影响出行者的身体健康，诱发一些严重的疾病。根据休利特－皮卡德（Hewlett－Packard）的一项研究显示（被引用在 2013 年的 *Happy City* 丛书）中，人们因在堵车中的烦躁情绪而带来的压力大于战斗机机长和防暴警察工作时的压力。

在不良的情绪下，驾驶者对环境的感知能力和反应能力会变弱，对驾驶车辆的操控更容易出错，从而造成交通安全事故。不良的情绪也会让驾驶者之间更容易爆发冲突，导致本不该发生的交通事故。

第 2 章

交通拥堵治理政策与效果

2.1 交通拥堵治理的主要措施

2.1.1 道路基础设施供给措施

交通拥堵加剧后，给予拥堵城市的第一信号是：路不够用了。这个信号与我国所处的快速城市化的历史阶段，以及地方政府对 GDP 的热切追求交融在一起，促成了各大城市加速修路、大规模修路的热闹景象。我国城市道路人均面积从 1990 年的 3.1 平方米，增长到 2000 年的 6.1 平方米，再到 2010 年的 13.2 平方米，2016 年该值已达 15.8 平方米。2000 年人均城市道路面积比 1990 年翻了一番，2010 年比 2000 年又翻了一番，2010 年后虽然增长趋势有所放缓，但在人口增长的情况下仍能保持增长，可见新增道路之数量巨大，如图 2 - 1 所示。

然而，大量新建道路并未真正解决交通拥堵问题，对北京、上海等主要城市的交通状况分析也表明，虽然城市道路越建越多，城市规模越来越大，交通拥堵状况并未得到缓解，反而在许多城市愈演愈烈。

交通拥堵的问题也应该从供给侧和需求侧两方面来寻找原因。虽然从供给侧而言，新建道路增长较快，道路供给已经明显增长；但从需求侧而言，

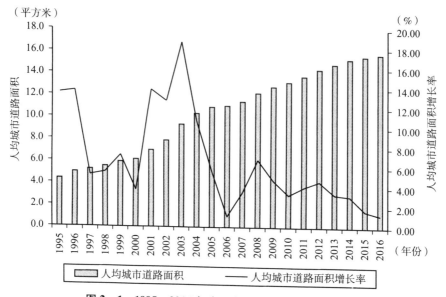

图 2-1　1995~2016 年我国人均城市道路面积及增长

注：自 2006 年起，人均城市道路面积按城区人口和城区暂住人口合计为分母计算。
资料来源：国家统计局，http：//data. stats. gov. cn/easyquery. htm？cn＝C01。

道路使用需求增长更快，道路的增长仍然赶不上新增行驶需求的增速，因而道路供给相对需求的不足更加突出。

新建或扩建道路确实可以增加道路供给，在短期内暂时缓解供需矛盾，但同时也会诱增行驶需求，尤其是私人交通出行需求，这就是所谓的"当斯定律"（Down's law）。根据"当斯定律"，当新增道路提升了通行能力减少了出行时间，那么会吸引其他道路和其他出行方式的交通量转移至新修道路，一段时间以后该新增道路的通行速度终将回归到和其他道路大致相当的水平。当斯（Authony Down's）认为，如果在特别拥堵的地段交通条件一旦大有改善，就会导致如下三种情况，从而使这种改善全部被抵消：①原来通过其他道路行驶的汽车驾驶者，会转移到改善路段行驶；②本来在其他时间段出行的汽车驾驶者，会转移到改善路段集中在同一时间段内行驶；③原来乘坐公共交通的出行者在知晓道路条件改善后转变为驾车出行者在改善路段通行。这三种情况的存在表明，新建道路会诱发新的交通量，从而引起新增道路设施的需求倾向于超过其供给。

国外也曾通过增加道路供给缓解拥堵，但事实证明效果不具有持续性。20 世纪五六十年代，美国解决交通拥堵的典型做法就是修建更多道路。建造道路的成本是巨大的，新增道路的效益应该与投入的成本相匹配才能体现巨额投入的价值，这种效益的体现就是道路使用者的出行时间节约。事实证明，新增道路带来的效益和成本相比是不匹配的。新建或改造的更加宽阔的道路尽管使通勤时间缩短，但是也为人们分散居住在郊区（即非密集发展）提供了一种激励，而郊区人口的增加会引发更多的道路使用需求并促使拥堵恶化。

2.1.2 公共交通优化发展措施

公共交通与私人交通出行具有竞争和替代关系。在扩宽道路仍不能满足快速增长的小汽车出行需求的背景下，增加公共交通供给，同时改善公共交通服务质量以吸引小汽车客流的转移成为许多城市的必然选择。公共交通服务体系中，常规公交和城市轨道交通是两个主要的方式。

1. 发展优化常规公交

一辆常规公交车辆载客数通常在 50 人以上。若一辆公交车承载的 50 人都改为驾驶小汽车出行，按照通勤时段小汽车乘坐人数通常在 1 ~ 2 人计算，则路上要增加 25 ~ 50 辆小汽车，占用更多的道路资源。根据美国的相关文献，完成相同运量的公共汽车在道路空间占用上仅为小汽车的 3% ~ 8%[1]。常规公交比私人小汽车有更高的道路使用效率。

然而，由于许多城市公共交通在出行总量中的分担量太少，通过改造公交系统以缓解交通拥堵的潜力有限。例如，美国 1983 年的公交乘客总量仅为全部出行人数的 7% 和城市郊区出行人数的 3%[2]。测算结果显示，即使郊区通勤人数中转乘公交的人数增加一倍，也仅仅产生约 3% 的通勤减少，不足以对整体出行时间和距离产生明显的影响。此外，美国相关研究表明，即使

[1] Meyer, John R., and José A. Gómez - Ibáñez. Autos Transit and Cities [M]. Cambridge: Harvard University Press, 1981.

[2] Downs Anthony. Stuck in Traffic [M]. Washington, D. C.: The Brookings Institution; Cambridge: The Lincoln Institute of Land Policy, 1992.

居住在公交车站附近，那些驾车出行的人仍然保持固有的小汽车出行方式，这使得充分发挥公交优势的难度增加①。这其中部分原因在于个人喜好小汽车出行带来的方便性，对自驾者的态度调查研究发现，小汽车出行者喜欢该种出行方式带来的自由以及可以做其他更多的事情②。

如今，许多中国城市已经意识到发展公共交通对于缓解拥堵的重要意义，通过优化公交线网设计、提升公交服务质量等方法以期增加公交客流。优化和提升公共交通服务质量的方法包括增加乘坐公交的舒适性、增设公交专用道提升公交行驶速度、缩短公交车站至目的地的距离、增加公交换乘的便利性等众多手段，这些措施均可以吸引客流转移。此外，一些城市还推出了低票价政策来吸引客流，还有一些城市提供了换乘免费的乘客补贴政策，鼓励城市居民更多选择公共交通出行，减少小汽车出行量。

2. 建设发展城市轨道交通

城市轨道交通成为我国多个城市提升城市竞争力、缓解城市交通拥堵的重要手段。2000 年以前，我国内地仅有 4 个城市（北京、上海、天津、广州）拥有地铁，总运营里程 146 公里。2000 年以后，尤其是 2005 年以后，中国城市轨道交通呈爆发式增长态势。2005 年底，我国城市轨道运营里程为 545 公里，到 2010 年底运营里程增长到 1 430 公里，2018 年底达到 5 761 公里。目前，中国大部分省会城市、自治区首府与计划单列市均已拥有城市轨道交通，轨道交通建设正在向二、三线城市扩张，建设和投运规模仍持续高速增长，如图 2 - 2 所示。

2018 年，全国城市轨道交通累计完成客运量201 亿人次，比2017 年增长26 亿人次；其中北京、上海、广州城市轨道交通的客运量占城市公共交通客运量的比重都超过了 50%，证明了轨道交通在城市公共交通中的重要地位。随着更多新线路加入运营，这一比重还会继续增长。

---

① Cervero Robert. Traditional Neighborhoods and Commuting in the San Francisco Bay area ［J］. Transportation, 1996, 23 （4）: 373 - 394.

② Kitamura R, Mokhtarian P L, Daidet L. A micro-analysis of Land use and Travel in Five Neighborhoods in the San Francisco Bay Area ［J］. Transportation, 1997, 24 （2）: 125 - 158.

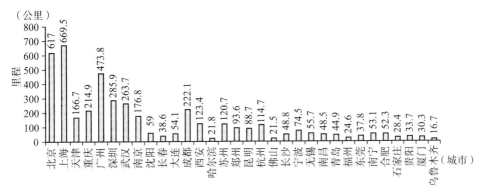

图 2 - 2　2018 年我国城市轨道交通运营线路里程

资料来源：中国城市轨道交通协会，《城市轨道交通 2018 年度统计和分析报告》，http：//www. camet. org. cn/index. php？ m = content&c = index&a = show&catid = 18&id = 16219。

2000 年后，对于北京、上海、重庆、成都、杭州等一、二线城市，既是城市轨道交通线路、里程和客运量均高速增长的时期，同时也是交通拥堵越来越严重的时期，轨道交通客流与地面道路交通流同时保持了快速的增长。修建轨道交通的目的是缓和地面交通压力，但从近年来的实际情况来看，轨道客流增长的同时，地面交通压力并未得到实质性缓解。这说明，轨道交通未能有效吸引大量的小汽车客流转移，主要吸引了大量常规公交客流以及其他公共交通方式出行的乘客转移至轨道，导致缓解拥堵的效果不明显。

国外的研究也证明了这一点。朱利亚诺（Giuliano，1995）、博林格等（Bollinger et al.，1997）认为城市轨道交通不能缓解交通拥堵，部分原因在于其与常规公交争抢客源[1][2]。从成本效益角度分析，大部分的轨道交通项目是失败的公共财政项目[3]。轨道交通的实际收入难以达到预期收入，并且实际收入难以弥补运营成本、轨道铺设及车辆购置成本。美国一项对 10 条新建轨道

---

① Giuliano Genevieve. Land Use Impacts of Transportation Investments：Highway and Transit ［J］. The Geography of Urban Transportation. New York：Guilford Press，1995：305 - 341.

② Bollinger，Christopher R.，and K. R. Ihlanfeldt. The Impact of Rapid Rail Transit on Economic Development：The Case of Atlanta's MARTA ［J］. Journal of Urban Economics，1997，42 （2）：179 - 204.

③ Fielding，Gordon J. Transit in American Cities ［M］. The Geography of Urban Transportation. New York：Guilford Press，1995：287 - 305.

交通线路的研究发现，实际收入仅占到成本费用的 15% ~ 75%①。旧金山的湾区捷运系统（Bay Area Rapid Transit，BART）、亚特兰大的快速公交系统（Matropolitan Atlanda Rapid Transit Authority，MARTA）以及在圣何塞、迈阿密、布法罗的轨道项目从成本效益方面看都是不成功的。圣地亚哥的轨道交通票价收入能占到成本的 75%，已是不错的情况。

轨道交通项目要成功达成规划目标，受众多因素的影响，如协调土地利用、优化公交规划、良好的停车配套政策、车站周围基础设施方面的配套支持等。除此之外，要让轨道交通充分发挥其大容量交通的效率和缓堵功能，还需配合使用一些需求管理政策，一方面增强轨道交通吸引力，另一方面也有必要对小汽车出行采取一些限制和引导措施，促进小汽车转移至更高效环保的公共交通方式。

2.1.3 小汽车限制性政策措施

近年来，理论和实践领域均认识到小汽车出行的快速、无序增长对城市交通的负面影响，对小汽车拥有和使用进行适当的限制已经被广泛地接受，但对于采用哪些手段对小汽车尤其是私家车出行进行限制，却有不同的意见，不同城市实际采用的政策也具有明显差异。放眼全球，对小汽车进行规制的手段可以分为如下一些类别：行政性手段、市场激励以及鼓励汽车共乘等。

1. 行政性手段

行政性手段主要包括各种类型的限购和限行措施。限购措施主要目的是限制小汽车的购买，从而达到抑制当地小汽车保有量过快增长的目的。实施限购政策的城市按计划设定每年新增小汽车的数量，个人或企业要购买小汽车需根据当地政策参加摇号分配，仅获得购车资格的个体才能新购小汽车。一些城市在摇号分配的基础上加入了"市场化"手段，通过"竞价拍卖"的方式分配部分（或者全部）的新增购车资格。

限行措施主要是对特定区域或者路段在特定时段的车辆驶入进行限制。

---

① Pickrell, Don H. A Desire Named Streetcar Fantasy and Fact in Rail Transit Planning [J]. Journal of the American Planning Association, 1992, 58 (2): 158 – 176.

限行措施最早在欧洲一些国家采用，由于该方法简单易实施，随着我国交通拥堵状况的加剧，行政限行手段成为我国许多一、二线城市甚至一些中小城市都在使用的缓堵政策。

2. 市场化手段

市场化的拥堵解决方案主要是通过征收和调整交通拥堵费、征收差异化的停车费、调整城市交通中不同交通方式的价格等政策来引导出行需求。

其一，通过征收交通拥堵费缓解拥堵。

征收交通拥堵费是对自驾通勤者的一种反向激励。在过去，交通拥堵费被视为成本最昂贵的管理手段，随着科技的发展，交通拥堵费的发展前景逐渐广阔。新加坡在 20 世纪 70 年代开始征收交通拥堵费，英国伦敦和瑞典斯德哥尔摩于 2003 年和 2007 年先后开始对进入市中心的车辆征收交通拥堵费。根据统计数据，伦敦对进入市中心的车辆征收道路拥堵费后，每天进入市中心的小汽车减少 20% ~ 30%，公交车提速明显。新加坡的成功主要是政府在收取交通拥堵费之外，还采取了非常强有力的手段控制车辆保有量的增长。目前，国内还没有城市通过征收交通拥堵费来控制拥堵。

其二，通过制定差异化的停车费政策来缓解拥堵。

停车费提高了出行成本并激励出行者通过与别人合乘来分摊出行成本。在 20 世纪 90 年代，90% 以上的美国工人在工作场所免费停车[1]，1983 ~ 1990 年，单人通勤者的数量上升，小汽车平均每车的乘员平均数从 1.3 下降到 1.1。另外一些研究认为，雇主提供免费车位对 1 人自驾的通勤起到了激励作用，并且扭曲了市场激励，因为这部分相当于额外福利且不用纳税。还有一些研究人员提出提高停车收费将大大减少 1 人驾车的通勤者的数量并缓解交通拥堵[2]，一项研究测算结果表明，如果雇主将停车费从 0 美元提高到 5 美元，单人驾车通勤的比例将减少 23%[3]。然而，这些研究并非基于真实情况

① Shoup D. Cashing Out Free Parking [J]. Transportation Quarterly, 1982 (36): 351 – 364.

② Giuliano Genevieve, Kenneth A. Small. Alternative Strategies for Coping with Traffic Congestion [J]. Urban Agglomeration and Economic Growth. Heidelberg: Springer – Verlag Press, 1995: 199 – 225.

③ Wilson R W. Estimating the Travel and Parking Demand Effects of Employer-paid Parking [J]. Regional Science & Urban Economics, 1992, 22 (1): 133 – 145.

估计，实际效益可能未必有预测的那么多。

在加州实施的一项计划中，由企业主以低于市场的价格给员工提供停车位或者相应的现金补贴选择，如果员工选择现金补贴，则需要搭顺风车或乘坐公交回家①。有研究认为在易于到达公共交通的区域对所有停车位强制收费会显著减少交通拥堵，这将提高私人和公共停车空间的使用成本，停车费提高激励工人选择更廉价的通勤方式②。如果在一个区域内强制征收停车费，则会有更多的财政收入用于增加公共支出（如城区改造、公交系统、HOV 车道建设等）。但是，和其他刺激政策一样，停车费政策也会有递减效应，它会提高所有驾车通勤者的成本，在提升幅度相同的情况下，低收入者的负担则会明显增加（Down's，1992）。

3. 鼓励汽车共乘

汽车共乘指两个及以上出行者通过车辆共用达到出行目的。汽车共乘主要有两种形式：其一为个人之间的共乘行为（carpool），一般出行目的为通勤，通勤方向相同或者接近的几人通过事前约定每人轮流驾车出行，共担车费；其二为企业组织的车辆共享共乘（carsharing），是某些用车俱乐部或者网络平台企业，通过在线撮合实现同方向的出行拼车。

理论上汽车共乘可以大量减少交通拥堵。国外多位学者的研究显示，汽车共乘能带来显著的二氧化碳减排、私家车数量的减少，详见表 2 - 1。

表 2 - 1　　　　　　　　汽车共乘的社会、环境影响

影响	欧洲	北美	澳大利亚
CO_2 的减少（%）	39 ~ 54	27 ~ 56	—
1 辆共乘车辆所带来的私家车减少（辆）	4 ~ 10	9 ~ 13	7 ~ 10

① Plane, David A. Urban Transportation Policy Alternatives [J]. The Geography of Urban Transportation. New York: Guilford Press, 1995: 435 - 469.

② Higgins T J. Parking taxes: Effectiveness, Legality and Implementation, Some General Considerations [J]. Transportation, 1992, 19 (3): 221 - 230.

影响	欧洲	北美	澳大利亚
参与共乘后卖车的比例（%）	15.6～34	25	21.3
参与共乘后放弃买车的比例（%）	—	25	28.1

资料来源：Shaheen S A, Cohen A P. Carsharing and Personal Vehicle Services：Worldwide Market Developments and Emerging Trends ［J］. International Journal of Sustainable Transportation, 2013, 7（1）：5 – 34.

一些研究者建议，采取更多的经济政策应该直接用来激励雇主或个人，以促进汽车共乘的发展。有研究提出雇主为汽车共乘支付停车费和 HOV 车道费用可明显促进合乘比例上升，这些政策与汽车共乘成本补贴、保障回家等政策相结合，预计可提升汽车共乘比例 11%～18%。

2.2 北京交通拥堵治理及效果

针对交通拥堵愈演愈烈的态势，国内各大城市纷纷出台多项政策，以北京和上海为例，伴随着小汽车快速进入家庭，同时占领城市各个角落，各种供给侧、需求侧政策轮番上阵。按照时间脉络梳理典型城市的治堵政策，便于对治堵措施与效果进行深入的剖析。

2.2.1 北京交通拥堵治理政策梳理

从 20 世纪末开始，北京市先后采取增加道路供给、开设公交专用道等交通拥堵治理措施。

1. 1996 年：增加道路供给

大量新建道路以增加道路供给，部分路口首次划设机动车左转弯待转区，提高路口通行能力。该政策至今仍在使用，一定程度上缓解了路口拥堵，但交通拥堵状况从路口蔓延到路段甚至区域。

2. 1997 年：开设公交专用道

1997 年，中国首条公交专用道在长安街开通，公共交通开始享有更优先的通行权。该政策通过开设公交专用道，增加公共交通的通行权，提升公共交通运行速度。公交专用道的做法被各大城市效仿，至今仍在使用。

3. 2005 年：公交优先发展战略

北京市出台《关于优先发展城市公共交通的意见》和《关于优先发展城市公共交通若干经济政策的意见》，确立公交优先发展战略；随后 5 年，北京、南京、青岛、大连、西安、郑州等全国几十个大中城市陆续出台了公交优先发展的实施意见。

4. 2007 年：调低公交票价，放开购车限制

实施公共交通低票价政策，公交车最高票价 1 元、地铁统一 2 元任意换乘，以吸引人们乘坐公共交通；放开非北京市户籍购车限制。公交、地铁实施了长达 7 年的低票价政策，旨在吸引居民通过公共交通方式出行，效果不够理想，同时为政府带来巨大的财政负担；然而这期间机动车数量连年井喷式增长，交通拥堵愈发蔓延。

5. 2008 年：机动车尾号限行政策

2008 年 9 月 28 日，北京市政府发布《关于实施交通管理措施的通告》，规定：①从 2008 年 10 月 11 日至 2009 年 4 月 10 日试行限行措施；②机动车按车牌尾号每周停驶一天（法定节假日和公休日除外），限行时间为每天 6 时至 21 时；③限行范围为北京市五环（不含）以内的市区道路；④停驶车辆减收一个月养路费和车船税。

在 2009 年 4 月 10 日开始的一年期间每天停驶 60 万辆机动车，减少 310 吨的尾气排放，2009 年 12 月机动车高峰平均运行速度比 2007 年高 15%。2009 年 4 月 2 日，北京市交通发展研究中心发布评估报告，称北京交通拥堵改善明显，80% 以上的有车者支持限行政策长期实施；但根据新华网 2009 年和新浪网 2010 年的调查数据，分别有 60% 和 80% 以上的人反对。限行三年后，政策效果正在被迅速增长的机动车保有量抵消。该项措施到期后多次延长。

6. 2010 年：摇号购车政策

北京市出台《北京市小客车数量调控暂行规定》，对小客车的购买进行

了限制，小客车指标按照定额随机摇号方式取得，限制非北京户籍人口摇号购车。

将全年新增车辆控制在 24 万个左右；申请摇号的数量从第一期的 20 多万个一直增长，中签率一直下降，反映出市民的购车需求持续增长；限购令实施后对汽车工业造成负面影响；交通专家认为限购政策效果明显，但来自北京交通委网站调查数据显示其是一项失败的措施。

7. 2011 年：调整停车费政策

2011 年 4 月 1 日起，北京大幅上调非居住区白天（北京时间每天 7 时 ~ 21 时）停车费用，全市按地段分为三类地区收费，分别为：占道停车（第二小时起增加 50%）为 10 元、6 元、2 元；露天停车场为 8 元、5 元、2 元；停车楼地下停车场为 6 元、5 元、2 元。

费用调整后一类区域停车数量整体平均下降 16%；缓解了部分路段的拥堵，五环内交通拥堵下降；部分上班族仅更换停车地点，并未放弃开车上班；路边和胡同内违章停车大幅增加。

8. 2013 年：加强机动车排放控制和总量控制

2013 年 9 月 2 日北京市交通委、环保局出台《北京市 2013 ~ 2017 年清洁空气计划重点任务分解》，主要措施包括：①严控小汽车增量，2017 年底机动车总量控制在 600 万辆以内；②调整能源结构，降低小汽车使用强度，降低车用燃油总量，2017 年比 2012 年降低 5% 以上；③提高用车成本，体现排污者付费原则，降低市中心的用车强度，适当扩大差别化停车收费区域范围；④本埠小客车分区域、分时段限行，限制外埠车辆进京；⑤大力发展公共交通，加快轨道交通建设，提高公交出行比例，加快公交专用道、自行车道、步行道建设。

该政策将治理交通拥堵与治理污染相结合，从多个方面控制小汽车使用；正式提出对征收交通拥堵费进行研究，拓宽了拥堵治理的政策范围。

9. 2014 年：调高公共交通票价

2014 年 12 月 28 日，北京地铁、公交调整票价，结束长达 7 年的"四角公交、两元地铁"的低票价历史。地铁、公交按照里程计价收费，上不封顶。具体如下：①公交方面，10公里（含）内2元，10公里以上部分，每增加1元可乘坐5公里。②地铁方面：6公里（含）内3元；6～12公里（含）4元；12～22公里（含）5元；22～32公里（含）6元；32公里以上部分，每增加1元可乘坐20公里。

根据新华网2015年1月报道，北京地铁票价调整后，轨道日均客流量下降80万，但乘客出行特征暂无明显变化。北京市交通委相关人员表示，调价后使用一卡通的乘客比例从原本的近80%增长到85%以上，购买单程票卡的人数每天减少约17万人次。轨道乘客通过最大限度地享受优惠避免更多交通费支出。

10. 2016年：小汽车竞价购牌，弹性工作制

2016年2月5日北京市交通委发布《2016年北京市缓解交通拥堵行动计划》，提出如下措施：①小客车指标引入市场化配置资源方式；②在CBD商业圈中推行社会单位早晚高峰弹性上下班；③提高路侧收费价格，推动社会停车资源有偿共享；④增加和推进道路和轨道项目建设；⑤推进电动车分时租赁业务。

截至2016年12月，北京市小客车配置指标累计收到申请共2 763 781个，小汽车上牌需求仍然旺盛。另根据滴滴媒体研究院发布的《2016智能出行大数据报告》数据，北京市工作日早晚高峰拥堵延时指数为1.70，排全国第四；人均交通拥堵损失8 717元，排全国第一；全国最拥堵的路段北京市占了2个。

2.2.2 拥堵治理的总体效果评价

根据上文的总结，北京市在近20～30年的时间内运用了几乎所有的拥堵治理工具（交通拥堵费除外）：从增加道路供给、发展优化公交、增加公交吸引力诱导需求，到实施机动车行驶限制、购买限制等汽车出行需求限制措施等。虽然北京市每年都有多项政策在执行，但交通拥堵状况并未得到有效缓解。北京市社科院发布的《北京公共服务发展报告2015～2017》中指出，北京交通拥堵压力巨大，2015 年北京交通指数总体已步入"中度拥堵"阶段，未来还面临着轨道交通不足、停车难等诸多问题。

根据《北京交通发展年报》中的历年出行结构数据，结合各年份的治堵措施发现：小汽车出行比例在 2010 年前快速上升，从 2000 年的 23.2% 增长到 2010 年的 34.2%。2008 年以前的治堵政策中，没有直接针对小汽车的需求限制性措施；2008 年奥运会期间虽然开始了限行措施，但对小汽车购买没有限制，小汽车拥有量肆意增长，小汽车出行比率不降反增；2010 年开始机动车限购以后，小汽车拥有量增长得到明显控制，但由于此时机动车拥有量基数已经庞大，限购政策对小汽车行驶量影响甚微，其后历年小汽车出行比例基本保持稳定。

近年来，北京市轨道交通与常规公交的出行分担率变化微妙。随着新的轨道交通线路逐渐开通，轨道运营里程快速增长，轨道交通出行分担率也在逐年上升。然而，伴随着轨道交通分担率的上升，是常规公交分担率的下降，而小汽车与自行车的出行比例基本不变，尤其是 2010 年后。这表明新增的轨道交通客流更多的来自常规公交乘客而不是自驾出行者，因而地面小汽车出行量并未减少，交通拥堵状况未能得到缓解，如图 2 - 3 所示。

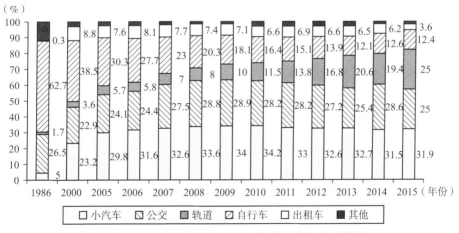

图 2 - 3　1986 ~ 2015 年北京市历年交通出行方式构成

资料来源：北京交通发展研究院，北京交通发展年报（历年），http：//www. bjtrc. org. cn/List/index/cid/7/p/1. html。

2010~2015 年北京市交通拥堵指数①与拥堵天数等拥堵信息如表 2 - 2 所示。2010 年交通拥堵指数达到 6.1，在实施限购后的 2011 年拥堵指数明显降低至近年来最低水平（4.8），2013 年后的历年拥堵指数均在 5.5 以上。然而，2011 年之后各年拥堵情况逐年反弹。2015 年全路网高峰时段平均交通拥堵指数为 5.7，年平均拥堵持续时间（包括严重、中度）达 180 分钟，为 2010 年后最高。2015 年早高峰共出现 15 个严重拥堵日（指数超过 8.0），140 个中度拥堵日（指数 6.0~8.0），较前两年有大幅度增加。

表 2 - 2　　　　　　　　2010~2017 年北京市交通拥堵指数

年份		2010	2011	2012	2013	2014	2015	2016	2017
高峰时段交通拥堵指数		6.1	4.8	5.2	5.5	5.5	5.7	5.6	5.6
工作日年均拥堵（分钟）	持续时间	145	70	90	115	115	180	175	160
	增加量	—	-75	20	25	0	65	-5	-15
严重拥堵日数（日）		—	0	0	3	4	11	—	—
中度拥堵日数（日）		—	40	61	57	62	140	—	—

资料来源：北京交通发展研究院，北京交通发展年报（历年），http：//www.bjtrc.org.cn/List/index/cid/7/p/1.html。

2.2.3　北京拥堵治理的经验教训总结

综上，北京在交通拥堵治理方面采取了以行政手段为主，以经济手段为辅的综合性政策组合，这些治理措施在短期内都取得了一定程度的效果，但从长期来看，城市交通拥堵并未得到明显改善，反而拥堵持续时间居高不下、拥堵区域从核心区向郊区蔓延。在首都强大的人口、资源吸引力下，城市规划与道路建设追赶不上小汽车出行需求的增长，公共交通服务追赶不上出行需求增长步伐。

---

① 北京市的"交通拥堵指数"是一个综合性的指数值，取值范围为 0~10，分为 5 级。其中 0~2、2~4、4~6、6~8、8~10 分别对应"畅通""基本畅通""轻度拥堵""中度拥堵""严重拥堵"5 个级别，数值越高表明交通拥堵状况越严重。早高峰时间范围为 7：00~9：00，晚高峰为 17：00~19：00。

近 20 ~ 30 年来，尤其是 21 世纪的前 10 年，北京市的机动车保有量飞速增长，其中主要是私人小微型客车增长迅猛（如图 2 - 4 所示）。

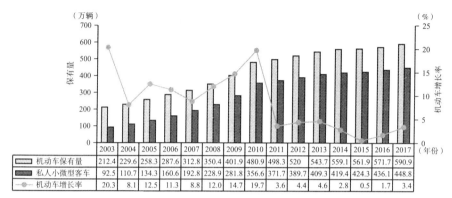

图 2 - 4　2003 ~ 2017 年北京市私人汽车与私人小型载客汽车拥有量增长趋势

资料来源：北京市交通发展研究院，北京交通运行分析报告（2017 年）。

私人小汽车的肆意增长给城市交通带来巨大的压力。虽然近年来北京市的道路里程和面积也有较大幅度增长，但增速始终不及私人小客车。城市土地是有限的，道路里程和面积不可能持续高速增长下去，2010 年后，北京市道路增长明显减缓。私人小客车与道路供给的发展变化导致平均每辆车所拥有的道路面积在 2005 年后持续减少，从 2005 年的 28.8 平方米/车减少到 2017 年的 17.5 平方米/车（如表 2 - 3 所示）。

表 2 - 3　　　　　　　1998 ~ 2017 年北京市道路与机动车保有情况变化

年份	道路长度（公里）	道路面积（万平方米）	增长里程（公里）	增长面积（万平方米）	机动车保有量（万辆）	平均每辆车拥有的道路面积（平方米/辆）
1998	2 393.2	3 258.6	——	——	131.00	24.9
1999	2 441.4	3 376.9	48.2	118.3	139.00	24.3
2000	2 470.9	3 502.2	29.5	125.3	151.00	23.2
2001	2 492.9	3 701	22	198.8	169.80	21.8
2002	2 503.8	3 857.3	10.9	156.3	189.90	20.3
2003	3 055	5 345	551.2	1 487.7	212.4	25.2

续表

年份	道路长度（公里）	道路面积（万平方米）	增长里程（公里）	增长面积（万平方米）	机动车保有量（万辆）	平均每辆车拥有的道路面积（平方米/辆）
2004	4 067	6 417	1 012	1 072	229.6	27.9
2005	4 073	7 437	6	1 020	258.3	28.8
2006	4 419	7 632	346	195	287.6	26.5
2007	4 460	7 632	41	0	312.8	24.4
2008	6 186	8 940	1 726	1 308	350.4	25.5
2009	6 247	9 179	61	239	401.9	22.8
2010	6 355	9 395	108	216	480.8	19.5
2011	6 258	9 165	−97	−230	498.3	18.4
2012	6 271	9 236	13	71	520.0	17.8
2013	6 295	9 611	24	375	543.7	17.7
2014	6 426	10 002	131	391	559.1	17.9
2015	6 423	10 029	−3	27	561.9	17.8
2016	6 373	10 275	−50	246	571.7	18.0
2017	6 359	10 347	−14	72	590.9	17.5

资料来源：北京市交通发展研究院，北京交通发展年度报告（历年）；增长里程、增长面积和平均每辆车拥有的道路面积根据年报公布数据计算。

　　小汽车数量的增长必然导致车辆停车设施占用面积的快速增长。许多无法在自己小区或者工作场所停放的车辆，占用公共空间进行车辆停放，如在道路两侧停放，这进一步减少了实际可用的机动车道路面积，导致实际可用道路面积小于统计数据上显示的面积。

　　此外，根据北京市交通部门的调查，机动车的出行总量（次数、距离）仍在持续增长，这进一步加剧了道路供给和需求之间的紧张局面。

　　因此，虽然北京市道路拥堵的原因是多方面的，但根本而言，仍然是道路供需之间的矛盾引起的。之前的治堵政策效果欠佳，是因为这些政策仍并未实质性解决这一矛盾。道路供给的提升已经困难，如何调节需求是政策的关键。虽然已经实施的政策也采取了一些小汽车的限制性政策，如购车限制、车辆限行等，但北京的购车限制政策执行太晚，车辆基数已然庞大，限购不能解决根本供需矛盾；行政限行措施也被证明是低效率的。

在各种政策治堵效果并不明显的情况下，北京市在 10 年前已经表露出征收交通拥堵费的意图。2010 年 12 月，北京市在出台的 28 条缓堵措施中，提出 "研究制定重点拥堵路段或区域交通拥堵收费方案，择机实施"，这是北京市首次正式提出征收拥堵费。2013 年 9 月，北京市印发《北京市 2013 ~ 2017 年清洁空气行动计划》，文件中提出研究城市低排放区交通拥堵费征收方案，推广使用智能化车辆电子收费识别系统，引导降低中心城区车辆使用强度。2014 年，北京市出台的《全市 2014 年流动污染源监管工作细则》中提出，将联合市相关部门开展制定低排放区和交通拥堵费政策、燃油排污费和阶梯油价政策等的研究。2015 年，北京市 "十三五" 规划中也明确提出，实施更有力度的差别化停车收费政策，适时出台拥堵收费政策及其他管理措施，切实降低机动车使用强度和中心城区交通流量。不过时至今日，交通拥堵费的征收还未实施。

2.3 上海交通拥堵治理及效果

2.3.1 上海交通拥堵治理政策梳理

上海市是国内最早开始对小汽车进行数量管控的城市，多项交通拥堵治理的政策运用走在国内前列，主要政策包括：

1. 1986 年：车牌拍卖及小客车管理改革

私车牌照拍卖始于 1986 年，拍卖制度建立于 1992 年；1994 年开始首度对新增客车额度实行拍卖制度；2000 年 4 月，车房组合销售，公务车改革；2001 年 3 月，车房组合销售，公务车改革被取消；2003 年，进口车和国产车上牌额度合并拍卖；2008 年，机动车登记上牌后，一年内不予办理车辆带牌过户转让手续；2012 年 9 月，规定 9 座以下小车 3 年内不得过户转让；2013 年 4 月，投标者通过私人、私企投标拍卖途径获得的额度仅限于上海新增车辆上牌使用，二手车带牌过户后一年内不得再转让；2014 年 6 月，限制竞买者资格；2014 年 11 月，二手车牌照额度纳入拍卖平台。

牌照拍卖虽然不能解决根本的拥堵问题，但推迟了小汽车在大城市的使用，为城市交通轨道建设赢得了时间，至今仍在使用；每年沪牌车的增量限制在 10 万左右，但外牌车却在以每年 20 万的速度向上增长，如图 2 - 5 所示；在上海之后，广州、天津、杭州等城市也开始拍卖车牌。

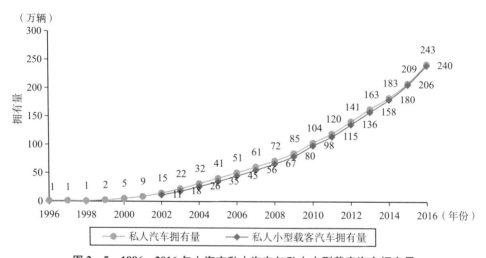

图 2 - 5 　1996～2016 年上海市私人汽车与私人小型载客汽车拥有量

资料来源：国家统计局，年度数据，http：//data. stats. gov. cn/easyquery. htm？cn = E0103。

2. 2000 年：交通信号灯改造

自 2000 年 12 月 1 日起，对全市道路交通指挥信号灯分批实施增加显示方式的措施。该政策对提高道路通行能力，切实保障车辆、行人的通行权益起到了一定的作用。

3. 2001 年：建设智能交通系统

全面实现地面道路交通、快速路和高速公路的信息采集和诱导服务；建成交通综合信息平台，实现道路交通、公共交通和对外交通等信息汇集、交换、共享；地面交通信号协调控制系统覆盖中心城区、放射型主干路和部分郊区新城城区；建成国内最大规模的公共交通卡系统，实现长三角部分城市一卡通；建成国内最大规模的区域停车诱导系统；建设不停车 ETC 收费系统。

该政策在各领域均取得一定效果：2010 年世博会期间，车速提高 20%，堵塞减少 20%；停车诱导系统减少盲目寻找造成的车流量增加；地面交通信号协调控制系统可使车辆以 40km/h 的速度通过 5 ~ 10 个路口；ETC 不停车收费系统使收费口通行能力提高 4 ~6 倍。

4. 2002 年：建设一体化交通

2002 年出台了《上海市城市交通白皮书》，以构筑上海国际大都市一体化交通为主线，提出了三个重大政策：公共交通优先政策、交通区域差别政策、道路车辆协调政策。

该政策使上海交通迅速发展，为十五、十一五规划期间的交通发展提供了科学的指导，公共交通优先政策至今仍在使用。

5. 2004 年：核心区道路小面包车通行管制

2004 年 12 月 13 日起，高架道路设置禁止小型面包车通行标志的路段，全天禁止小型面包车通行；内环线（含）区域以内道路，每日 7 ~21 时禁止小型面包车通行。该政策对提高道路通行效率，保障道路交通安全和畅通起到了一定的作用。

6. 2011 年：限制部分车辆和外区域车辆通行

限制通行摩托车、"沪 C"号牌机动车、人力货运车等车辆在核心区通行，黄浦江隧道、主要过江桥梁、城市快速路对部分车辆限制通行。该政策执行的初期效果比较明显，随着车辆总数增加，后续效果逐渐减弱。

2.3.2 交通拥堵治理效果总体评价

由于上海较早实施了小汽车数量的限制政策，这一政策让上海市小汽车数量的增长率和拥有量都远低于北京。北京与上海市历年私人小型载客汽车的人均拥有量及变化如图2-6所示。2016年，上海市人均私人小型载客汽车的拥有量为99.3辆/千人，北京为199.6辆/千人，北京的人均拥有量是上海的2倍。2016年北京和上海市人口分别为2173万人和2420万人，两个超级城市的人口体量相当，上海人口数还略高于北京，但私人小型载客汽车的保有量上海比北京少了约200万辆，这应归功于上海较早实施的小汽车数量控制政策。

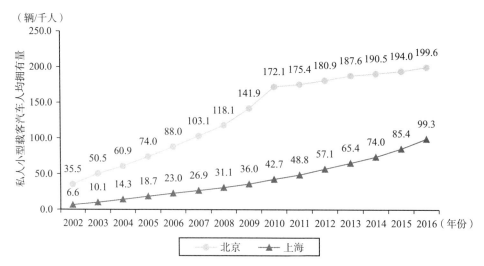

图2-6 2002~2016年北京与上海市私人小型载客汽车人均拥有量对比

注：数据来源于国家统计局，各地区人口数据为常住人口口径，各地区的"私人小型载客汽车"拥有量为统计局统计口径，其中将私人汽车拥有量分为私人载客汽车和私人载货汽车，私人载客汽车分为大型、中型、小型、微型四类，私人载货汽车分为重型、中型、轻型和微型四类。由于研究需要，此处选取的是私人载客汽车中的"小型"类别，因为"私人小型载客汽车"这一统计类型对应着我们常说的"私家车"或者"私人小客车"。从数量上来讲，目前，这一类型的汽车占据了私人汽车的绝大部分，例如，2016年北京市私人小型载客汽车的数量占到私人载客汽车数量的98.37%，占到私人汽车拥有量总数的95.96%；2016年上海市私人小型载客汽车的数量占到私人载客汽车拥有量的99.2%，占到私人汽车拥有量总数的99.0%。

然而，上海的机动车数量控制政策虽然减少了车辆的拥有量，但车辆行驶量并没有得到有效控制。汽车牌照拍卖制度相当于一次性收取的交通拥堵费，和常规意义的交通拥堵费在车辆行驶时收取不同，这个特殊的拥堵费在车辆购买时一次性收取。对于花钱购买了牌照的人，相当于一次性支付了长期的拥堵费，所以车辆行驶量越大，分摊到每公里的拥堵费越低，因此这一政策对购买了牌照的人有"多使用"的激励。从心理学角度，购买了牌照就拥有了在道路上驾驶私家车的"特权"，拥有"特权"的优越感也会激励车主更多地选择私家车出行。

另外，上海虽然通过牌照拍卖限制了本地籍车辆的数量，但对外地籍车辆没有有效的限制，导致长期驻沪的外地车辆居高不下。近几年，上海市本地籍与外地籍小客车的数量约为 2∶1，例如，2018 年上海市实际拥有小客车511 万辆，其中常驻上海的外地牌照小客车 163 万辆，且驻沪的外地牌照小客车每年还在继续增长，2017 年比 2016 年增长了 12 万辆，2018 年比 2017年又增加了 12 万辆，如图 2 - 7 所示。

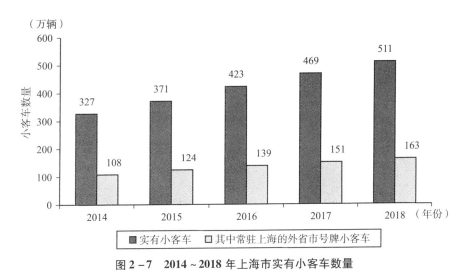

图 2 - 7　2014 ~ 2018 年上海市实有小客车数量

资料来源：上海城乡建设和交通发展研究院，《2018 年上海市综合交通运行年报》。

上海市实有小汽车增长速度虽小于全国平均水平，但增速仍然较快，与此相比，城市道路的增长却是非常缓慢的（如表 2 - 4 所示）。2014 ~ 2018年，上海市实有小客车的增长仍保持在 9% ~ 13.5% 之间，每年新增小客车42 万辆以上；而同期城市道路里程的增速却处在 1.8% ~ 2.8% 之间，城市道路供给的增速远远小于小客车的增速。随着城市开发程度的增长，城市道路的增长将变得更加困难，道路供给与需求之间的矛盾将更加突出。

表 2 - 4　　　2014～2018 年上海市实有小客车与城市道路总长度的增长比较

年份	实有小客车			城市道路总长度		
	保有量（万辆）	增量（万辆）	增速（%）	里程（公里）	增量（公里）	增速（%）
2014	327	——	——	4 852	——	——
2015	371	44	13.5	4 989	137	2.8
2016	423	52	14.0	5 129	140	2.8
2017	469	46	10.9	5 224	95	1.9
2018	511	42	9.0	5 317	93	1.8

资料来源：根据上海城乡建设和交通发展研究院发布的《2018 年上海市综合交通运行年报》中数据计算分析。

　　道路供给相对于需求的短缺加剧，必然导致交通拥堵状况的升级。《2018 年上海市综合交通运行年报》[1] 显示，上海市全年平均早、晚高峰拥堵指数同比分别上升约 3.0%，拥堵区段同比增加 2 个。总体来看，中心区快速路高峰运行已接近饱和，常态拥堵区段的拥堵时间有所延长，同比平均增加约 0.7 个小时；射线道路运行压力明显增加，拥堵指数同比上升均超过 10%。中心城早高峰拥堵指数同比上升 0.6%，晚高峰同比下降 0.9%，拥堵区域同比持平，地面干道早、晚高峰车速分别为 17.4 公里/时、18.0 公里/时。数据表明，虽然上海市针对交通拥堵状况采取了多种措施，但交通拥堵状况仍在继续升级。

2.4　城市交通拥堵与治理困难的原因分析

2.4.1　人口的城镇化

　　近 20 年来，我国的城镇化水平不断提高，每年城镇新增加人口保持在 2 000 万人左右，其中 2010 年达到顶峰的 2 466 万人。伴随着城市人口的不

---

　　① 上海市城乡建设和交通发展研究院.2018 年上海市综合交通运行年报［R］.上海：上海市城乡建设和交通发展研究院，http：//www.jtcx.sh.cn/trafficanalyse.html，2019.04.03.

断增加，是我国城镇化率的不断提高：1997 年我国城镇化率为 32%，大约占总人口的 1/3；20 年后，城镇人口的占比达到 57%，超过一半的人口居住在城镇。20 年来，人口的城镇化率提升了约 25%，平均每年提升 1% 以上。我国城镇人口近 20 年的变化如图 2 - 8 所示。

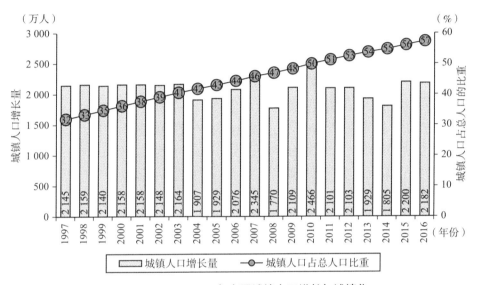

图 2 - 8　1997 ~ 2016 年全国城镇人口增长与城镇化

资料来源：根据国家统计局全国人口数据计算绘图，统计数据中的"城镇人口"是指居住在城镇范围内的全部常住人口，增长量通过下一年度统计值减去上一年度统计值计算获得。http：//data. stats. gov. cn/easyquery. htm？ cn = C01。

快速城镇化是我国城镇化过程中的重要特征，国外发达国家上百年走过的路，我们在近 30 年时间快速完成了。例如英国城市人口比例从 20% 提高到 51%，是从 18 世纪中后期到 19 世纪中期，始于 1760 年英国工业革命开始后的农村大量剩余劳动力向城市转移。

快速城镇化体现了我国经济在改革开放以来的高速增长，同时也导致人口在短时间内大量涌入城市，给城市交通与公共服务带来巨大压力。北京、上海等城市人口规模的增长速度远远超过了城市规划与建设的速度。北京市 2004 版城市总体规划提出将 2020 年的人口控制在 1 800 万人，而 2009 年北京市常住人口已经达到 1 755 万人，大约提前 10 年突破城市总体规划的控制目标。上海市 2009 年底常住人口为 1 921 万人，早已超过 1999 年城市总体规划 1 600 万人的人口控制目标。杭州市 2009 年底人口总数为 424 万人，也已提前 10 年超过 2001 版总体规划中提出的 405 万人的控制目标①。

发达国家人口转移的规律能给我国未来的人口和交通政策提供参考。由于人口和经济的增长越来越集中于已经拥挤的大都市地区，美国大都市区的拥堵在未来几年可能还会加剧。公路拥堵通过作用于出行和货物流动，将其负面效应传导至生活的各个方面。据美国联邦公路管理局（Federal Highway Administration，FHWA）的预测，美国长期车辆行驶量的年平均增长率介于 0.69% ~ 0.82% 之间，与人口增长率同步或稍快于人口增长率。根据这一速率，到 2045 年，美国的道路交通量将增长 23% ~ 28%。由于大部分人口增长将发生在大都市区，因此车辆行驶量的增长很可能会对快速发展的大都市区造成更大的影响。未来 30 年，即使大都市区人口增长和车辆行驶量的增速比过去 30 年有所放缓，仍然可以预见，大都市区的拥堵将进一步加剧，并增加道路使用者的成本。

城市化有利于人才、资源和要素的集聚、共享与交流，从而提高资源配置效率与生产效率，提高公共服务水平与人民生活水平，因而城镇化是现代与发达的标志，世界发达国家的城市化水平通常在 80% 以上。按照这一标准，我国未来仍有约 3 亿人口要转移到城市，尤其是长三角、珠三角等大都市区，这将导致城市交通需求的持续增长，尤其是对大都市区的交通造成巨大压力，城市交通建设与管理任重道远。

2.4.2 小汽车的普及化

近 20 年来，我国私人汽车拥有量保持了高速的增长。1997 年，我国私人汽车拥有量总计 358.36 万辆，比上一年度新增了约 69 万辆，增长率达到 23.7%；到了 2009 年，每年新增私人汽车数量达到了 1 000 万辆以上，当年私人汽车拥有量增长了 30.7%，私人汽车总量达到了 4 574.91 万辆，是 1997 年私人汽车总量的约 13 倍。此后，私人汽车拥有量持续增加，至 2016 年，新

---

① 郭继孚，刘莹，余柳. 对中国大城市交通拥堵问题的认识 [J]. 城市交通，2011，09（2）：8 – 14.

增私人汽车数量达到了 2 231 万辆，超过了同年全国城镇人口的增加量（2 182 万人）。2016 年，我国私人汽车拥有量达到 1.63 亿量，若仍以 2016 年相近的速度增长，则大约 4~5 年将会新增 1 亿辆私人汽车，中国汽车拥有量将很快超过美国，成为世界第一汽车大国。

从车辆结构来看，私人汽车中，私人小型载客汽车（通常意义上的私家车）是占比最大、增长最迅速的类型。2010 年及以前，私人小型载客汽车以超过 30% 的增速飞速增长（其中 2008 年由于金融危机影响低于30%）；2010 年以后，其增速呈逐年下降之势，但绝对量仍在增加（见图 2 - 9）。2016 年，全国的私人小型载客汽车达到 1.46 亿辆，占私人汽车总拥有量的近九成（89.68%）。

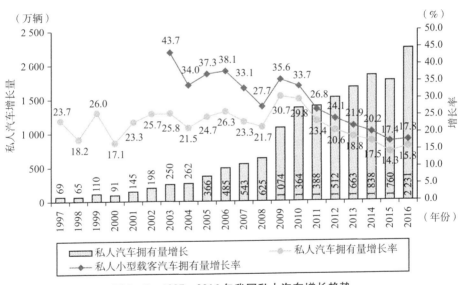

图 2 - 9 1997 ~ 2016 年我国私人汽车增长趋势

资料来源：根据国家统计局全国年度数据计算绘图，http：//data. stats. gov. cn/easyquery. htm？cn = C01。

私人汽车拥有量的快速增长导致私人汽车的人均拥有量指标也快速增长，全国私人汽车人均拥有量从 1997 年的 3 辆/千人增长到 2016 年的 103 辆/千人。我国由于城乡居民收入差距较大，城市居民收入普遍高于农村，因此增长的私人汽车主要在集中在城市区域，城市区域有更高的人均拥有量。私人汽车集中在人口密度大的城市区域是我国现阶段私人汽车分布区别于发达国家私人汽车空间分布的显著特征，也是加剧城市拥堵的重要原因。

发达国家汽车拥有量的空间分布通常存在如下规律：人口密度高的城市核心区人均车辆拥有量小，郊区和乡村的人均车辆保有量大。例如，纽约市是美国人口最多的城市，2015 年人口约 840 万，人口数超过第二大城市洛杉矶和第三大城市芝加哥城市人口的总和。纽约市也是全美国人口密度最高的地区。根据美国 2010 年人口普查数据，纽约市的人口密度为 27 532 人/平方英里（相当于 10 630 人/平方公里），在全美人口超过 10 万的城市中排名第一。纽约市区中，曼哈顿（纽约县）的人口密度达到 66 940 人/平方英里（相当于 25 846 人/平方公里），为全美人口最稠密的县级行政区[①]。

纽约市在美国乃至全球享有经济中心、文化中心、商业中心的地位，然而纽约的小汽车保有量水平是全美国最低的。纽约市仅 46% 的家庭拥有汽车，其中拥有一辆汽车的家庭约 32%，拥有两辆车及以上的家庭占 14%；与之相比，美国全国 90% 以上的家庭拥有汽车，在乡村这一比例更高，如图 2 – 10 所示。

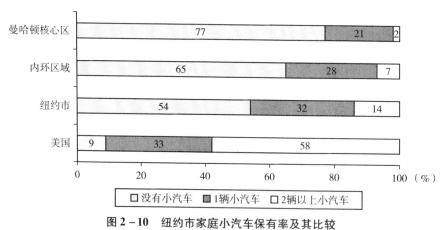

图 2 – 10　纽约市家庭小汽车保有率及其比较

资料来源：U. S. Census Bureau. American Community Survey, 2005 ~ 2009 年数据。

---

① U. S. Census Bureau：New York – County GCT – PH1 ［R］. Population, Housing Units, Area, and Density：2000, 2011.

　　在纽约市内，不同辖区的小汽车保有率也存在很大差异。在纽约曼哈顿核心区，拥有小汽车的家庭比例为 23%，纽约市内环区域为 35%，这两个区域的家庭小汽车保有率均低于纽约市平均水平，外环区域的家庭小汽车保有率为 65%，保有率约为内环区域的 2 倍。这一区域差异显示出从市中心到郊区，越靠近中心位置、人口密度越高的地区汽车保有率越低，出行更多地依赖公共交通；越接近远郊汽车保有率越高，出行更多地依赖私人交通。

　　我国许多城市区域的车辆拥有量水平呈现出相反的一面。例如，北京人口最为稠密的东城区、西城区（人口密度均超过 2 万人/平方公里），人均机动车保有量也最高，分别达到 0.34 辆/人和 0.29 辆/人。与此相比，东京的中野区人口密度为 2.01 万人/平方公里，人均机动车拥有量为 0.16 辆/人，约为北京核心区人均水平的一半。北京市与纽约、东京等城市不同区域的人口密度与人均机动车保有量水平的关系如图 2－11 所示[①]。从图中可以看出，北京各个辖区的人口密度与机动车拥有率呈正向相关关系，人口密度越高的地区，机动车拥有率也越高；而纽约、东京各辖区的人口密度与机动车拥有率呈反向关系，人口密度越大的区域，私人汽车的拥有量越小。

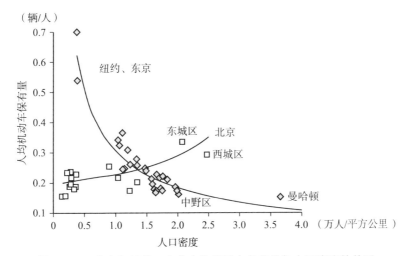

图 2－11　北京与纽约、东京人均机动车保有量与人口密度的关系

　　① 郭继孚，刘莹，余柳. 对中国大城市交通拥堵问题的认识 [J]. 城市交通，2011，9（2）：8－14.

　　小汽车在城市空间范围内的分布不合理增加了中心城区的小汽车出行需求，加上中心城区道路基础设施扩容困难，二者共同作用使中心城区的交通拥堵恶化。根据北京市交通发展研究中心的调查，2015 年，北京市中心城区通勤出行（不含步行）中，小汽车出行达到 577 万人次，占总出行量的比重达 31.9%，是所有出行方式中占比最大的。如图 2 - 12 所示。

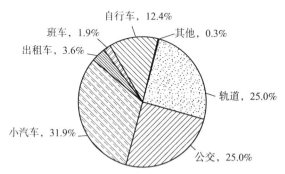

图 2 - 12　2015 年北京市中心城工作日通勤出行量及结构

　　小汽车保有量受家庭情况、收入、位置、燃油价格等多种因素的影响。其中，收入对小汽车拥有的影响是明显的，随着家庭收入增加，车辆保有量上升，但增速趋缓。国际统计数据显示，人均年收入在 3 000 ~ 10 000 美元（2002 年美元价格）区间时汽车保有量和行驶里程的增速可达到收入增长的两倍左右，以一个较高的增长率达到饱和，在人均年收入达到 16 000 美元（2003 年）的水平时趋于平稳[1]。达尔根（Dargay，2007）发现车辆保有量增速随着就业和收入水平增长而增长，但很少随着其下降而下降[2]。一般地，家庭购买的第一辆车受社会经济因素（就业和收入）影响多，而第二辆车主要跟当地的交通条件有关。如果步行和骑自行车的交通环境较差，自驾的时间又快于公交，那么大部分家庭会倾向于购买更多的车辆。

────────────

　　① Kopits E，Cropper M. Traffic Fatalities and Economic Growth ［J］. Accident Analysis & Prevention，2005，37（1）：169 - 178.

　　② Dargay J，Gately D，Sommer M. Vehicle Ownership and Income Growth，Worldwide：1960 - 2030 ［J］. Energy Journal，2007，28（4）：143 - 170.

2.4.3 出行距离的扩大化

城市居民出行距离的增加有主观因素也有客观因素。主观方面,随着人们收入水平的增加,物质文化生活的丰富,人们探知世界的范围逐渐扩大,导致出行距离随着经济社会的发展而增加,这是社会进步的标志。另一方面,出行距离的增加也与城市规划建设有关,小汽车的普及加剧了城市向郊区蔓延,而郊区化发展又反过来促进了小汽车出行。

根据美国《全国家庭出行调查》(*National Household Travel Survey*)的数据,1983~2001 年,美国居民的平均通勤距离大幅增加:从每趟次 8.5 英里增加到 12.1 英里,2009 年略有下降至 11.8 英里。同样,美国人通勤的平均时间也有所上升,从 1983 年的每趟次 18 分钟增加至 2009 年的 24 分钟。自 20 世纪 90 年代以来,由于交通流量增加,美国所有大都市区通勤的平均速度均有所下降。几乎所有通勤交通的增长都可以归因于小汽车通勤量的增加。美国人口普查中的通勤数据显示,1980~2013 年,工作出行中,独自驾车上班的比例从 64% 上升到 77%,同期,各种拼车出行也从 20% 下降到 10%,通勤出行中的公共交通分担率也从 6% 下降到 5%。

近 20 年来,伴随着人口快速向城市集聚,我国城市规模快速扩大。1990~2002 年,我国长三角地区的 16 个城市建成区面积年平均扩展大于 10%,例如扩展较快的杭州年平均扩展高达 28%。1997~2007 年,广州市年均新增建设用地规模达到 49 平方公里,接近于每年新建一座新中国成立前的旧广州城。

伴随着城市规模的快速扩张,城市居民生活半径扩大,城市居民出行距离拉长。广州市 1984 年的通勤交通平均出行距离为 2.54 公里,至 2005 年增加到 6.42 公里[1];上海市的平均出行距离则从 1995 年的 4.5 公里增至 2004 年的 6.9 公里[2]。根据 2016 年发布的北京市第五次综合交通调查结果,北京市民每天平均出行距离达到 8.1 公里,和前几次调查相比,仍保持增长趋势,如图 2-13 所示;工作日平均每辆小汽车行驶里程达到 41.5 公里,高于世界同

---

[1] 孔令斌. 城市发展与交通规划:新时期大城市综合交通规划理论与实践 [M]. 北京:人民交通出版社,2009.

[2] 郭继孚,刘莹,余柳. 对中国大城市交通拥堵问题的认识 [J]. 城市交通,2011,9 (2):8-14.

等城市的小汽车使用强度。

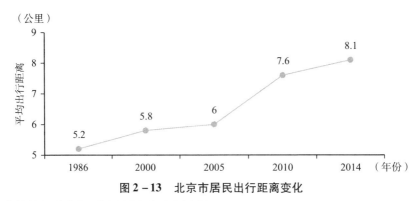

图 2-13 北京市居民出行距离变化

资料来源：中华人民共和国中央人民政府网站，http：//www.gov.cn/xinwen/2016-07/07/content_5089031.htm。

2017 年企鹅智酷联合腾讯位置服务根据 500 亿次真实用户/场景的手机位置信息，分析发布了《城市出行半径大数据报告》，北上广深这四个城市的工作日平均出行半径为分别为 9.3 公里、8 公里、6.5 公里和 7.4 公里，"出行半径"为工作地址到居住地址的直线距离，因而实际通勤距离应该比出行半径更远。

极光大数据的分析，2018 年北京等部分城市（2017 年 GDP 排名前十）的通勤距离如图 2-14 所示，其中通勤距离（通勤路程）指居民从居住地到工作地的实际路程长度。北京的通勤路程达到 13.2 公里。

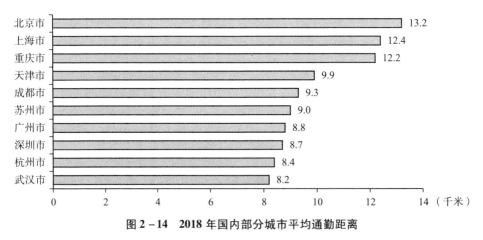

图 2-14 2018 年国内部分城市平均通勤距离

资料来源：极光大数据，2018 年中国城市通勤研究报告，2018 年 6 月，通勤路程仅包含同城通勤数据，http：//www.199it.com/archives/737728.html。

城市规模扩大导致居民居住地到工作地、商业中心、医院、公共服务设施等之间的距离拉大，居民出行距离被迫增加。在这个过程中，城市规划的滞后起到了推波助澜的作用。城市规划的滞后或缺位导致中心城区职住比例高出城市外围，城市资源主要集中在中心区，资源分布的不平衡造成了大部分城市向心交通的格局，直接导致了上班时段的进城交通高峰和下班时段的出城交通高峰。

城市居民居住地与工作地的距离拉大，同时又对人们拥有和依赖小汽车出行产生影响。出行距离增加，采用公共交通的便利性与快捷性越来越不能满足出行需求，出行转而过度地依赖小汽车，给城市道路和交通运行带来巨大压力。

城市出行越来越倚重小汽车也是导致出行距离增加的重要原因，反过来出行距离的增加又进一步加剧了对小汽车出行的依赖，二者相互推动，一步步走向恶性循环。

2.4.4　城市道路供需矛盾持续加深

任何经济现象的分析都可以从需求和供给这两个维度来开展，交通拥堵的原因分析也可以分别从需求和供给出发。常规性的交通拥堵是由于出行需求超过交通容量限制所引发的，因此，交通拥堵的需求侧原因是需求量过大，供给侧原因是供给不足，或者供给与需求在层次上不够匹配导致供需的结构性不足。

许多城市的交通拥堵治理手段随着交通拥堵的严重化而不断加码，然而结果却是"越治越堵"。拥堵治理未达预期效果的根本原因，是现有的拥堵治理手段并未真正有效解决城市交通供需矛盾，许多城市交通供需矛盾仍然尖锐，其中私人小汽车出行需求增长过快与道路供给能力短缺之间的矛盾尤为突出，是城市交通供需矛盾中的主要矛盾。这一主要矛盾得不到解决，城市交通拥堵治理问题始终得不到满意的答案。

对供给侧而言，限于城市规模、地形、道路条件等的限制，要扩大道路供给以满足小汽车快速增长的出行需求是不现实的。采用经济学的语言来描述，就是道路供给缺乏弹性，尤其是具体到市中心建成区域的特定路段，道路供给的弹性几乎是零，而这些路段往往是交通拥堵最严重的路段。此外，根据交流诱增理论，新道路的开通反而会给居民一个购买小汽车和增加出行量的鼓励信号，从而诱发出行量的增长，导致新开通路段也很快陷入密集的交通流。我国交通拥堵治理实践也证实了这一理论，正是因为通过多修路来缓解拥堵行不通，许多城市纷纷将治理抓手转向了需求侧。

对需求侧而言，小汽车出行需求过大、增长过快是导致我国城市交通拥堵的根本性、普遍性原因。小汽车出行需求的快速增长又源于由人口的快速城镇化、小汽车数量的快速增长和居民活动半径的快速增长等问题。由于道路供给不能总是保持增长，那么解决供需矛盾就要靠约束需求来实现。

2.5 小汽车出行管理对拥堵治理的重要性

2.5.1 小汽车出行管理对拥堵治理的重要意义

目前我国每年有大约有 2 000 万人从农村转移到城镇，同时每年新增私人汽车约 2 000 万辆，这些新增的人口与车辆需要大量的土地和道路容纳。

纵向上看，与汽车拥有量的高速增长相比，城市道路的增长要缓慢得多。图 2 - 15 比较了近 20 年来我国私人汽车拥有量与城市道路面积的增长率。城市道路面积增长最快的是 2003 年，增长率为 14.9%，其余年份大多数在 8%以下；私人汽车拥有量的增长率最高为 2009 年达到 30.9%，其余大部分年份增速保持在 20%以上。

数据显示，私人汽车的增速远远超过了城市道路的增速。如果按照目前的趋势发展下去，城市交通需求与供给的矛盾（主要是私人小汽车与道路的矛盾）将越发突出，城市交通拥堵将进一步加剧。

横向比较，2016 年我国的北京、上海与日本东京的道路、车辆拥有状况对比见表 2 - 5。北京、上海平均每车拥有的道路面积分别为 26 平方米/车、33 平方米/车，与此相对照，东京都市地区的车辆拥有量是 316.02 万辆（2014 年），与上海民用汽车拥有量相当，但东京的道路长度为 24 498 公里（2015 年），

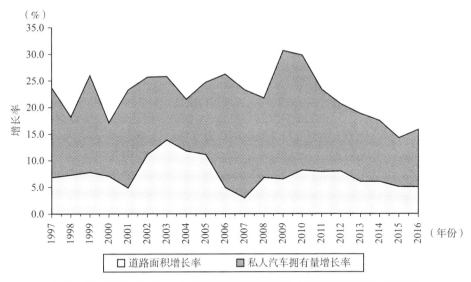

图 2-15　1997~2016 年全国城市道路面积与私人汽车拥有量增长率对比

资料来源：城市道路面积数据来源于住房和城乡建设部发布的《2016 年城市建设统计年鉴》，ht-tp：//www.mohurd.gov.cn/xytj/index.html；私人汽车数据来源于国家统计局。

道路面积为 18 638 万平方米，平均每车的道路面积达 59 平方米/车，单车拥有的道路面积约是北京和上海的 2 倍。此外，上述北京、上海的民用汽车拥有量中，未将长期在本地行驶的外地牌照汽车包含在内。北京市虽然采取较为严格的外地牌照汽车限制措施，然而 2018 年六环内通过办理"进京证"在京使用的外地号牌车辆超 70 万辆。上海对外地牌照汽车限制则相对宽松，因而实际在沪的外地小客车约为本地小客车的一半（2018 年外地驻沪小客车为 163 万辆），如果算上这部分车辆，则平均每车拥有的道路面积更小。

　　从道路里程与面积的比例关系可以看出（见表 2-5），东京的道路长度远高于北京、上海，然而道路面积的差距却小得多，说明东京的城市道路更细窄，北京、上海的城市道路更宽大。东京的城市道路体系中，"毛细血管"非常发达，街区划分较小，有利于车辆疏导。我国许多城市为了看起来气派建设了很多宽大的道路，但"毛细血管"建设不足，这一城市规划建设问题也加剧了交通拥堵，需要从城市规划建设层面加以解决，但建成道路的改造难度巨大。

表 2-5　　　　　　　　　北京、上海和东京的城市道路状况

地区名称 （数据年份）	道路长度（公里）	道路面积（万平方米）	民用汽车拥有量（万辆）	平均每车的道路面积（平方米/车）
北京（2016）	8 086	14 316	547.44	26
上海（2016）	5 129	10 582	322.87	33
东京（2014/2015）	24 498（2015 年）	18 638（2015 年）	316.02（2014 年）	59

注：东京的道路里程中包含了东京都辖区内的城乡公路。

资料来源：北京与上海的数据来源于国家统计局，http：//data. stats. gov. cn/；东京的道路数据根据《东京都统计年鉴 2015》整理，http：//www. toukei. metro. tokyo. jp；东京的车辆数据根据《东京都统计年鉴平成 26 年》整理，http：//www. toukei. metro. tokyo. jp。

城市化进程是不可逆转的趋势，也是我国要实现现代化目标必须跨越的门槛，只能顺势而为，不可倒行逆施。随着我国城市化进程进入"下半场"，根据国外城市化的经验，人口将从"农村向城市转移"转变为"小城镇向大都市区转移"的趋势，这就意味着未来我国各大中心城市和大都市区仍将长期面临较快的出行需求增长，同时意味着我国许多城市未来仍将长期面临公共道路资源的短缺。如果不对出行需求施以合理的约束，只会放任非理性出行需求的野蛮生长，造成交通拥堵和公共资源的低效错配。

北京与上海代表了我国大城市交通拥堵治理的典型路径，囊括了我国城市交通拥堵治理的主要手段。通过对北京和上海等城市的总结发现，北京、上海治堵 20 多年来，虽然政策越来越多样化、综合化，但治理的结果却不尽如人意，这里面不仅有城市交通自身发展的因素，也有因治堵政策实施不当而恶化交通环境的因素，治堵工作任重而道远。

我国大城市的交通拥堵治理走过了从道路基础设施供给治堵逐渐转向交通需求管理治堵，从单一的交通领域拥堵治理政策转向社会管理、环境保护等多领域结合的拥堵治理；治堵方法从单一手段转向行政、经济、规划、技术等相结合的复合手段。然而，拥堵治理效果反复，一些政策刚实施时取得了较好的短期效果，但一段时间后拥堵状况又卷土重来，拥堵态势仍在蔓延。

综观世界城市交通，任何城市交通拥堵的治理都不是一个部门能在短时期内解决的，需要政府、社会、企业和个人群策群力，融合交通技术、需求管理、经济激励、税收法律、企业管理、文化引导等各方面的措施，为缓解

交通拥堵献计献策、身体力行。

在我国各大城市采用的众多的交通拥堵治理政策中，对小汽车（尤其是非营运小客车）出行的规制在很长一段时间内未能引起政府重视。虽然近几年上海、北京、广州、杭州等城市纷纷出台了小汽车的购买限制措施，但大多数城市开始施行该政策时小汽车保有量已经很大，即使施行该政策最早的上海，也因为外地车辆的长期驻沪抵消了政策的效果。

所有城市交通出行方式中，占用道路资源最多、单位效率最低的是小汽车出行。要治理城市交通问题，首先要从小汽车入手。从所有权来看，小汽车主要是私人所有，因此对私人小汽车出行的规制是重点。对小汽车出行进行限制和管理也是国际上大城市交通治理的趋势，通过对小汽车出行的治理，让城市从"车的城市"回归到"人的城市"，回归到"公共交通的城市"，这才是城市存在的意义所在。美国纽约市计划到 2050 年，将自驾出行分担率从 2015 年的 31% 减少到 16%，减少的出行主要转移到骑行和公共交通（如表 2 - 6 所示）。

表 2 - 6　　　　2050 年纽约市出行分担率目标（One NYC 2050）　　　单位:%

出行分担率目标	自驾	出租车	可持续出行方式		
			公交	骑行	步行
2015年基准线	31	2	28	1	38
			67		
2050年目标	16	4	32	10	38
			80		

资料来源：纽约市的发展规划报告，New York City. ONE NYC 2050: building a strong and fair city，https://onenyc.cityofnewyork.us/wp - content/uploads/2019/05/OneNYC - 2050 - Efficient - Mobility. pdf。

小汽车的行驶量已经在城市道路交通流中占据了绝对的主力地位，越来越多的学者和政府部门已经意识到，对小汽车出行进行限制是控制和缓解城市交通拥堵的必然选择。只是对于小汽车采用何种政策进行限制更加有效，如交通拥堵费、行政限行还是其他，仍尚有争论。

小汽车出行需求存在边际效益递减的问题，有的人的需求是刚需，有的人的需求属于改善性需求，还有的人的需求是由于交通设施改善造成的诱导性需求。因此，对于不同的需求，不应一概而论地对待。对于通勤出行这样的刚需，要尽量满足，而对于其他弹性出行需求也应该采取适当的限制手段，从而保证正常出行的畅通。

总之，小汽车出行管理将是拥堵治理的重中之重问题。

2.5.2　小汽车的界定与分类

本书中的"小汽车"，是"小型汽车"的简称。在日常生活中，通常所说的"小汽车"主要指小型载客汽车，其中以私人小客车为主。

公安部发布的国家标准《机动车类型、术语和定义（GA802 - 2014）》中，对汽车的类型有详细清晰的划分，划分标准如表2 - 7所示。

表 2 - 7　　　　　　公安部汽车分类标准（GA802 - 2014）

汽车分类		具体规定
载客汽车	大型	车长大于等于6 000mm或者乘坐人数大于等于20人的载客汽车
	中型	车长小于6 000mm且乘坐人数为10~19人的载客汽车
	小型	车长小于6 000mm且乘坐人数小于等于9人的载客汽车，但不包括微型载客汽车
	微型	车长小于等于3 500mm且发动机气缸总排量小于等于1 000mL的载客汽车
载货汽车	重型	最大允许总质量（以下简称"总质量"）大于等于12 000kg的载货汽车
	中型	车长大于等于6 000mm或者总质量大于等于4 500kg且小于12 000kg的载货汽车，但不包括低速货车
	轻型	车长小于6 000mm且总质量小于4 500kg的载货汽车，但不包括微型载货汽车和低速汽车（三轮汽车和低速货车的总称，下同）
	微型	车长小于等于3 500mm且总质量小于等于1 800kg的载货汽车，但不包括低速汽车
	三轮（三轮汽车）	以柴油机为动力，最大设计车速小于等于50km/h，总质量小于等于2 000kg，长小于等于4 600mm，宽小于等于1 600mm，高小于等于2 000mm，具有三个车轮的货车。其中，采用方向盘转向、由传递轴传递动力、有驾驶室且驾驶人座椅后有物品放置空间的，总质量小于等于3 000kg，车长小于等于5 200mm，宽小于等于1 800mm，高小于等于2 200mm。三轮汽车不应具有专项作业的功能
	低速（低速货车）	以柴油机为动力，最大设计车速小于70km/h，总质量小于等于4 500kg，长小于等于6 000mm，宽小于等于2 000mm，高小于等于2 500mm，具有四个车轮的货车。低速货车不应具有专项作业的功能

续表

汽车分类	具体规定
专项作业车	专项作业车的规格术语分为重型、中型、轻型、微型，具体参照载货汽车的相关规定确定

根据公安部汽车分类标准（GA802－2014），本书所指的"小汽车"为分类标准中的如下四类汽车：①小型载客汽车；②微型载客汽车；③轻型载货汽车；④微型载货汽车。结合这四类车辆的具体特点，可将"小汽车"概括为"车长在 6 米以下的小、微型载客与载货汽车"。这部分车辆的用途主要为家庭或单位自用，极少部分为社会提供营业性运输服务。

本书所指的"小汽车"既包含了常规意义上的"小客车"，也包含通常所说的"小货车"。轻型与微型载货汽车在车辆大小上与小型载客汽车较为接近，在使用用途上具有个人出行与近距离自备货物运输相结合的功能状态，因此这类型车辆一直介于载客和载货车辆的中间模糊地带。从美国等发达国家的趋势看，这一汽车类别在车辆设计、车辆用途和车辆管理等方面都更加接近于小型载客汽车（尤其是 SUV），因此统计分析中越来越多地将私人轻、微型载货汽车与私人小、微型载客汽车放在一起分析。鉴于轻、微型载货汽车的使用特性，应当将轻、微型载货汽车纳入本书研究的范围。

我国现行统计体系中的汽车类型划分，参照了公安部的汽车分类标准，并分别统计了各种类型的民用汽车与私人汽车的保有量，详见表 2－8。

表 2－8　　　　公安部汽车分类标准与 2017 年各类汽车的保有量

汽车分类		全国拥有量（万辆）		各类汽车占比（a）（%）		各类汽车占比（b）（%）		私人/民用（%）
		民用	私人	民用	私人	民用	私人	
载客汽车	大型	152.94	4.58	0.8	0	0.7	0	3
	中型	78.95	22.17	0.4	0.1	0.4	0.1	28.1
	小型	18 038.7	16 788.4	97.7	98.7	86.3	90.7	93.1
	微型	198.96	186.35	1.1	1.1	1	1	93.7
	小计	18 469.54	17 001.51	100	100	88.3	91.8	92.1

续表

汽车分类		全国拥有量（万辆）		各类汽车占比（a）（%）		各类汽车占比（b）（%）		私人/民用（%）
		民用	私人	民用	私人	民用	私人	
载货汽车	重型	635.41	193.98	27.2	13.1	3	1	30.5
	中型	130.68	73.22	5.6	5	0.6	0.4	56
	轻型	1 566.3	1 205.66	67	81.6	7.5	6.5	77
	微型	6.46	5.54	0.3	0.4	0	0	85.8
	小计	2 338.85	1 478.4	100	100	11.2	8	63.2
其他汽车		98.28	35.19	—	—	0.5	0.2	35.8
汽车总量		20 906.67	18 515.11	—	—	100	100	88.6

注：（1）汽车分类标准根据公安部《机动车类型、术语和定义（GA802-2014）》划分，国家统计局的汽车分类采用这一标准。

（2）2017年数据来源于国家统计局年度数据，http：//data.stats.gov.cn/easyquery.htm？cn=C01。

（3）民用汽车拥有量指报告期末，在公安交通管理部门按照《机动车注册登记工作规范》，已注册登记领有民用车辆牌照的全部汽车数量；根据汽车所有者不同分为个人（私人）汽车、单位汽车；私人车辆拥有量指报告期末在公安交通管理部门注册登记并领有本地区私人车辆牌照的汽车数量。

（4）各类汽车占比（a）分别计算了各个类别的汽车在载客与载货汽车中的比例；各类汽车占比（b）计算了各个类别的汽车在所有民用汽车中的占比。

分析2017年全国各类汽车的保有量数据，可知：

其一，小、微型载客汽车既是所有汽车类型中的绝对主力，也是本书所研究的"小汽车"中的绝对主力。2017年，我国小型载客民用汽车占民用汽车总量的86.3%，微型民用载客汽车占民用汽车总量的1%，这二者合计占民用汽车总量的87.3%，表明小型与微型民用汽车已是汽车保有量的绝对多数。小微型载客汽车（日常所说上的小汽车）在本书将要研究的"小汽车"中更是占到约92%，其余的8%为小、微型载货汽车（见表2-9）。

表 2 - 9   2017 年四类小汽车的保有量及占比

汽车分类		全国"小汽车"拥有量（万辆）			各类型车辆占比（%）		
		私人汽车	单位汽车	民用汽车	该类型的私人汽车/四类私人汽车合计	该类型的单位汽车/四类单位汽车合计	该类型的民用汽车/四类民用汽车合计
载客	小型	16 788.4	1 250.3	18 038.7	92.3	77.0	91.1
	微型	186.4	12.6	199.0	1.0	0.8	1.0
载货	轻型	1 205.7	360.6	1 566.3	6.6	22.2	7.9
	微型	5.5	0.9	6.5	0.0	0.1	0.0
四类小汽车合计		18 186.0	1 624.4	19 810.4	100.0	100.0	100.0

资料来源：根据 2017 年数据来源于国家统计局年度数据计算分析，http：//data. stats. gov. cn/ easyquery. htm？cn = C01。

其二，私人汽车经过近 20 年的快速增长，已经在民用汽车中占据了主要地位。2017 年，全国私人汽车与民用汽车总量分别为 18 515.11 万辆与 20 906.67 万辆，私人汽车在所有民用汽车中的占比是 88.6%，其中私人与民用载客汽车的数量分别为 17 001.51 万辆与 18 469.54 万辆，私人载客汽车占民用载客汽车的 92.1%。

其三，私人小型汽车保有量远大于单位（机构）的小型汽车保有量。民用小型载客汽车又分为私人小型汽车和单位小型汽车，2017 年末全国私人小型载客汽车（通常所说的私家车）保有量为 16 788.4 万辆，民用小型载客汽车保有量为 18 038.7 万辆，二者之差为单位（机构）小行载客汽车保有量，约为 1 250 万辆，私人小型载客汽车和单位小型载客汽车分别占民用小型载客汽车数量的 93.1% 与 6.9%。

其四，本书研究范围的"小汽车"，即小、微型客货汽车，在全国民用汽车拥有量中占据 95%，其中私人小、微型客货汽车在全国私人汽车中占据 98.2%。即本书研究范围包含的车辆在全国汽车拥有量中占到了绝对多数，这些小汽车是造成城市交通拥堵的主要原因，如果这部分车辆的行驶得到有效的管理，则交通状况将得到极大的改善。

第 3 章

小汽车外部性及其治理的经济机理

3.1 城市公共道路的经济属性

城市如同一台永不停歇的机器，人来人往，车水马龙。即使是深夜的街道，虽然不如白日那样熙熙攘攘，却也并不冷清。行走在公共道路上的人们或快速前行，或边走边看；行驶在公共道路上的车辆或风驰电掣，或走走停停。这样的景况日复一日，年复一年，公共道路早已成为城市居民每日生活中无法回避的场所和话题。每日穿行于大街小巷的人们，把城市街道视为理所当然的存在，但作为一个城市观察者，却不得不思考更加深层次的问题：城市公共道路是一类怎样的物品（或服务）？城市道路与人口应该有怎样的配比才有效率？城市道路形态与居民聚集形态有怎样的联系？城市道路与不同居民出行之间如何协调？

经济学中根据物品是否具有排他性（excludability）和竞争性（rivalry in consumption）将物品分为私人物品、公共物品（public goods）、公有资源（common resources）和自然垄断四种类型。

私人物品是生活中最常见的，如我们穿的衣服、吃的食物、用的手机等，这些物品既具有"排他性"又具有"竞争性"，属于你的便不属于别人，你用掉了别人就用不到。这类物品有清晰明确的产权界定，人们可以通过自由市场方便地交易这些物品的所有权，全世界每天发生的私人物品交易数以亿计，却鲜有争端。2017 年 11 月 11 日，短短的 24 小时内，在中国特有的网络购物狂欢节，仅天猫商城全天的交易订单数量就达到 8.12 亿，商品成交金额达到 1 682 亿元之巨。数亿人仅仅通过网站上的商品描述，并未看见、触摸过真实的产品便迅速达成交易，供货商会遵守承诺，物流公司也会竭尽所能以尽可能快的速度将货物送达。因而，只要有清晰的、无争议的产权界定，市场总能找到最有效的方式处理着私人物品的交易，而且它的处理能力可以无穷无尽，再多的商品也能通过这只"看不见的手"轻易化解，社会经济在这样的处理方式下持续有效运转。

公共物品在经济学的定义中是既无排他性也无竞争性的产品，无排他性是指不能阻止别人来消费这一物品，无竞争性是指一个人的消费不会影响另一个人的消费。例如停留在儿时记忆中的农村田间的广播，早上六点准时响起音乐，村民在这样的声音陪伴中起床开始一天的劳作，小孩被大人连拉带拽离开温暖的被窝，揉揉惺忪的睡眼准备上学。虽然大人和孩子听到同一个广播的声音时有不同的心情跟反应，但广播播放时，一个人不能阻止别人听到广播的声音，当然一个人听了广播也不会减少其他人听广播的音量，这就是公共物品的典型特征。

公共资源是无排他性但是有竞争性的物品。江南自古为鱼米之乡，多河流湖泊，常见三五垂钓者，于河边湖畔怡然自得，挥竿待鱼。公共的河流和湖泊大家都可以来垂钓，这是不具有排他性；但是公共河流里的鱼儿数量总是有限的，钓鱼的人多了，每个人能钓到的鱼便越来越少，是为具有竞争性。

与公共资源相对应的，是"有排他性但无竞争性"的物品，具有类似"俱乐部"的特征，因而也被叫作俱乐部物品（club goods）。例如，视频网站上的付费电影，想看的人要先付费加入"俱乐部"成为 VIP，才能解锁观看特权。只要你加入该俱乐部，在北京看电影的王先生并不影响在上海的李小姐同时观看同一电影，唯一的门槛是付钱加入"俱乐部"与否。

对于一般的物品，我们可以根据上述四个特征对号入座，划分该物品的经济属性。然而，事情有时候不都是绝对的，同一个物品，在不同的情境下可能具有不同的经济特性。在此要分析的"道路"这个特殊的物品，就是一个不同于一般物品的例外，这也导致了对道路的管理要比一般的物品更加困难。

　　道路到底应该归为四类中的哪一类？生活在不同地区、习惯于不同时段、不同出行方式的人们，脑海中会勾勒出完全不同的答案，这需要考虑不同的道路使用情境。

　　在我国，几乎所有的道路设施都是公共道路，极少有私人道路。既然是公共道路，通常情况下就不具有排他性，任何人都能走，公共汽车能走，私人小汽车也能走。

　　然而，公共的道路有时通畅，有时拥堵。下午5点钟晚高峰的城市主干道和凌晨5点钟早高峰来临前的城市主干道，是两种截然不同的情境。晚高峰时，车辆摩肩接踵，一步一挪，忽然冒出个不安分的随意变道者，便使后面的车主不能顺利前行，要是因此演变出一场剐蹭事故，则会明显延长其他车辆的出行时间。因此，在交通流量大的路段和时段，车辆之间是有竞争性的，一辆车的行驶速度会因为其他车辆的加入而降低，车辆的大量驶入会导致车流整体的行驶速度与效率下降。总之，车辆与车辆之间存在明显的、相互的影响。这时候的城市主干道不具有排他性，但具有竞争性，根据物品经济属性的划分方式，应该归于"公共资源"的范畴。

　　凌晨5点的城市主干道则是另一番景象：早高峰尚未来临，宽阔的马路上稀稀拉拉的车辆呼啸而过，都以接近最高限速的标准疾驰，行驶在左侧车道的车辆，其行驶速度也几乎不受右侧汇入车辆的影响。这时候的道路虽然和晚高峰的道路是同一条，但车辆与车辆之间的相互影响非常小，几乎不具有竞争性。这时候的城市道路既没有排他性也没有竞争性，更接近于"公共物品"类别。

　　有些道路（或者桥梁、隧道），需要交费才能通行，这类道路便具有了排他性。在中国，几乎所有的高速公路都奉行"收费行驶"的法则，高速公路系统是全封闭的，在道路出入口设立收费岗亭，交费（或领取收费卡在出口结算）才能放行。高速公路将不收费的车辆排除在外，使之成为交费车辆的"专属俱乐部"。

　　然而，在不同地区的高速公路车流量存在巨大差别。东部沿海的长三角地区，经济发达、人口密集、车辆保有量大，城市星罗棋布，是全球范围内著名的大都市区。其中，上海—苏州—无锡—南京、上海—杭州等线路的高速公路已经有转变为城市快速路的即视感，最高限速120公里每小时的双向

8 车道高速公路由于车流量过大，车速常常低于 90 公里每小时。行驶的车辆之间除了安全距离几乎没有多余的空隙，前车突然减速或刹车会导致后面无数车辆的连锁反应。行驶其中的车辆被这样的道路环境深刻地影响着，司机们都紧绷神经生怕给自己或别人带来不必要的麻烦。

这样的道路是否具有使用上的竞争性？答案是肯定的。"收费"形成的排他性加上"大流量"造成的竞争性使得这一情境下的高速公路具有理论上的私人物品的特征。既然如此，是否高速公路服务就应完全归于市场的逻辑？这好像也不尽然。高速公路的排他性与竞争性与我们早餐的豆浆油条的排他性与竞争性显然有明显的差别。

相比于东部高速公路上密集的车流，西部偏远地区高速公路上的车流却要小得多，有些高速公路段收取的通行费甚至不足以支付收费员的工资。这样的高速公路有排他性，虽然车不多，但不交费就是不能行驶；但几乎没有竞争性，每辆车都能以最高限速行驶，这种情境的高速公路更接近"俱乐部产品"的属性。

春节假期期间，全国范围的高速公路实施 7 天的免费通行，只要符合基本技术要求的车辆都可以免费行驶，似乎高速公路的经济属性又发生了变化，更加接近公共资源的特征。7 天免费的结果是，高速公路变成了全国范围的停车场，超过高速公路服务能力的汽车短时间内迅速涌入封闭的高速公路系统内，高速公路产生了严重的拥堵，许多路段的车辆以低于城市道路的车速行驶。

因此，"道路"这个产品的特殊性就在于它的"善变"。道路在不同的地区、不同的时间段能够表现出完全不同的经济属性类别，能够在短时间内迅速、无缝切换属性类别，这无疑增加了行业管理的难度，如图 3 - 1 所示。

之所以要划分物品不同的经济属性，目的是便于管理者进行区分，对不同属性的对象，施以不同的管理方法，该归市场的归市场，该归政府的归政府。然而对于城市道路这种特殊的物品，不同地区、不同时段和收费性质的道路，它的经济属性可能完全不同，因此应区别对待、精细化管理，不能一概而论。

不收费的城市道路可以是公共物品或公共资源，但实际的城市道路更接近公共资源的范畴。公共物品与公共资源通常都需要政府介入管理，然而政府对这两种物品进行管理的出发点不同。

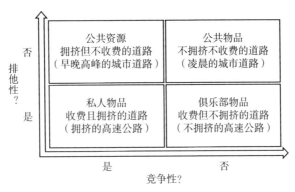

图 3-1 不同道路的经济属性划分

如上所述，公共物品与公共资源的差别在于是否具有"竞争性"，那么竞争性来源于哪里呢？来源于资源的稀缺性。

物品是否"稀缺"决定了我们对于这种物品的态度：不稀缺的物品取之不尽、用之不竭（例如我们呼吸的空气），获得这样的物品就不需要"竞争"。不稀缺的物品虽然有使用价值但是没有交换价值，因而没有价格，也没有市场，不会成为商品，只是一个"物品"而已。公共物品就是这样没有获取门槛、没有交换价值的物品。

对于需求者而言，公共物品是极好的，能够随心所欲获得却又不需要支付费用。如果我们生活所需都具有公共物品的优良属性，那世间便不会有战争，战争只是参与竞争的残酷方式而已，其目的与使用金钱和权力没什么两样。只可惜这样美好的生活，只有在我们从小开始憧憬的共产主义社会高级阶段才会有。在我们生活的社会主义初级阶段，还没有达到"各尽所能、按需分配"的高阶状态。

对供给方来讲，公共物品却是个赔钱的买卖。公共物品由于不具有排他性，无法建立买卖双方的市场，因此卖方无法获取相应的收益，私营企业通常不愿意提供公共物品。这类物品通常由行使公权力的机构，采用"取之于民、用之于民"的方式来统一提供便再合适不过。如偏远地区的乡村公路，车辆不多，也不收费，但对于居住在这些地区的居民至关重要，这种情况下由政府来组织修建是最好的选择。

但同时也应该注意到的是，不收费的公共道路看似免费，实际上并非真正免费，只是收费从直接收取变成了隐藏在税收中征收，所有纳税人不管有没有使用该道路，都为此支付了费用。这一收费方式的转换，让我们频频将矛头指向更加显而易见的某些具体道路设施的收费行为（如征收交通拥堵费、高速公路收费），却常常忽视在看似免费的公共道路系统中的低效、浪费和贪腐行为。

相反，稀缺的资源数量有限，想要获得的人数众多，如优质学校的名额仅有 500，但想要获得这个优质教育服务的孩子有 5 000 之众，5 000 个家庭为了这 500 个名额必须展开激烈的竞争，权力也好，金钱也罢，各种手段统统用上，只因为这是稀缺的"资源"。

资源数量有限，而需求者众，并非所有需求者的需求都能获得满足，此时便需要一种竞争机制"竞争上岗"。这种竞争机制可以是"先到先得"，也可以是"价高者得"，有时候，竞争机制看似毫无道理，却备受追捧。例如，在生育率每况愈下的地区，将有限的道路资源通过"家庭养育小孩数量的多少"来竞争，小孩多的家庭可以多分配路权（行驶权），小孩少的家庭少分配路权，这种竞争机制通过小孩数量的多少来竞争稀缺的城市道路资源，只是其合理性可能会存在争议。

总之，对于稀缺的资源（路权），需要有一套行之有效的"竞争机制"来进行稀缺资源的分配。经济学认为，通过"排队"来竞争的机制是低效的，基于市场经济的"价格机制"往往更能体现资源的稀缺程度和市场价值，因而更加高效。

3.2 小汽车出行的外部性分析

3.2.1 小汽车出行外部性的含义

在市场经济为基础的社会中，"价高者得"成为大多数时候最有效率的竞争机制。物品一旦稀缺，便有了交换的价值，便可以量身定价，稀缺的资源之间可以依照价格这个尺度进行交易，市场应运而生。

对于具有稀缺性的一般物品，市场自会处理好供需各方的关系。对于没有排他性却有稀缺性的公共资源（公共道路）而言，非排他性导致建立市场的根基缺失，因而市场无法自然建立。

如果对公共资源放任不管，任其自然发展，其结果是服务能力有限的道路上，涌入超出其服务能力的车辆，导致车辆行驶缓慢、交通事故频发、燃油消耗增加、环境污染加重。如果没有外力的干预，随着车辆数量的增加，拥堵只会愈演愈烈。尤其是通勤者不得不面临的早晚交通高峰，交通拥堵产生更加明显的"负外部性"。

所谓"外部性"，是指个体的行为对旁观者福利造成的无补偿的影响。其中，"旁观者"，是没有参与市场交易的其他人，即市场中供给方与需求方之外的其他人和事物。简单来讲，就是参与交易的双方对供需之外的第三方造成了好的或者坏的影响，但是没有因为造成了好的影响而向第三方收费，或者因为造成了坏的影响向第三方支付相应的补偿。

在所有的运输方式中，道路运输被认为是具有最大负外部性的运输方式（行业），其中小汽车出行引起的负外部性尤其突出。小汽车出行造成多种不同的负外部性：首先，小汽车与其他道路使用者之间相互产生行驶干扰现象，当小汽车行驶量超过了道路所能容纳的限度，还会产生严重的交通拥堵。其次，还有一些是道路交通使用者对环境造成的外部性，如噪声和空气污染。再次，除了车辆使用过程中造成的外部性（如污染、拥堵、噪声和交通事故），小汽车在停放过程中也会存在负的外部影响，包括停车挤占了公共道路资源，停车不当导致交通事故的产生等。最后，还有一些外部性是为了满足车辆无节制的增长而建造更多适合汽车行驶的基础设施造成的。例如，大型立交桥方便了汽车行驶，但对城市居民造成交通阻隔、噪声污染和视觉影响等。

小汽车出行外部性的复杂性，导致对道路交通系统进行行业管理与规制要比其他部门更加复杂。由于小汽车出行所产生的负外部性种类较多，所以相应的政策也必须有多个维度，政策在时间和空间上的分布应该足够灵活，以满足不同维度的政策需要。

3.2.2 小汽车出行的私人成本

把"小汽车出行服务"看成一个产品，这个产品在生产的过程中需要

"道路"这样一个生产环境，还需要"小汽车"作为生产工具，小汽车的拥有者自己驾驶汽车，则车主是"劳动者"，生产过程中需要消耗燃油，是生产资源。"小汽车出行服务"的生产过程中使用到的道路、车辆、人力、燃油等都可以折算成产品成本，辅助车主决策。

小汽车出行中虽然使用了道路，但是公共道路的提供者没有向小汽车主收费，小汽车主在决策过程中并不会将其考虑在内。小汽车主在出行过程中仅考虑自己的支出，主要包括小汽车的燃油费、停车费、车辆保险、车辆养护费用和固定资产折旧等几个大的部分。这些成本又可以分为两种类型：可变成本与固定成本。燃油费随着车辆行驶量的增加而增加是典型的可变成本。停车费可能不能一概而论，对于有些车主而言，出行至目的地（如工作场所）停车是免费的，比停放在自己的住所更加便宜；而另一些车主出行目的地的收费比停放在自己的住所更贵；停车费也因出行目的不同而具有明显的差异，鉴于停车费在小汽车出行总成本中所占比例较小，在分析中不考虑这部分成本。车辆折旧、保养维修与保险费用与出行里程数没有直接的关系，均可归于固定成本之列。由于固定成本不随出行里程的增长而增加，因此当小汽车出行里程增加，分摊到每车公里的单位固定成本反而会减少。

举例来说，某中档私人小汽车的单位燃油成本为 1 元/车公里；该车每年的固定费用为 2 万元（主要为车辆保险 + 保养 + 折旧），若该小汽车每年行驶 5 000 公里，则该年度车辆总成本为 25 000 元，每车公里的平均成本为 5元；若该车每年行驶 10 000 公里，则该年度总成本为 30 000 元，每车公里的平均成本为 3 元；若该车每年行驶 20 000 公里，则年度总成本为 40 000 元，每车公里的平均成本为 2 元（如图 3-2、图 3-3 所示）。不难发现：小汽车行驶量越大，平均总成本越低！

对于小汽车所有者，会如何理性地进行出行量的决策？

1. 从效率的角度分析

经济学中常常通过寻找边际成本曲线与平均总成本曲线的交点来确定最有效率的生产规模。在本例的小汽车出行中，由于边际成本曲线保持水平，平均总成本曲线始终保持下行趋势，逐渐与边际成本曲线接近但不相交。这一特性决定，小汽车行驶量越大，越趋近于最高效率的点。如图 3-3 所示，该小汽车

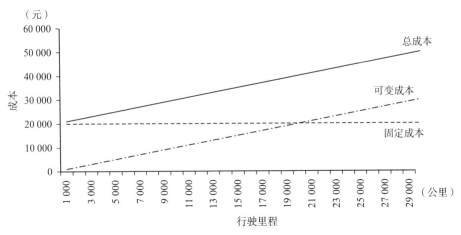

图 3－2　小汽车的出行成本（显性）随里程的变化

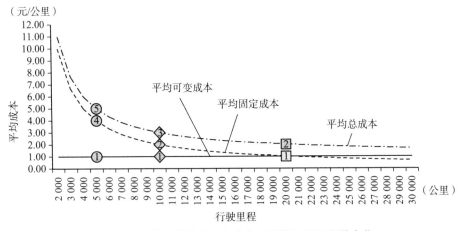

图 3－3　小汽车的单位出行成本（显性）随里程的变化

每多行驶 1 公里，多支付的费用始终是 1 元，因此边际成本始终是 1 元（等于多行驶 1 公里所支付的燃油费），边际成本曲线是一条平行于横轴的直线，与平均可变成本曲线重合。该车行驶 20 000 公里时的平均总成本（2 元）仍然高于此时的边际成本（1 元）；若该车增加行驶里程会进一步降低每车公里的平均成本。

2. 沉没成本的决策无关性

由于车辆购置费用和保险等费用在车辆使用时已经支付完毕，具有"沉没成本的决策无关性"，只要自驾出行的收益（价值）高于其平均可变成本（每车公里的燃油费），小汽车主就有选择自驾出行的理由。

3. 福利经济学角度

"小汽车出行服务"的提供者和需求者相同，提供出行服务是为了自用，因此并不存在供需交易的市场，不能用通常的供需理论来解释小汽车主的出行决策，然而可以从福利经济学的角度来分析。小汽车主对该次出行的价值有自己的判断，对出行的成本有可计量的决策依据，只要出行价值高于出行成本，车主就会选择小汽车出行。

上述三个出发点都可能成为小汽车出行的理由。车主在进行出行决策时，通常考虑的是自己实际支出的成本，可以清晰地记录在账本里，明显地影响着车主的决策，称之为显性成本。

4. 小汽车出行的隐性成本

还有一些成本不是那么显而易见的，称之为隐性成本。隐性成本中最重要的就是时间成本。当道路通畅时，自驾车能比其他出行方式更快地到达目的地，时间成本（机会成本）很低，可以忽略不计；当道路发生拥堵时，时间成本随着拥堵程度的加剧快速上升，这时候的小汽车出行者才会意识到时间成本的存在，对时间的延迟变得非常敏感。

不同人的时间价值有很大的差别，这源于不同群体的时间的机会成本不同。明星 1 小时的演出收入可以达到百万元以上，而退休在家的王大爷的 1 小时没有任何收入；因为交通拥堵耽误了该明星演出的 1 小时，机会成本可能高达上百万元，王大爷的 1 小时没有机会成本。时间的机会成本的差异导致人们对时间价值的判断差异巨大，总体而言，收入越高的人，时间价值越高，对时间越敏感。近年来，中国城市居民的收入水平逐渐提高，人们对时间价值的估值增加，这也是小汽车保有量与使用量快速增长的重要原因。

3.2.3　小汽车出行的社会成本

即使考虑了车主实际支出的显性成本和默默承受的隐性成本，仍然未包含全部的成本。站在社会的角度，全社会为小汽车出行所付出的代价，不仅包含了小汽车主自己支出的和承受的，还包含道路建设养护、空气污染治理、交通拥堵产生的整体交通的时间延迟等。这些费用没有直接向小汽车主征收，从小汽车主的成本曲线中无法体现，但社会环境切实承担了这些负面影响，是为小汽车出行的"外部性"或者"外部成本"。

因此，小汽车出行带来的"社会成本"等于车主自己承担的"私人成本"加上车主未承担的"外部成本"，这也是广义的出行成本概念。

小汽车出行成本的多样性和部分成本的隐蔽性，让小汽车出行成本的估算非常困难。显性成本直接表现为货币形态，可以直接计量；而隐性成本和外部成本则因大多是非货币支出和非直接发生的费用，在估算时不仅要进行种类和范围的甄别，还要在影响程度上进行细致深入的研究，最终才能获得近似数值。由于人们对外部性的认识和防控手段也在发生变化，人们总是想方设法降低或消除外部性的影响，因此对应的外部成本也在变化，这更增加了广义出行成本的测算难度。尽管如此，在现有的认识水平和技术手段范围内，还是可以估算一部分外部成本的数值。

欧洲于 2008 年在已有研究的基础上发布了《外部性手册》，从交通拥堵、交通事故、空气污染、交通噪声、气候变化、其他环境影响、基础设施使用等 7 个方面入手，对不同路面车辆行驶工况进行研究，为制定减少交通外部性影响的内部化政策提供参考[①]。欧盟国家各种交通出行方式产生的外部成本情况如图 3 - 4 所示。

在欧盟各国交通出行方式中，除拥堵成本以外的其他外部成本中，公路客运的外部性最大，其次是航空客运，外部成本最小的是铁路客运。无论哪种交通方式，都对环境产生了影响，且这种影响并未由用户承担。在公路客运方式中，交通事故成本占了较大比例，尤以摩托车和小汽车比较突出；公

[①]　Artem Korzhenevych, Nicola Dehnen. Update of the Handbook on External Costs of Transport [R]. European Commission, 2014. https://ec. europa. eu/transport/themes/sustainable/studies/sustainable_en.

路交通工具引起的气候变化是仅次于交通事故的第二大外部成本，空气污染也是公路客运外部性比其他方式突出的一方面。航空客运的外部成本主要集中在对气候变化的影响，铁路客运的外部性主要是在其他对环境产生间接影响的方面，如能源生产、车辆制造与回收、基础设施建设运营维护等过程中造成的资源消耗与环境污染。

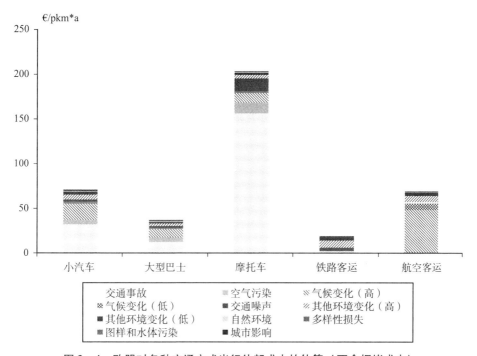

图 3 - 4　欧盟对各种交通方式出行外部成本的估算（不含拥堵成本）

　　美国学者托德·理特曼（Todd Litman，2016）对小汽车出行成本进行了详细的研究。根据其研究测算，小汽车出行总成本中，内部可变成本占了37%，内部固定成本占到28%，外部成本占到35%，如图 3 - 5 所示。

　　更具体而言（如图 3 - 6 所示），小汽车出行的内部固定成本主要为车辆保有成本和固定停车费，内部可变成本主要为运行成本（燃油、维修等）、部分事故损失、出行时间、道路设施费用等。外部成本具体包括交通拥堵、自然资源、大气污染、土地价值、温室气体、水体污染、碰撞（事故）等。小汽车出行的内部成本中，出行时间成本（隐性成本）占据了较大比例，若去掉出行时间等隐性成本，内部可变成本的比例将进一步减少，外部成本的占比还将扩大。

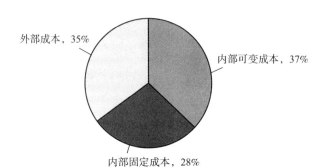

图 3 – 5   美国小汽车平均出行成本构成

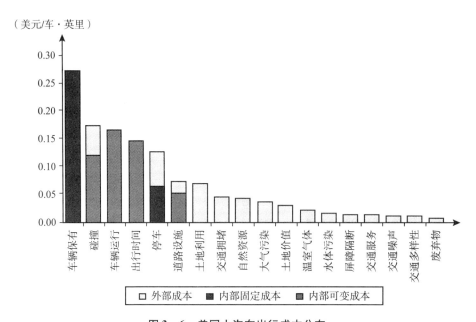

图 3 – 6   美国小汽车出行成本分布

出行所在的区域和时间不同时，出行成本也有差异。根据托德·理特曼（Todd Litman）的研究，平均来看市区高峰时段的交通出行成本最高，其次为市区非高峰时段，最低为乡村地区，其中的主要差异在非市场化的外部成本部分，详见图 3 - 7。

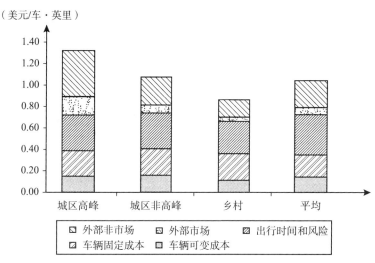

图 3 - 7 不同区域和时段小汽车交通出行成本构成

国内学者对城市交通出行成本也开展了相关研究，在广义成本构成方面参照了国外的研究成果，但在实际测算中限于交通出行统计数据的短缺，各类研究基本上以不同城市分散的调查数据为基础，基础数据方面的薄弱导致出行成本的研究测算结果差异较大，如表 3 - 1 所示。

表 3 - 1   国内部分学者的小汽车出行成本测算

研究者	年份	城市	成本构成	测算结果
高婷婷 胡永举	2006 2009	哈尔滨	使用者成本 基础设施成本 出行时间成本 外部成本	小汽车：2.002 元/人·公里 出租车：1.694 元/人·公里
何建中	2009	北京	内部出行时间成本 环境污染成本 交通事故成本 车辆使用成本 道路基础设施成本 拥挤外部成本	总成本 649.150 亿元 【1】出行时间成本 242.356 亿元； 【2】环境污染成本 18.148 亿元； 【3】交通事故成本 9.667 亿元； 【4】车辆使用成本 176.670 亿元； 【5】道路基础设施 21.978 亿元； 【6】拥挤外部成本 180.331 亿元

研究者	年份	城市	成本构成	测算结果
范雪婷	2011	广州	内部出行时间成本 车辆使用成本 道路基础设施成本 拥挤、延误外部成本 环境污染成本 交通事故成本	总成本：7.02 元/车·公里 其中： 出行时间 2.38 元/车·公里； 车辆使用 1.36 元/车·公里； 基础设施 0.18 元/车·公里； 社会成本 3.10 元/车·公里
陈艳玲	2013	南京	提供者成本 使用者成本 社会成本	小汽车出行总成本：5.776 元/人·公里 其中： 提供者 1.753 元/人·公里； 使用者 1.210 元/人·公里； 社会成本 2.813 元/人·公里

从国内研究数据来看，个人承担的内部成本占比区间为 20%～65%，社会承担的外部成本占比区间为 35%～80%，与美国小汽车出行成本中外部成本占比结构接近。根据国内外的相关研究，小汽车出行总成本中，很大一部分为个体未承担的外部成本，这部分成本实际上转化为小汽车出行者享有的"收益"，这在客观上形成了"少付费多收益"的机制。只要这部分成本未能进入个人决策的成本函数，就相当于对小汽车出行产生过度的激励，这也促成了小汽车出行的泛滥与过度增长。

3.2.4 小汽车出行供需的结合分析

小汽车的私人成本与社会成本可分别用私人成本曲线和社会成本曲线来表示，由于社会成本大于私人成本，因而社会成本曲线位于私人成本曲线的上方。

小汽车出行需求满足需求定理：市场价格越低，出行需求量越大；反之市场价格越高，出行需求量越小。出行需求曲线同时也是小汽车出行的价值曲线。

如果不考虑拥堵，例如小汽车仅在农村不会拥堵的道路上行驶，在这种情境下，小汽车车主的隐性成本（时间成本）接近于 0，边际成本主要为显性成本中的燃油费，因此总的边际成本会接近于一条平缓的直线（如图 3 - 8 所示）。小汽车在行驶过程中仍然会产生外部成本，由于道路不存在拥堵，这时候外部成本主要体现为排放污染、噪声污染等，这些外部成本主要与行驶里程相关，平均行驶每公里所产生的污染不会有明显差别，因而加上了外部成本的社会总成本曲线几乎平行于私人成本曲线，位于私人成本曲线的上方。

　　私人成本曲线与社会成本曲线都与斜向下方的需求曲线相交。由于社会成本大于私人成本，导致私人成本曲线（供给曲线）与需求曲线相交达到市场均衡时的出行量（$Q_{市场}$），大于社会成本曲线（供给曲线）与需求曲线相交达到社会最优状态时的社会最优出行量（$Q_{最优}$），如图 3 - 8 所示。

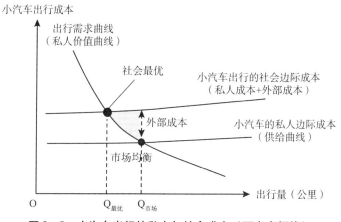

图 3 - 8　小汽车出行的私人与社会成本（不考虑拥堵）

　　拥堵情况下，小汽车出行的私人成本、外部成本与社会成本之间的关系、社会最优状态与市场均衡状态的关系如图 3 - 9 所示。

　　如果考虑拥堵，例如小汽车在城市中心区的道路上行驶，随着中心城区道路交通量的上升，小汽车出行的隐性成本和外部成本会加倍增加。在这种情境下，小汽车车主的隐性成本（时间成本）会随着拥堵程度的加剧而快速上升，导致车主的私人边际成本（主要包括燃油费 + 时间成本）快速上升，因此拥堵情况下，私人的边际成本曲线是向右上方倾斜的曲线。

　　由于道路拥堵，这时候小汽车出行产生的外部成本除了包括更高的排放和噪声污染外，还包括整体交通的时间成本增加，且这些外部成本随着拥堵程度的加剧而更快上升。因而，拥堵情景下，小汽车出行的社会成本曲线会更加快速地斜向右上方，且拥堵程度越严重，社会成本曲线与私人成本曲线之间的差距越大（如图3-9所示），表明拥堵造成的负外部性更大。

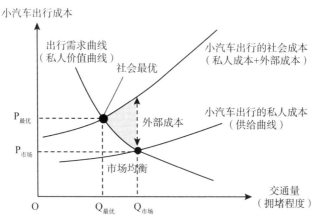

图3-9　小汽车出行的私人与社会成本（考虑拥堵）

与不存在拥堵的情况相比，存在拥堵的情况下社会成本与私人成本的差距更大，减少拥堵区域的小汽车行驶量能更多地降低负外部性。

政府对城市拥挤道路（公共资源）进行管理的任务目标与对公共物品的管理不同。对于公共物品，政府介入管理的重点在"公共物品的提供"上，而对于拥挤道路的管理，政府不但要负责物品的提供（由政府来修建），还要为建成的道路设计一套合理的竞争机制以保证公共道路的通行效率；不但要关注提供了多少公共道路，同时还要关注有多少车辆在使用，是否因车辆的过度使用造成了明显的"负外部性"。

3.3　小汽车外部性治理政策的经济机理

近20年来，小汽车迅速进入中国普通家庭，成为家庭出行的日常交通工具。如上所述，由于小汽车实际承担的成本比应该承担的费用低，导致道路上行驶的小汽车数量超过了最优数量，形成了对道路资源的过度使用，导致了交通拥堵。

对于道路资源过度使用造成的负外部性的矫正，通常有两类手段，一类是行政手段；一类是经济手段。

行政性手段包括下达行政命令或制定地方规章等。例如，一些城市通过车牌号末位数来限制出行，单号单日出行，双号双日出行；另一些城市的路段或区域对车辆的类型与通行时间等都提出了非常具体的限制性要求，如大型货车在城市中心区行驶的时间被限制。

经济手段又可以分为两类：征收矫正性税收和发放可交易的出行许可证。在城市交通领域，这两类政策又因具体执行环节、对象的不同演化出多种治堵方略。

3.3.1 交通拥堵费

政府可以通过征税来纠正交通拥堵的负外部性，这种税收与普通税收的目的与功能不同，称之为矫正性税收，由于英国的经济学家阿瑟·庇古（Arthur Pigou）最早提出主张征收，因此又被称为庇古税（Pigovian taxes）。

对交通拥堵征收拥堵费是一种矫正性税收。这种方式下，通过对拥堵道路设卡收费使得道路的通行权具有排他性（只有交费的车辆才能通行），改变公共道路的公共资源属性，使之具有建立市场的基础，从而能够用市场手段对交通流进行调节。

基于小汽车出行的社会成本、外部成本和私人成本之间的关系，根据经济学中矫正性税收的基本理论，对拥堵道路上的车辆收取拥堵费的额度应恰好等于行驶车辆的外部成本，这样刚好能使市场均衡下的行驶量减少到社会最优的行驶量。收取的拥堵费刚好可以用于弥补车辆造成的外部损失（如图 3－10 所示）。

收取交通拥堵费，就是将拥堵道路的机动车通行权圈定起来，并建立了一个通行权的交易市场，通行权市场中的供给方通常是地方政府或其授权机构，需求方是需要通行的车辆。政府在通行权市场中以确定的价格按车次售卖通行权，需要通行的车辆必须购买通行权方能通行。

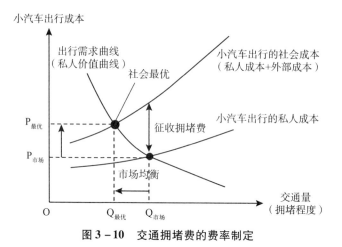

图 3 - 10　交通拥堵费的费率制定

交通拥堵费政策中，政府（供给方）首先确定了道路通行权的价格（供给曲线），供给曲线与通行权的市场需求曲线结合，在供给与需求的共同作用下确定通行权的数量（即通行量），如图 3 - 11 所示。

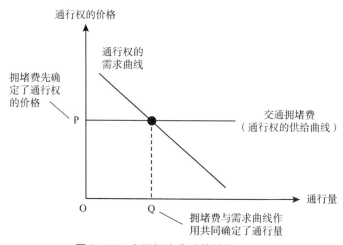

图 3 - 11　交通拥堵费政策的作用机理

例如，新加坡某路段通行一次收取 3 元（新加坡元）的拥堵费，小汽车缴纳 3 元的费用，该路段通行权的交易达成，小汽车获得在此路段通行的权利,政府获得供给通行权的收益。小汽车在是否购买通行权上具有选择权:认为通行此路段的价值高于 3 元的车主会选择交费通过,认为价值低于 3 元的车主会避开此路段行驶或者选择其他替代性公共交通工具出行。

交通拥堵费通过将小汽车出行外部成本内在化的方式让小汽车出行决策时能够考虑到自身行为对环境的影响,从理论上讲,如果费率适当,可以将道路交通流量控制在最优状态。

3.3.2 可交易的通行权

公共道路显而易见的使用价值给予人们"多使用"的激励,但公共道路的产权不清让有价值的、稀缺的道路资源无法建立正常的市场秩序。同时,由于产权不清,使用道路的人们缺乏维护道路环境的激励。在"显性的利益+隐藏的成本"的双重作用下,城市公共道路被过度使用,产生拥堵。

因此,治理城市交通拥堵以及由此产生的负外部性,一种思路是对公共道路的使用权做出清楚的界定。产权界定对于建立有效市场的意义巨大。

如图 3 - 12 所示,"使用价值"和"稀缺性"是判断物品是否具有交换价值的基本依据。如果一种物品具有使用价值但是不具有稀缺性,如我们每天呼吸的空气、河流湖泊中的水,以及城市中车流较小不会拥堵的道路等,这些物品都是我们每一天生活中的必需品,对每个人至关重要,具有强大的使用价值;但是,由于它们不具有稀缺性,每个人在想使用它们时可以随时取用,不需要通过支付任何代价获取,因而不会有人购买这类物品,所以这类物品不具有交换价值,关于这类物品的市场便不会建立。

还有些物品,同时具有使用价值和稀缺性,具有使用价值意味着这类物品有需求,稀缺性决定了该类物品不是所有人都能获取,不拥有但很需要该种物品的人就会想办法获取该物品,甚至不惜支付一些代价。如果该物品有清晰的产权(例如一块面包),则拥有该物品的人和想要获得该物品的人之间可以通过协商达成交易协定,使双方都能获得更满意的结果。然而,如果该物品没有清晰的产权(例如,拥挤的公共道路的使用权),市场便缺乏供给的主体,自由交易的市场便不会建立,造成"市场失灵"。

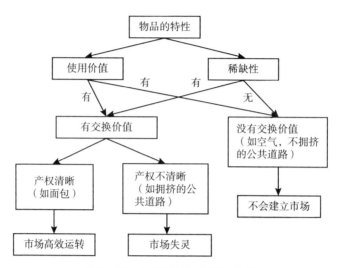

图 3-12　物品属性与市场的关系

根据科斯（Ronald H. Coase）定理，即只要产权是清楚的，并且市场交易费用为零（或者很小），市场会发挥其功能并获得有效率的结果。科斯定理带来的启示是：明确产权的意义重大，许多低效的制度安排，正是由于产权的缺失导致市场无法建立而导致的。明确产权会使无人负责的现象得到改善：当人们的某种行为带来负外部性的时候，如果有清晰的产权机制，承受负外部性的一方就有了维护其产权的激励，因此向带来负外部性的一方进行沟通谈判，双方可通过协商解决此问题。

这里需要明确"产权"的内涵。城市公共道路的产权可细分为"所有权＋使用权＋收益权"。城市公共道路由政府修建和管理，所有权由政府部门代表当地居民行使；在没有任何道路管制措施时，城市公共道路的使用权即通行权，归全民所有，所有期望通行的车辆都可以自由选择。

小汽车通行权交易政策着眼于公共道路的使用权，将公共道路的使用权按照通行条件确定总量，从而保证出行量不会超过设计能力而导致拥堵。总量确定后，将通行权采用公平的方式分配给居民（或车辆），这样就将权利不清楚的公共道路使用权进行了清晰的界定：总的通行权被划分为清楚的份数并分配到个人。个人拿到分配的通行权后，可以选择使用自己的权证通行，也可以选择不使用通行权，将权证在交易市场上出售换钱；使用了自己分配的通行权还不够的个人，可以选择在交易市场上购买通行权。

小汽车通行权交易政策及其作用机理如图 3 - 13 所示。通行权交易政策通过给小汽车发放通行权许可证（行驶许可证）的方式先确定了市场的总供给量（即先确定了公共道路能够通行的最优小汽车数量），通行权的最优供给量可以根据该道路的最佳车辆通行量设定。由于通行权总数保持不变，所以通行权市场的供给曲线是一条垂直于横轴的直线。通行权市场的需求曲线满足需求定理，是一条斜向右下方的曲线，市场价格越低，需求量越大。通行权市场的供给曲线与需求曲线相结合，共同确定通行权的价格。在该政策下，通行权价格由市场决定，随市场供需状况波动。

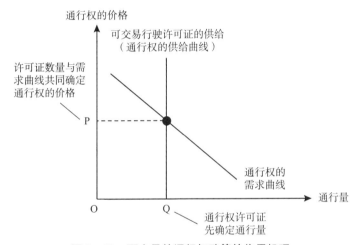

图 3 - 13　可交易的通行权政策的作用机理

通行权交易政策的有效性，源于其确定了通行权的最优数量并构建了通行权的自由交易市场。在这个市场上，满足如下条件：①市场上交易的商品（通行权）是完全相同的；②通行权的买者和卖者数量众多，个人持有的许可证数量不足以形成市场势力（政府免费发放许可证，不参与二级市场交易），每个买者或者卖者都是市场价格的接受者；③通过网络信息化技术，可以实现信息的公开透明和有效传播；④在这个市场上，居民可以独立、自由地做出通行权的购买和售卖决定；⑤在网络和信息技术的支撑下，双方的交易成本是极低的。综上，这样的通行权交易市场是接近于完全竞争市场的有效市场，通过市场那只"看不见的手"，能够让稀缺且具有使用价值的通行权流动到真正需要它的人手中。

通行权交易政策下，由于超出通行许可证配额的行驶量会增加出行成本（需要购买许可证才能通行），因而会对小汽车出行者产生减少出行量的激励。但是，不同的出行者减少其小汽车出行的机会成本不同。有些出行者减少小汽车出行的机会成本较低，则其减少小汽车出行的量较大，如果减少出行后的小汽车行驶量低于许可证的配额数量，则会有许可证剩余，可以出售其多余的许可证以获取额外的收益。还有一些出行者减少小汽车出行的机会成本较高，则其缩减小汽车出行的量较小，缩减后的出行需求量仍然高于其获得许可证配额允许的出行量，则需要在市场上购买许可证来满足超过许可证配额的出行需求。

出售许可证的持有者愿意出售其许可证，表明出售许可证的收益高于其减少出行的机会成本；购买许可证的居民愿意购买许可证，表明其减少出行的机会成本高于市场价格。通过自愿的市场交易，买卖双方获得了福利的改善，许可证最终流向对其评价最高的买者。

综上，在小汽车出行领域引入通行权交易政策，理论上可以达到如下效果：

其一，城市公共道路上的小汽车数量得到有效控制，通行效率得到保证，避免因小汽车行驶量过大造成的交通拥堵，交通拥堵带来的负外部性得到化解。

其二，许可证最终会流向那些时间价值高的个人，时间价值高的人对出行时间更敏感，对许可证的估值更高，会通过交易市场购买许可证而获得消费者剩余，对出行时间估值低的人在交易市场出售许可证获得金钱激励。

总之，对时间估值高的人通过支付一定的费用获得了更快通行的权利（与拥堵相比），对时间估值低的人获得了额外的金钱，在交易过程中双方都比之前变得更好，是获得帕累托改进的。

3.4 外部性规制政策的效果——基于弹性的分析

3.4.1 需求弹性与政策效果

如前所述，理论上，交通拥堵费和通行权交易政策都能达到同样的效果，但是这两种政策的作用路径不同：通行权交易政策直接作用于小汽车出行量，对小汽车出行量具有"刚性"约束；而交通拥堵费是间接起作用的，先通过收费影响市场价格，再通过市场的传导由价格信号去影响小汽车出行需求。交通拥堵费政策不得不面临的一个问题是：拥堵费应该确定在什么价格才能使需求量缩减至社会最优的数量？

要解决这一问题，市场的需求状况必须得到很好的掌握，即需要知道在每一既定价格下，市场的需求量是多少；当市场价格上涨 1 单位时，需求量会减少多少。前者可以用小汽车出行的需求曲线表示，后者即为小汽车出行需求的价格弹性。根据经济学中的弹性理论，如果小汽车出行的需求对于价格是富有弹性的，那么价格的小幅度提升将引起需求量较大幅度的降低，即价格提升 1% 引起的需求量减少大于 1%，小汽车出行者对价格因素较为敏感。相反，如果小汽车出行需求对于价格是缺乏弹性的，那么价格的较大幅度提升仅能引起需求量较小幅度的降低，即价格提升 1% 引起的需求量减少小于 1%，则认为小汽车出行者对价格因素不敏感。

为了说明出行需求弹性的差异对两种政策效果的影响，采用经济学中的弹性影响的分析方法，分别分析小汽车出行需求是富有弹性与缺乏弹性这两种不同的情境时，采用交通拥堵费和可交易的通行权这两种不同政策下的小汽车出行市场的变化情况。

1. 交通拥堵费与小汽车出行需求价格弹性

收取交通拥堵费相当于在给定的价格下，提供无限量的通行权供给，因此该政策下，通行权的供给曲线表现为一条平行于横轴的直线，通行权的供给富有绝对弹性。如图 3 - 14 所示。

如果小汽车的出行者有足够多的替代出行方式（例如有便利的城市公共交通、其他可替代的道路、转向其他不收拥堵费的目的地等），那么小汽车出行需求是富有弹性的，需求曲线比较平缓。如图 3 - 14 中（a）所示。当拥堵费从 P_1 上升至 P_2 时，小汽车出行者会大量转移到其他交通方式，从而使小汽车出行需求大幅度减少。在出行需求富有弹性的情况下，能够以较低的拥堵收费获得较好的通行量控制效果。

相反，如果小汽车出行需求缺乏弹性，则需求曲线更加陡峭，如图 3 - 14

中（b）所示。当拥堵费同样从 P_1 上升至 P_2 时，仅有较少的小汽车出行者会转移到其他交通方式，拥堵费提升使小汽车出行量减少的幅度非常有限。在小汽车出行需求缺乏弹性的情况下，拥堵收费对于减少道路通行量的效果较差，征收较大额度的拥堵费仅能减少较少的小汽车出行需求。

小汽车出行的需求缺乏弹性可能是多种原因导致的，如公共交通不发达、缺乏替代性的出行方式以及居民对小汽车出行方式的依赖和偏好等。在需求缺乏弹性的情况下征收交通拥堵费，可能会给低收入群体造成负担，尤其是那些居住在城市郊区，缺乏公共交通出行替代的居民，大量的出行不得不依赖于小汽车，交通费对他们的影响远大于居住在交通便利的城市中心区的居民。

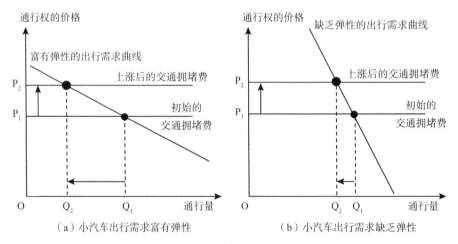

（a）小汽车出行需求富有弹性　　　　　（b）小汽车出行需求缺乏弹性

图 3-14　交通拥堵费与不同的出行需求弹性

2. 可交易通行权与需求价格弹性

通行权交易政策直接限定了最大的通行量，该政策下，通行权的供给曲线表现为一条垂直于横轴的直线，通行权的供给价格弹性值为 0，小汽车通行权的供给无弹性。如图 3-15 所示。

当政府需要将通行量控制在更低的水平时，可以通过减少发放通行许可证的数量准确地实现。

如果小汽车出行需求是富有弹性的，需求曲线比较平缓，如图 3-15

中（a）所示。当许可证的数量从 Q_1 减少至 Q_2 时，小汽车出行者会大量转移到其他交通方式，从而使小汽车出行需求量大幅度减少，则购买通行权许可证的居民大幅度减少，许可证的价格从（a）中的 P_1 小幅度上升至 P_2。因而，在出行需求富有弹性的情况下，通行权交易政策能够取得既定的交通量控制效果，且许可证的价格处在较低的水平，居民能以较低的代价获得额外的小汽车出行机会。

相反，如果小汽车出行需求缺乏弹性，则需求曲线更加陡峭，如图 3-15 中（b）所示。当许可证的数量同样从 Q_1 减少至 Q_2 时，小汽车出行者转移到其他交通方式的量较少，小汽车出行需求量减少的幅度较小，则居民购买许可证的需求相对旺盛，许可证的价格会有较大幅度的上升（（b）中 P_1 至 P_2）。在出行需求缺乏弹性时，通行权交易政策仍然能够取得既定的交通量控制效果，而许可证的价格可能处在相对较高的水平，居民需要付出更大的代价以获得配额外的出行机会。

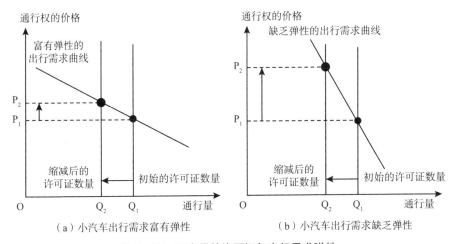

图 3-15 可交易的许可证与出行需求弹性

综上，在拥堵费政策下，如果小汽车出行需求富有弹性，加征较少的税收（拥堵费），便可以较大幅度地降低出行量，税收的政策效果明显；如果出行需求缺乏弹性，即使加征较大额度的税收也只能减少较小的需求，这时矫正性税收的作用力是非常有限的，同时还会给出行者造成较重的经济负担。

在通行权交易政策下，无论小汽车出行需求是缺乏还是富有弹性，小汽车出行量控制目标都能实现，即小汽车出行需求弹性不影响出行量控制效果，但影响通行权许可证的市场交易价格。

基于此，小汽车出行需求到底是缺乏弹性还是富有弹性就成为拥堵治理经济政策是否能达到既定效果的关键，影响拥堵费和许可证这两种政策的选择。

3.4.2　小汽车出行需求弹性的大小

小汽车出行需求弹性的估算非常困难。近年来，欧洲各国、美国和澳大利亚等国的学者和研究机构对小汽车出行与相关因素之间的弹性展开了一些研究，获得了一些弹性数据；国内还鲜有交通领域的弹性相关的实证研究。小汽车从购买到使用涉及多个环节，因此国外对小汽车的需求弹性分析不仅限于需求和通行费，亦有小汽车使用与车辆保有量、停车费、燃油价格等多个方面的弹性分析；相应地，车辆价格（购置与注册费用）、使用价格（燃油费、路桥费、停车费、排放费）、出行耗时（出行时间投入）等因素的变化都会对小汽车使用需求造成影响。由于通行权交易政策是全新的政策工具，还没有在城市交通领域实施的先例，因而目前还没有该政策下的弹性相关研究，道路收费相关的弹性研究可以为小汽车通行权交易政策制定提供参考。

1. 小汽车出行需求与道路收费

国外多地学者研究显示，小汽车出行需求对道路收费（包括拥挤费）的反应不够敏感，私人交通对道路收费的短期弹性通常低于 -0.5，许多研究认为这一弹性值甚至低于 -0.3。

赛瓦纳丹等（Selvanathan et al., 1994）收集了英国和澳大利亚 1960 ~ 1986 年的数据进行分析，将私人交通、公共交通、通信行业的收入弹性和价格弹性做了比较，见表 3 - 2[①]。从英国和澳大利亚的历史数据可以看出，私人交通（主要是小汽车交通）的需求价格弹性约在 -0.5。

---

① Selvanathan E A, Selvanathan S. The demand for transport and communication in the United Kingdom and Australia [J]. Transportation Research, Part B, 1994, 28 (1): 0 - 9.

表 3 – 2   1960～1986 年英国、澳大利亚需求弹性比较

分类		收入弹性	价格弹性		
			私人交通	公共交通	通信服务
英国	私人交通	2.11	– 0.53	0.07	0.08
	公共交通	0.98	0.19	– 0.41	0.03
	通信服务	1.19	0.57	0.09	– 0.12
澳大利亚	私人交通	2.27	– 0.55	0.15	0.04
	公共交通	0.80	0.49	– 0.73	0.07
	通信服务	0.50	0.31	0.18	– 0.60

卢克（Luk，1999）研究新加坡的情况后估计，交通拥堵费的弹性在
– 0.19 ～ – 0.58，平均为 – 0.34[①]。道奇森等（Dodgson et al.，2002）总结
了新加坡的多种相关研究，提出了交通拥堵费的点弹性在 – 0.12 ～ – 0.35
之间[②]。

梅和米尔恩（May & Milne，2000）通过城市交通模型比较了按警戒线收
费、按里程收费、按时间收费和按拥挤程度收费等不同收费方式下的需求价
格弹性，对实现同等交通需求管理目标（如交通量下降 10%）的不同费用控
制界限进行了研究[③]。在实现同等目标的前提下，基于时间收费最有效，其
次是按里程收费、按警戒线收费和按拥挤程度收费，如表 3 – 3 所示。

表 3 – 3   交通量下降 10% 的道路收费预测

道路收费类型	收费单位	减少出行量 10% 的收费
按警戒线收费	便士/路口	45
按里程收费	便士/公里	20

① J Y K Luk. Electronic road pricing in singapore [J]. Road & Transport Research, 1999, 8 (4):
28 – 30.

② Dodgson J, Young, J., van der Veer J. Paying for road use [R]. A Report to the Commission for
Integrated Transport, National Economic Research Associates (NERA), London, 2002, www.cfit.gov.uk/
research/pfru/pdf/pfru – tech.pdf.

③ May A D, Milne D S. Effects of alternative road pricing systems on network performance [J]. Trans-
portation Research, Part A (Policy and Practice), 2000, 34 (6): 0 – 436.

续表

道路收费类型	收费单位	减少出行量10%的收费
按时间收费	便士/分钟	11
按拥挤程度收费	便士/分钟延迟	200

阿伦茨等（Arentze et al.，2004）调查后发现，道路收费可能促成人们通勤次数、出行路线和出发时间改变，但只有很少部分转移到公共交通或在家工作。他们调查的结论是，特定路段交通量对收费的弹性值为 -0.35 ~ -0.39，包含出行时间和路线的变化在内，对交通走廊上所有车辆的弹性值为 -0.13 ~ -0.19①。

奥德克和斯韦恩（Odeck & Svein Brathan，2008）研究了挪威的19条收费公路后发现，在短期内小汽车交通的平均弹性为 -0.54，长期内平均弹性为 -0.82②。

交通环境、出行成本、商业设施布局等差异会导致小汽车出行需求弹性的差异。美国南加州大学教授朱利亚诺和达尔根（Giuliano & Dargay，2006）比较了美国和英国的情况后发现，英国居民车辆保有量低且出行较少是因为其实际收入较低和车辆使用费用（特别是燃油税）较高，但这并不意味着其没有更好的出行选择，因为英国有更好的公共交通服务（步行、自行车、公共汽车等），且本地的商业设施也较多，能够更好地满足生活需求，从而减少了小汽车出行需求③。

2. 小汽车出行需求与燃油价格

燃油税也是一种治理交通问题的经济手段，与收取拥堵费类似，都是通过增加汽车使用成本达到减少机动车出行的目的。一些国家和地区通过加收

---

① Arentze T，Hofman F，Timmermans H. Predicting multi-faceted activity-travel adjustment strategies in response to possible congestion pricing scenarios using an Internet-based stated adaptation experiment [J]. Transport Policy，2004，11（1）：31 – 41.

② James Odeck，Svein Brathan. Travel demand elasticities and users'attitudes：A case study of Norwegian toll projects [J]. Transportation Research Part A，2008，42（1）：77 – 94.

③ Giuliano G，Joyce Dargay. Car ownership，travel and land use：a comparison of the US and Great Britain [J]. Transportation Research Part A（Policy & Practice），2006，40（2）：106 – 124.

燃油税提高燃油价格来实现减少机动车出行，内化机动车使用负外部性的目标。一般而言，燃油税政策的地理范围更广，而拥堵费范围小，限定在特定的城市区域范围内。

燃油价格变化对小汽车使用的影响是多方面的。油价上涨会导致燃油消耗量下降，短期内通过减少车辆总里程和行车速度以节省燃料，拥有多辆汽车的家庭则选择更省油的汽车出行；长期内则通过提高车辆燃油经济性（降低单位公里的油耗）和选择更具有可达性的土地使用模式来应对油价的上涨。

古德温（Goodwin，1993）测算了小汽车使用与燃油价格的弹性关系，短期为 -0.27，长期为 -0.7。此后，古德温等（2003）在后续研究中发现燃油价格上涨 10% 将导致：其一，车辆行程短期内（1 年）约下降 1%，长期内（5 年）约下降 3%；其二，燃油消耗量短期内约下降 2.5%，长期内约下降 6%，这里燃料消耗下降比例超过车辆行程是因为司机购买更省油的汽车，开车更小心；其三，车辆燃油效率短期内约上升 1.5%，长期内约上升 4%；其四，车辆保有量短期内下降不到 1%，长期内约下降 2.5%。由此可见，燃油价格不仅影响车辆行驶里程，还影响车辆购买决策，长期的影响大于短期。

塔斯（Trace，1998）[1]、德容和冈恩（De Jong & Gunn，2001）[2] 等对小汽车出行的时间和价格弹性等进行了梳理，并开展了对小汽车行驶时间和燃油价格弹性的全面调查。德容和冈恩（2001）梳理了来自欧盟成员国（1985 年及之后）的近 50 项相关研究，这些成果反映了小汽车出行次数和出行里程的短期和长期弹性（未加权的平均值），长期弹性的分析包括了与出行方式选择、目的地选择、出行频率选择、人口迁移以及零售和服务活动的一些组合分析。研究者发现，在短期内，燃油价格变化对小汽车出行次数和出行里程（车公里）的影响基本相同。无论是小汽车出行次数还是出行里程，短期内对燃油价格的弹性均为 -0.16。从长期来看，小汽车行驶里程对燃油价格的弹性大幅增加，达到 -0.26，但小汽车出行次数对燃油价格的弹性仅略有增加 -0.19。格雷厄姆和格莱斯特（Graham & Glaister，2004）在研究中也对

① Trace. Review of Existing Evidence on Time and Cost Elasticities of Travel Demand and on the Value of Travel Time [C]. The Hague：TRACE Consortium，1998.

② Gunn H，Jong G D. Recent Evidence on Car Cost and Time Elasticities of Travel Demand in Europe [J]. Journal of Transport Economics & Policy，2001，35（2）：137-160.

全球范围内的车辆行驶与燃油价格弹性等相关问题进行了梳理和研究①。

表3-4总结了近年来国外学者对小汽车使用与燃油价格弹性的相关研究。总体而言，小汽车出行对燃油价格的短期弹性值在-0.3以下；长期弹性值介于-0.3与-0.6之间。

表3-4 小汽车燃油价格弹性值研究汇总

研究者（年份）	研究范围与时间	弹性范围
埃斯佩（Espey，1996）	美国，1936~1986年	短期-0.26，长期-0.58
阿格拉斯、查普曼（Agras，Chapman，2001）	美国，1982~1995年	短期-0.23，长期-0.92
格雷厄姆、格雷斯特（Graham，Glaister，2002）	美国、欧洲，20世纪后半叶	短期-0.20~-0.30，长期-0.60~-0.80
古德温、达尔盖和汉利（Goodwin，Dargay，Hanly，2004）	美国和欧洲，1929~1991年	短期-0.25，长期-0.60
斯莫尔、范·登德（Small，Van Dender，2005）	美国州一级面板数据，1966~2001年	1966~1996年，短期-0.09，长期-0.41；1997~2001年，短期-0.07，长期-0.34
休斯、奈特、斯珀林（Hughes，Knittel，Sperling，2006）	美国，1975~2006年	1975~1980年，短期[-0.21，-0.34]
		2001~2006年，短期[-0.034，-0.077]
利波（Lipow，2008）	美国、欧洲，20世纪后半叶	短期-0.17，长期-0.40
海梅尔、斯莫尔、范·登德（Hymel，Small，Van Dender，2010）	美国州一级面板数据，1966~2004年	短期-0.055，长期-0.285
博伊拉德（Boilard，2010）	加拿大，1970~2009年	1970~1989年短期[-0.093，-0.193]；长期[-0.762，-0.450]
		1990~2009年短期[-0.046，-0.091]；长期[-0.085，-0.256]

① Graham，D.，Glaister，S. Review of Income and Price Elasticities in the Demand for Road Traffic [R]. London：Department for Transport，2002.

研究者（年份）	研究范围与时间	弹性范围
科曼诺夫（Komanoff, 2008 ~ 2011）	美国，2004 ~ 2011 年	-0.04（2004 年），-0.08（2005 年）-0.12（2006 年），-0.16（2007 年）-0.29（2011 年）
李善年、约书亚·林、穆勒（Li, Linn, Muehlegger, 2011）	美国，1968 ~ 2008 年	-0.235

上述研究表明，小汽车出行会对燃油价格波动做出调整。燃油价格上涨在短期和长期对小汽车出行产生的影响具有差异，短期内对行驶里程和燃油经济性影响不明显，长期相对更加明显。然而，燃油税直接调控的是燃油消耗量，而燃油消耗量的减少并不完全来自行驶里程的减少，尤其是长期框架下，出行者更倾向于更换更加节能的车辆从而可以行驶更长的里程。

3.4.3 研究小结

在燃油税、交通拥堵费和可交易通行权等经济政策之间进行选择时，小汽车出行的价格弹性是影响政策选择的重要因素。通行权交易政策最重要的优点在于，其通过限定行驶数量（可能是次数或者里程）的总量来实现特定的通行速度或者环境方面的目标。相比之下，想要通过征收燃油税或者交通拥堵费来确保数量目标，必须对能源需求、小汽车出行需求的相关价格弹性有深入的了解。

征收燃油税还涉及燃油税在燃油的需求方和供给方分摊的问题。燃油税最终由谁承担与向谁征收无关，不是向买者征收税赋就由买者承担了，向卖者征收就由卖者承担了，无论是向买者还是卖者征收，最终的税赋都将在买者和卖者之间进行分摊，而买者和卖者分担的比例取决于二者的相对弹性：如果汽油买者（小汽车出行者）相对于卖者（燃油供应商）更加缺乏弹性，则加征燃油税后小汽车出行者将比燃油供应商承担更多的税收，因为其更难以离开市场。相反，如果小汽车出行比燃油供应商更加富有弹性，则燃油供给商将承担更多的税赋。因此，燃油税政策对行驶量的影响并非直接产生的，中间还要受到供需双方博弈、燃油经济性提升、油价波动等其他因素的影响，在这些因素作用下，燃油税对行驶量减少的效果大打折扣且易于变化。

理论角度而言，拥堵费和通行权交易政策可视为等价的政策，可以达到同样的效果。这两个政策对交通拥堵的作用效果，均与小汽车出行需求的弹性有关。

如果要通过交通拥堵费政策精准控制交通量，前提是需要全面清楚地掌握两方面的信息：其一是需求侧信息，包括当地小汽车出行的需求曲线和需求价格弹性，以及需求的收入弹性、与其他影响因素的交叉弹性等；其二是供给侧信息，包括小汽车出行的私人成本和外部成本，因为小汽车出行的真实成本直接决定了拥堵费政策是否会能够达到经济上最优化的结果——总福利（财富）的最大化。然而，在大多数现实世界的环境中，小汽车出行的需求和各项成本并不为人所全面了解，小汽车出行的真实需求与成本的测算异常困难。另外，基于上文国外学者对小汽车出行与价格相关政策的弹性研究，总体上而言，小汽车出行对于收费政策是相对缺乏弹性的。在这种状况下，出行者对拥堵收费的敏感性弱。如果要达到预期交通控制目标，则须征收较高额度的拥堵费，这将大大增加出行者的负担，降低拥堵费政策的接受度。

如果要通过通行权交易政策精准控制交通量，则达到最优化目标所需要的信息要比拥堵费政策少得多，因为通行权交易政策可以直接根据道路最优通行能力去设置允许的通行数量，不需要那么详尽的小汽车出行需求数据。通行权交易政策与拥堵费政策其目标相同，但路径不同，通行权交易政策相当于直接给定了一个最优化的结果，在该结果下小汽车出行转移量是近乎刚性的，因而在政策设计上更为便捷，在政策效果上更加确定。在通行权交易政策下，出行者承担的出行费用的增加可以通过许可证交易的市场价格进行监测。

在后面的章节中，将对交通拥堵费和可交易的通行权政策进行更加详细和贴合实际的讨论，从而更加准确地比较两种方法。

| 第 4 章 |
交通拥堵费：理论与实践

4.1 交通拥堵费的相关理论研究

4.1.1 拥堵收费理论基础

在经济学界，对交通拥堵治理的讨论和研究由来已久，不同经济学家分别给出了不同的解决方案。英国剑桥经济学教授庇古（A. C. Pigou，1920）最早在经济学领域对交通拥堵问题进行了分析，提出了道路交通拥堵问题的解决办法[①]。庇古认为，交通拥堵中的个人成本与社会成本的不一致导致了城市道路供需关系的扭曲，通过拥堵定价（congestion pricing）可以纠正。

庇古假定了"两点之间的两条道路"的场景，分析了个人边际成本和社会边际成本之间的差异，提出通过税收来矫正拥挤道路上的用户成本函数，将外部成本以税收的形式"内化"进个人边际成本函数，使个人边际成本曲线与社会边际成本曲线重合，促使道路的使用量回归社会最优的均衡点，实现资源配置效率的最大化与社会福利的最大化。

庇古对道路拥堵采取的拥堵收费政策的作用机理可见图 4 - 1[②]。图中，

[①] Pigou Arthur C. The economics of welfare [M]. London: Macmillan and Company, 1920.

[②] Button K. Road Pricing as an Instrument in Traffic Management [M]//Road Pricing: Theory, Empirical Assessment and Policy. Springer Netherlands, 1995.

曲线 D 表示需求曲线，需求曲线等同于个人边际收益（marginal private bene-fits，MPB），同时也等同于社会边际收益（marginal social benefits，MSB），即：D = MPB = MSB。曲线 MSC 表示社会边际成本（marginal social cost），曲线 MPC 表示个人边际成本（marginal private cost）。

道路畅通时，社会边际成本（MSC）与个人边际成本（MPC）相等，如图上交通量趋于零的位置，MSC 曲线与 MPC 曲线基本重合。随着交通流量的上升，社会边际成本曲线高于个人边际成本曲线，表明社会承担的成本超过了个人承担的成本。随着交通流量的增加与拥堵程度的加剧，MSC 与 MPC 的差距加大。

在没有拥堵收费的自由市场情况下，市场均衡位置为个人边际收益曲线和个人边际成本曲线的交叉点 B 点，对应的交通流量为 n_2。然而，点 B 位置并非对社会最优的情况，点 B 时的交通流量 n_2 已经超过了社会最优的交通流量（n_1）。从社会总体出发，最优社会均衡点位于社会边际收益曲线（MSB）和社会边际成本曲线（MSC）的交叉位置 A 点，对应的流量为 n_1，此时的出行价格（或成本）为 p_1。若采取某种措施，使得交通流量从 n_2 降低到 n_1，则该道路交通状况将达到社会最优均衡，整个社会将比自由市场时获取额外的收益（阴影区域 ABC）。

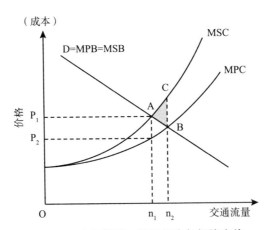

图 4-1 交通拥堵、福利损失与拥堵定价

如何才能纠正自由市场下的个人出行使其达到最优均衡？

根据庇古的矫正性税收理论，对每个道路使用者收取 $p_1 - p_2$ 的拥堵费（$p_1 - p_2$ 为社会边际成本与个人边际成本之间的差额，即未进入个人边际成本的外部成本），则自由市场下的均衡就会调整到社会最优均衡点 A，实际交通流量从 n_2 减少至 n_1，达到有效交通流的状态。

4.1.2　拥堵收费理论发展

第二次世界大战后，随着欧美发达国家的小汽车迅速进入家庭，交通拥堵问题愈演愈烈，对交通拥堵的研究获得了极大的关注，基于经济学的交通拥堵缓解政策越来越受到重视，拥堵定价理论在其中占据重要位置。

基于时间和空间属性的变与不变，城市交通拥堵收费理论演化出静态和动态两类模型。静态模型只考虑拥堵收费的空间属性，动态模型同时考虑路网的空间与时间属性。静态拥堵收费模型的理论基础是经济学中的边际成本定价理论，从内化负外部性的角度出发建立优化模型。动态模型是以瓶颈路段为研究对象建立的考虑了时间因素的定价模型，理论基础为排队论。

瓦尔特斯（Walters，1961）基于对道路交通拥堵外部性的定量研究，提出了短期拥挤边际成本定价方法，建立了一般道路最优拥挤定价模型，是静态模型的代表[1]。静态拥堵收费模型又因优化问题目标函数的不同分为两类：一类以纳什（Nash，1982）[2] 和安德鲁（Andrew）为代表；另一类以埃尔斯、川岛和伊尔（Else，Kawashima & Hill）为代表，两派争论的焦点在于选择"交通流量"还是"交通密度"作为衡量边际社会成本的目标函数。纳什等人认为边际社会成本不应是交通密度的函数，埃尔斯等人认为交通流量不能显著地逐一反映交通量的变动，将"交通密度"用来反映道路最优状况更好[3]。

诺贝尔经济学奖得主维克里（Vickrey，1963）进一步研究了拥堵收费对

① Walters A A. The Theory and Measurement of Private and Social Cost of Highway Congestion [J]. Econometrica，1961，29（4）：676–699.

② Nash C A. A Reformulation of the Theory of Optimal Congestion Taxes：A Comment [J]. Journal of Transport Economics and Policy，1982（26）：295–299.

③ 王健，胡运权，徐亚国. 拥挤定价理论发展及对我国城市交通管理的启示 [J]. 交通运输系统工程与信息，2003，3（3）：52–57.

出行方式、路径的影响，创建了以瓶颈路段为核心的动态拥堵定价方法，最早提出了交通拥堵收费的动态模型，对拥堵收费理论做出重要贡献①。

维克里（1969）基于确定性排队理论，提出了"瓶颈模型"②，被学者广泛引用和推广。维克里的"瓶颈模型"是一个能使所有出行者具有相同交通费用的内生出发时间选择模型，模型中假定了一条通行能力有限的公路连接生活区和工作区，出行者每天早晨使用该公路上班，由于瓶颈能力约束，必然有一部分人早到或迟到，从而发生延误惩罚成本。每个出行者通过选择出发时间来使总的出行成本达到最小化，该成本包括行驶时间（或瓶颈处的排队时间）成本和早到或迟到的延误惩罚成本，达到均衡时，所有出行者的总出行成本相等。研究认为，可以通过征收社会最优的时变拥堵费来完全消除道路瓶颈的排队，提高系统效率③。

维克里的拥堵瓶颈收费模型后来由布雷德（Braid，1989）、阿诺特（Arnott，1993）④ 等人加以推广。然而，由于时变拥挤收费随时间连续变化，对技术要求很高，同时公众难以接受，因而难以实施，后续学者如拉伊（Laih，1994）⑤、林德赛（Lindsey，2012）⑥ 等提出了不同方案的阶梯收费模型来模拟时变收费。威尔逊（Wilson，1983）⑦ 与多维尔和麦克唐纳（d'Ouville & McDonald，1990）⑧ 等人研究了次优拥堵定价时的最优道路容量问题；海德森（Henderson，1974；1981）考虑了从道路流量出发的动态拥堵定价方法。此

① Vickrey W S. Pricing in urban and suburban transport [J]. American Economic Review，1963，53（2）：452 – 465.

② Vickrey W S. Congestion Theory and Transport Investment [J]. American Economic Review，1969，59（2）：251 – 260.

③ 李志纯，丁晶. 基于活动方法的瓶颈模型与拥挤收费问题研究 [J]. 管理科学学报，2017（8）：97 – 105.

④ Arnott R，André de Palma，Robin Lindsey. A Structural Model of Peak – Period Congestion：A Traffic Bottleneck with Elastic Demand [J]. The American Economic Review，1993，83（1）：161 – 179.

⑤ Laih，Chen – Hsiu. Queueing at a Bottleneck with Single-and Multi-step Tolls [J]. Transportation Research Part A：Policy and Practice，1994，28（3）：197 – 208.

⑥ Lindsey C R，Berg V A C V D，Verhoef E T. Step Tolling with Bottleneck Queuing Congestion [J]. Journal of Urban Economics，2012，72（1）：0 – 59.

⑦ Wilson J D. Optimal Road Capacity in the Presence of Unpriced Congestion [J]. Journal of Urban Economics，1983，13：337 – 357.

⑧ d'Ouville E L，McDonald J F. Optimal Road Capacity with a Suboptimal Congestion Toll [J]. Journal of Urban Economics，1990，28：34 – 49.

外，沃德罗普（Wardrop，1952）等众多学者分别对交通拥堵收费进行了研究，他们的研究通常围绕交通拥堵收费费率的建模分析、实现形式、拥堵收费可能达成的不同目标及如何看待这些目标、拥堵收费对不同社会阶层所产生的影响及其评估、公众对交通拥堵收费的接受程度等问题。

20 世纪末 21 世纪初，随着我国城市交通拥堵程度的加剧与国外交通拥堵收费理论的发展，交通拥堵收费（定价）问题也逐渐走入国内学者的研究视野，国内学者对交通拥堵收费的相关问题也陆续开展了研究，形成了一定的影响，其中典型的代表包括杨海、黄海军等。

杨海（1999）对有大容量车道（HOV）和无大容量车道的情况下，多车道公路上的共乘行为与最优拥挤定价开展研究①。研究表明，在没有大容量车道的情况下，所有车辆均应收取统一的通行费以达到社会最优；在有大容量车道的情况下，应在隔离车道上实施差别定价，如果不能实行差异化定价，则可以通过统一定价获得次优解，统一定价的价格应设为合乘族与非合乘族的外部边际拥堵成本的加权平均值。晏克非等（1999）提出基于车辆动态导航的拥挤定价思路②。吴子啸与黄海军（2000）扩展了经典的"瓶颈模型"，认为在瓶颈模型中，行驶时间费用（排队等待时间费用）作为一种纯损失可以转化为以缴纳道路使用费为表现形式的收益；动态收费通过改变出行分布来达到社会最优，并保持个人出行费用不变③。

张华歆与周溪召（2005）提出了多模式交通网络的拥挤道路收费双层规划模型④，其后（2013）又在拥挤收费双层模型的上层模型中，加入满足社会与空间公平要求的约束条件，建立了有公平约束的拥挤收费模型⑤。钟绍鹏、邓卫等先后提出了基于路径运行时间可靠度的随机系统最优拥挤收费模

① Yang H，Huang H J. Carpooling and congestion pricing in a multilane highway with high-occupancy-vehicle lanes ［J］. Transportation Research Part A Policy & Practice，1999，33（2）：139－155.

② 晏克非，张国强，覃煜. 基于车辆动态导航的拥挤定价 ［J］. 交通运输工程学报，2001，1（3）：74－76.

③ 吴子啸，黄海军. 瓶颈道路使用收费的理论及模型 ［J］. 系统工程理论与实践，2000，20（1）：130－135.

④ 张华歆，周溪召. 多模式交通网络的拥挤道路收费双层规划模型 ［J］. 系统工程理论方法应用，2005，14（6）：546－551.

⑤ 张华歆，周溪召. 基于社会与空间公平多用户网络拥挤收费定位 ［J］. 系统工程学报，2009，24（2）：184－189.

型（2010）① 与考虑 ATIS 市场占有率及遵从率的随机系统最优拥挤收费模型（2013）②；朱永中等（2014）考虑了时间价值偏好下的收费群体、收费区域、基准费率及技术支持四个层面，设计了交通拥堵收费方案③。高自友等（2015）提出了基于均值—超量系统总阻抗的随机拥挤收费模型④；赵红军等（2015）提出了一种考虑环境代价的拥堵收费的简化模型⑤；汪景和张小宁（2015）提出了停车受限条件下多模式交通网络动态拥挤收费模型⑥。

　　从理论角度出发，学者通常都对征收拥堵费缓堵的作用持肯定态度，认为拥堵费政策比行政性手段更有效率。徐翌等（2012）根据理论分析，认为在拥有发达的公共交通系统前提下征收拥堵费，同时对公共交通进行补贴可以有效缓解交通拥堵⑦。庞玉萍（2016）从经济学角度，分析拥堵收费政策可以提高整体出行者的福利水平，认为该政策在理论上是可行的⑧。张卿（2017）从法律经济学的角度出发，比较分析了政府用于治理交通拥堵的数量监管措施（包括机动车上牌和上路的总量控制措施等）和价格监管措施（包括拥堵费和停车费等）的优缺点和适用条件，认为加价监管方式特别是征收拥堵费的方式比对机动车上牌进行总量控制等数量监管方式更为有效率，新技术有助于增加施行拥堵费制度的可行性并降低拥堵费制度的实施成本⑨。

　　也有一些学者对收费缓解交通拥堵的理论基础进行质疑。奈特（Knight，

---

① 钟绍鹏，邓卫. 基于路径运行时间可靠度的随机系统最优拥挤收费模型［J］. 系统工程理论与实践，2010，30（12）：2297 - 2308.

② 钟绍鹏，邓卫，包丹文. 考虑 ATIS 市场占有率及遵从率的随机系统最优拥挤收费模型［J］. 系统工程理论与实践，2013，33（2）：456 - 462.

③ 朱永中，宗刚. 出行时间价值视角下交通拥堵收费可行性研究［J］. 软科学，2015，29（4）：124 - 128.

④ 鲍月，徐猛，高自友. 基于均值—超量系统总阻抗的随机拥挤收费模型［J］. 管理科学学报，2015，18（1）：32 - 40.

⑤ 赵红军，冯苏苇. 如何有效地治理北京的交通拥堵——一个考虑环境代价的拥堵收费经济学分析与评估［J］. 城市发展研究，2015，22（12）：101 - 110.

⑥ 汪景，张小宁. 停车受限条件下多模式交通网络动态拥挤收费［J］. 系统工程理论与实践，2015，35（12）：3182 - 3191.

⑦ 徐翌，欧国立. 交通拥堵收费的理论依据和政策分析［J］. 中国工业经济，2012（12）：18 - 30.

⑧ 庞玉萍. 交通拥堵收费的福利理论与实践思考［J］. 价格理论与实践，2016（6）：84 - 87.

⑨ 张卿. 论大城市治理交通拥堵的政府监管制度选择与优化［J］. 行政法学研究，2017（6）：44 - 57.

1924）继庇古（A. C. Pigou，1920）之后对交通拥堵问题也进行了深入分析，但奈特解决拥堵问题的思路与庇古不同，认为应将拥挤的道路实施私有化以解决过度使用的问题①。奈特认为：如果道路是私有财产，为保证道路使用收益最大化，道路拥有者会确定一个"理想"的收费水平，在该收费水平下用户的个人边际成本曲线与社会边际成本曲线一致，达到与征收"庇古税"一样的效果。在拥堵状态下，市场机制仍然在发挥作用，并没有失衡，私人成本与社会成本之所以有分离关键是因为道路没有私有产权。因此，将道路产权私有化便能解决这一问题。奈特的思想为后来科斯提出的产权交易理论奠定了基础。

4.1.3 交通拥堵费的实施相关问题研究

交通拥堵费从理论上而言的效果得到了大多数学者的认同，但具体实施交通拥堵收费的城市却仅有新加坡、伦敦等少数几个城市，许多拥堵城市将拥堵收费放入政策备选，然而在开展相关研究与调查后放弃了这一政策工具。

许多学者认为，交通拥堵费的主要实施障碍为公众对交通拥堵收费政策的看法和接受度，因而关于交通拥堵收费的可接受性问题是探讨的热点，对此问题进行探讨包括斯莫尔（Small，1992）、卡尔菲（Calfee，1998）、琼斯（Jones，2003）②、雅各布松（Jakobsson，2000）③、温斯顿（Winston，2001）、惠特尔（Whittles，2003）④、沙德（Schade，2003）⑤、杰斯瑞沙克（Jaensirisak，2005）等众多的学者。

---

① Knight F H. Some Fallacies in the Interpretation of Social Cost [J]. The Quarterly Journal of Economics，1924，38（4）：582 – 606.

② Jones P. Acceptability of Road User Charging：Meeting The Challenge. In：Acceptability of Transport Pricing Strategies [C]//Mc – Icam Conference. Elsevier Ltd，Oxford，2003.

③ Jakobsson C，Fujii S，Gärling，T. Determinants of private car users'acceptance of road pricing [J]. Transport Policy，2000，7（2）：153 – 158.

④ Whittles M J. Urban road pricing：public and political acceptability [M]. Ashgate Publishing Limited. Hants，England，2003.

⑤ Schade J，Schlag B. Acceptability of urban transport pricing strategies [J]. Transportation Research Part F（Psychology & Behaviour），2000，6（1）：45 – 61.

范霍夫等（Verhoef et al.，1997）[1] 对公众的道路拥堵收费态度进行了调查，发现公众对拥堵费的怀疑来源于以下几方面的认识，这一分析接受度的问项范围大多被后来学者采用，具体包括：①人们习惯于为得到什么交费，而不是为避免什么交费；②认为自己是交通拥挤的受害者，而容易认识不到自己也是拥挤的"贡献者"；③认为拥挤是由于路网能力不够造成的；④认为拥堵还没有发展到非要靠收费来控制流量的程度，目前还宁愿忍受拥挤和出行时间延长；⑤人们担心收费会导致违章行驶的事件增多；⑥人们担心电子收费系统的技术不过关从而导致错误收费；⑦电子收费系统记录了车辆的行踪，侵犯人们的出行隐私权；⑧对收费是否真的能减少个人小汽车的使用存疑；⑨对收费产生的周边效应怎么解决？即在收费站附近会有大量的躲避缴费的车辆聚集，若收费太低，周边效应不会明显，但收费对交通流的调节作用也减低了；⑩交费继续使用拥挤道路的人是否是必须使用这条路的人？有钱人是否就一定可以占用稀缺资源，而不论其出行的必要性？

温斯顿（Winston，2001）认为，公众反对拥挤收费的原因在于：首先，拥挤收费容易被认为是一种额外的税收（additional tax），而缴纳该税收所能带来的利益公众是不确定的；其次，公众尤其反对针对现有公路收取拥堵费的政策。豪斯（Raux，2008）认为，征收交通拥堵费不仅让放弃开车的人感受到福利损失，同时也让继续开车出行的人认为自己的福利损失了，因为他们支付的拥堵费所带来的时间节约并不明显，花钱出行的体验变差了[2]。所以，公众会认为征收交通拥堵费是政府增收、居民减利的行为，产生较大的抵抗情绪。

国内学者也对交通拥堵费的实施可行性、可接受性与公众意见等问题开展了研究。黄海军（2003）对道路拥挤收费的实践困难进行了分析，认为拥挤收费实践中的主要难题不是技术，而是公众支持不支持的问题，公众的支

① Verhoef E T, Nijkamp P, Rietveld P. The social feasibility of road pricing. A case study for the Randstad area [J]. Journal of Transport Economics & Policy, 1997, 31 (3): 255 – 276.

② R Charles Raux, Stephen Ison; Tom Rye. Tradable driving rights in urban areas: their potential for tackling congestion and traffic-related pollution [C]. The Implementation and Effectiveness of Transport Demand Management Measures. An International Perspective, Routledge, 95 – 120, 2008. https://halshs. archives – ouvertes. fr/halshs – 00185012v2/document.

持程度又决定了政府的政策取向①。韩小亮与邓祖新（2006）认为，虽然解决交通拥堵问题的（将外部成本内在化）基本原则是明确的，但由于缺乏精确估计外部成本的工具，也不具备实施这种收费的技术，因而要实施这个原则却极其困难②。

王简（2011）从市民交通支出角度，2010 年在北京开展问卷调查，研究认为，拥堵收费在北京应谨慎实施，因为北京市民的交通支出占可支配收入的比重较大，即市民目前的出行压力已经很大③。刘明君等（2011）在分析了伦敦拥堵收费经验与北京实际情况后，认为目前北京实施拥挤收费条件尚不成熟，暂时不宜以与国际接轨为由照搬推行交通拥挤费④。

邵丹娜等（2015）采用意愿价值评估法，对杭州市民拟征收拥堵费的愿意支付价格进行调查显示，有接近半数（46.26%）的受访者愿意在交通高峰时段支付拥堵费，样本意愿支付价格为 28.81 元/（人·月），有超过半数（53.74%）的受访者拒绝在交通高峰时段支付拥堵费，拒绝的原因包括：①受访者对于城市交通拥堵治理方面的认识不一致，对现有政策的制定主体和作用对象认识不清；②受访者对政策执行预期存在不确定性，包括担心所支付费用能否真正用于解决城市交通拥堵的治理问题，短期内能否以收费解决拥堵问题；③受访者考虑自身的经济条件以及出行情况，尚无能力或需求支付该类费用⑤。

综合上述研究情况，理论方面，学者对交通拥堵费的效果是较为认同的，普遍认为交通拥堵费的缓堵效果优于行政限行手段。然而从实践应用层面，许多学者也针对政策的接受度、公平性、实施费用等问题提出了不同的意见。

---

① 黄海军. 拥挤道路使用收费的研究进展和实践难题［J］. 中国科学基金，2003，17（4）：8-13.

② 韩小亮，邓祖新. 城市交通拥堵的经济学分析——基于计算经济学的模拟检验［J］. 财经研究，2006，32（5）：19-31.

③ 王简. 拥堵收费探讨——基于交通支出视角［J］. 中央财经大学学报，2011（6）.

④ 刘明君，朱锦，毛保华. 伦敦拥堵收费政策、效果与启示［J］. 交通运输系统工程与信息，2011，11（S1）：146-151.

⑤ 邵丹娜，刘学敏. 意愿价值评估法在城市管理决策中的应用——以杭州市拟征收交通拥堵费的意愿调查为例［J］. 城市发展研究，2015，22（2）：118-124.

4.2 新加坡交通拥堵费治堵实践

4.2.1 新加坡城市与交通基本状况

新加坡常住人口约 550 万人，其中居民（包括公民和永久居留权居民）约 390 万人，近年来新加坡人口仍保持增长态势。2014 年，新加坡陆域面积 718 平方公里，人口密度达 7 615 人/平方公里。新加坡的经济发展水平和居民收入水平均处于亚洲前列，2014 年完成国民总收入（gross national income，GNI）3 783 亿美元，人均国民收入将近 7 万美元，2014 年 GDP 为 3 901 亿美元，人均 GDP 达到 71 318 美元。近年来国民总收入的增速虽有所放缓，但相比同等发达国家，其增速仍处在较高的水平，如表 4 - 1 所示。

表 4 - 1 新加坡人口、土地与经济基本情况

| 年份 | 年中人口数 | | 陆域面积 | 人口密度 | 国民总收入（GNI） | | 人均国民总收入 | |
| | 总量 | 居民数 | | | | | | |
	人		平方公里	人/平方公里	百万美元	增长率（%）	美元	增长率（%）
2010	5 076 732	3 771 721	710.4	7 146	320 526.6	20.1	63 137	18
2011	5 183 688	3 789 251	712.7	7 273	338 452.8	5.6	65 292	3.4
2012	5 312 437	3 818 205	715.1	7 429	351 765.9	3.9	66 216	1.4
2013	5 399 162	3 844 751	716.1	7 540	366 618.4	4.2	67 902	2.5
2014	5 469 724	3 870 739	718.3	7 615	378 329.7	3.2	69 168	1.9

资料来源：根据新加坡统计局发布的《新加坡 2015 年统计年鉴》整理，http://www.singstat.gov.sg/publications/publications - and - papers/reference/yearbook - of - statistics - singapore。

新加坡道路基础设施较为完善，道路网络层次清晰、设计优良。2014 年，高速公路里程达 164 公里，干线道路 698 公里，支线公路 578 公里，集散道路

2 055 公里，道路里程合计 3 495 公里，车道总里程达到 9 232 公里；高速公路平均车道数达到 6.66 条，干线公路平均车道数也达到 4.5 条，如表 4 - 2 所示。

表 4 - 2   新加坡各等级道路里程

道路等级	道路里程（公里）		车道里程（公里）		平均车道数（条）	
	2013 年	2014 年	2013 年	2014 年	2013 年	2014 年
高速公路	164	164	1 093	1 093	6.66	6.66
干线公路	662	698	3 100	3 146	4.68	4.51
支线公路	571	578	1 593	1 599	2.79	2.77
集散公路	2 055	2 055	3 392	3 394	1.65	1.65
合计	3 452	3 495	9 178	9 232	2.66	2.64

资料来源：新加坡陆路交通管理局，《陆路简明统计资料 2015》，http：//www. lta. gov. sg。

4.2.2　交通拥堵费政策

提高车辆购买成本可以对汽车保有量限制起到立竿见影的效果，但对汽车使用量限制和缓解核心地区交通拥堵的作用却是间接的。随着越来越多新加坡人获得拥车证，车辆保有量的增加无法保证所有人在各个时间都可以顺畅地开车出行。为了控制核心区域和关键路段交通流量，新加坡政府鼓励人们采用公共交通或替代线路出行，为此，新加坡政府采取了一种有效的交通拥堵调控工具——公路电子收费系统（electronic road pricing，ERP）。公路电子收费系统遵循"谁使用谁付费""拥堵严重收费高"的原则，要求那些选择在繁忙时段使用拥挤道路的驾车者付费，因此更加公平合理。公路电子收费系统事实上是一套拥堵收费系统，新加坡也是全球最早征收拥堵费的国家。

新加坡交通管理部门认为，ERP 带来的效益包括：①最大限度地减少中央商务区、乌节路地区，以及主要高速公路等繁忙路段的交通量；②通过鼓励驾驶者考虑替代方案优化了道路网络的使用率；③为驾车人士提供了一个公平的价格，由于收费是基于"谁用路谁付费"的原则，在 ERP 时间内用得多就付得多，使用道路较少则少付费，而那些在非 ERP 时间出行的驾车者不需要付费；④无须再购买月度/每日行驶许可证，驾驶者不再需要购买纸质许可证就能穿过 CBD 等交通流量大的地方，节约驾车者时间；⑤没有人为错误，ERP 非常可靠，完全自动化，且系统 24 小时运作，ERP 的中央计算机系统确保闸门始终正常工作。

1. 收费方式及范围

新加坡于 1975 年实施了限制区域牌照系统（area licensing scheme，ALS），主要用于限制车流进入较拥挤的中央商业区。1995 年，在 3 条高速公路的特定路段上实施了另一种类似的收费系统，通过早高峰（7：30～9：30）车辆收费来缓解拥堵。1998 年，新加坡将上述两种收费系统整合成为统一的公路电子收费系统（electronic road pricing，ERP），并推广到更多的高速公路与主干路。

新加坡电子道路收费系统由电子收费闸门、带现金卡的车载单元（IU）和中央控制系统三部分构成，电子收费闸门横跨于需要收费调节交通流的高速公路和主干道上，车辆通过电子收费闸门时按次进行缴费，不同时段、不同道路状况、不同车辆类型收取不同的费用。据新加坡陆路交通管理局的统计数据显示，截至 2016 年，已安装的电子收费闸门达到 77 个，如图 4-2 所示。

图 4-2　新加坡公路电子收费闸门

资料来源：https：//www. lta. gov. sg/content/ltaweb/en/roads - and - motoring/managing - traffic - and - congestion/electronic - road - pricing - erp. html？tdsourcetag = s_pcqq_aiomsg。

2. 收费费率

新加坡电子道路收费系统的收费非常灵活，每次通过收费闸门的费用约在 0.5~5 新元之间不等，基于车型、日期、路段、时段的不同而不同。通常，在 8∶00~9∶00、17∶00~19∶00 的高峰时段，市区繁忙道路的 ERP 收费标准会达到每次 3 新元，最高达到 6 新元。

收费首先取决于驾驶者车辆换算单元（passenger car unit equivalent，PCU），具体机动车收费类型分为小汽车/轻型货车/出租车、摩托车、重型货车/小型巴士、超重型货车/大巴等；小汽车、出租车和轻型货车为 1 个 PCU，摩托车是 0.5 个 PCU，重型货车及小型巴士 1.5 个 PCU，超重型货车及大型巴士为 2 个 PCU。同一类型车辆在工作日和周末、每天的不同时段收费也不同。

ERP 收费还会根据道路拥堵情况进行实时调整。主干道的最优速度设定为 20~30 公里/时，高速公路最优速度设定为 45~65 公里/时。如果市区主干道平均车速低于 20 公里/时，或者高速公路的平均时速低于 45 公里，拥堵费就开始调高。速度越低，价格越高，高峰时段每个闸门每半小时调整一次收费。此外，为了尽可能合理化收费，新加坡 ERP 的计算公式每三个月会进行调整。

3. 实施技术

新加坡的电子道路收费系统采用的是 "专用短程无线通信（dedicated short-range radio communications，DSRC）" 技术。DSRC 技术系统主要由车载设备、路侧单元（roadside unit，RSU）和专用短程通信协议三部分组成，利用无线电短波工作，能够实现在较小的范围内（通常为数十米）与高速移动的车辆进行双向通信，实时传输图像、语音和数据信息。路侧单元由设备控制器、天线、抓拍系统、计算机系统及其他辅助设备等组，安装在收费闸门上。

ERP 系统的收费闸门由两个门组成。两个门之间的距离为 8~10 米。DSRC 技术能够保证车辆在距离第一个门 10 米范围时，自动读取通行车辆的车载设备是否有效，并根据车载设备的型号来判断车型，进而确定收费的金额。车辆行驶到前后两个门的中间时，系统会自动从插入车载设备的现金卡中扣除相应的收费额。第二个门上的感应器用于确认收费是否成功，并在控制器中记录车辆信息，同时在车载设备上显示扣掉的金额（Gopinath Menon，2000）。如果由于一些原因没有进行有效交易，那么第一个闸门上的摄像头会自动启动，拍下车辆尾部车牌的照片并记录原因（例如，现金卡上没有现金），并存储在控制器中。

一条双向三车道的城市道路，架设的闸门高 6.1 米，宽 15 米左右。电子道路收费系统的一个收费闸门的建设费用在 100 万新元（折合人民币约 451 万元）至 300 万新元（折合人民币约 1 353.2 万元）之间，费用差别主要取决于道路和闸门的宽度。

2016 年，新加坡开始研究和计划使用卫星定位技术取代现有的专用短程无线电通信技术，从而实现更加精准的基于行驶里程的拥堵收费。这种基于卫星定位技术的第二代电子道路收费系统（ERP Ⅱ）计划使用多种卫星定位系统（GPS、伽利略系统）来保证系统的可靠性和稳定性，其优势体现在：①实现按里程收取拥堵费。现有的 ERP 系统只能在道路上的某些固定点进行收费，而基于定位技术的收费系统更加灵活，能更准确、有效地调控道路交通。②设施安装简便。基于 GPS 的收费系统仅需安装车载设备，无须固定的电子闸门，因而可减少系统安装费用，减少土地占用以及对城市景观的影响。③减少设备的维护费用和建设周期。因为无须安装电子闸门，仅需维护 GPS 系统和车载设备即可，同时，基础设施建设周期比固定设施安装更快捷。

基于 GPS 的收费技术也会存在一些问题，主要包括：①信号问题，可能存在信号不畅导致车辆行驶轨迹无法追踪的情况。②车载终端的损坏，存在车载终端损坏无法记录轨迹时，如何有效地处理。③隐私问题，使用者会存在出行轨迹被记录的担忧，从而对收费政策产生抵触。④费率设计问题，基于实时定位的交通调控理论上很好，但实际的费率方案和算法设计可能会很复杂。这些问题也是其他城市设计交通收费方案时应该考虑的。

4. 成本与收益

ERP 系统的建设投资约为 2 亿新元（折合人民币约 9 亿元），全部由新加坡政府承担（包括给 67 万辆车安装免费车载设备）。在电子道路收费系统刚实施初期，ERP 系统的年度运营成本为 1 600 万新元（折合人民币约 7 217 万元），年收入为 8 000 万新元（折合人民币约 3.6 亿元）；年度运营成本约为收入的 20%①。根据陆路交通管理局的最新数据，目前，新加坡 ERP 系统 1 个收费闸门一年的运营与维护成本约为 30 万新元，按现有 77 个闸门计算，

---

① 罗兆广. 新加坡交通需求管理的关键策略与特色 [J]. 城市交通，2019，7（6）：33 - 38.

年度运营与维护成本约为 2 300 万新元（折合人民币约 1 亿元），年收入为 1.65 亿新元（折合人民币约 7.44 亿元），年运营成本约为收入的 14%。

然而，正如新加坡政府一再强调和声明的那样，新加坡 ERP 系统的建设初衷并不是增加政府收入，而是"专门针对拥堵的收费"，因此投资回报并非政府考虑的主要问题，车辆行驶速度是否达到理想状态是系统成功与否的衡量标准。新加坡将道路车速作为拥堵收费的费率调整的唯一标准也证明了这一点。

5. 实施效果

新加坡交通管理部门认为，交通拥堵导致的时间浪费、环境污染、燃料浪费和对健康的不利影响等造成的损失，让个人和社会付出昂贵的代价。为了保持交通畅顺，新加坡陆路交通管理局（Land Transport Authority，LTA）将继续使用所有可用的手段，除了修建更多道路、调节汽车增长率、实现流量工程解决方案、推广公交优先等综合解决方法，有必要通过 ERP 来管理交通需求。

随着公路上的车辆越多，新加坡公路电子收费覆盖范围越来越广，以确保交通保持顺畅。然而，随着电子收费闸门增多，一些新加坡民众也表示出不满，指责 ERP 收费过高。有的车辆为了绕过电子收费闸门，不得不行驶更长的距离，造成了能源浪费，增加了行车时间。

虽然存在负面的评价，新加坡 ERP 对交通拥堵控制的总体效果却是受到公认的。根据 LTA 的相关报告，电子道路收费系统使新加坡市中心车流量减少了大约 13%，高峰时段平均车速提高了 20%[①]。2014 年 10 月，《联合早报》在一篇社论中指出，ERP 收费机制已表现出更大的灵活性，称其为"在鼓励和惩罚之间求取平衡点的积极做法"。

通过拥挤收费调节交通需求，新加坡的快速公路在高峰期车速高于 60 公里/时，且近 10 年来车辆通行速度保持稳步上升趋势，2014 年达到 64 公里/时；中央商业区平均车速高于 26 公里/时，2014 年达到 29 公里/时。这一良好的通行状态让新加坡成为世界上车速最快的发达城市之一，优于伦敦、东京和香港等城市。

---

① 新华网. 新加坡电子道路收费系统有效缓解交通拥堵［N］. 2015. http：//news. xinhua-net. com/world/2015 - 12/10/c_1117424440. htm.

ERP 系统实施后，公共交通的客流量显著增加，公交车在中心区的行驶速度明显提升。在实施区域通行证制度之前，新加坡通过公交车进入中心区的比例分别为 33%[1]；而到了 2014 年，有 66% 的居民会在高峰时段使用公共交通出行[2]。轨道交通和公交的客流也保持了较高增长，轨道交通的客运年增长量为 10.1%，公交车的客运年增长量为 2.8%[3]。

4.2.3 其他拥堵治理政策

1. 车辆配额系统

通过车辆配额系统与拥车证制度，新加坡的车辆增长率一直控制在较低水平。新加坡从 1990 年开始采用车辆配额系统（vehicle quota system，VQS），VQS 中将所有车辆分为 5 类，根据上一年车辆数、允许增加车辆数和报废车辆数计算出新一年车辆配额。表 4-3 显示了新加坡车辆配额系统的车辆类型划分与一个季度的配额量。

表 4-3　　　　　2016 年 2～4 月新加坡车辆配额系统季度配额量　　　　单位：辆

车辆类型	A 类	B 类	C 类	D 类	E 类	总计
	小汽车（排量 1.6 升以下或最大功率不超过 97kW）	小汽车（排量 1.6 升以上或者最大功率超过 97kW）	货车和公共汽车	摩托车	"公开组别"（包括各类型车辆）	
2015 年 12 月 31 日的车辆保有量	321 972	280 261	154 229	143 343	—	899 805

---

[1] Leitmann, Josef. Integrating the Environment in Urban Development：Singapore as a Model of Good Practice [R]. Washington DC：The World Bank, Urban Development Division, 1999, http：//www. ucl. ac. uk/dpu - projects/drivers_urb_change/urb_environment/pdf_Planning/World% 20Bank_Leitmann_Josef_Integrating_Environment_Singapore. pdf.

[2] Ministry of Transport. Public Transport 2014. Singapore：Ministry of Transport, 2015, http：//www. mot. gov. sg/About - MOT/Land - Transport/Public - Transport/.

[3] Land Transport Authority. Public Transport Ridership [R]. Singapore：Land Transport Authority, 2015, http：//www. lta. gov. sg/content/dam/ltaweb/corp/PublicationsResearch/files/FactsandFigures/PT% 20Ridership. pdf.

续表

车辆类型	A 类 小汽车（排量 1.6 升以下或最大功率不超过 97kW）	B 类 小汽车（排量 1.6 升以上或者最大功率超过 97kW）	C 类 货车和公共汽车	D 类 摩托车	E 类 "公开组别"（包括各类型车辆）	总计
（A）保有量增长量	201	175	96	90	18	580
（B）取消注册的替换量	11 963	7 062	4 123	1 970	2 789	27 907
（C）调整量	7	15	−3 246	79	−132	−3 277
2016 年 2 月至 4 月的车辆配额量（A + B + C）	12 171	7 252	973	2 139	2 675	25 210
2016 年 2 月至 4 月的月平均配额量	4 057	2 417	324	713	892	8 403

资料来源：新加坡陆路交通管理局，http：//www.lta.gov.sg。

由于车辆配额系统的实施，新车的购置配额必定不能满足所有购车需求，解决的办法是发放"拥车证"，"拥车证"通过竞标的方式分配。"拥车证"不仅要通过投标花钱购买，而且有使用年限。每个"拥车证"对应一辆车，有效期为 10 年，到期后，车主可通过支付到期前 3 个月"拥车证"的平均价格，将有效期延续 5 年或 10 年。因此，"拥车证"制度事实上是一次仅出售 10 年的车辆拥有权。这样的制度安排不仅通过提高购车成本控制了小汽车数量的过快增长，也考虑到远期"拥车证"价格的波动调整。

近年来，新加坡拥车证价格也逐渐往下调整，新加坡政府越来越偏向通过提高用车成本来影响人们的开车习惯。自 2008 年 3 月起，汽车附加注册费（additional registration fee，ARF）削减至相当于车辆到岸价（OMV）的 100%。此外，所有车辆包括出租车的路税也从 2008 年 7 月起一律调低 15%。政府每年因此损失约 3.1 亿新元，这远比每年从公路电子收费所额外征收的 7 000 万元收入来得高。

表 4 –4 列出了新加坡 2013 ~ 2014 年不同类型车辆的"拥车费用"，与 2013 年相比，2014 年的汽车拥车费用有所降低，而摩托车拥车费用大幅度提

高。2015 年，小汽车的拥车费进一步降低，大约介于 55 000 ~ 75 000 新元。

表 4 – 4　　　　　　　2013 ~ 2014 年不同类型车辆的拥车费用

车辆类型		年平均拍卖价格（单位：新元）	
		2013 年	2014 年
A 类	小汽车（排量 1.6 升以下或者最大输出功率不超过 97kW）	74 690	67 675
B 类	小汽车（排量 1.6 升以上或者最大输出功率超过 97kW）	78 712	73 282
C 类	货车和公共汽车	60 342	50 764
D 类	摩托车	1 757	4 027
E 类	"公开组别"（包括各类型车辆）	80 278	73 436

资料来源：新加坡陆路交通管理局，http：//www.lta.gov.sg。

2014 年，新加坡机动车保有量约 97.2 万辆，比 2013 年减少 0.22%；私家车保有量为 536 882 辆，比 2013 年减少 0.59%。到 2015 年底，新加坡的小汽车总量 602 233 辆，刚刚超过 60 万辆，机动车总量为（包括摩托车）接近 90 万辆，比 2014 年进一步减少。2009 ~ 2014 年，新加坡车辆增长率控制在 1.5% 以内。相对于新加坡的发展水平与人口基数，其小汽车保有量与增长率远小于中国一些城市，如表 4 – 5 所示。

表 4 – 5　　　　　2013 ~ 2014 年新加坡不同类型机动车保有量及其变化

车辆类型	车辆保有量（辆）		变化率（%）
	2013 年	2014 年	
所有机动车	974 170	972 037	– 0.22
私家车	540 063	536 882	– 0.59
其他小汽车	83 625	82 141	– 1.77
出租车	27 695	28 736	3.76
大型客车	17 509	17 554	0.26
货车与其他车辆	160 344	161 698	0.84
摩托车	144 934	145 026	0.06

资料来源：新加坡陆路交通管理局，http：//www.lta.gov.sg。

2. 动态调整的公交定价机制

2008 年的新加坡陆路交通总体规划设计了一个更公平的基于出行距离的票价结构，取代之前按照换乘车次数收费的方式。2010 年，新加坡正式推出了新的"距离票价（distance fares）"，不管乘客直接到达还是需中间换乘，只要出行距离相同，则支付相同的票价。轨道交通和常规公交均实施距离票价政策，这为乘客提供了更多的选择和灵活性，从而方便乘客选择最佳路线到达目的地。尤其对于那些对出行时间要求较高的乘客，可以选择乘坐更早到达的交通工具，通过换乘更快地到达目的地，且不用像以前一样多付费用。

由于按距离收费需要通过 GPS 定位来计算旅客出行总里程，因此新加坡公共交通主要使用无接触智慧卡（易通卡 EZ‑link），乘客上下车都要刷卡，通过 GPS 定位来自动计算车费。新加坡城市公共交通的距离收费政策如图 4‑3 所示。

距离票价的费率与公共交通的类型有关（分为干线、快线和支线），快线的费用最高，其次为干线，支线费用最低。干线和快线均实施按距离远近收费的政策，但费率体现出"递远递减"的规律，支线费用不随距离的远近而变化，均收取 140 分（用卡收费为 78 分），如图 4‑3 所示。

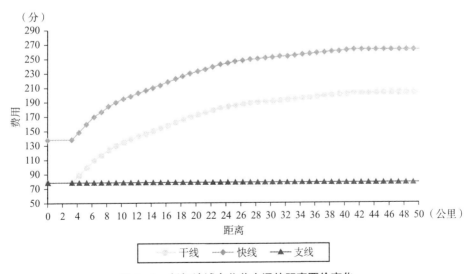

图 4‑3　新加坡城市公共交通的距离票价变化

资料来源：新加坡陆路交通管理局，上图基于以卡支付的费用，货币单位为新加坡元。

新加坡公共交通的"距离票价"也并非一成不变，相反，票价采用动态的调节机制，随着物价水平、工人工资、能源价格等因素的变动会定期调整。

公交票价调整由公共交通理事会（Public Transport Council，PTC）来评估和执行，PTC 根据调价公式每年调整一次。目前采用的调价模型如下：

$$收费调整公式 = 0.4 \cdot CCPI + 0.4 \cdot MWI + 0.2 \cdot EI - 0.5\%$$

其中，CCPI 为核心消费者价格指数（core consumer price index，但不包括私人交通和住宿费用）。MWI 为平均工资指数（mean wage index），跟踪企业人工成本的变化。人工成本是公共交通企业最重要的成本组成，将工人工资指数单列出来，更直接地反映成本变动情况。EI 为能源指数（energy index），跟踪公交公司和轨道公司所使用的柴油和电力燃料的成本。0.5% 为生产力扣除（productivity extraction），该值设定在 0.5%，有效期为 5 年（2013～2017 年）。

负责公交定价的新加坡公共交通理事会还通过定期追踪每个家庭的公交支出与收入的平均比例，确保公交票价不至于过高。同时，给予较低收人家庭更多的公交费用援助，包括政府援助的"工作福利计划"，还有每年派发的社会援助"交通礼券"等。这种动态调整机制有利于平衡公共交通企业的经营效益与社会效益，使两者能达到适度平衡，既保障了企业的合理盈利，减少政策财政投入，又能保证居民在公共交通上负担合理。

公交动态定价机制与交通拥堵费等其他城市交通经济治理政策相结合，共同促进了城市居民出行在各种城市交通方式之中合理分配，提升了城市交通效率。

4.2.4　交通拥堵治理效果

在交通拥堵费、车辆拥有量控制等多种治堵手段的综合作用下，新加坡的城市交通保持了良好的运行状态。

1. 保持了较低的车辆保有量及增长率

车辆配额制度、公路电子收费系统以及便捷公共交通等多方需求与供给措施的结合使用，使得新加坡的车辆保有率和增长率一直处在较低水平。比

较世界主要国家每千人小客车拥有量，美、英、法、德、意等欧美发达国家
的汽车保有量均处在较高水平，2013 年每千人小客车拥有量在 450 辆以上，
几乎每两人就拥有一辆小客车，而亚洲国家/地区总体上汽车保有量相对较
低。新加坡的人均 GDP 水平并不比欧美发达国家低，但汽车保有量远低于欧
美发达国家水平，千人汽车保有量约为欧美发达国家的 1/4 ~ 1/6，见
表 4 - 6。即使相比于发达程度不及新加坡的韩国与中国台湾地区，新加坡的
千人小客车保有量也仅为这二者的 1/2 左右。中国在 2003 年时千人小汽车保
有量还仅为 10 台，但 2003 ~ 2013 年这 10 年间迅速发展，10 年间的年平均增
长率达 60%，到 2013 年已经达到 76 台，超过中国香港的保有率，有接近新
加坡的趋势。还应注意的是，这是全国的平均水平，若仅仅比较北上广深等
城市区域的小汽车保有率，应远高于全国平均水平，有的甚至远远超过新加
坡的千人保有量。

表 4 - 6　　　　世界主要国家和地区每千人小客车拥有量　　单位：辆/千人

年份	2003	2005	2007	2009	2011	2013	2015
中国	10	15	22	34	54	76	140
中国台湾	229	247	249	247	257	267	322
美国	468	462	451	440	403	—	797
日本	426	441	450	452	455	466	591
英国	441	457	457	453	450	455	519
法国	475	476	480	480	483	479	578
德国	541	493	501	510	525	544	572
意大利	—	592	597	607	619	620	679
加拿大	561	—	373	421	—	—	662
韩国	215	231	249	259	280	300	376
新加坡	99	109	118	116	117	116	149
中国香港	50	51	54	56	61	66	116

资料来源：International Road Federation（IRF），World Road Statistics（2015）。2015 年数据根据网络公开资料整理。

新加坡的私家车保有量不但总量上得到控制，而且年均增长率始终控制在

大约 1.5% 的低增长水平。较早施行的车辆配额制度对新加坡的车辆拥有量控制起到了非常重要的作用，为解决城市交通拥堵问题守好了第一道关卡。

2. 保持了较高的城市道路通行速度

得益于道路电子收费系统，新加坡市内车速一直保持在世界同等城市前列。2005～2014 年，这 10 年间高峰小时的平均速度变化平稳。高峰小时内，境内高速公路的车速始终保持在 60 公里/时以上，商业区/城市干线车速始终保持在 26 公里/时以上。与国内诸多城市公路越来越堵的现实相反，10 年间新加坡道路的车速不降反升，道路交通保持越来越畅通的发展趋势，如表 4-7 所示。

表 4-7　　　　　2005～2014 年新加坡主要道路高峰小时平均车速　　单位：公里/时

年份	高速公路（expressways）	商业区/城市干线（CBD/arterial roads）
2005	62.8	26.7
2006	62.7	27.6
2007	61.2	26.8
2008	63.6	26.6
2009	62.2	27.6
2010	62.3	28.0
2011	62.5	28.5
2012	63.1	28.6
2013	61.6	28.9
2014	64.1	28.9

资料来源：新加坡陆路交通管理局，高峰小时指 8：00～9：00、18：00～19：00。

3. 公共交通分担率与客流量仍保持增长

得益于高效运转的公共交通系统，新加坡公共交通分担率与客流量持续保持上升。地铁与常规公交承担了公共交通出行的大部分客流，2014 年分别达到 276 万与 375 万人次的日平均出行量，四种公共交通方式总共承担的乘客数达到近 800 万人次/日。表 4-8 列出了 2005～2014 年近 10 年来新加坡各种城市交通方式的日平均乘客数。

表 4 – 8		2005～2014 年新加坡公共交通日平均乘客数		单位：千人次
年份	地铁	轻轨	公交	出租车	总计
2005	1 321	69	2 779	980	5 149
2006	1 408	74	2 833	946	5 261
2007	1 527	79	2 932	944	5 482
2008	1 698	88	3 087	909	5 782
2009	1 782	90	3 047	860	5 779
2010	2 069	100	3 199	912	6 280
2011	2 295	111	3 385	933	6 724
2012	2 525	124	3 481	967	7 097
2013	2 623	132	3 601	967	7 323
2014	2 762	137	3 751	1 020	7 670

资料来源：新加坡陆路交通管理局，http：//www.lta.gov.sg。

近 10 年来，新加坡公共交通乘客人数保持了较高速度的增长，尤其是地铁与常规公交的乘客数保持了较高的增速，城市公共交通走向良性循环发展，如图 4 – 4 所示。

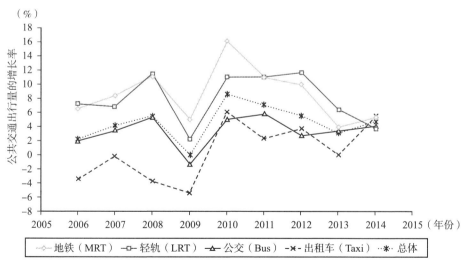

图 4 – 4 2005～2014 年新加坡公共交通出行变化

资料来源：新加坡陆路交通管理局，http：//www.lta.gov.sg。

4.3 伦敦交通拥堵费治堵实践

4.3.1 伦敦城市交通状况

1. 城市基本状况

伦敦的区划概念有几个不同的层次：主要有伦敦城、伦敦中心区、大伦敦等几个不同层面的划分。伦敦城（City of London）是伦敦的历史核心区，仍旧维持其中世纪的界限，面积仅 1.12 平方英里（2.9 平方公里），现代意义的"伦敦"通常不仅仅包括伦敦城，一般用于表示围绕这一中心区建设的更广范围的都市区域。从行政区划角度，大伦敦（Greater London）是英格兰下属的行政区划，该区域的范围包括伦敦城（City of London）、内伦敦（Inner London）、外伦敦（Outer London）三个大的层次，共 33 个次级行政区，其中伦敦城自成 1 个行政区，内伦敦由伦敦城外围的 12 个自治市构成，外伦敦由另外的 20 个自治市构成。

大伦敦地区的面积为 1 579 平方公里。2014 年大伦敦地区人口约 853.9 万，约占全英国人口的 12.5%，人口密度约为 5 432 人/平方千米①。而 2000 年，伦敦的人口仅为 730 万，15 年来增加了 120 万人，由此可以看出近几年伦敦地区人口增长迅速。人口增长导致就业人数尤其中心商业区（central activities zone，CAZ）就业人数的快速增长，成为驱动出行需求增加持续的、主要的因素。2015 年，伦敦小汽车拥有量为 259 万辆，小汽车千人拥有率约为 329 辆/千人，机动车拥有量达到 325 万辆②。

---

① UK Office for National Statistics. Percentage of Population by Religion，Borough，Greater London Authority［R］. London Datastore，2015. http：//data. london. gov. uk/dataset/percentage – population – religion – borough.

② London Department for Transport. Licensed Vehicles – Type，Borough［R］. Greater London Authority，2015. London Datastore，http：//data. london. gov. uk/dataset/licensed – vehicles – type – 0.

伦敦拥有约 1.3 万公里的道路系统，道路网络结构为"放射线 + 环路"的形式。放射状道路包括干线道路（高速公路）、A 级道路及地方代管道路；市中心的环路主要服务于内伦敦地区，围绕外伦敦地区建设的第二个环路主要服务于外伦敦地区。伦敦市交通局负责管理主要干线，这部分干线占道路里程的 5%，然而承担了约 30% 的交通量；其余的道路由伦敦的 33 个辖区管理。

伦敦的公共交通系统是世界上规模最庞大的公共交通网络之一，经历了一个多世纪的建设与发展，地铁、轻轨与郊区铁路和常规公交网络奠定了伦敦公共交通系统的基石。大伦敦地区的大部分公共交通系统由伦敦交通局（Transport for London，TFL）负责管理，伦敦交通局由其董事会掌控，其专员由伦敦市长任命。

2. 出行状况分析

2014 年，大伦敦地区平均每人每天出行 2.4 次，出行总量达 2 660 万人次/天。本地居民构成了伦敦出行量的最大来源，占出行总量的 75%，另外 25% 的出行来自访客和伦敦以外的通勤交通①。

从"分阶段出行量"来看，2014 年，伦敦日均"分阶段出行量"达到 3 130 万次，比 2013 年增长了 2.3%，比 2008 年增长了 9.2%，比 2000 年增长了 23.5%。2014 年，公共交通方式的出行量增长率超过了平均增长率，国家铁路与轻轨出行量分别增长了 5.6% 与 8.3%，地铁出行量的增长率也超过了平均水平。虽然私家车出行出现了从 2009 年以来的首次增长，但增长率低于平均水平（2014 年比 2013 年增长了 1.2%），见表 4 - 9。

---

① 伦敦市在统计时将"出行（trip）"定义为"从起始地到目的地的全过程"，例如从居住地到工作地的过程为一次出行；一次出行过程可能采用多种交通方式完成（例如先乘坐公交车后乘坐地铁到达目的地），每采用一种交通方式构成出行全过程的一个"阶段"，统计中把这些"阶段"的乘坐次数称为"分阶段出行量（journey stages）"。由于一次出行可能包括多个出行阶段，因此对"分阶段出行量"的统计值通常要高于"出行量"。"分阶段出行量"的估算方式与其他城市出行量的估算方式更加接近，为了便于开展各种交通方式间的比较及城市间的比较，本书主要采用伦敦运输统计中的"分阶段出行量"进行分析。

表4-9　　　　　　　1994~2014年伦敦市分阶段出行量及其变化趋势

年份	分阶段出行量（百万人次）					分阶段出行量年度增长率（%）			
	公共交通	私人交通	步行	骑车	合计	公共交通	私人交通	步行	骑车
1994	7.01	10.77	5.18	0.27	23.22	—	—	—	—
1995	7.24	10.71	5.21	0.27	23.42	3.3	-0.5	0.6	0.0
1996	7.41	10.81	5.25	0.27	23.74	2.4	0.9	0.9	0.0
1997	7.74	10.85	5.28	0.27	24.14	4.3	0.4	0.6	0.0
1998	7.97	10.87	5.32	0.27	24.43	3.0	0.2	0.7	0.0
1999	8.25	11.11	5.39	0.27	25.02	3.6	2.2	1.3	0.0
2000	8.63	10.97	5.45	0.29	25.34	4.6	-1.2	1.2	6.3
2001	8.84	10.89	5.52	0.32	25.57	2.4	-0.7	1.2	11.9
2002	9.12	10.87	5.56	0.32	25.86	3.1	-0.2	0.7	0.9
2003	9.61	10.65	5.57	0.37	26.20	5.5	-2.0	0.3	14.6
2004	10.15	10.52	5.60	0.38	26.65	5.6	-1.2	0.5	2.7
2005	10.16	10.42	5.66	0.42	26.66	0.1	-0.9	1.2	9.2
2006	10.56	10.50	5.72	0.47	27.25	4.0	0.7	1.0	12.3
2007	11.69	10.36	5.80	0.47	28.31	10.6	-1.3	1.3	0.2
2008	12.10	10.21	5.89	0.49	28.68	3.5	-1.4	1.6	4.7
2009	12.16	10.25	5.98	0.51	28.91	0.5	0.4	1.7	5.1
2010	12.40	10.15	6.07	0.54	29.17	2.0	-1.0	1.5	5.8
2011	12.89	10.06	6.18	0.57	29.70	4.0	-0.9	1.8	5.1
2012	13.31	10.06	6.26	0.58	30.21	3.3	0.0	1.3	1.7
2013	13.66	10.01	6.34	0.59	30.60	2.7	-0.5	1.3	0.5
2014	14.10	10.13	6.43	0.65	31.31	3.2	1.2	1.5	10.3

资料来源：伦敦市交通局，Travel In London Report 8，https：//tfl. gov. uk。

以2001年为基年（100%）绘制的2001~2014年的各种交通方式的出行

量与人口的变化指数，如图 4 - 5 所示。2000 年后，伦敦人口仍然保持增长态势，2014 年为基年的 117%；公共交通中的公交、地铁与普铁的出行量增长均超过了人口增长率，而私人交通的出行量却总体呈现负增长态势，2014年为基年的 88%。公共交通与私人交通的此消彼长，表明更多伦敦居民选择公共交通替代私人交通完成出行，导致公共交通方式在出行结构中的比例越来越大。

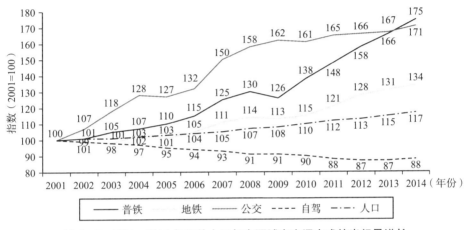

图 4 - 5 2001 ~ 2014 年伦敦人口与主要城市交通方式的出行量增长

注："步行"这一出行方式只有在整个行程都靠步行完成时才计算在内；当步行作为整个出行过程的一部分时，不计入"步行"这一运输方式中。

资料来源：伦敦市交通局，Travel In London Report 8，https：//tfl. gov. uk。

　　2014 年伦敦的分阶段出行量中，45% 由公共交通完成，32% 由私人交通完成，步行约占总出行量的 21%，自行车约占 2%。自 2000 年以来，公共交通占分阶段出行量的份额增加了 11.0%，与此相反，私人交通占出行总量的份额下降了 11%，这反映出伦敦的私人机动交通持续向公共交通方式转移的趋势。与此类似，在最近一年，公共交通出行份额增加了 0.4%，而私人交通的份额相应下降 0.4%。骑自行车和步行的份额分别保持在 2% 和 21% 左右，近十几年来变化不大。图 4 - 6 反映了 1994 ~ 2014 年的各种城市交通方式的占比变化。

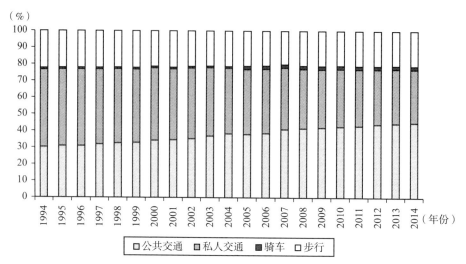

图 4 - 6 1994 ~ 2014 年伦敦城市交通出行结构变化

资料来源：伦敦市交通局，Travel In London Report 8，https：//tfl. gov. uk。

对公共交通做更详细的划分，2014 年伦敦的各种交通方式出行分担情况如图 4 - 7 所示。公交、地铁、普铁、轻轨与出租车构成了"公共交通"大类，其中公交出行份额最高，占"分阶段出行总量"的 21.3%，其次是地铁占 11.21%，普铁占 10.31%，出租车占 1.29%，轻轨占 0.57%。从"公共交通"各种具体方式的内部发展变化来看，常规公交的出行量在近十几年中保持了最快的增长速度，其次是普铁，因此这二者在公共交通中的分担率越来越大。

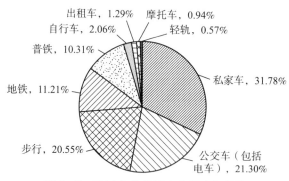

图 4 - 7 2014 年伦敦城市交通出行结构

资料来源：伦敦市交通局，Travel In London Report 8，https：//tfl. gov. uk。

4.3.2 交通拥堵费政策

20 世纪末期，由于小汽车过度使用与城市公共交通资金不足等问题，伦敦的城市交通拥堵状况不断恶化，2003 年，伦敦地面交通平均车速低至 9.5 英里/小时（约 15 公里/时）。时任伦敦市长肯·利文斯顿决定对交通拥堵问题进行大力整治，其中的核心政策就是对限制区域征收交通拥堵费。

1. 收费区域范围

伦敦拥堵收费区域为伦敦市中心内环路以内约 21 平方公里的区域范围，具体包括维多利亚区、圣詹姆斯区、滑铁卢区、博罗区、伦敦城、克勒肯维尔区、芬斯伯里区、布鲁姆斯伯里区、索霍区、梅费尔区和马里波恩区的部分区域；在收费区的周边道路上驾驶不收费。

2. 收费金额

目前，对于周一至周五的 7：00~18：00（公共节假日除外）以及 12 月 25 日至 1 月 1 日（含）期间，在拥堵收费区内驾驶的车辆收取 11.5 英镑/天的拥堵费。缴纳拥堵费才能驶入收费区并在收费区内驾驶，同一天内多次开车进出拥堵费区，只需要支付一次费用。拥堵费可提前缴纳（例如提前缴纳 3 个月）或在出行日的午夜之前缴纳，这种情况下收取正常费用 11.5 英镑；另外，也可以于下一个收费日午夜之前缴费，但费用会增加至 14 英镑。如果使用拥堵费自动支付系统（congestion charge auto pay，CCAP）支付，收费可以优惠到 10.5 英镑（注册 CCAP 每辆汽车需缴纳 10 英镑的年费）。如果截至出行日之后的下一个收费日午夜之前仍未缴纳拥堵费，或者缴费时弄错了车辆登记号牌或出行日期，会被处以高达 130 英镑的罚款。如果车主及时地在 14 天之内缴纳罚款，可折减为 65 英镑；但是，如果车主在 28 天之内未缴纳罚款通知单上的罚款，罚款将提高到 195 英镑；如果拒不缴纳 195 英镑的罚款，将移交至法院进行债务登记，并且欠款金额将提高到 202 英镑。在大伦敦地区的任何地方，具备三次或以上未处理罚款通知单的车辆一旦被发现将被锁住或被拖走，在付清所有欠缴及相关费用后予以放行。

值得一提的是，伦敦的拥堵收费政策在过去的 13 年里几经变更，包括拥堵收费的几次提高[①]、收费区域的向西扩展与取消西扩、收费对象的变化等，主要收费政策变化与伦敦城市交通结构的变化如图 4 - 8 所示。伦敦市公共交通的分担率由 2003 年的 37% 上升至 2014 年的 45%，同时期私人机动车交通分担率从 41% 下降至 32%。[②]

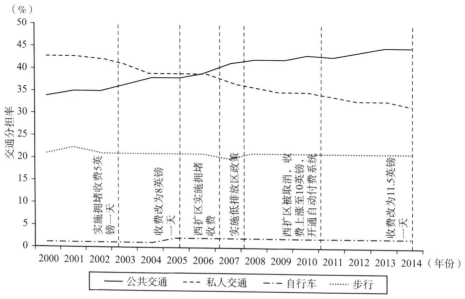

图 4 - 8　2000 ~ 2014 年伦敦交通拥堵费收费政策变化与城市交通分担率变化

资料来源：伦敦市交通局，Travel In London Report 8。

3. 收费方式

当车辆驶入和驶离拥堵收费区时，道路上或两侧都有醒目的拥堵收费标志或者取消拥堵收费标志，但道路上并未设置路障或收费亭，而是通过识别车主在收费数据库中登记的车辆登记号牌（VRN）来实施缴费。

---

① 伦敦的拥堵费最初为每天 5 英镑（1 英镑约合人民币 9.6 元），2005 年 7 月上涨为每天 8 英镑，2011 年上涨为每天 10 英镑，2014 年 6 月再次上涨为每天 11.5 英镑。

② Transport for London. Travel in London Report 8〔R〕. London：Transport for London，2015，http://content. tfl. gov. uk/travel – in – london – report – 8. pdf.

当车辆驶入、驶离或在收费区内驾驶期间，通过摄像头读取车辆号牌信息，作为缴纳拥堵费的依据；同时，系统会将车辆号牌信息与数据库中的已缴费车辆、享受豁免或100%优惠资格无须缴费的车辆进行比对，一旦车辆号牌与上述情况匹配，则车辆的拍摄图像将自动从数据库中抹掉。如果车辆通过拥堵费自动支付系统支付费用，则车辆图像将在数据留存期内予以保留，以便受理争议。

4. 豁免和优惠

特定种类的车辆及个人享有多种豁免和优惠。根据税务登记，某些车辆自动免于缴纳拥堵费。在英国境外的欧洲经济区国家登记注册的车辆不自动享受豁免，但符合条件的车辆只要在伦敦交通局（Transport for London，TfL）登记，也可享受100%优惠。享受豁免的车辆包括自动享受豁免和需要登记后享受豁免的车辆，如表4-10所示。

表 4-10 伦敦交通拥挤费豁免车辆类型

豁免分类	车辆类型
自动享受豁免的车辆	（1）摩托车、轻便摩托车和自行车； （2）挂伦敦牌照的常规出租车和私人出租车（挂出租车和私人出租车牌照）； （3）免缴汽车消费税（vehicle excise duty，VED）的应急服务车辆； （4）任何归属国防部的车辆； （5）免缴汽车消费税（VED）的国家医疗服务（national health service，NHS）车辆； （6）免缴汽车消费税（VED）的残障人士所用车辆； （7）免缴汽车消费税（VED）的残障乘客载运车辆； （8）在驾驶执照及车辆牌照办事处（The Driver and Vehicle Licensing Agency，DVLA）登记注册的九座或九座以上公共交通车辆
符合优惠资格，但需要在伦敦交通局（TfL）登记后享受豁免	无须缴纳登记费的车辆： （1）应急服务（国家医疗服务（NHS）、消防、警察和救护车）所用的特定运营车辆； （2）处于或部分处于收费区之内的当地机关和皇家公园局（Royal Parks Agency）所用的特定运营车辆； （3）用于救生艇运输和 NM 海岸警卫队（HM Coastguard）目的的车辆以及伦敦港务局（Port of London Authority）现役的在泰晤士河执行急救出勤的特定车辆； （4）任何归属国防部的车辆。 需缴纳 10 英镑登记费的车辆： （1）宽度和长度分别不超过 1 米和 2 米的机动三轮车； （2）CO_2 排放为 75 克/公里或以下且符合欧 5 标准的乘用车和厢式货车（厢式货车的总重不得超过 3.5 吨），包括伦敦交通局（TfL）核准名单中所列的电动汽车和插电式混合动力电动汽车及厢式货车；

续表

豁免分类	车辆类型
符合优惠资格，但需要在伦敦交通局（TfL）登记后享受豁免	（3）未在驾驶执照及车辆牌照办事处（DVLA）登记为公交车的9座或9座以上车辆； （4）特别改造的拖车； （5）认证组织（如 AA，Green Flag）所运营的提供道路协助或救援的现役救援车辆； （6）领受蓝色徽章的残障人士或组织，若已在伦敦交通局（TfL）登记且缴纳10英镑的手续费，则无须缴纳拥堵费。此项优惠也适用于来自欧盟（European Union）任何国家和地区的佩戴蓝色徽章的个人

居民享有的90%折扣政策：居住在收费区内的居民可有资格享受90%的拥堵费优惠折扣，仅需支付拥堵费的10%。另外，由于紧挨收费区居住的某些特定区域的居民日常出行受到拥堵收费的影响，因此也可享受居民90%的折扣优惠。符合条件的居民仅可登记一辆享受居民90%折扣优惠的小汽车，且这必须是登记车主所有、租赁或企业的汽车。

5. 实施成本与收益

为了向议会提供真实的财务报告，伦敦交通局制定了具体的财务评估报告，考虑到成本和收入的现金流，伦敦交通局制定了一个8年的财务周期评估（2000~2008年），根据伦敦交通局的评估，到2007~2008财年，拥堵费方案的净现值预计为3亿英镑，详见表4-11。

表4-11　2002年伦敦交通拥堵费政策的财务估算（根据净现值）　单位：百万英镑

成本收入项目	总净现值6%的实际价值	总的实际价值
年度运行成本：		
经营成本，包括驾驶和车辆许可局、裁决、实行	44.7	58.8
核心服务、图像管理、零售（卡皮塔公司）	208.3	273.8
通信	21.2	26.9
摄像头维护	1.9	2.5
监控	2	2.5
伦敦交通局的管理和支持服务	18.7	24.4
交通管理	12.1	16

续表

成本收入项目	总净现值6%的实际价值	总的实际价值
方案整合、行动计划检测	10.8	13.9
立法、模型化等	—	—
小计	319.7	418.8
启动成本：		
方案整合、行动计划检测	4.3	4.7
立法、模型化等	—	—
运行和系统	26.7	30.7
摄像头供给和安装	3.6	3.9
监控和市场研究	1.6	1.8
实施收费的基础设施	2.4	2.6
交通管理	85.8	97.8
项目管理和支持服务	17.8	19.1
传播和公共信息	15.6	17.3
伦敦交通局的管理和支持服务	11.1	11.8
小计	180.4	204.7
包括管理费用的总成本	500.1	623.5
收入：		
收费收入	693.9	917.2
罚款净收入	110.6	146
总收入	804.5	1 063.2
系统运行净剩余	304.3	439.7

资料来源：马丁·G. 理查兹. 伦敦交通拥堵收费政策与政治 [M]. 张卫良等译. 北京：社会科学文献出版社，2017（1）：158.

根据 2014～2015 财年伦敦交通局的年度报告，拥堵费年度收入为 2.57 亿英镑，相当于交通局年收入的 8.5%。伦敦将拥堵收费的全部净收入用于改善城市交通，例如改善公交网络、加强道路安全措施和建设更好的步行和骑车设施等。2003～2013 年这 10 个财年，交通拥堵费总收入达到 26 亿英镑，其中 46% 重新投入交通系统建设，即实际已经有超过 12 亿英镑的拥堵费收入被重新投入交通运输系统建设。投入交通系统的收入中，9.6 亿英镑用于了公交网络改善，1.02 亿英镑用于改善道路与桥梁状况，0.7 亿英镑用于改进道路安全，0.51 亿英镑用于运输与行政区域规划，0.36 亿英镑用于可持续运输与环境保护[①]。

4.3.3　其他交通拥堵治理政策

为了解决伦敦的城市交通拥堵与空气污染问题，在征收交通拥堵费的同时，伦敦还实施了"低排放区（low emission zone）"计划以减轻空气污染，设置"停车控制区"缓解停车压力等。在公共交通方面，伦敦加大了对公共交通的投入力度，大力发展公共交通；通过改造步行基础设施与建设城市导向系统等措施来改善非机动交通出行环境，吸引非机动车出行。

1. 低排放区政策

除了对进入核心拥堵区的车辆征收交通拥堵费，伦敦从 2008 年 2 月开始在更大的区域范围划定低排放区，对进入低排放区的未达排放标准的车辆征收高额的费用，从而解决伦敦的空气质量问题。低排放区的区域范围远远大于拥堵收费区，几乎覆盖了整个大伦敦地区。

进入低排放区的车辆需要达到规定排放标准，否则在低排放区内行驶必须支付高额费用，该政策每天 24 小时，全年 365 天不间断执行。从 2008 年推出以来，低排放区的车辆限制政策分别在 2008 年 7 月与 2012 年 1 月进行了两次变更，每次变更后覆盖了更多的车辆类型，同时提高了排放标准，详情如表 4-12 所示。目前，驶入伦敦低排放区的重型货车、公交车和长途汽车执行欧Ⅳ标准，较大型厢式货车（1.2~3.5 吨）和小型公交车执行欧Ⅲ标准。如果没有达到相应排放标准的车辆驶入低排放区，根据车辆类型及总重的不同，每天需缴纳费用 200 磅或 100 磅，如果未在规定时间内缴费或者车辆未注册，则分别收取罚金 1 000 磅或者 500 磅，详见表 4-12。

---

① 伦敦交通局官网对拥堵收费的公开介绍，https：//tfl. gov. uk/modes/driving/congestion - charge/changes - to - the - congestion - charge#on - this - page - 0。

表 4 – 12   伦敦低排放区执行标准变化及罚款

车辆类型	2008 年 2 月	2008 年 7 月	2012 年 1 月	收费与罚金
货车（超过 12 吨）	欧Ⅲ	欧Ⅲ	欧Ⅳ	收费：200 英镑/天 罚款：1 000 英镑/天 （若在 14 天内支付， 可减至 500 英镑/天）
货车（3.5 ~ 12 吨），公交车和长途汽车（车辆总重超过 5 吨）	—	欧Ⅲ	欧Ⅳ	
面包车、轻型和小型货车（1.2 ~ 3.5 吨）	—	—	欧Ⅲ	收费：100 英镑/天 罚款：500 英镑/天 （若在 14 天内支付， 可减至 250 英镑/天）
房车与救护车（2.5 ~ 3.5 吨）	—	—	欧Ⅲ	
小型公交车（8 座以上，车辆总重 5 吨及以下）	—	—	欧Ⅲ	

2. 便捷的城市轨道交通

伦敦地铁收费采用"分区计价模式"，由伦敦交通局管理的大伦敦区域及周边地区的大部分公共铁路运输服务都是以统一的收费区（fare zone）来计算票价，不论每次出行的实际距离，旅程跨越的收费区越多，票价相应地增长。伦敦市内的地铁、码头区轻轨、伦敦交通局铁路（横贯铁路前身）和国铁的车站都分配到 6 个收费区，收费区 1 大部分在市中心，其边界刚好超过环线的环形段；收费区 2 ~ 6 就围绕收费区 1 形成一层层环状带；收费区 6 大部分在伦敦偏僻的地方，包括希斯洛机场（Heathrow Airport）。收费区 1 ~ 6 覆盖了整个大伦敦区域，大伦敦区以外也有大都会线延伸到收费区 7 ~ 9。部分处于大伦敦以外的郡（白金汉、埃塞克斯、赫特福德、萨里）的国铁车站和全部伦敦交通局直属车站都处于收费区 4 ~ 6，更远的区域被划分至第 7 ~ 9 或特殊收费区。

伦敦地铁票价按照跨收费区的多少收取费用，一次出行仅在某收费区内部完成，收取的费用最少；该次出行跨越的收费区越多，费用越高。如表 4 – 13 所示，若仅在收费区 1 内部出行，则成人每次收取 4.9 英镑的费用，若出行跨越了收费区 1 ~ 6，则费用为 6.00 英镑。

表4-13 伦敦地铁单程票价（部分，自2016.01.02起） 单位：英镑

收费区划	单程票		Oyster卡/非接触式付费卡	
	成人	儿童	高峰时段	非高峰时段
收费区1	4.90	2.40	2.40	2.40
收费区1~2	4.90	2.40	2.90	2.40
收费区1~3	4.90	2.40	3.30	2.80
收费区1~4	5.90	2.90	3.90	2.80
收费区1~5	5.90	2.90	4.70	3.10
收费区1~6	6.00	3.00	5.10	3.10
收费区2~6	5.90	2.90	2.80	1.50

资料来源：https://www.londontoolkit.com/briefing/underground.htm.

为了缓解高峰时段的拥堵，伦敦地铁实行高峰时段高票价政策（高峰时段为周一至周五6：30~9：30和16：00~19：00两个时段）。例如，从收费区1~6的单程票价，高峰时段使用Oyster卡（或者非接触式付费卡）的票价为5.10英镑，非高峰时段的票价为3.10英镑，两者相差2英镑之多。

4.3.4 交通拥堵治堵效果

伦敦实施交通拥堵费以前，工作日高峰时期驶入中心区车辆达388 000车次，驶出达377 000车次，车辆行驶里程数达150 000公里，2002年中心区平均行驶速度仅为14公里/时，高峰时期行驶在中心区内的驾车者至少需要花费一半的时间用于等待[①]。

2003年10月，伦敦市交通管理局发布了交通拥堵费征收半年报告，报告称，征收交通拥堵费以来，进入收费区的车辆比收费前（2002年）同期减少了6万辆。减少的车辆中，50%~60%改乘公共交通，20%~30%避免进入收费区，15%~25%改为与他人拼车，还有一部分人取消了到收费区的行

---

① Transport for London. Central London Congestion Charging：Impacts Monitoring – First Annual Report [R]. 2003. London：Transport for London，http：//content.tfl.gov.uk/impacts – monitoring – report1.pdf.

程，或使用两轮摩托车或自行车进入收费区。该报告还称，如果不征收交通拥堵费，2006 年伦敦市中心地区的车速会下降到 11.5 公里/时（2003 年初为 17 公里/时）。征收交通拥堵费让进入收费区的驾车者每公里比征费前节省了 0.7 分钟，相当于路上节省了 30% 的时间。在收费区，征费后的 2003 年与征费前的 2002 年比较，空气中的氧化氮浓度下降了 13.4%，PM10 浓度下降了 15.5%，二氧化碳浓度下降了 16.4%。

根据伦敦交通管理局 2007 年的监测报告，2003～2006 年，氧化氮的排放量下降了 17%，PM10 的排放量下降了 24%，二氧化碳排放量下降了 3%。征收交通拥堵费还让机动车交通事故有所下降，这是因为有更多的人乘坐公共汽车，而公共汽车司机都是专业驾驶员，他们的驾驶技术更熟练，这就导致交通事故下降。在未征收交通拥堵费的 2002 年，收费区内发生了 2 598 起交通事故，而征费后的 2005 年，仅发生 1 629 起交通事故，交通事故下降了 37.3%。

表 4－14 展示了伦敦工作日早高峰时段各种交通方式出行量的变化指数（2000 年为 100），从中可以看出，在总出行量保持持续增长的情况下，汽车出行量却逐年减少。在 2003 年开始实施交通拥堵费时，当年小汽车出行量比 2002 年大规模减少（减少了 14%），此后递减幅度有所缩减，但一直保持减少态势，至 2014 年，比 2000 年基年减少了 53%。在汽车出行量减少的同时，其他城市交通方式的出行量都有所增加，自行车出行增长最快，2003 年至 2014 年期间约增长了 3 倍；其次是公交出行增加也较为明显，说明在征收拥堵费的十几年间，居民出行习惯也在逐渐改变。

表 4－14　　工作日早高峰进入伦敦中心区的各种出行量变化（2000 年为 100）

年份	所有方式	国铁	地铁与轻轨	公交	私家车	自行车
2000	100	100	100	100	100	100
2001	98	101	101	110	89	104
2002	96	97	102	121	77	101
2003	93	98	91	142	63	103
2004	93	97	92	158	63	117
2005	96	100	93	157	61	149

续表

年份	所有方式	国铁	地铁与轻轨	公交	私家车	自行车
2006	100	104	101	159	57	157
2007	103	110	107	154	55	164
2008	104	110	109	156	51	202
2009	101	105	104	157	51	233
2010	102	110	104	156	49	242
2011	105	113	109	155	49.1	289
2012	107	113	112	161	47	308
2013	110	114	118	158	47	306
2014	115	119	124	160	47	314

资料来源：伦敦市交通局，https：//tfl. gov. uk。

　　各种出行方式的增减有别导致了早高峰期间进入伦敦中心区的出行结构也发生变化。从拥堵费开始征收的前一年2002 年，直至2014 年，早高峰期间采用私家车进入伦敦中心区的人数比例从10%下降至了5%。近十几年来，早高峰通过普通通勤铁路以及"通勤铁路 + 地铁或轻轨"的出行方式进入中心区的人数比例保持相对稳定，分别占到总出行人数的24%与20%左右。交通拥堵费征收以来，早高峰期间通过"地铁与轻轨"出行的人数比例在近十几年增长约3%；常规公交份额增长约2%，承接了大量从私家车出行转移来的出行量，如图4 - 9 所示。

　　2000 年以来，尤其是2003 年征收交通拥堵费以来，伦敦市所有区域范围的道路上机动车行驶量都有所减少，尤其是伦敦中心区。伦敦中心区是征收交通拥堵费的主要区域，2000 ~ 2014 年，机动车行驶量减少了21%，相比于征收拥堵费前的2002 年，减少了约15%。与2013 年相比，2014 年核心区的机动车行驶量有所上升，这是否意味着长期趋势还有待观察。事实上在2004 ~ 2006 年该范围内的行驶量也有所上升，但随后保持了多年的下降趋势。图4 - 10 展示了近十多年来伦敦不同区域范围的道路车辆行驶量（包括所有机动车）变化趋势。

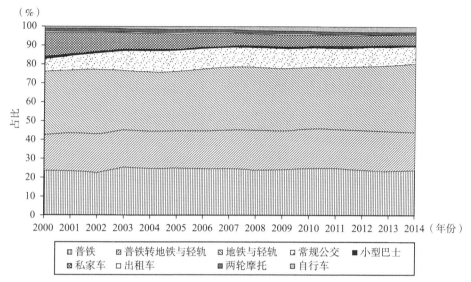

图 4 - 9   工作日早高峰进入伦敦中心区的各种交通方式结构变化

资料来源：TfL Planning, Strategic Analysis。

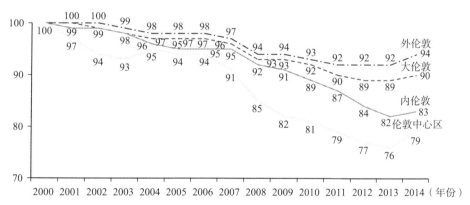

图 4 - 10   伦敦不同区域范围道路行驶量（车·英里）变化（2000 年为 100）

资料来源：英国运输部，Department for Transport。

4.4　交通拥堵费政策的实施经验与障碍

4.4.1　拥堵费政策的成功经验

除了新加坡和伦敦，瑞典首都斯德哥尔摩通过征收拥堵税（congestion tax）来治理交通拥堵，同时还设置低排放区（也称为环境保护区，environmental zone）减少污染物排放，这两个政策相互结合，共同促进拥堵缓解和排放减少。

低排放区政策：斯德哥尔摩于 1996 年开始执行，其范围的划定是以斯德哥尔摩市中心点为中心，长宽各约 10 公里范围内。该政策主要由国家公路运输部门提出，通过禁止大排量的卡车和公交车进入低排放区内的方式来达到环境改善的目的。该项政策为国家层面的法律，所有的自治区有权力自主划定低排放区域，而国家法律则规定了车辆驶入标准。

拥堵税政策：与其他城市拥堵费不同的是，瑞典斯德哥尔摩的拥堵税实质是国家层面的税收政策，该政策在功能上与其他城市的拥堵费相近，但在体制和使用上形成差异。斯德哥尔摩的拥堵税从 2006 年 1 月开始实施，对进入核心区的车辆征收，拥堵税主要是对工作日进行收取，节假日不收费。除公共汽车外，其他机动车辆在特定时间段内都要缴纳交通拥堵税。与伦敦的差别在于，斯德哥尔摩并没有设置收费区，而是在市中心设立了一条收费警戒线。即车辆只有通过这条警戒线的时候才会被收费，这些车辆可以在警戒线区域内外自由行驶。

斯德哥尔摩拥堵税收取标准采取"按次收取、每日封顶"的方式。税费按进出警戒线的次数征收，即不论进出，每过一次警戒线征收一次费用；收费额度根据通过的时间不同有所差异，实施之初单次税费为 10 ~ 20 瑞典克朗（折合人民币约 7 ~ 14 元），每日税费总额设定限度，不超过 60 瑞典克朗（折合人民币约 43 元），如表 4 – 15 所示。

收费时期	收费时段	收费标准	
		瑞典币	欧元
高峰期	7：30 ~ 8：30，4：00 ~ 17：30	20	2
半高峰期	7：00 ~ 7：30，8：30 ~ 9：00 3：30 ~ 4：00，5：30 ~ 18：00	15	1.5
非高峰期	6：30 ~ 7：00，9：00 ~ 12：00 12：00 ~ 3：30，6：00 ~ 18：30	10	1
每天最高收费	—	60	6
节假日、每天晚间收费	—	0	0

表 4 – 15　　　　　　　　斯德哥尔摩拥堵税的初期收费标准

2016 年 1 月 1 日，斯德哥尔摩调高了拥堵税的标准，中心区高峰时段一次通过警戒线的最高费用由原来的 20 瑞典克朗（折合人民币约 14 元）调整为 35 瑞典克朗（折合人民币约 25 元）；每天最高税费限额由原来的 60 瑞典克朗（折合人民币约 43 元）调整为 105 瑞典克朗（折合人民币约 76 元）。

斯德哥尔摩市环境与卫生局的统计数据显示，这项措施实施以来，城区内行驶的机动车数量减少了 20%，同路程车辆行驶时间缩短了 30% 左右，碳排放量减少了 10% ~ 14%，空气质量得到改善。在征收交通拥堵费的同时，斯德哥尔摩一直在大力发展公共交通和使用生物燃料和混合动力的公共交通工具，便利的公共交通成为征收交通拥堵费的基础条件和有益补充。目前，斯德哥尔摩约 80% 的市民乘坐地铁或公交车上下班。

斯德哥尔摩交通拥堵税政策的总筹备费用为 19 亿瑞典克朗，其中包括宣传活动、广泛系统测试及其他费用。加上公共基金和间接税校正的边际成本，社会总筹备费用达 29 亿瑞典克朗。系统预估年度运营成本约为 2.2 亿瑞典克朗（其中不仅包括运营费用，还包括必要的再投资及维护费用）[①]。

根据埃利亚松（Eliasson，2009）的成本收益测算，斯德哥尔摩交通拥堵税政策产生了较好的社会收益，社会收益约为 6.5 亿瑞典克朗/年（扣除运营

---

① 中国发展门户网. 国际经验：斯德哥尔摩交通拥堵费的效益 [N]. http：//cn. chinagate. cn/data/2014 – 08/27/content_33355800. htm.

成本后），如表 4 – 16 所示。

表 4 – 16   斯德哥尔摩交通拥堵税的成本与收益测算   单位：万瑞典克朗/年

	收益支出的来源	损失/收益
消费者收益	缩短行程时间	53 600
	行程时间更为固定	7 800
	被禁行车辆司机的损失、新车司机的增益	– 7 400
	所支付的交通拥堵费	– 80 400
	公共交通拥挤度的增加	– 1 500
	消费者收益总计	– 27 900
外部效应	减少温室气体排放	6 400
	增进健康、提高环境质量	2 200
	增加交通安全性	12 500
	外部效应总计	21 100
政府成本及收入	所收入的交通拥堵费	80 400
	公共交通收入的增加	13 800
	燃油税收入的减少	– 5 300
	公共交通能力的增强	– 6 400
	收费体系的运营成本（包括再投资及维护）	– 22 000
	政府成本及收益总计	60 600
税收影响及其他	公共资金的边际成本	18 200
	间接税校正	– 6 500
	税收影响及其他总计	11 700
	除投资成本外的净社会效益总计	65 400

资料来源：Eliasson J. A cost-benefit analysis of the Stockholm congestion charging system ［J］. Transportation Research Part A Policy & Practice，2009，43（4）：468 –480.

综合三个城市交通拥堵费政策的实施经验，拥堵收费政策（包括低排放区政策）的成功实施，有赖于各级政府多部门通力协作、明确的立法保障、全面的公共交通保障措施、可靠的技术支撑、广泛的舆论宣传和深入的前期研究等。表 4-17 对三个城市实施该政策的时间节点、出台方式、收费对象、收费技术、收费金额、资金分配、面临挑战、实施效果等进行了详细的比较。

表 4-17　　　各城市拥堵收费及低排放区政策成功经验总结与比较

城市	新加坡	伦敦	斯德哥尔摩
政策	拥堵收费	拥堵收费＋低排放区	拥堵收费＋低排放区
总结	（1）政策效果的综合考虑，理论与公众接受度的权衡； （2）严谨的技术研发和精细化管理； （3）强调公平性和非营利性； 注重公众沟通和公众参与	（1）中央政府的立法保障和地方领袖的一诺千金； （2）政策目标清晰明确，细节研究充分全面； （3）广泛深入的公众咨询，透明公开的公众宣传； （4）各种交通配套措施的辅助； （5）有效的管理和不断的改进	（1）国家层面税法的设立； （2）政府和公众的有效沟通； （3）系统的成功试运行； （4）可靠的技术； （5）资金分配及使用透明
实施时间	区域通行证制度实施于1975年，电子道路收费系统实施于1998年（从准备到实施历经13年），基于卫星定位技术（GPS）的拥堵收费系统Ⅱ（ERP Ⅱ系统），2020年实施	（1）拥堵收费政策实施于2003年（从准备到实施不到3年）； （2）低排放区政策实施于2008年	（1）低排放区政策实施于1996年； （2）拥堵收费政策实施于2007年（从提出议案到实施历经4年）
出台方式	政府主导	中央政府、市长主推	实验＋公投
收费对象	除警车、消防车和救护车等应急车辆外所有车辆一视同仁	有多种豁免车辆，并给予低排放车辆适当折扣	有多种豁免车辆
收费形式及金额	每过一次闸门收取一次费用，不同车型、时段、路段收费不一，单次最高费用12新元（折合人民币约55元）	每天只需支付一次费用，共计11.5英镑（折合人民币约111元），不论出入次数	按次计费，每日封顶。高峰时段通过一次警戒线的最高费用为35瑞典克朗（折合人民币约25元），每天最高收费限额为105瑞典克朗（折合人民币约76元）
资金分配	拥堵收费收益统归国家财政，无专款专用	拥堵收费前10年收益只用于伦敦市交通系统的改善	拥堵税收收益只能用于斯德哥尔摩市基础设施建设，税单上显示收费的具体用途

续表

城市	新加坡	伦敦	斯德哥尔摩
政策	拥堵收费	拥堵收费＋低排放区	拥堵收费＋低排放区
挑战	（1）车主隐私； （2）现金卡安全问题； （3）外来车辆收费问题； （4）系统可靠性	（1）对低收入人群和经济的影响； （2）交通分流和强制执行带来的问题； （3）技术可行性	（1）车牌盗取现象； （2）市民抵制收费； （3）遮挡车牌、躲避收费摄像头等违法行为； （4）收费系统出现故障； （5）隐私的泄露
不同利益集团的担忧	（1）出租车司机认为多次往返市中心要缴纳过多费用； （2）变相打击限制区内的商业活动； （3）低收入者承担政策带来的不菲支出	（1）区内商业活动减少； （2）物流供应商的运输成本增加； （3）出租车的拥堵费用如何在车主与乘客间分配	（1）收费区内的零售商受到影响； （2）更多的公司将会选择移出中心城，从而带来中心区经济萧条； （3）政策推行后引起较高的投诉率
配套措施	（1）逐渐调低车辆注册费； （2）引入低碳车辆优惠政策； （3）"拥车证"配额逐渐减少； （4）清早地铁免费政策	（1）提升公共交通服务水平； （2）提供替代绕行方案； （3）优化信号配时； （4）建立停车控制区，确保收费区域周边居民； （5）停车的同时防止外来停车	（1）增加公共交通服务； （2）改善大量的自行车专用道和步道
公共宣传策略	（1）建立"陆路交通管理局画廊"，制作简明易懂的宣传手册； （2）积极公开各类交通信息； （3）特别成立"社区搭档组"，深入了解各区交通情况，解释宣传政府政策； （4）收费过程中，及时、透明地公开收费变动信息； （5）采用"拥堵收费"而非"道路收费"字样，以传达政策以解决拥堵作为唯一目的	（1）中央政府出台《伦敦道路收费系统备选方案报告》； （2）市长在竞选过程中，对拥堵收费做了大量公众宣传； （3）专业公司定期对民众和关键利益团体进行调研； （4）运用网络、报纸、公共电台、电视等媒体宣传拥堵收费细则； （5）通过路演和社区会议与市民直接沟通	（1）公众调查，收集建议，了解需求； （2）以"环境费用"为标签，进行拥堵税的宣传； （3）拥堵收费试验，开辟了拥堵收费政策史的先河； （4）媒体频繁公布最新最准确信息，避免不实报道； （5）简化宣传信息，减少民众的误解
技术及选取影响因素	（1）专用短程无线电通信技术； （2）系统的稳定性； （3）智能； （4）环保； （5）灵活性； （6）便利程度； （7）价格	（1）自动车牌识别技术； （2）技术成熟； （3）建设周期短（受市长任期影响）； （4）对城市规划风格的影响	（1）初期：ANPR＋DSRC； （2）现在：ANPR； （3）人力和建设资金； （4）初期ANPR识别率较低，因此选用DSRC为主要识别技术； （5）法律规定，需要安装照相机配合法律的执行

续表

城市	新加坡	伦敦	斯德哥尔摩
政策	拥堵收费	拥堵收费 + 低排放区	拥堵收费 + 低排放区
政策效果	拥堵费： (1) 政策实施的几十年间，尽管机动车数量增长了数倍，但限制区内车流量未见上涨； (2) 限制路段基本达到理想车速； (3) 实现高峰时期客流在时间和空间上的重新分布； (4) 高峰时段公交出行比例提升至 66%	(1) 拥堵收费：实施 1 周年后，收费时段进入收费区内的私家车数量减少 30%，拥挤水平下降 30%；收费时段进入中心区的巴士和长途客车同期增长 20%；早高峰使用地面公交进入收费区的乘客从 77 000 人次增加到 106 000 人次。 (2) 低排放区：2013 年 6 月，进入低排放区的车辆中 95% 以上都已满足相应的排放要求；低排放区内的 PM 下降了 2.46% ~ 3.07%，而区外 PM 浓度仅下降了 1%	(1) 拥堵收费：拥堵税的试点使内城中汽车排放物减少 10% ~ 15%，空气污染物下降 10% ~ 14%；交通量下降大约 21%； (2) 低排放区：政策实施后的第 4 年，全市 PM 排放下降了约 38%

资料来源：王颖，宋苏等. 拥堵收费和低排放区国际经验研究 ［R］. 2016. 07. http：//www. wri. org. cn/Study – on – International – Practices – for – Low – Emission – Zone – and – Congestion – Charging.

4.4.2 交通拥堵费的实施障碍

新加坡、伦敦和斯德哥尔摩是已经实施交通拥堵收费的成功典型，也是世界上少数成功实施交通拥堵收费的城市（其他以获取收入为目的收费不同）。国外、国内许多城市都曾经计划、研究或尝试过征收交通拥堵费，但并未成功实施。

英国爱丁堡市也曾经尝试推广拥堵收费政策，但最终都以失败告终。2002 年，爱丁堡市议会在改善公共交通和交通基础设施的升级方案中，提出了拥堵费政策，然而，该政策在公投中收到 75% 反对票未能通过。宣传问题成为阻碍拥堵费实施的重要障碍，一些重要细节在宣传中未能清晰呈现，例如收费上限是 2 英镑，但 38% 的市民以为上限更高；驾车驶出拥堵收费区不用支付费用，然而 37% 的市民错误地认为驶出收费区也需要缴费。除了宣传方面的因素，公众反对拥堵费的原因还包括他们对拥堵费实施效果的不确定，一些居民认为，征收拥堵费后需要承担的成本是确定的，而拥堵费政策对缓解拥堵和改善公交的好处却不那么确定。

英国第二大城市曼彻斯特市实施拥堵收费政策的尝试也未能成功。2005年，曼彻斯特制定了大曼彻斯特地区综合性交通战略，在综合交通战略中包括了拥堵费政策。尽管进行了大量公共咨询及宣传工作，公投中有79%的市民反对该综合性交通战略。

美国的纽约市早在2008年就提出了征收交通拥堵费的建议，但由于反对者众多一直未能施行。直到2019年，纽约宣布将于2020年12月31日以后开始征收拥堵费。然而，据昆尼皮亚克大学（Quinnipiac University）在2019年3月27日~4月1日期间对1 077名选民开展的调查显示：虽然90%的受调查者认为交通拥堵是一个"非常严重"或"有点严重"的问题，然而54%的民众反对在进入曼哈顿相应区域收取拥堵费；52%的受调查者表示，该计划不会对减少交通流量起到太大作用，而40%的人表示会对交通流起作用。另外，居住在纽约的不同族裔居民对收取交通拥堵费的反对程度也有明显差异，少数族裔对收取交通拥堵费的反对尤其强烈，63%的非裔、58%的拉美族裔、49%的白人被调查者反对收取交通拥堵费。

在国内，也有不同的机构和学者对征收交通拥堵费的政策接受状况进行了调查。凤凰网在2009年发布《广州市城市交通改善实施方案》之后做了一个"是否支持交通拥堵费"的网络调查，支持和反对的人数比例是18 272∶69 143，反对率为79%。腾讯网在2012年"两会"期间开展了类似调查，反对征收的比率占到90%。浙江政务网在2015年4月开展的网上调查中，3 936名被调查者中仅有2.68%的比例支持征收交通拥堵费，而且53.76%的人不赞成每年限制车辆牌照发放数量。

笔者在宁波开展了包括交通拥堵费在内的城市交通政策的支持度调查。调查在宁波城区的主要商业中心、超市、停车场开展，回收问卷528份，其中有效问卷459份，有效问卷比例86.9%。被调查者中，私家车主占67%（309人），非私家车主占33%（150人）。对于导致交通拥堵的原因，超过一半的被调查者（52%）选择了"私家车过多"，远高于"城市规划布局不合理、交通管理水平差、驾驶员违章普遍和道路容量太小"等其他选项，说明公众对私家车的负面影响有较为清楚的认识。

然而，对于征收拥堵费缓堵的效果，77%的被调查者认为征收交通拥堵费对缓解拥堵无效，其中50%的被调查者认为征收交通拥堵费不能缓解交通拥堵，还有 27% 认为短期内可以，长期无效果；仅 8% 的被调查者支持征收交通拥堵费；还有 15% 的被调查者表示对该政策的前景不清楚（见图 4 – 11（a））。

关于反对拥堵费的理由，44% 的被调查者认为影响交通拥堵费征收的关键是"方案的公平合理"问题，40% 认为"费用去向"是关键，23% 关注征费的法律依据，被调查者对征收交通拥堵费的技术和成本问题关注较少（见图 4 – 11（b））。

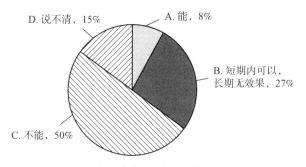

（a）交通拥堵费能否缓解拥堵状况

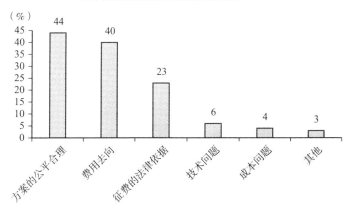

（b）影响交通拥堵费征收的关键问题

图 4 – 11 公众对征收交通拥堵费的看法

关于交通拥堵费会对出行造成的影响，31% 的被调查者表示会减少开车出行的次数，20% 的被调查者选择改乘公交上下班，减少开车出行次数和改乘公交出行（这两个选项超过 50%）都会极大改善地面交通状况，对缓解交通拥堵具有积极意义；此外，23% 的被调查者选择避开收费区段绕行，27%

的被调查者仍然选择开车出行。相比于征收交通拥堵费对出行影响的立竿见影，其对居民购车的影响要缓和得多。2/3 的被调查者表示会视具体的拥堵费方案再进行购车决策，仅 7% 的被调查者表示征收交通拥堵费后会取消购车计划，如图 4–12 所示。

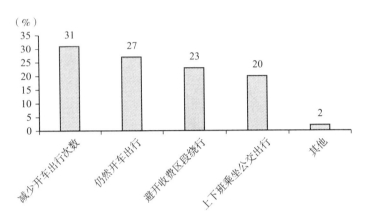

（a）征收交通拥堵费对出行的影响

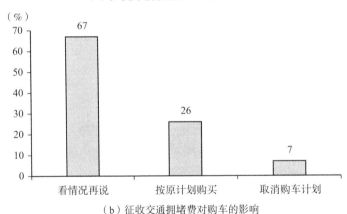

（b）征收交通拥堵费对购车的影响

图 4–12　"征收交通拥堵费影响"的支持率分布

综上，虽然有少数国家已经成功征收交通拥堵费的案例，但对于许多城市而言，征收交通拥堵费仍然面临许多难以克服的问题。这些问题中，既有政策方案本身的缺陷，也受城市特殊的经济社会环境的影响，交通拥堵费政策主要的障碍总结如下：

1. 社会边际成本难以确定

理论上，交通拥堵费的最优额度为社会边际成本与个人边际成本的差额，或者由个体出行造成的个人边际成本以外的外部成本。然而，城市道路交通的真实社会边际成本（或者小汽车的外部成本）测算非常困难。边际成本测算困难的原因在于：①边际成本范围的不确定。由于成本范围的不确定导致不同估算结果的成本差异巨大，导致成本没有定论。②成本的动态变化性。另一个困难来自道路交通的社会边际成本的时空差异特性，不仅不同地点、不同路段、不同交通方式的社会边际成本具有差异，同一个路段的不同出行方向、在不同时点上的社会边际成本也有巨大差异，社会边际成本本身的不确定性导致估算的困难。成本测算的困难性导致交通拥堵造成的损失很难从技术上精确测量，进而影响到交通拥堵费的征收额度的准确制定，而收费方案决定了交通拥堵费政策的缓堵效果。

2. 拥堵费收入的用途与分配方案

征收交通拥堵费的理论依据是道路用户加入后产生了外部成本，而外部成本又涉及参与道路交通的每个用户，因此拥堵费中的一部分应弥补其他道路用户的成本损失，这又是一个难以衡量的损失。另外，在收费后由收费路段转移到其他路段的交通量造成的拥堵又产生新的外部成本，这部分价值损失也应考虑在交通拥堵费的分配之中。对拥堵路段的用户来讲，若不能获得一定的价值补偿，则其本身的情况并未改善，只不过收费前拥堵造成的损失是隐性的，收费后将这部分损失显化为拥堵费而已，其福利状况并没有得到改善。

3. 收费系统的成本问题

征收交通拥堵费是一个系统性的工程，不仅要有科学完善的方案，更要有道路控制、信息传输等方面的软硬件设施设备以及一定的人力资源的投入。应该将系统投入的费用和道路拥堵产生的损失进行对比以确定是否值得治堵，目前国内外这方面的对比数据中很难支持全面、深入的对比，已有的分析并不能完全反映征收交通拥堵费的全部影响。

4. 征收费用的程序问题

征收交通拥堵费的理论支持来自经济分析，然而实践支持则需要由政治过程决定。交通拥堵费政策的实施涉及当地所有民众的利益（至少使用该路段的现有用户及所有潜在用户包括在内），涉及公众利益的应由投票程序决定。在我国当前情况下，反对政府开征新费用项目的比例不在少数，而且根据国民的传统思维习惯，"花钱买东西"符合习惯思维，而"花钱买畅通"就不容易那么明白了。在此情况下，征收交通拥堵费难以获得合法化程序和传统习惯的支持。

5. 征费工作的配套措施

开征交通拥堵费时应同时保证公共交通服务，为放弃开车出行的群体提供选择的机会。另外对无力支付拥堵费而必须使用该路段的群体进行补助或补贴，以保障其基本的出行权利，这些都应该在征费及费用分配程序中予以考虑。尽管，我国城市交通近年来获得快速发展，但城市交通出行体系的建设仍不完善，轨道交通等大容量公共交通方式的建设还在推进中，公共交通系统的覆盖地域和服务水平还有很大提升空间，这种情况下征收交通拥堵费后人们缺少出行备选项目，配套服务和措施的缺位会影响政策实施的成败。

6. 拥堵费政策效果的持续性问题

交通拥堵费实施后，是否能达到理论上的效果也存在疑问，既然真实的社会成本无法知晓且多变，那么实际执行的拥堵费标准无法达到最优情况，且从执行简便的角度出发，实际只能选取简单而粗糙的收费方案，不可能达到理论上的最优水平。伦敦交通运输局的交通拥堵收费影响报告，伦敦中心区未实施收费策略时，区域内小汽车拥堵时段单位里程出行时间平均约4.3分/公里，2003年2月引入收费策略后，拥堵时段单位里程的平均出行时间为3.4分/公里，较收费前明显降低。但从2006年开始，单位里程的平均出行时间反弹增长，2006年11月份达到4.5分/公里，高于收费前平均水平。2007年收费区域拓展到西部后，该指标仍无明显改善，直到2009年才略微降低[1]。

---

[1] 刘明君，朱锦，毛保华. 伦敦拥堵收费政策、效果与启示 [J]. 交通运输系统工程与信息，2011，11 (S1)：146-151.

以上问题能否妥善解决，不仅直接关系到交通拥堵费政策能否正常实施和发挥效果，同时还影响民众支持度，而民众支持度同时也是政策是否能够施行的必要条件。此外，交通拥堵费还会产生一些连带的负面影响。例如，收费路段的交通量集中转移到非收费路段，形成了新的拥堵点；交通拥堵费增加了低收入群体的出行成本，影响低收入人群的就业机会和生活质量等。交通拥堵费的实施，是对社会财富的再分配，必然对不同社会群体产生错综复杂的影响，尤其是对低收入群体产生的影响不应被忽视。如果借助行政力量强势推进交通拥堵费，势必产生更多的新问题，极有可能导致因"治堵"而"致堵"的情况发生。

4.5 理论与实践小结

从前文中对道路使用的私人成本和社会成本的分析可知，任何等级的道路在使用中都面临私人成本与社会成本的差异，因此过量需求必然导致拥堵发生，这是无论修多少路都解决不了的问题。换言之，交通拥堵的缓解得从改变道路用户私人的成本曲线和收益曲线方面寻找出路，因为人的行为都遵从边际收益与边际成本的对比关系，这是从行为形成机理上消除交通拥堵的最根本途径。

根据以上从经济学角度对道路交通拥堵所做的分析，最直接的解决方法便是通过征税或收费消除私人边际成本与社会边际成本的差异。在以此为理论基础的各种解决方案中，通过征收交通拥堵费治理道路拥堵最直接地体现了这个思路。

近年来，在实践中，新加坡、伦敦（2003 年）与斯德哥尔摩（2006 年）等城市实施了不同方案的拥堵费政策来应对交通拥堵和环境污染问题，取得的效果也不尽相同。然而，另外一些城市，如纽约、东京、曼彻斯特、哥本哈根和爱丁堡等，都曾经对征收交通拥堵费做出尝试，出于各种不同的原因，这些城市的拥堵费方案未能得到多数公众的支持，最终未能实施。

中国的北京、广州、杭州等城市都曾提出过征收交通拥堵费的设想。2011 年 9 月，公安部等四部委联合发布的《关于深入实施城市道路交通管理畅通工程的指导意见》，要求在大城市开展部分区域、路段、时间试行征收交通拥堵费，合理调节小汽车交通出行成本，引导市民减少私家车使用频率。国内一些城市开展了征收交通拥堵费的前期研究和调查，北京市在近年还将征收交通拥堵费写入了政府工作计划，但目前还未有一个国内城市提出实施交通拥堵费的时间表。

新加坡、伦敦等已经开征交通拥堵费的城市，有其独特的经济、社会、地理与交通环境。对于许多城市而言，交通拥堵费从理论走向实践，仍需长期的研究和探索。

同时，不应指望交通拥堵费解决所有的城市交通问题。城市交通是一个综合系统，必须协调各种城市交通方式，综合城市规划和城市管理的多种政策。合理的空间规划、安全便捷的人行系统、有吸引力的公共交通系统以及恰当的私家车出行管理政策是构筑高效城市交通系统的基础条件。

| 第 5 章 |
可交易的通行权：理论与实践

5.1　通行权交易的理论基础

5.1.1　产权交易理论

1. 科斯定理

诺贝尔经济学奖得主罗纳德·科斯（Ronald Coase）先后于 1937 年发表了《企业的性质》、1960 年发表了《社会成本问题》① 这两篇论文，后来学者根据这两篇论文的观点总结出"科斯定理（Coase Theorem）"。张五常认为，1937 年科斯的《企业的性质》这一论文，开辟了经济学交易费用分析的新思路，而《社会成本问题》一文成为推动交易成本范式分析的原动力②。"科斯定理"这个术语首次由乔治·史提格勒（George Stigler）在 1966 年开始使用，其含义经过多年的总结和讨论，形成了一些共识，其被认为是产权经济学的基础。

科斯定理发展到今天，已经衍生出三组定理。科斯第一定理即为史提格

---

① Coase R H. The Problem of Social Cost [J]. The Journal of Law and Economics, 1960, 3 (4): 1 - 44.

② 张五常. 交易费用的范式 [J]. 社会科学战线, 1999 (1): 1 - 9.

勒进行的总结描述：如果市场交易费用（transaction coat）为零，不管权利初始安排如何，市场机制会自动使资源配置达到帕累托最优。根据这一论断，当不存在交易费用的情况下，从效率角度来看，如果法定权利界定清楚，并且允许这些权利能自由交换，权利最初分配给谁是无关紧要的；即使初始的权利界定不够得当，各方通过市场上的自由交易能将错配资源得到校正，仍能达到有效的状态。

"交易费用（或交易成本）"是科斯定理提出的核心概念，指达成一项交易所付出的"代价"，包括为达成交易花费的时间、金钱和精力，即协商谈判和履行协议过程中使用的各种资源，包括制定谈判策略所需信息的成本，谈判所花的时间的成本，以及防止谈判各方欺骗行为的成本等。张五常认为，交易费用实际上就是所谓的"制度成本"，因为只要在多于一人的经济中，就会有制度。制度的存在必然需要维持制度正常运行的费用，因此交易费用为零这一假设在现实世界中并不存在。从逻辑上来讲，"私有产权"与"交易费用为零"也是不能同时存在的，因为私有产权本身是一种制度安排，交易费用故不能为零。

虽然"科斯第一定理"的条件现实社会无法满足，但根据该理论思想可以导出：通过清楚完整地把产权界定给一方或另一方，并允许把这些权利用于交易，政府能有效率地解决外部性问题。

科斯第二定理解释了交易费用大于零的情况：如果交易费用大于零，合法权利的初始界定会对经济制度运行的效率产生影响。在不同的产权制度下，产权初始分配方式不同，导致不同权利分配方式下的交易费用不同，进而使资源配置的效率也不相同。"科斯第二定理"把用以确定权利安排的制度形式与资源配置效率直接关联起来，使人们认识二者之间存在的内在联系，将产权的重要性提升到了前所未有的高度。

约瑟夫·费尔德阐述了科斯第二定理的两个合理推论：第一，在选择把全部可交易权利界定给一方或者另一方时，政府应该把权利界定给最终导致社会福利最大化，或者社会福利损失最小化的一方；第二，一旦初始权利得以界定，仍然有可能通过产权交易来提高社会福利（帕累托改进)①。

---

① 约瑟夫·费尔德. 科斯定理 1 - 2 - 3 [J]. 经济社会体制比较，2002（5）：72 - 79.

科斯第二定理表明，不同的权利界定方式，会造成资源配置效率有高低的差异。因而，为了寻求资源的优化配置，产权制度的选择与设计非常重要。政府在进行初始权利界定和分配时，应该选择能使最终社会福利最大化，或社会损失最小化的分配方案。但同时应考虑的是，由于交易费用不为零，即交易过程需付出代价，因此通过交易至多只能削减部分而不是全部与权利初始配置相关的社会福利损失。由于交易费用不为零，现实世界中产权制度方案的选择，必然将交易费用的大小作为选择或衡量产权制度效率高低的标准。

科斯第三定理对交易费用不为零时的产权制度的选择方法进行了解释，科斯第三定理是指：在交易成本大于零的情况下，由政府选择某个最优的初始产权安排，就可能使福利在原有的基础上得以改善；并且这种改善可能优于其他初始权利安排下通过交易所实现的福利改善。

科斯第三定理揭示了产权选择的四个原则：第一，如果不同产权制度下的交易成本相等，则产权制度的选择就取决于制度本身成本的高低；第二，某一种产权制度如果非建不可，而对这种制度不同的设计和实施方式及方法有着不同的成本，则这种成本也应该考虑；第三，如果设计和实施某项制度所花费的成本比实施该制度所获得的收益还大，则这项制度没有必要建立；第四，即便现存的制度不合理，然而，如果建立一项新制度的成本无穷大，或新制度的建立所带来的收益小于其成本，则一项制度的变革是没有必要的。

2. 产权理论对城市交通拥堵治理启示

将科斯定理应用于城市道路拥堵的分析中，可以得到如下启示：

其一，交易费用高昂使得私人之间不能有效解决城市交通拥堵问题。

由于交易费用的存在，私人之间通过协商的方式来解决外部性的问题并不总是有效，尤其是参与者数量众多的时候，通过谈判协商的方式来协调许多人利益的交易费用（成本）非常高。城市交通拥堵就是一个很好的例证，城市道路交通的参与者数量众多，大城市每日参与道路交通出行的人群数以百万计，且出行人群、时间、流向、出行成本承受能力等因素均呈现动态性和复杂性特征，要数百万个人之间达成协议来优化出行，其交易成本趋于无限大，交通拥堵的存在就是私人协议无法达成的无效率的结果。在这种情况下，作为解决集体问题而设立的机构，政府的介入可以帮助解决拥堵问题，政府在解决交通拥堵问题中的角色和地位是私人无法替代的。

其二，政府对通行权进行清晰的界定是利用市场交易解决交通拥堵问题的前提和基础。

科斯定理表明，产权的清晰界定是市场交易的前提。市场运转的基石不是价格，而是产权，只要有明晰的产权，市场参与各方自然会协商出合理的价格。换言之，明晰的产权对交易成本的减少起着决定性的作用。试想，如果产权界定不清晰，伴随的是永无休止的争吵扯皮，例如很多城市的交通拥堵问题，大家都承认交通拥堵的危害，但总是对路权的分配与改进的政策争论不休，道路通行权得不到合理的估价，导致无法在市场上进行交易，其结果是没有好的改进政策可以执行。因此，模糊不清的产权意味着交易费用的无穷大，任何有机会提高效率增进福利的交易项目都无法达成。

然而，明晰的产权从何而来？当参与者众时，仅靠私人之间的协商是很难将产权划分清楚的。私人协商的交易费用之所以奇高，是因为私人之间对道路通行权的界定和分配几乎无法达成一致，从根本上来讲是产权不清导致了交易费用趋于无穷大，这时候需要公权力的力量实施产权的分配，从而使交易成本降低到可以达成交易的水平。

在城市道路资源的分配问题上，政府通过建立通行权许可证制度，对通行权进行清晰的界定与分配，并允许参与者之间就通行权进行交易，可以将强大的市场力量从牢笼中释放出来，并借助这股强大的力量解决拥堵问题。

其三，政府初始权利界定的合理性非常重要，将影响后续的交易费用，进而影响资源配置的效率。

初始产权的明晰界定和分配可以节约甚至消除纠正性交易的需要，如果纠正初始分配的交易减少或者消除，则交易费用的减少甚至消除便理所当然。科斯（1988）指出，即使通过市场交易可以改变权利的初始界定，但是，减少对这种交易的需要从而减少用于实现这种交易的资源是人们所希望的[1]。

小汽车通行权的界定和划分是非常复杂的问题：通行权利划分可以按照行驶天数、行驶次数、通行路段、区域等不同的方式进行，分配的对象也可

---

① Coase R H. The firm, the market, and the law [M]. Chicago: University of Chicago Press, 1988.

以采取按照车辆类别、人口类别等不同的划分方式，在权利数量的确定上更是选择众多。不同的通行权界定与分配方案将直接决定后续市场上权利交易的数量，因此，在面对众多政策选择时，在设计小汽车通行权政策方案时，应该将"减少后续交易"作为一个基本原则。

其四，通行权分配方案既定后，允许参与者之间进行通行权交易仍能改善效率。

政府通过制定法律、制度或政策可以决定权利的初始分配。在"行政命令"式政策下，不允许个人之间就权利进行交易，权利的初始分配就是最终分配，例如不少城市实施的"单双号限行"规定，单号与双号的车主只能在政府规定的日期出行，单号车主与双号车主无法就自己当天合法的通行权进行交易，即使单号小汽车当天的通行权闲置无用，而双号小汽车非常需要出行。在单日，单号小汽车当天拥有通行权，其通行权的边际成本本为零；而单日的双号小汽车没有通行权，其要出行则面临政府的高额处罚，意味着出行的边际成本非常高。试想如果允许他们进行权利的交易，双方都能获得帕累托改进。

因此，政府对城市道路使用权进行清晰的初始界定，并将使用权分配给道路出行的参与者，只要允许参与者可以就拥有的使用权相互交易，交易权市场的自动调节就能够使该政策有更高效率。在可交易的情况下，政策法规界定的初始分配未必是权利的最终分配，权利的最终分配还要经过市场的优化配置，经过市场那只看不见的手调配以后，既定政策的效率得以提高，交易双方的社会福利水平都会得到改善。

5.1.2 消费者行为理论

产权理论、排污权交易理论都是从规制制度层面出发，属于顶层设计。在顶层设计的制度下，监管对象的行为反应直接决定了政策设计的效果，因此对监管对象在社会经济环境下的决策行为进行研究，是制定有效政策体系的前提和基础。如果排放权交易体系针对排放企业制定，需要研究企业的决策行为；而本书的目标是设计针对小汽车出行者的通行权交易体系，因此需要基于消费者行为理论（theory of consumer behavior）对小汽车的出行特征与决策行为进行研究。

消费者行为理论对一定约束条件下的消费者商品购买选择进行研究，消费者进行购买决策的依据通常可以用是否能为其带来最大化的效用来判断，因此消费者行为理论也称为效用理论。

所谓效用，是指消费者在消费某种产品后所获得的满足程度。满足程度越高效用越大，满足程度越低效用越小；如果通过该产品（或服务）的消费感到快乐，则效用为正，反之如果消费带来痛苦，则效用为负。产品的效用源于其使用价值却又不同于使用价值，使用价值是效用的物质基础，效用是消费者享用该商品的使用价值后的心理满足度；使用价值是不以消费者意志为转移的，而不同消费者对同一产品的效用评价却因人而异。

对于效用的衡量，经济学中有两种不同的意见，一种意见认为，衡量效用可以和衡量长度、重量等物体的特征一样，用多少米、千克等具体的数字来进行衡量，并累加起来，这种理论被称为基数效用理论，基数效用理论采用"边际效用"及其分析方法来解释消费者决策过程。另一种意见认为，效用既然是具有主观性、非伦理性和差异性的人的心理感受，那么效用无法用清楚的单位准确计量，也不能加总求和，但是可以根据消费者满足程度的高低进行排序，这种理论被称为序数效用理论。序数效用理论采用"无差异曲线"及其分析方法来分析消费者行为。

多数经济学家更加认可用序数的方式来衡量效用，采用无差异曲线而不是边际效用来分析消费者的行为。这并不意味着两种效用论完全不相容，这只是不同分析手段的差异，经济学家对效用理论的一般性结论的看法是统一的。

5.1.3 排污权交易理论

科斯提出产权与交易费用相关理论后，"产权缺失是导致外部性的根本原因"这一论断得到不少经济学家的认同与应用。20世纪50~60年代，关于污染防治的问题在美国开始讨论，结合经济理论的进展，排污权交易的概念在这期间萌芽，"总量与交易（cap and trade）"政策逐渐成为环境监管领域里的施行制度。排放权交易理论实际上是以"产权理论"为基本原理，将其应用于环境治理领域的应用理论体系。

1966 年克罗克提出将产权理论应用到空气污染控制领域的可能性，并强调了这一政策在信息需求方面的优势，认为"污染控制当局的责任虽然不只是建立产权和保护产权那么简单，但也不再需要了解有关成本和损害函数的信息了"。

1968 年，美国经济学家戴尔斯（Dales）在《污染、财产与价格：一篇有关政策制定和经济学的论文》中首次提出了排污权交易（emissions-trading program）理论①，同时提出了排污权交易政策在水污染控制领域的应用②。戴尔斯已经意识到，现有的法律体系事实上已经创造出一系列有价值的产权，与科斯所描述的产权体系不同的是，因为这些产权不允许交易，因此缺乏效率。这些论述已经暗示出一种可能的改进思路，即将现有产权体系改进成可交易的产权体系。戴尔斯首次明确阐述了一个水污染控制的许可证政策方案，其成果和观点在后续研究中获得了广泛的关注和引用。

1971 年，鲍莫尔和奥茨（Baumol & Oates）首次从理论上严格证明了戴尔斯和克罗克所设想的结果③。虽然当时针对收费体系而不是交易体系所做的研究，但由于两体系在理论上的相似性，基于收费体系得出的结论在理论上同样适合用于许可证交易体系。研究认为，通过交易许可证形成的统一价格也能达到与收费政策同样有效的结果④。

蒙哥马利（Montgomery）是早期进入排污权（许可证）交易的经济学基础研究的经济学家之一。1972 年，他使用了两种交易算法应用于美国犹他州一条河流的水交易市场，算法通过区分市场参与者之间的特定交易模式，从而对市场的表现进行全面的描述，该研究结果从理论上证明了可交易许可证政策的效率⑤。蒙哥马利认为，理论上排污交易的确提供了一种兼具成本效

① Dales J H. Land, Water, and Ownership [J]. Canadian Journal of Economics, 1968, 1（4）：791-804.

② Sewell W R D. J. H. Dales, Pollution, Property & Prices：An Essay in Policy-making and Economics Toronto：University of Toronto Press, 1968, pp. vii, 111. [J]. Canadian Journal of Political Science/revue Canadienne De Science Politique, 1969, 2（3）：386.

③ Baumol W J, Oates W E. The Use of Standards and Prices for Protection of the Environment [J]. Swedish Journal of Economics, 1971, 73（1）：42-54.

④ 威廉·J. 鲍莫尔，华莱士·E. 奥茨等. 环境经济理论与政策设计（第二版）[M]. 北京：经济科学出版社，2003.

⑤ Montgomery W D. Markets in licenses and efficient pollution control programs [J]. Journal of Economic Theory, 1972, 5（3）：395-418.

率性和公平性的政策措施；然而，政府繁杂的管制程序会增加交易成本，从而降低了排污交易的成本效益性。1975 年，布坎南等人对许可证制度和庇古税两者对公司的影响进行了研究，发现许可证制度能够给公司留下更多的利润，并且为新的进入者制造一个排放的门槛。

20 世纪 80 年代开始，泰坦伯格（Tietenberg）对许可证交易政策进行了长期的跟踪研究，对多种可交易许可证方案进行了理论和实践探讨。泰坦伯格将前人的思想进一步具化，提出针对每个受监管对象（或接收点）位置建立相互独立的许可证。1984 年，泰坦伯格发表《排污权交易——污染控制政策的改革》[1] 一书，在全面阐述排污权交易的基本理论的基础上，对美国的排污权交易计划及其发展过程进行论述[2]。在后期的研究中，泰坦伯格对许可证交易机制在空气污染控制、水资源管理、渔业资源管理等领域的应用进行了比较分析，其对许可证交易机制的作用的认识已经逐渐转变，将排污权交易从一种"污染控制手段"转变为"资源配置机制"[3][4]。

Howe（1994）比较分析了美国和欧洲在环境保护方面实施的直接征税政策和排放许可证交易政策[5]。根据该研究，美国使用了几种形式的可交易许可证，但从未使用过直接污染税；欧洲共同体成员国一直在使用一系列的污染税，但从未使用过可交易的许可证政策；该研究对这些实施政策进行了梳理，分析了每种政策的优缺点，提出了后续政策实施的指导方针。

排放权交易理论的中心思想是，政府根据环境承载量制定适当的污染物排放目标，将允许排放的总量量化分解，依据确定的规则将排放许可量分配给排放监管的对象（主要是企业），同时建立监管对象之间的排放权交易市场并允许他们进行排放权的交易，让监管对象可以通过市场交易优化自己的减排活动，从而降低社会总体的减排成本。

---

① Tietenberg T. H. Emissions trading: An exercise in reforming pollution policy [R]. Washington. D. C: Resources for the future, 1985.

② 泰坦伯格. 排污权交易: 污染控制政策的改革 [M]. 崔卫国等译. 北京: 三联书店, 1992.

③ Tietenberg T. The Tradable Permits Approach to Protecting the Commons: What Have We Learned? [J]. SSRN Electronic Journal, 2002.

④ Tietenberg, T. The Tradable - Permits Approach to Protecting the Commons: Lessons for Climate Change [J]. Oxford Review of Economic Policy, 2003, 19 (3): 400 - 419.

⑤ Howe C W. Taxes versus, tradable discharge permits: A review in the light of the U. S. and European experience [J]. Environmental & Resource Economics, 1994, 4 (2): 151 - 169.

排放权交易之所以能以更低的成本减排，得益于：其一，排放权的清晰界定明确了企业的排放权利与减排责任。排放权的清晰界定使得排污企业能够清楚认识本企业污染物排放量的大小，从而让排污企业建立对污染排放的定量认知，对于企业而言，是否超过排放上限也有了清晰的衡量工具，基于此企业能够实施对排放量的预判与减排成本效益的预估，从而决定是否在市场上交易排放权。其二，排放权的界定与交易市场的建立降低了排放权的交易费用，让减排成本高的企业可以以低于自身减排成本的价格在市场上购买到排放额度，让减排成本低的企业可以以高于自身减排成本的价格出售排放权，在交易过程中双方企业均获益。因此，这一措施实际上是通过市场化手段对使用清洁技术进行多减排的企业给予经济补偿，与征收排污税对企业进行"惩罚"的措施在福利分配上有根本的区别。

碳排放领域的研究与应用是许可证交易制度应用最广泛、研究最深入的领域。碳排放权的总量控制与交易制度已经发展为许可证交易制度中的重要类别和典型代表，尤其是在 1997 年国际性气候变化公约中引入排放权交易的概念后，这一政策工具迅速地获得了全球范围内广泛的认同，各个国家和地区纷纷开展区域内的碳排放交易制度相关问题的研究和实践，取得了令人瞩目的进展。

纵观排放权交易相关研究的发展历史，排放权交易政策的研究和实践经历了从产业链上游走向下游，政策监管对象从企业转向个人的发展历程。

到目前为止，所有已经实施的排放权交易体系均是针对企业的，实践中还没有针对个人的排放权交易政策体系。以英国为代表的欧洲国家对个人领域引入碳排放交易措施开展了一些研究，提出了一些应用的政策框架，然而这些政策并未能在实践领域进行应用。

5.1.4 研究小结

矫正性税收（交通拥堵费）和可交易许可证（通行权交易）政策都能够解决"权利与责任不对等（或者收益与成本不对等）"的问题。对于负外部性问题，私人获得的收益大于成本。矫正性税收是直接通过征税这一手段强制性地将外部成本内化到私人，让私人承担的权、责趋于一致。而产权理论认为，外部性之所以存在，就是权利界定不清导致的恶果；如果对权利进行清晰合理的界定，私人自动会考虑到自己行为的外部性，做到权责一致，即使私人无法避免外部性的存在，受外部性影响的个人或企业会因为清晰的权责关系而能够对自己的损失进行追偿，从而让产生负外部性的个人承担其应承担的责任（成本），促进其权责一致。因此，通过产权的清晰界定，私人能够实现外部性的自我管理，如果自我管理失败还会面临其他受影响的私人的"督促"，因为清晰的产权赋予了私人这样的权利。产权的清晰界定给予社会中的个体自我监督与监督他人的权利和动力，外部性问题便可在私人之间自己得到解决，私人自己能协商解决的问题通常不会再诉诸政府机构，因为私人之间自己协商解决的交易成本通常比让政府出面解决更低。

城市交通拥堵问题中，如果对小汽车出行的通行权（里程、天数或者次数）进行清晰界定，则：其一，如果通行权的总量设定合理，城市交通能够保持通畅的车流，交通便不会拥堵或者将拥堵的影响降低到接受的水平，小汽车在自己通行权数量范围内行驶造成的负外部性很小；其二，如果小汽车需要行驶超过自己通行权分配的数量，则需花费较高的代价在市场上购买通行权，通过购买的行为实现了外部性的内化。

5.2　个人碳排放交易政策

5.2.1　个人碳排放交易政策的研究背景

作为应对气候变化挑战的政策，英国政府在《能源白皮书2003》中制定了碳减排目标，计划在2050年之前实现60%的二氧化碳减排目标[①]。这一目标是在英国气候变化委员会（Committee on Climate Change，CCC）的建议目标下修订后的结果，气候委员会在报告中列出了一系列的碳减排计划，目的

---

① Department of Trade and Industry. Energy White Paper：Our energy future—creating a low carbon economy［R］. London：Department of Trade and Industry，2003.

是在 2050 年之前将英国碳排放量减少 80%[1]。《英国气候变化法（2008）》中写入了一项具有法律约束力的减排目标——到 2050 年将碳排放减少 80%。

碳排放按照来源不同可以分为"机构排放"和"个人排放"。虽然各个国家国情有所不同，不同产业部门产生的碳排放的比例不尽相同，但个人所产生的碳排放量和能源消耗量在发达国家中通常占有很大比例。例如，根据 2007 年英国能源白皮书的估算，在英国，个人产生的碳排放量占到全国总排放量的 42% 左右；个人产生的碳排放中，30% 来自暖气供应，10% 来自热水供应，9% 来自家用电器，4% 来自家用照明，3% 来自家庭烹饪，29% 来自个人出行，12% 来自航空出行，2% 来自其他出行[2]。

宏观环境的影响下，英国社会各界对减少碳排放的政策措施非常关注，"个人碳排放交易政策（personal carbon trading，PCT）"正是在这个时候作为一种新的碳减排政策工具被推到聚光灯下。2006～2008 年，PCT 政策获得了英国政府的高度关注。

所谓"个人碳排放交易（PCT）"，就是政府向个人（最终用户）发放二氧化碳的排放许可证，规定其二氧化碳的排放量，同时允许个人进行二氧化碳配额的买卖，政府通过对个人排放二氧化碳总量的限制达到减少温室气体排放量的目的。

从经济理论角度，可交易的碳排放许可政策与采用行政命令手段能达到同样的效果，但是经济成本要低得多，或者说效率要高得多。与其他减排政策将减排的责任放在产业链上游的企业不同，个人碳排放交易（PCT）政策将重点放在产生碳排放的根本原因——个人用户身上。

2006 年，国际环境大臣对 PCT 政策产生了浓厚的兴趣，将其列入减少碳排放的可选政策。该年，西蒙和约书亚等（Simon Roberts & Joshua Thumim）向英国环境、食品和农村事务部（Department for Environment Food

---

[1] Committee on Climate Change（CCC）. Building a low carbon economy—the UK's contribution to tackling climate change ［R］. London：Committee on Climate Change，2008.

[2] Department of Trade and Industry. Meeting the Energy Challenge：A UK white paper on energyc ［R］. London：The Stationery Office，2007. https：//www. gov. uk/government/publications/meeting – the – energy – challenge – a – white – paper – on – energy.

and Rural Affairs，DEFRA）提交了一份关于个人碳排放交易政策的研究报告①，对个人碳排放交易的政策框架、征收途径进行了概述，还与燃油税等其他减排政策进行了对比分析。

2008年，英国环境、食品和农村事务部（DEFRA）发表了4份有关个人碳排放交易的报告，对个人碳排放交易政策的技术可行性、潜在成本、政策有效性、战略适应性、公众可接受性和政策影响等问题进行了讨论。根据委托项目的研究结果，DEFRA最终认为个人碳排放交易的实施为时尚早，其中的关键问题是公众的可接受性和实施成本，并怀疑这些问题是否能够圆满地解决②。

然而，一个月后，英国下议院环境审计委员会（House of Commons Environmental Audit Committee，一个在英国颇具影响力的议会成员委员会）发布报告表示更加倾向于支持个人碳排放交易，并对DEFRA延迟个人碳排放交易进一步研究工作的决定感到遗憾③。英国下议院环境审计委员会认为，PCT在帮助减少国内碳排放方面可能"至关重要"，迫切需要进一步的研究。不过，英国相关政府部门并未接受该委员会的意见，也未进一步资助PCT的相关研究。

上述多项政府主导的研究都是在英国开展的，这与英国的政治环境有关系，21世纪的开始几年，个人碳排放交易在英国受到很高的政治关注④，不但国家相关部委主导开展了多项研究，学界也对这一问题非常关注。到目前为止，还未有其他国家的政府机构比英国政府更重视这一政策体系，对个人碳排放交易的相关研究也主要来自英国的研究机构和学者。爱尔兰可持续

---

① Roberts S，Thumin J. A rough guide to individual carbon trading-the ideas，the issues and the next steps［R］. London：Centre for sustainable energy，Department for Environment，Food and Rural Affairs，2006.

② Department for Environment Food and Rural Affairs. Synthesis Report on the Findings from Defra's Pre-Feasibility Study into Personal Carbon Trading［R］. London：Department for Environment Food and Rural Affairs，2008.

③ Environmental Audit Committee. Personal Carbon Trading ［R］. London：The Stationery Office，2008.

④ Fawcett T，Parag Y. An introduction to personal carbon trading［J］. Climate Policy，2010，10（4）：329 – 338.

发展委员会曾经对配额的上限和分配进行了调查①，但爱尔兰政府层面也并没有相关实施计划。

5.2.2 个人碳排放交易政策的研究概况

基于全球开展碳减排活动的时代背景，20 世纪末，逐渐有学者将之前应用于企业污染物排放监管的排放权交易政策引入个人碳排放量的控制领域，开展了多项相关研究。个人碳排放许可证交易政策的相关研究主要围绕作用机理、政策设计、实施相关问题及与其他政策的比较等几个方面开展。

1. 个人碳排放许可交易政策的作用机制机理研究

学者主要基于公共经济学、福利经济学与行为经济学相关理论，从定性、定量等不同角度对个人碳排放交易政策的内涵、作用机制与路径等进行分析。

弗莱明（Fleming，1996）最早提出了个人碳排放许可交易的思想，认为对个人或者家庭实施碳排放权的交易可以有效地引导消费者降低能源消费，适应低碳生活方式②。范霍夫（Verhoef）也是较早开展个人碳排放交易研究的学者之一，他主要关注了碳排放许可证政策在道路交通领域的应用。

从 20 世纪 90 年代开始，经合组织（OECD）对可交易的许可证政策等市场化手段在环境治理中的应用进行了大量研究③④⑤。经合组织（2001）将可交易许可证政策（tradable/transferable permits，TPs）定义为：可交易的许

---

① Comhar SDC Sustainable Development Council. A Study in Personal Carbon Allocation：Cap and Share ［R］. Dublin：Comhar SDC Sustainable Development Council，2008.

② Fleming D. Tradable quotas：setting limits to carbon emissions ［R］. Newbury：Elm Farm Research Centre，1997.

③ Organization for Economic Cooperation and Development （OECD），Putting Markets to Work. The Design and Use of Marketable Permits and Obligations ［R］. Paris：OECD，Public Management Occasional，1997.

④ Organization for Economic Cooperation and Development （OECD）. Lessons from Existing Trading Systems for International Greenhouse Gas Emissions Trading ［R］. Paris：OECD，Environment Directorate，1998.

⑤ Organization for Economic Cooperation and Development （OECD）. Better use of infrastructures to reduce environmental and congestion costs ［R］. Paris：OECD，2013. http：//www. oecd. org/eco/surveys/Belgium2013_Overview_ENG%20 （2）. pdf.

可证涵盖了各种各样的政策工具，这些政策的共同点包括：以义务、许可、积分或权利等形式确定某种稀缺资源的量化物理约束并分配给目标群体，允许获得许可证（或配额）的机构在内部的不同活动、产品、地方或时段进行转换，或者与其他机构进行交易①。这一定义得到了广泛的引用。

德雷内和艾肯（Dresner & Ekins，2004）的研究认为，基于人均配额平等分配的个人碳交易政策在财务上是进步（progressive）的②。这是因为，"穷人"的二氧化碳排放量低于平均水平（尤其是如果包括私人航空出行），而"富人"的二氧化碳排放量高于平均水平。因此，如果富人希望维持其碳密集的生活方式，"富人"平均需要从穷人那里购买碳配额。

卡普斯蒂克与刘易斯等（Capstick & Lewis et al.，2010）开展了碳排放限制政策对个人决策的影响的仿真实验，该研究向参加者提出了两项试验，分别假设参与者获得的碳排放量比他们目前每年的碳消耗量减少 20% 和 40%，实验发现两种情况下碳排放分别减少了 18.8% 和 22.1%③。参与者可以选择几项减少碳排放的行动，包括减少私人汽车出行里程，然而这一研究并没有提供每项减排行动对总碳排放量减少的相对贡献程度的信息。

2. 个人碳排放交易的政策方案设计

政策方案设计主要包括对政策类型、设计原则、政策特征、初始排放权分配、排放权交易机制等问题展开的研究。

弗莱明（Fleming，1996）最初设计了"国内可交易配额（domestic tradable quotas，DTQs）"政策体系，用于控制和减少个人碳排放④。其后，以廷德尔气候变化研究中心（Tyndall Centre for Climate Change Research）为代表的其他一些机构和学者基于弗莱明提出的国内可交易配额（DTQs）政策框架，开展

① Organization for Economic Cooperation and Development（OECD）. Domestic Transferable Permits for Environmental Management：Design and Implementation［R］. Paris：OECD，2001.

② Dresner S，P Ekins. The distributional impacts of economic instruments to limit greenhouse gas emissions from transport［R］. London：Policy Studies Institute，2004.

③ Capstick S B，Lewis A. Effects of personal carbon allowances on decision-making：Evidence from an experimental simulation［J］. Climate Policy，2010，10（4）：369 – 384.

④ Fleming D. Tradable quotas：Setting limits to carbon emissions［R］. Newbury：Elm Farm Research Centre，1997.

了相关研究，丰富了这一政策方案的内涵，扩大了其政策的影响①。

2007 年，弗莱明修改了之前提出的许可证政策框架，提出了"可交易的能源配额（Tradable Energy Quotas，TEQs）"政策，并建议英国根据能源消费导致的碳排放总量设置碳排放配额上限，将 40% 的碳排放配额免费均等分配给个人，其余 60% 的碳排放配额则通过拍卖的方式分配给组织机构。TEQs 的政策框架如图 5 - 1 所示②③。

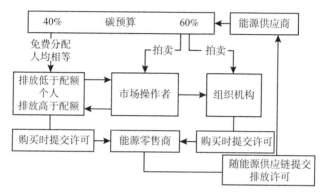

图 5 - 1 可交易能源配额（TEQs）的政策体系

此外，艾尔丝（Ayres，1997；1998）等提出了可交易消费限额（tradable consumption quotas）政策，福西特和希尔曼（Fawcett & Hillman，2004）提出了个人碳排放配额（personal carbon allowances，PCAs），爱尔兰政府（2008）提出了限额与共享计划（cap and share，C&S），尼迈尔（Niemeier，2008）等提出了在美国加利福尼亚州实施的家庭碳排放交易（household carbon trading）政策等多种具体的政策方案。这些计划的详细内容将在下一小节专门进行详述。

① Starkey R，Anderson K. Domestic Tradable Quotas：A Policy Instrument for Reducing Greenhouse Gas Emissions from Energy Use（Technical Report 39）［R］. UK：Tyndall Centre for Climate Change Research，2005. https：//www. fcrn. org. uk/research - library/domestic - tradeable - quotas.

② Fleming D. Energy and the Common Purpose：Descending the Energy Staircase with Tradable Energy Quotas（TEQs）［M］. London：The Lean Economy Connection，2007.

③ 陈红敏. 个人碳排放交易研究进展与展望［J］. 中国人口资源与环境，2014，24（9）：30 - 36.

3. 个人碳排放交易政策的比较研究

还有一些研究对个人碳排放交易政策与其他经济政策进行了比较，如与个人征收碳税、燃油税以及与上游碳排放许可证交易制度等进行比较分析。

威茨曼（Weitzman，1974）认为，在充分信息条件下，可交易的许可证和庇古税是等价的，产生相同的效果[①]。德雷内和艾肯（Dresner & Ekins，2004）的研究发现，与收取碳税相比，个人碳交易政策在经济上更具进步性。即使在碳税收入得到最优利用的情况下（通过向低收入家庭提高福利和其他付款以尽可能有效地循环利用碳税收入），收入处于最低十分位的家庭中，30%情况会变得更差，而个人碳交易政策下这一比例为19%。

帕拉戈和卡普斯蒂克等（Parag & Capstick et al.，2011）对个人碳排放交易、能源税和碳税这三项减排政策进行了比较分析，并调查了在这三项针对个人的碳减排政策下的减排意愿[②]。结果显示，与上述其他两种税收政策相比，碳排放许可交易政策下，人们改变个人出行里程的意愿相对更大（如表5-1所示）。在碳排放许可证交易的政策框架下，更多的人表示愿意通过改变家庭的取暖温度（83%）和洗衣机的加热温度（78%）来实现碳减排，而不是减少个人出行里程（65%）来减排。社会经济影响方面，在碳排放许可交易政策下，相对于年轻的参与者，年龄较大的受访者更不愿意改变出行里程。

表5-1　　　　　每个调查小组中愿意在不同减碳政策下削减的百分比

削减意愿	能源税（%）	个人碳税（%）	个人碳排放许可证交易政策（%）	每年货币化的碳价值（英镑）
个人出行里程	44	45	65	£35/1 000英里
房间取暖	77	78	83	£30/摄氏度

---

① Weitzman M L. Prices vs. Quantities [J]. The Review of Economic Studies, 1974, 41 (4): 477-491.

② Parag Y, Capstick S, Poortinga W. Policy attribute framing: A comparison between three policy instruments for personal emissions reduction [J]. Journal of Policy Analysis and Management, 2011, 30 (4): 889-905.

续表

削减意愿	能源税 （%）	个人碳税 （%）	个人碳排放许可 证交易政策（%）	每年货币化的碳价值 （英镑）
洗衣设备	75	77	78	£5/10 摄氏度
奶制品消费	17	19	28	0

哈维特和泰特等（Harwatt & Tight et al.，2011）分析了在实现相同目标下（到 2030 年使英国所需燃油消耗总量减少），与等价的燃油税政策相比个人碳排放交易政策的潜在影响①。基于受访者一周的出行日记的实验结果显示，在个人碳排放交易政策框架下，至 2030 年汽车行驶距离减少 29%，而征收燃油税将导致出行量减少 11%。此外，个人碳排放交易政策下，受访者的出行里程更多地转移到骑行（+51%）和轨道交通（+38%）上。由于该实验的样本量较小，且受访者受教育水平和收入水平较高，结果不具备整体的代表性。

詹妮、布里斯托和华德曼（Zanni，Bristow & Wardman，2013）对个人碳排放交易政策与碳税的影响进行了比较研究，发现尽管参与者愿意接受个人碳排放交易政策的意愿更低（72% 相对于碳税的 80%），但在个人碳排放交易政策下，参与者的单位减排效率更高（13.3% 相对于碳税的 10.9%）②。研究进一步发现，在大家庭工作和生活的人们更愿意改变行为，而拥有较高收入和拥有汽车的人减少碳排放的意愿更低。

豪斯、希瓦利埃、布格纳和希尔顿（Raux，Chevalier，Bougna & Hilton，2015）通过受控的室内实验，比较了多个措施和政策框架对不同出行模式的偏好的影响③。他们发现，给受访者提供有关排放量条款和社会规范方面的

① Harwatt, H., Tight, M. R., Bristow, A. L., Guhnemann, A. Personal Carbon Trading and fuel price increases in the transport sector：An exploratory study of public response in the UK ［J］. European Transport，2011（47）：47 – 70.

② Zanni A M，Bristow A L，Wardman M. The potential behavioural effect of personal carbon trading：Results from an experimental survey ［J］. Journal of Environmental Economics and Policy，2013，2（2）：222 – 243.

③ Raux, C., Chevalier, A., Bougna, E., Hilton, D. Mobility choices and climate change：Assessing the effects of social norms and economic incentives through discrete choice experiments ［C］. Paper presented at the 94th TRB annual meeting. Washington D. C，2015.

信息，可以有效减少受访者对高排放出行方式的偏好；然而，尤其是对于私家车出行的情况，增加金钱刺激（包括碳税、奖励金或许可证交易方案）的效果似乎是递减的。在比较不同的金钱激励措施时，许可证交易方案（credit-trading scheme）比其他经济激励措施更有效地减少出行，这一结论对所有出行方式有效。

4. 个人碳排放交易政策的实施问题

个人碳排放交易制度的实施相关问题的探讨，主要包括实施的技术条件、成本分析、公众行为反应、政策效率及公平性、公众接受度等问题。

关于技术方面的可行性，从国外学者对个人碳排放许可证（与小汽车行驶许可证技术类似）的相关研究来看，几乎所有的学者对可交易许可证实施的技术问题都持乐观态度，认为即使是针对个人的可交易许可证政策，虽然政策参与人数众多，但现有技术是可以支撑政策运行的。

斯塔基和安德森（Starkey & Anderson，2005）等对个人碳排放许可证政策进行了系统深入的研究，在分析总结了几乎所有关于技术可行性的问题后，认为建立和运行一个单独的个人碳排放交易系统是可行的[①]。他们通过详细调查得出的结论认为，建立一个数据库系统的专业知识是现成的，基于现有技术的数据库系统可以安全地保存和管理许多用户的"碳账户"，从而使场外交易和远程交易成为可能。现有的信用卡和借记卡交易基础设施设备（包括芯片和个人识别码）可用于支付能源、燃料和其他政策覆盖范围内的燃油使用（如航空出行）的碳排放。

斯塔基和安德森（Starkey & Anderson，2005）认为，银行系统只能提供一个交易系统，需要开发一个新的系统来管理账户和核查分配。而罗伯茨（Roberts，2006）认为，这低估了银行系统管理账户的潜力，他们对银行系统的调查支持了这一观点，即碳排放交易的会计和交易系统都可以与现有的银行系统集成。碳排放额度可视为银行账户处理（以碳为单位作为

---

① Starkey R，Anderson K. Domestic Tradable Quotas：A Policy Instrument for Reducing Greenhouse Gas Emissions from Energy Use（Technical Report 39）[R]. UK：Tyndall Centre for Climate Change Research，2005. https：//www. fcrn. org. uk/research – library/domestic – tradeable – quotas.

"货币")①。

还有一些学者估算了个人碳排放许可证交易政策的实施费用（成本）。

莱恩等（Lane et al.，2008）在提交给英国环境、食物与农村事务部（DEFRA）的一项报告中，对个人碳排放交易计划的可行性进行了研究，估算了建立和运行个人碳排放交易系统的成本②。研究认为，在英国建立一套个人碳排放交易系统的成本为 6.6 亿~18 亿英镑，每年的运行费用大约为 9.4 亿~16.5 亿英镑（具体见表 5-2）。

表 5-2　　　　　　　　个人碳排放交易系统成本估算

环节	具体成本项目	金额（亿英镑）
建立	设计和管理	1.00~2.00
	市场推广	0.5~1.00
	注册和分配系统	0.5~1.00
	数据采集和身份验证	2.00~5.00
	银行账户设立成本（包括芯片卡）	2.20~6.00
	能源零售商的信息系统建立和读卡器成本	0.30~2.00
	公用事业单位的软件成本	0.10~1.00
	合计	6.60~18.00
运行	运行中的注册、验证和分配	1.00~3.00
	碳信用账户的维护	7.50~10.00
	汽车燃料购买	0.50~1.00
	公用事业账单交易	0.20~0.50
	碳信用的个人间转移	0.10~1.00

① Roberts S, Thumin J. A rough guide to individual carbon trading-the ideas, the issues and the next steps [R]. London: Centre for sustainable energy, Report to Department for Environment, Food and Rural Affairs, 2006.

② Lane C, Harris B, Roberts S. An Analysis of the Technical Feasibility and Potential Cost of a Personal Carbon Trading Scheme [R]. London: Report to the Department for Environment, Food and Rural Affairs, Accenture, with the Centre for Sustainable Energy (CSE), 2008.

环节	具体成本项目	金额（亿英镑）
运行	碳信用的买卖	0.10~1.00
	执行情况的监管和审计	0.10~1.00
	合计	9.50~17.50

关于实施个人碳排放交易政策的公众反应与影响等问题，也有较多学者开展了相关研究。在英国，一些研究者对个人碳排放交易（PCT）政策的分配及其对不同人群的影响进行分析，基于此提出个人碳排放交易方案设计的改进建议。该工作早期由艾肯和德雷内等（Ekins & Dresner et al.，2004）开展研究；后来塔米和沃特（Thumim & White）对这一工作进行了改进，该研究通过收入、地理位置和家庭构成来分析高、低碳排放者的分布情况[1]。研究发现，在收入最低的 1/3 的家庭中，71% 的家庭将是"赢家"，而在收入最高的 1/3 的家庭中，55% 的家庭将是"输家"，要么不得不购买许可证，要么必须减少他们的排放量。研究者锁定了 210 万个低收入的"输家"家庭（来自英国总共 2 460 万家庭），其中许多家庭生活在农村，还有许多"输家"家庭的人口大于平均规模。进一步的一些研究审视了调节个人碳排放交易（PCT）负面社会影响的可能性，并显示按照成人标准的一定比例给予儿童碳配额具有积极的作用[2][3]。总体而言，个人碳排放交易（PCT）的负面影响可以通过具体的政策设计来减轻。

2010 年，华莱士和弗莱明（Wallace & Fleming，2010）基于其提出的个人碳排放交易政策框架，对政策计划下的行为反应进行了探讨。研究者要求受访者指出，如果备选的几项碳减排政策措施适用，他们将参与哪几项政策

① Ekins P, Dresner S. Green Taxes and Charges: Reducing their Impact on Low-Income Households [R]. York, UK: Joseph Rowntree Foundation, 2004.

② Centre for Sustainable Energy. Moderating the Distributional Impacts of Personal Carbon Trading [R]. UK: Centre for Sustainable Energy, 2009.

③ Gough I, Abdallah S, Johnson V, Ryan-Collins J, Smith C. The Distribution of Total Greenhouse Gas Emissions in the UK and Some Implications for Social Policy [R]. London: London School of Economics, 2012.

及参与的可能性程度①。研究发现，相对于着眼于家庭的减排政策，着眼于出行的减排政策有较大的阻力。在新政策对出行的影响方面，受访者更倾向于使用小型或更具燃油经济性的汽车，而不是转向使用公共交通或自行车出行。詹妮、布里斯托和华德曼（Zanni，Bristow & Wardman，2013）也发现，人们对运输领域（包括航空运输）的减排措施表现出犹疑的态度。在他们的实验中，个人碳排放交易政策在个人出行领域实现了 11.4% 的碳减排；而总体而言，参与者的碳排放比初始量减少了 13.3%。

对于政策接受度的研究，学者主要从政策的公平性、可行性、实施成本、个人隐私、对出行自由的限制等方面进行探讨。已有研究采用不同的调查方法期望获得公众对个人碳排放交易政策的反应，这些研究调查方法包括：焦点小组讨论、半结构化访谈②、问卷调查③、意见调查④，还有其他一些研究使用了更具综合性的方法。公平是一个关键问题，在实践中，个人碳排放交易（PCT）的公平性将取决于具体的政策设计、实施和执行方案。虽然国外学者的研究证据表明公众的接受程度不构成实施个人碳排放交易（PCT）的巨大障碍，但政策设计既要满足支持者的预期利益，同时要能消除反对者的政策恐惧，才能得到尽可能多的公众支持，减少政策实施阻力。

总结对个人碳排放交易政策的实施可行性等相关研究，政策的可行性主要受到技术、经济和公众意识等方面的因素影响。

其一，技术方面。梳理个人碳排放交易（PCT）政策的技术和实施可行性的相关研究表明，建立数据库系统以安全地持有和管理个人碳"账户"的专业技术与知识已经具备，现有的信用卡和借记卡交易基础设施可用于实施个人碳排放权的交易。欺诈预防和执法也是可行的。使用会员卡追踪在加油站购买的燃料量并以此计算碳排放水平的试验，表明了这一方法的可行性，

①② Wallace A A, Irvine K N, Wright A J, Fleming P D. Public attitudes to personal carbon allowances：Findings from a mixed-method study [J]. Climate Policy, 2010, 10 (4)：385 - 409.

③ Jagers S C, Löfgren A, Stripple J. Attitudes to personal carbon allowances：Political trust, fairness and ideology [J]. Climate Policy, 2010, 10 (4)：410 - 431.

④ Bird J, Jones N, Lockwood M. Political Acceptability of Personal Carbon Trading：Findings from Primary Research [R]. London：Institute for Public Policy Research, 2009.

而且成本低于预期①。综上，多数学者认为，基于现有的金融交易体系，个人碳排放许可证交易制度是可行的。一些学者关于个人碳排放交易政策可行性争论的关键点在于：对于未实施人口登记管理制度的国家，建立一套有效的许可证分配制度的困难性。上述大多数可行性研究都是在 10 年前完成的。在过去 10 年中，信息技术和信息安全已经大大改善。如今，资金和信息的电子交易已经在日常应用中普及，因此个人碳排放交易（PCT）计划的实施在技术方面应更具可行性。

其二，经济（成本）方面。一些学者认为，建设和运行个人碳排放交易（PCT）的成本可能是一个重大障碍。成本将在很大程度上取决于政策框架结构和实施细节。英国环境、食物与农村事务部（DEFRA）委托开展的一项研究表明，除了每人 14～40 英镑的一次性启动成本之外，个人碳排放交易（PCT）的年运行成本可能介于每个成年人 20～40 英镑②。

其三，意识形态因素。意识形态方面的障碍主要是指公众对于政府、企业和个人如何在政策中扮演相关的角色，政策的公平性、责任和能力有关的意识形态、价值观和信念相关的问题。意识形态或者思想观念方面的障碍主要体现在公平性方面。个人碳排放交易政策的公平性体现在配额的平均分配。对配额分配的公平性，不同的学者持有不同的意见，一些人认为平均分配配额是公平，而另一些人认为基于减排能力或支付能力的分配才是公平。但从实施和技术方面出发，相等的配额分配无疑比基于个人能力的分配方式更易于接受和实现。

5.2.3 个人碳排放交易政策的典型方案

近 20 年来，全球范围内的研究者和政府部门提出了多种个人碳排放交易（PCT）政策，不同的个人碳排放交易（PCT）政策在监管对象、覆盖范围、

---

① Prescott M. A Persuasive Climate：Personal Trading and Changing Lifestyles ［R］. London：Royal Society for the Encouragement of Arts，2008.

② Lane C，Harris B，Roberts S. An Analysis of the Technical Feasibility and Potential Cost of a Personal Carbon Trading Scheme：A Report to the Department for Environment，Food and Rural Affairs，Accenture，with the Centre for Sustainable Energy（CSE）. London：Department for Environment，Food and Rural Affairs，2008.

分配方式、回收方式和交易单位的规则与程序等方面都不尽相同，这些差异还导致了个人在政策中的参与程度不同。目前，学者提出的主要个人碳排放交易（PCT）政策计划如表 5 - 3 所示。

表 5 - 3　　　　　　　　　　多种个人碳排放交易计划政策方案对比[①]

名称	政策内容概述
国内可交易配额（DTQs）	国内可交易碳配额（domestic tradable quotas, DTQs）是伦敦政策分析师戴维·弗莱明（Fleming）于 1996 年首次提出，其目的是减少能源使用造成的温室气体排放，在 1996 ~ 2005 年期间开展了多项针对 DTQs 的研究。在 2005 年之后，弗莱明将自己提出的 DTQs 政策更改为可交易能源配额（TEQs）。虽然弗莱明自己不再沿用这一概念，然而廷德尔中心（Tyndall Centre for Climate Change Research）等其他一些机构和学者基于弗莱明（Fleming）提出的国内可交易配额（DTQs）政策框架，开展了相关研究，扩大了这一政策的影响
	工作原理：DTQs 政策旨在建立一个包括所有个人和组织在内的英国国内的碳交易体系。排放权免费分配给成年人，分配方式为按人均平等分配，而组织机构则在碳市场上购买需要的碳排放单位。与 TEQs 政策建议的关键区别在于，DTQs 计划覆盖航空出行
可交易能源配额（TEQs）	英国的弗莱明（Fleming）提出了可交易能源配额（tradable energy quotas, TEQs）[②]政策，由弗莱明于 1996 年提出的国内可交易配额（DTQs）政策发展而来，TEQs 这一概念一直沿用至今。TEQs 的目的是控制碳排放从而解决气候变化和石油使用问题，用于在全国范围内公平降低碳密集型能源的消耗，政策范围覆盖整个经济
	工作原理：TEQs 是一个电子系统，计划为未来 20 年的年度碳排放量设定一个上限，然后持续地进行。40% 的能源许可证配额是按人口平均分配给个人，个人排放额的分配包括家庭能源使用和个人出行，但不包括航空出行，其余 60% 通过拍卖出售给机构能源用户。TEQs 政策覆盖的燃料包括天然气、电力、煤炭、石油、道路运输使用的燃料等（不包括航空）；所有燃料都有碳评级，购买者在购买燃油时必须支付相应额度的碳排放许可证。碳排放许可证的交易通过电子方式进行，所有的碳排放许可证都在市场上交易
限额与共享计划（C&S）	限额与共享计划（cap and share, C&S, 2008）[③]为爱尔兰经济提出。该计划的范围涵盖整个经济
	工作原理：由独立的委员会制定一个国家碳排放限额。所有成年人定期收到碳排放许可配额，个人在国内碳排放中享有同等的份额。个人通过银行或邮局向进口或提取化石燃料的公司出售许可证。这些燃料供应企业在产出或进口燃油时需支付相应额度的排放许可证，支付的许可证数量与燃油使用时的碳排放量相等
可交易消费限额（TCQs）	艾尔丝（Ayres, 1997；1998）提出的可交易消费限额（tradable consumption quotas）[④]与国内可交易配额（DTQs）类似，但不同之处在于，总配额的 100% 最初免费分配给个人（而不是 60% 被拍卖给组织）。该计划范围涵盖整个经济

续表

名称	政策内容概述
可交易消费限额（TCQs）	工作原理：设定全国碳排放的上限额度。碳排放额度免费平均分配给个人。所有的产品都会贴上碳标签，标记其碳排放量。个人在购买非企业制造商品和直接使用能源时，需要扣减相应的碳排放配额。企业必须从个人手中（通过碳排放交易市场）购买许可证，这样，向企业出售许可证的收入就会直接流向个人许可证卖家，而不是政府
个人碳排放配额（PCAs）	个人碳排放配额（personal carbon allowances，PCAs）⑤是福西特和希尔曼（Fawcett & Hillman，1991；2004）等在英国提出和发展的，该政策的覆盖范围包括家庭的能源使用和个人出行，具体包括家庭燃料使用、私人交通以及航空出行
	工作原理：为国内家庭能源使用设定一个全国的碳排放限额，包括航空出行。该政策覆盖了英国所有排放量的40%（家庭），剩下的60%，即组织机构的排放量将通过其他总量控制与交易计划或政策工具加以解决。碳配额定期向个人免费平均发放。政策覆盖了所有家庭能源使用和个人出行，家庭在购买电力、燃气、运输燃油和服务时，需要交出相应的碳配额。PCAs通过电子方式进行，碳配额可以在个人碳排放市场上进行交易
家庭碳排放交易（HCT）	尼迈尔（Niemeier，2008）等提出了在美国加利福尼亚州实施的家庭碳排放交易（household carbon trading）政策⑥，并对其排放目标进行了审查。该计划的覆盖范围为家庭能源使用（电力、燃气）
	工作原理：根据减排目标，为居民能源使用设定每年的碳排放上限。碳排放配额由公用事业服务供应商按家庭平均分配给每户，公用事业服务供应商把配额存入每个用户的账户。这些配额由公用事业公司根据能源使用情况定期扣减，如果账户出现赤字，则家庭必须购买额外的碳排放配额。碳排放配额是完全可以交易的。在一个政策周期结束时，国家从公用事业公司收缴配额，并判断其是否遵守碳排放的上限

注：①Parag Y，Fawcett T. Personal carbon trading：A review of research evidence and real-world experience of a radical idea ［J］. International Journal of Nanomedicine，2014，（2）：23 – 32. https：//www. dovepress. com/personal – carbon – trading – a – review – of – research – evidence – and – real – world – e – peer – reviewed – fulltext – article – EECT.

②Fleming D. Energy and the Common Purpose：Descending the Energy Staircase with Tradable Energy Quotas（TEQs）［R］. London：The Lean Economy Connection. 2006. https：//www. flemingpolicycentre. org. uk/teqs/.

③The Foundation for the Economics of Sustainability（FEASTA）. Cap and Share：A Fair Way to Cut Greenhouse GasEmissions ［R］. Ireland：FEASTA，2008. http：//www. feasta. org/documents/energy/Cap – and – Share – May08. pdf.

④Ayres R U. Environmental Market Failures：Are There Any Local Market – Based Corrective Mechanisms for Global Problems? ［J］. Mitigation and Adaptation Strategies for Global Change，1997，1（3）：289 – 309.

⑤Hillman M，Fawcett T. How We Can Save the Planet ［M］. London：Penguin Books，2004.

⑥Niemeier D，Gould G，Karner A，et al. Rethinking downstream regulation：California's opportunity to engage households in reducing greenhouse gases ［J］. Energy Policy，2008，36（9）：3436 – 3447.

资料来源：本表参考了如下研究工作的成果：Fawcett T，Parag Y. An introduction to personal carbon trading ［J］. Clim Policy. 2010，10（4）：329 – 338；Starkey R. Personal Carbon Trading：A Critical Survey Part 1：Equity ［J］. Ecological Economics，2012，73：7 – 18.

根据政策依托对象的不同，许可证交易政策分为可交易的个人能源配额交易政策和个人碳排放交易政策；前者控制个人的能源购买量，后者控制个人的碳排放。有些学者提出以家庭为核算碳排放量的基本单位，因此这类称为"可交易的家庭碳排放交易"。然而，这些不同方案的基本思想相同，所有个人碳排放权交易的方案都具备两个基本条件：其一是碳排放总量（Quotas，Cap）的确定，其二是碳排放权的分配以及交易方式的确定，这两个基本设定决定了排放权交易制度的运行逻辑。

综上，个人碳排放交易（PCT）为减少个人碳排放提供了一个总体性解决思路，该政策将经济学、心理学和社会学等多个学科的多种方法和机制融合在一起，促进个人碳排放相关行为的变化，从而达到预期控制目标。个人碳排放交易的工作机制如图 5 - 2 所示①。

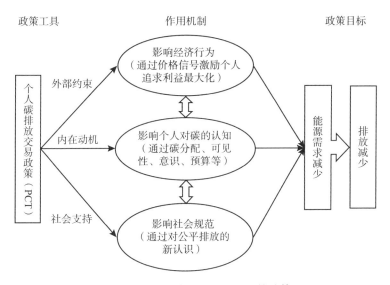

图 5 - 2　个人碳排放交易（PCT）的政策机制

将可交易许可证制度应用到小汽车出行上，也能产生类似的效果。

首先，可交易的许可证制度为减少车辆行驶量提供了经济激励。许可证

---

① Parag Y, Strickland D. Personal Carbon Budgeting：What people need to know, learn and have in order to manage and live within a carbon budget, and the policies that could support them [R]. UK：ERC Research Report, 2009.

的价格将由市场决定，并受多种因素影响，如许可证配额的"短缺"程度、该趟次出行的可替代程度、公共交通的发达程度、家庭收入等。不管怎样，这一制度工具的应用将惩罚出行量超额的小汽车，奖励出行量低的小汽车，出行量超额的小汽车通过支付一定的价格接受"惩罚"，出行量低的小汽车通过获得一定的现金收入来获得经济补偿。

其次，可交易的许可证制度利用心理机制影响人们的行为。决定人做出选择的最终因素还是人的心理。出行许可证的限额和价格、个人补贴的数量与分配方式等都将通过心理作用的传导，进而影响人的行为模式。一些对碳排放交易许可制度的实证研究表明，碳排放的许可证交易制度对改变生活行为的意愿产生了影响，人们倾向于对碳排放的许可证制度做出反应；虽然对碳排放交易政策的经济激励作出反应，但不能用纯粹的经济理性解释全部的行为[①]。个人碳排放交易（PCT）政策给予个人减少排放的责任感，可能使人们更加意识到他们的个人排放，更多地参与减排，更倾向于努力减少排放。

最后，可交易的许可证政策的效果还有赖于社会机制。社会机制的作用体现在，通过一些强制性、规范性的法规和政策，让公众能意识到减少小汽车行驶量的迫切性和必要性，进而增强个人对减少小汽车出行行为的认识，产生更加持久、稳定的作用力。分配给个人的行驶量配额在某种程度上给出一个暗示——人人都在这样的配额下出行，则可拥有高效、顺畅的交通，这样个人将减少不必要的小汽车出行。经济、心理和社会等多种机制的相互作用，共同推动这一政策达到预期效果。

5.2.4　研究小结

个人碳排放交易（PCT）是一个强大的政策工具，但目前缺乏进一步的详细政策设计，也没有足够的实证研究来证实它的高效和公平。个人碳排放交易的实施需要进行相当大的政治和社会变革，因此需要开展进一步的研究，设计多种政策方案，细化具体的配额数量、分配规则，财务收支、覆盖范围等；测算其在公平、效率、成本和可接受性方面的可能影响，以及如何对该

---

① Capstick, S. B., Lewis, A. Effects of personal carbon allowances on decision-making: Evidence from an experimental simulation [J]. Climate Policy, 2010, 10 (4): 369 – 384.

政策下的受到负面影响的群体进行补偿。

个人碳排放交易是一种对个人消费进行干预的经济政策，兼有政府管制与市场化政策的双面性。政府对个人消费的干预处在何种程度是适当的？这一直是个值得思考的问题，同时也是存在巨大争议的问题。

尽管目前仍有关于个人碳排放交易的研究成果在继续发表，但随着个人碳排放交易政策在英国实施计划的受阻，对这一问题的研究热度也较之前有所减退。

由于交通运输业的碳排放在总量中占据重要比例，而个人小汽车出行的碳排放在交通运输业中又占据重要份额，近年来逐渐有学者开始将可交易的碳排放制度应用于个人出行方面开展研究。

5.3 可交易许可证在交通运输领域的应用研究

5.3.1 研究内容与方法概述

将许可证交易政策应用到交通运输领域的相关研究，尤其是应用于个人出行规制的研究，开始于 20 世纪末 21 世纪初。学者对许可证交易政策在交通运输相关领域的研究，主要从许可证交易政策的内涵解析、经济机理、作用机制、方案设计、政策效率、政策影响等不同侧面展开，基于经济学、心理学、城市交通管理等多个理论基础，采用定量计算、实证分析等多种手段，对许可证交易政策用于解决交通问题的研究逐渐深化。特里普和杜德克（Tripp & Dudek，1989）①、范霍夫（Verhoef，1997）②、戈达德（Goddard，1997；

---

① Tripp J T B, Dudek D J. Institutional Guidelines for Designing Successful Transferable Rights Programs [J]. Yale Journal on Regulation, 1989, 6 (2): 369 – 391. http://digitalcommons.law.yale.edu/yjreg/vol6/iss2/10? utm_source = digitalcommons.law.yale.edu%2Fyjreg%2Fvol6%2Fiss2%2F10&utm_medium = PDF&utm_campaign = PDFCoverPages.

② Verhoef E T, Nijkamp P, Rietveld P. Tradeable permits: their potential in the regulation of road transport externalities [J]. Environment & Planning B Planning & Design, 1997, 24 (4): 527 – 548.

1999)①② 等学者，分别对许可证交易政策的定义、经济机理进行了分析，并提出了方案设计、政策实施、许可证分配等方面的政策建议。尼（Nie，2012）；王、高、许和孙（Wang，Gao，Xu & Sun，2014）③ 等学者主要采用定量分析技术，基于不同政策环境（例如是固定或是弹性需求，出行者是同质或异质的，不同的初始分配方案等）决定的价格条件，分析政策对城市交通流变化的影响。而梅特卡夫和多兰（Metcalfe & Dolan，2012）④，本－伊利亚和维那瑞（Ben－Elia & Avineri，2015）⑤ 等学者则从实证角度出发，在个人层面上对许可证政策下的出行行为进行实证调查研究，主要依据心理学和行为经济学的理论基础探究交通运输领域的问题，分析许可证交易政策对人们行为的影响。

研究方法方面，由于缺乏许可证交易制度在现实世界中的应用案例，现有研究对相关问题的分析主要依靠实证调查、计算机仿真、理论建模等方法来开展。

1. 通过问卷调查的方式开展研究

华莱士等（Wallace et al.，2010）采用了邮件调查的方式，调查对象被要求回答他们选择若干二氧化碳减排措施的可能性。帕拉格等（Parag et al.，2011）开发的问卷中，受访者会收到一个政策方案，每个受访者收到的方案是能源税、碳税或个人碳排放交易计划中的一种，并被问及在该方案下是否会减少私家车（35 英镑/1 000 英里）、空间加热（30 英镑/1°C）和洗衣机的使用量（5 英镑/10°C），如果会减少则回答每年减少的量是多少。卡拉科克曼和卡尔曼杰（Kockelman & Kalmanje，2005）设计了一项调查问卷，问项包

① Goddard H C. Using Tradeable Permits to Achieve Sustainability in the World's Large Cities: Policy Design Issues and Efficiency Conditions for Controlling Vehicle Emissions, Congestion and Urban Decentralization with an Application to Mexico City [J]. Environmental & Resource Economics，1997，10（1）：63－99.

② Goddard，H. Promoting urban sustainability: The case for a tradable supplementary licence system for vehicle use [J]. Urban Studies，1999，36：2317－2331.

③ Wang G，Gao Z，Xu M，et al. Models and a relaxation algorithm for continuous network design problem with a tradable credit scheme and equity constraints [J]. Computers & Operations Research，2014，41：252－261.

④ Metcalfe R，Dolan P. Behavioural economics and its implications for transport [J]. Journal of Transport Geography，2012，24（24）：503－511.

⑤ Ben－Elia E，Avineri E. Response to Travel Information: A Behavioural Review [J]. Transport Reviews，2015，35（3）：352－377.

括常规出行方式选择，对基于信用账户的拥塞定价（CBCP）和其他运输政策的看法、支持度以及对这些政策的回应等。

2. 采用计算机实验方法开展研究

这类调查大多数都能引入个性化定制的场景，以及具备交互式反馈的功能模块，以实现更详细和个性化的出行许可证方案设置。哈瓦特等（Harwatt et al.，2011）应用了一种基于计算机的工具，旨在协助定性访谈。该工具能够根据受访者填写的一周出行日记中记录的个人出行量，计算其碳排放量，并测算和显示选择相应问卷选项所带来的后果。卡普斯蒂克和刘易斯（Capstick & Lewis，2010）首先计算参与者当前的碳足迹；然后，参与者对两个模拟方案进行选择，他们可以从预定义的菜单中选择节省碳排放的行为，并查看其碳排放量。

基于较大的样本量，其他使用计算机实验的研究更多地采用了计量经济学方法。卡普斯蒂克、刘易斯和詹妮等（Capstick，Lewis & Zanni et al.，2013）在个人碳排放交易计划（PCT）和征收碳税两种政策框架下，建立了回归模型，将碳减排与参与者的社会经济特征、对待减排问题的态度、当前的出行方式、住房所有权和感知的减排成本联系起来。

阿齐兹、乌库苏瑞和罗梅罗（Aziz，Ukkusuri & Romero，2015）的研究通过一个实时在线实验游戏，让受访者参与基于拍卖的许可证交易市场，基于此调查参与者的出行决策和交易模式①。研究人员使用随机参数模型来估计不同类型出行者的成本函数，并以计数模型来分析市场动态。这项研究有一个问题，即参与实验项目的都是学生，试验中给这些学生强行分配了不同水平的可用资金、时间价值和出行次数等。虽然存在这一问题，该研究设计了综合动态市场环境的实验，对出行许可证制度下的行为分析仍有重要贡献。

许可证交易政策在不同的交通领域应用的具体目标不同，有的许可证政策着眼于控制车辆总体行驶量，而另一些可交易许可证政策的目标是仅控制局部拥堵路段的通行量，还有一些着眼于控制车辆停放等目标。许可证政

---

① Aziz H M A，Ukkusuri S V，Romero J. Understanding short-term travel behavior under personal mobility credit allowance scheme using experimental economics [J]. Transportation Research Part D：Transport and Environment，2015，36：121 – 137.

策的控制对象与目标不同，导致具体政策思路与方案上有明显差异，下文就不同应用目标的许可证政策研究进行详细分析。

5.3.2　管理交通碳排放的可交易许可证

交通运输业一直是碳排放的主要来源之一，且随着交通运输车辆的增加与运输活动越来越广泛，交通运输业碳排放的占比还有逐年上升之势。随着交通运输行业碳排放占比的上升，交通运输行业碳排放控制问题得到广泛的关注，不少研究碳排放交易政策的学者开始将关注的重点放到交通运输领域。交通领域的个人碳排放许可交易政策主要针对道路交通和航空出行，而道路交通领域的个人碳排放交易政策主要针对小汽车出行开展政策设计。

最早针对小汽车交通开展的碳排放交易研究，出现在 20 世纪末。1998 年 3 月，澳大利亚交通运输经济局（Bureau of Transport and Communications Economics）发布的一项报告中，提出了可交易的燃油许可证（tradable fuel permit）的政策，该政策建议给居民都分配一定的可交易燃油许可证用于私人出行，建议按照车辆以往的行驶里程等来进行分配。

英国利兹大学的哈瓦特和泰特（Harwatt & Tight，2008）提出了一种可交易个人碳排放许可证（tradable carbon permit，TCP）的政策方案，通过实施可交易的碳排放许可计划减少个人道路交通的碳排放，目标是到 2050 年实现道路私人交通的二氧化碳排放量减少 60%[①]；该研究在英国开展了探索性的民意调查，分析了政策的影响。调查结果显示，与燃油税政策相比，TCP 方案在各个方面都表现更好。因此，尽管增加燃油价格的政策和许可证交易计划在理论上非常相似，但从公众如何看待这些政策方面存在明显差异。态度上的差异似乎很大程度上来源于政策的有效性：许多受访者不相信燃油税政策能带来实质性的好处，他们认为大多数人在该政策下仍会继续使用现有汽车。相反，TCP 方案被认为是不可避免的，因此对政策预期的确定性更好，受访者更愿意支持一项实现碳减排能力更加确定的政策。其次，TCP 政策虽

---

① Harwatt H. Reducing Carbon Emissions from Personal Road Transport through the Application of a Tradable Carbon Permit Scheme：Empirical Findings and Policy Implications from the UK ［C］. Leipzig： International Transport Forum，2008.

然也可能导致不公平，但与燃油税相比，免费提供的许可证分配意味着更少的不公平，因此也带来更好的可接受性。同时应注意到，哈瓦特和泰特（Harwatt & Tight）的调查抽样人数较少，且被调查群体为受教育程度高、高度关心环境和平均收入以上的人士。

哈瓦特和泰特等（Harwatt & Tight et al.，2011）分析了在实现相同目标下（到 2030 年使英国所需燃油消耗总量减少），与等价的燃油税政策相比，个人碳排放交易政策的潜在影响[①]。基于受访者一周的出行日记的实验结果显示，在个人碳排放交易政策框架下，至 2030 年汽车行驶距离减少 29%，而征收燃油税将导致出行量减少 11%。此外，个人碳排放交易政策下，受访者的出行里程更多地转移到骑行（+51%）和轨道交通（+38%）上。由于该实验的样本量较小，且受访者受教育水平和收入水平较高，结果不具备整体的代表性。

瓦杜德（Wadud，2008，2011）对应用于道路交通的个人碳排放权交易政策的可行性及其行为响应开展了多项研究，分析了交通碳排放权的分配方式对消费者福利的影响，认为面向个人的下游碳排放交易政策可以让终端的消费者对于价格信号更加敏感，对消费者行为影响更加明显[②③④]。

麦克纳马拉和考尔菲德（McNamara & Caulfield，2013）对运输领域内的个人碳排放交易政策下，碳价格变化的影响进行了研究[⑤]。研究引入了消费者剩余分析方法，用于确定在爱尔兰都柏林和爱尔兰西部边境地区进行通勤出行的个人的福利损失。研究发现，虽然在碳价格低的情景中福利变化很小，但在碳价格中等和较高的情景中，两个研究地区的消费者剩余在政

① Harwatt，H.，Tight，M. R.，Bristow，A. L.，Guhnemann，A. Personal Carbon Trading and fuel price increases in the transport sector：an exploratory study of public response in the UK [J]. European Transport，2011（47）：47 – 70.

② Wadud Z，Noland R B，Graham D J. Equity analysis of personal tradable carbon permits for the road transport sector [J]. Environmental Science & Policy，2008，11（6）：533 – 544.

③ Wadud Z，Personal tradable carbon permits for road transport：Heterogeneity of demand responses and distributional analysis [D]. London：Imperial College London，2008.

④ Wadud Z. Personal tradable carbon permits for road transport：Why，why not and who wins？ [J]. Transprtation Research Part A Policy & Practice，2011，45（10）：1 – 1065.

⑤ McNamara D，Caulfield B. Examining the impact of carbon price changes under a personalised carbon trading scheme for transport [J]. Transport Policy，2013，30：238 – 253.

策前后的变化存在显著差异，在城市地区由于能够使用更多可持续出行方式，个人更多地受益于较高的市场价格，而农村地区的居民承担了大量的福利损失。

美国的鲁宾等（Rubin et al.，2013）探讨了美国国家低碳燃料标准（NLCFS）等不同政策对道路运输业的经济影响，认为这些政策对经济的影响取决于低碳燃料的可用性，此外还有法规作用路径、平均碳强度级别和碳信用系统的设计等①。

为了比较个人碳排放许可交易计划（PCT）和碳税计划下小汽车出行行为的变化水平，豪斯等（Raux et al.，2015）向参与者提供了个性化的选择：可以选择小汽车出行减少的水平，每升汽油的税收（或许可证）价格；免费发放的许可证数量也有多种方案可选②。在记录受访者调查期间的出行习惯后，对受访者全年的小汽车出行按照出行距离进行分类，而小汽车出行量的减少被定义为每个距离类别下的出行次数减少的百分比。研究使用附条件的logit 模型，根据受访者出行属性和社会经济特征来评估受访者的选择。研究结论认为，许可证交易制度和碳税在有效性方面没有显著的差异，研究通过询问受访者在许可证制度或者碳税实施下，一年中将会减少的行程数量来衡量两种制度的有效性。调查显示，受访者更倾向于保持现状；对于那些表示愿意减少私家车出行的受访者，其更愿意减少的是周末和假期的通勤和购物出行。与年轻受访者相比，50~65 岁的受访者表示维持现状的倾向更强。

基于前文对交通运输相关的许可证交易政策的研究，基本情况总结及主要结论如表5-4所示。

① Rubin J，Leiby P N. Tradable credits system design and cost savings for a national low carbon fuel standard for road transport ［J］. Energy Policy，2013，(56)：16-28.

② Raux C，Croissant Y，Pons D. Would personal carbon trading reduce travel emissions more effectively than a carbon tax? ［J］. Transportation Research Part D：Transport and Environment，2015，35 (Complete)：72-83.

表 5 – 4　　　　　交通运输领域的许可证交易政策相关研究概况①

作者及时间	方法	样本量	所属区域	政策类型	政策比较	主要结论
华莱士等（Wallace et al.，2010）	问卷调查及访谈	334（调查）	英国	个人碳排放交易（PCT）	无	相比其他减碳行动，改变出行的意愿较低
哈瓦特等（Harwatt et al.，2011）	访谈	60	英国	个人碳排放交易（仅限个人出行）	燃油税	实现 2030 年的相同减排目标下，在个人碳排放交易政策下，汽车行驶量减少 29%，而征收燃油税导致出行量减少约 11%
卡普斯蒂克和刘易斯（Capstick & Lewis，2010）	模拟实验	64	英国	个人碳排放交易（PCT）	无	开展了碳排放限制政策对个人决策的影响的仿真实验，分别假设参与者获得的碳排放量比他们目前每年的碳消耗量减少 20% 和 40%，实验发现两种情况下碳排放分别减少了 18.8% 和 22.1%
帕拉格等（Parag et al.，2011）	实验调查问卷	1 096	英国	个人碳津贴（PCA）	能源税和碳税	与能源税（44%）和碳税（45%）相比，PCA 下减少出行的意愿更高（65%），与 PCA 下的其他碳减排措施相比，减少小汽车出行的意愿更低
赞尼等（Zanni et al.，2013）	模拟实验	189	英国	个人碳交易（PCT）	碳税	参与者愿意接受个人碳排放交易计划的意愿更低（72% 相对于碳税的 80%）；但在个人碳排放交易计划下，参与者的单位减排效率更高（13.3% 相对于碳税的 10.9%）

① Dogterom N，Ettema D，Dijst M. Tradable credits for managing car travel：a review of empirical research and relevant behavioural approaches［J］. Transport Reviews，2016：1 – 22. http：//www. tandfonline. com/doi/full/10. 1080/01441647. 2016. 1245219.

续表

作者及时间	方法	样本量	所属区域	政策类型	政策比较	主要结论
豪斯等（Raux et al.，2015a）	状态选择实验	300	法国	PCT（仅限个人出行）	碳税	PCT 和碳税的有效性没有差别；小汽车出行量减少主要在短途和高频次出行中发生
豪斯等（Raux et al.，2015b）	状态选择实验	900	法国	PCT（仅限个人出行）	包括碳税、奖金等在内的几项政策	与奖金、罚金和税收政策相比，PTC 政策下选择高排放出行方式的概率更小。PCT 下的损失或收益水平没有影响
卡拉科克曼和卡尔曼杰（Kockelman & Kalmanje，2005）	调查问卷	500	美国	基于信用配额的拥堵定价（CBCP）	拥堵定价	在缓解交通拥堵方面，CB-CP 可以与其他交通政策措施媲美
阿齐兹等（Aziz et al.，2015）	博弈实验	不清楚	美国	个人出行的碳配额	无	开发了包含市场动态的博弈实验

注：参考了道特罗等（Dogterom et al.）的总结。

5.3.3 管理区域行驶量的可交易许可证

将可交易的许可证政策应用于交通拥堵的早期研究者有范霍夫和豪斯等（Verhoef & Raux et al.）。

范霍夫（Verhoef，1997）认为，可交易的许可证制度是一个用于控制环境污染的常规手段，能以最低的社会成本取得相应的控制目标；相比于传统的行政命令，可交易的许可证制度不仅能设定更低的控制目标，还能以更低的经济成本达到这一目标[①]。虽然，许可证的初始分配理论上并不影响最终的分配结果，但是初始分配会影响政策的公平性。事实上，正是由于许可证政策有一个中间的再分配机制，而这个机制让政府可以在整个交易中保持中立，从而增加了社会对许可证制度的可接受性。范霍夫（Verhoef）分析了几

---

① Verhoef E T, Nijkamp P, Rietveld P. Tradeable permits: their potential in the regulation of road transport externalities [J]. Environment & Planning B Planning & Design, 1997, 24 (4): 527 – 548.

种可能的许可证政策方案，包括可交易的出行天数许可证（tradeable driving day rights）、可交易的行驶里程许可证（tradeable vehicle-miles）、可交易的燃油许可证（tradeable fuel permits）、可交易的道路收费智能卡（tradeable road-pricing smart cards）等，以及一些面向供应商的许可证交易政策。在针对个人的许可证政策中，他认为可交易的燃油许可证和可交易的道路收费智能卡是更有前途的选择。

豪斯（Raux，2004）对许可证交易政策应用于交通领域以减少环境污染的可能性进行研究[1]。研究中列出了支持和反对使用许可证的主要论据，审查了许可证制度的两项个案；认为可交易许可政策在技术上是可行的，成本是可接受的，可以解决温室气体和区域大气污染物排放问题，并且适用于解决特定区域内特定时段的拥堵问题。

豪斯（2007）在研究报告中再次表明了可交易驾驶许可证（tradable driving rights）应用于城市交通拥堵缓解的可能性，设计了一套完整的可交易驾驶许可证系统以减少出行或车辆行驶里程，从而实现控制拥堵或车辆污染物减排等两个不同的目标[2]。在研究中，豪斯还对城市交通中应用收费和可交易的许可证这两种政策进行了比较，认为在两种政策中选择许可证政策的条件取决于：①当排放量或交通量达到或超过某一阈值时，排放量对环境的损害是否有迅速增加或变得不可逆转的危险。在这种情况下，相比于税收政策，可交易的许可证能够实现定量的排放限制目标，同时不会有税收政策下可能的减排成本误判。温室气体排放问题就是这种情况的一个很好的例子。②被约束的企业（或个人）是否对数量信号比价格信号更敏感，特别是在短期或中期需求价格弹性较低的情况下。在这种情况下，许可证制度也更为合适。③被约束的企业或个人之间的边际成本必须不同，这样才能使交易许可带来利益，从而有效地发挥市场作用。④从政策执行的角度，免费分配许可证的制度避免了居民额外的费用支出，这可以提高这一新政策的可接受性。

---

① Charles Raux. The Use of Transferable Permits in Transport Policy [J]. Transportation Research Part D：Transport and Environment，2004，9（3）：185 – 197.

② R Charles Raux，Stephen Ison；Tom Rye. Tradable driving rights in urban areas：their potential for tackling congestion and traffic-related pollution [C]. The Implementation and Effectiveness of Transport Demand Management Measures. An International Perspective，Routledge，2008. https：//halshs. archives – ouvertes. fr/halshs – 00185012v2/document.

有了这个免费的分配额,政策框架约束下的企业或个人有一个额外的激励以减少排放量或出行量,他们可以出售未使用的许可证,然后因为他们的节约行为得到实质性的金钱奖励。

徐猛和高自友(Xu & Gao,2011)将温室气体排放视为交通拥堵的一个结果,进一步研究了将私家车出行许可证用于城市交通需求管理中以限制车辆行驶量和车辆排放量的增加[①]。

聂宇等(Nie Y et al.,2012)研究了可交易出行积分(tradable mobility credits)政策下,不同交易方式(拍卖与谈判市场)的交易成本[②]。在拍卖市场上,用户通过竞价购买所有需要的出行"积分"。在谈判市场中,用户首先从政府获得一定数量的出行"积分",然后通过谈判进行"积分"交易。研究发现,如果政府适当定价,且在"积分"交易的单位成本低于交易成本为零的条件下的市场价格,则拍卖市场就能够实现均衡分配。然而,在谈判市场中,无论交易成本的大小如何,都可能使系统偏离所期望的均衡。该研究还强调,即使边际交易成本不变,出行账户的初始分配也可能影响最终均衡。

布尔特(Bulteau,2012)探讨了城市机动车排放许可交易制度(tradable emission permit system,TEPs)的可行性,其目标是建立一个新的微观经济理论模型来减少城市污染[③]。研究中假设城市的监管机构建立一个基于私家车行驶里程的可交易排放许可制度,利用固定弹性替代函数(constant elasticity of substitution,CES),确定了环境约束下的均衡,分析了机动车排放许可交易政策对社会福利的影响,基于此计算获得了达到预期环境目标的最佳许可证数量。

鲍月、高自友和徐猛等(Bao Yue,Gao Ziyou & Xu Meng et al.,2014)分析了在给定的可交易许可证方案下,路径选择过程中的损失规避行为;分析表明,系统最优(system optimum)的许可证交易政策并不总是存在[④]。

---

① Xu, M., Gao, Z. Y. Tackling congestion and traffic-related pollution in urban areas with trip based tradable driving rights [C]. Technical University, Delft, the Netherlands, 2011.

② Nie Y. Transaction costs and tradable mobility credits [J]. Transportation Research Part B, 2012, 46 (1): 189 - 203.

③ Bulteau, Julie. Tradable emission permit system for urban motorists: The neo-classical standard model revisited [J]. Research in Transportation Economics, 2012, 36 (1): 101 - 109.

④ Bao Y, Gao Z, Xu M et al. Tradable credit scheme for mobility management considering travelers'loss aversion [J]. Transportation Research Part E Logistics & Transportation Review, 2014, 68: 138 - 154.

徐猛（Xu Meng，2016）通过微观经济定量研究方法，分析了许可证制度对出行需求和车辆排放的影响，并用车辆行驶里程来表示这一影响①。通过对伦敦的实证研究及其与过去的定价研究的对比表明，出行许可证交易政策可以与道路收费方案达到类似的效果②。研究还表明，通过对车辆出行量产生影响，出行许可证交易制度还可能带来碳排放的变化。

5.3.4 治理拥堵路段的可交易许可证

日本学者赤松（Akamatsu）关注到了许可证在不同时段的使用差异，于 2006 年提出了一种新的交通需求管理方案"可交易交通瓶颈许可证"（tradable bottleneck permits，TBP）。赤松等（Akamatsu et al.，2006）研究了针对特定路段、时段发放的通行权许可证，证明了在网络总运输成本最小的情况下，均衡资源配置是有效的③。研究还认为，在消费者需求信息不充分的情况下，通行权许可证比拥堵费有优势，但是在信息充分的情况下两者的效率是相同的。

此后，赤松等（Akamatsu et al.，2017）基于可交易交通瓶颈许可证（TBP）政策框架，建立了描述 TBP 系统状态的平衡模型，证明了 TBP 系统下的均衡交通模式是有效的，表明自筹资金原则适用于 TBP 系统④。该研究还讨论了 TBP 与拥堵定价之间的理论关系，结果表明，当需求信息不完全时，TBP 相对于拥堵定价具有一定的优势，而在完全信息情况下，TBP 与拥堵定价是等价的。

杨海（Yang Hai）、黄海军（Huang Haijun）等学者在可交易许可证应用

---

① Xu M，Grant - Muller S. VMT reduction and potential environmental effects with a tradable credits scheme：a simulation case study of Great Britain［J］. International Journal of Sustainable Development & World Ecology，2016：514 – 525.

② Fowkes A S，May A D，Nash C A，et al. An Investigation into the Effects of Various Transport Policies on the Levels of Motorised Traffic in Great Britain in 2006［R］. UK：Institute of Transport Studies University of Leeds，1995.

③ Akamatsu T，Sato S，Xuan N L. Tradable Time - Of - Day Bottleneck Permits for Morning Commuters［J］. Journal of Japan Society of Civil Engineers，2007，62（4）：605 – 620.

④ Akamatsu T，Wada K. Tradable network permits：A new scheme for the most efficient use of network capacity［J］. Transportation Research Part C Emerging Technologies，2017，79：178 – 195.

于交通系统管理方面开展了大量研究。2011 年，杨海等提出了在出行者同质的理论路网中的一种可交易出行积分系统[1]。该政策下，政府最初向所有符合条件的出行者分发一定数量的"出行积分（travel credits）"，使用不同的路线出行需要交付不同的积分，乘客之间的出行积分可以自由交易。研究表明，在给定的出行积分分配方案和差异化收费方案下，无论是基于固定需求或弹性需求的假设，均存在唯一的路网均衡。如果能合理地制订初始分配方案并为特定路线确定合适的费率，则该政策框架下能在收入中立的同时产生最理想的路网流量模式。

王小蕾和杨海等（Wang Xiaolei & Yang Hai et al.，2012）在上述研究的基础上，将可交易的出行积分政策应用到时间价值有差异的异质客户的路网中[2]。

聂宇（Nie Yu，2013）将可交易积分计划（tradable credit scheme）应用于通勤出行规制，通过调节通勤者在高峰时间的主要路线和替代路线之间的出行选择，以缓解交通拥挤[3]。该分析框架考虑了通勤者的出发时间、路线和模式选择，定义了一个出行高峰的时间期限，并以发放许可证的形式向那些在该时间段内使用道路的人收费。而那些避开高峰时间段的出行者，无论是改为非高峰时段出行，还是转向其他的路线，都可以得到激励。分析表明，研究提出的出行积分交易方案不仅达到了 33% 的效率提升，而且还直接通过许可证交易实现了效益在所有乘客之间的分配。结果还表明，即使非常简单的出行积分交易方案，也可以在很多情形下提供可观的效率提升，且这种简单性和稳定性对该方案的实用性具有重要意义。

田丽君、杨海和黄海军等（Tian Lijun，Yang Hai & Huang Haijun et al.，2013）研究了出行个体时间价值异质的情况下，实施通行权许可证来解决交通拥堵的有效性，以及在平行路网上（道路和公交）的出行分担[4]。研究结

---

① Yang H, Wang X. Managing network mobility with tradable credits [J]. Transportation Research Part B: Methodological, 2011, 45 (3): 0 - 594.

② Wang X, Yang H, Zhu D, et al. Tradable travel credits for congestion management with heterogeneous users [J]. Transportation Research Part E Logistics and Transportation Review, 2012, 48 (2): 0 - 437.

③ Nie Y, Yin Y. Managing rush hour travel choices with tradable credit scheme [J]. Transportation Research Part B, 2013, 50 (4): 1 - 19.

④ Tian L J, Yang H, Huang H J. Tradable credit schemes for managing bottleneck congestion and modal split with heterogeneous users [J]. Transportation Research Part E Logistics & Transportation Review, 2013, 54 (6): 1 - 13.

果显示，均衡条件下的出行方式变化和许可证费用都获得唯一的值，在系统达到最优时，许可证方案始终是帕累托改进的。

肖峰等（Xiao Feng et al.，2013）对将出行许可证方案应用于缓解早高峰拥堵进行了研究，表明结合初始许可证分配和交易价格的最优化，可以同时实现系统优化和某些角度的公平[①]。Susan Grant - Muller 和 Xu Meng（2014）比较了缓解交通拥挤的各种方法，提出了设计可交易积分计划的广泛问题，该研究着重对可交易出行积分计划在缓解道路交通拥堵方面的作用进行了研究。

聂宇（Nie Yu，2015）分析了一种可交易出行积分计划以解决早高峰的通勤问题[②]。通过具体方案的分析，该研究进一步总结了可交易的出行积分政策的优点：第一，市场允许那些不看重时间价值的人通过向那些更看重出行时间的人出售"积分"而直接得到补偿；这种机制更简单、更公平地分配拥堵缓解带来的好处。第二，由于出行者和政府之间没有财富的转移，获得出行积分的付款不太可能被视为一种税收。第三，有激励的收费机制避免了现有方案自上而下的分配。在研究提出的方案中，许可证只奖励那些有助于减轻交通拥挤的人。第四，该方案易于理解和实现简单。

帕尔马等（Palma et al.，2016）的研究基于一个简单的交通网络（具有平行公路路线和替代性的公共交通方式）上，比较了收取通行费和出行许可证交易这两种政策的效率[③]。每个路线上的需求由混合 logit 路径选择模型决定，基于最优社会福利的计算结果进行比较，同时还考虑了公平性问题。通过数值试验表明：两种政策在效率方面的表现非常接近。相对而言，许可证制度的平均效率更高一些，但差距不明显。

王景鹏、黄海军等（2017）针对公共交通与私家车出行方式并行的双模式交通系统，在考虑不同用户的时间价值情况下，通过引进可交易的道路许可证政策，建立了均衡出行交通的理论数量模型，对异质用户情景下的可交

① Xiao F，Qian Z，Zhang H M. Managing bottleneck congestion with tradable credits［J］. Transportation Research Part B Methodological，2013，56（9）：1 – 14.

② Nie Y. A New Tradable Credit Scheme for the Morning Commute Problem［J］. Networks & Spatial Economics，2015，15（3）：719 –741.

③ Palma A D，Proost S，Seshadri R，et al. Tolls Versus Mobility Permits：A Comparative Analysis［R］. Université Paris1 Panthéon – Sorbonne（Working Papers），2016.

易许可证政策开展研究①。研究发现，许可证政策能够将拥挤成本内部化，在缓解拥堵的同时降低系统总成本。

5.3.5 实施停车管理的可交易许可证

城市中心区停车问题是交通分析中一个长期关注的热点问题，城市停车规制被认为是实现城市交通流量调控与交通拥堵缓解的重要手段之一。城市停车规制既有行政性手段，也有经济性手段，之前的研究关注的经济性手段主要是停车收费的调节。许多研究人员对如何通过停车费调节交通进行了研究，典型的如张小宁（Zhang Xiaoning，2008）②，弗斯格劳和帕尔马（Fosgerau & de Palma，2013）③，钱和拉贾戈帕（Qian & Rajagopal，2015）④，卡茨等（Cats et al.，2016）⑤。

将可交易的许可证政策应用于城市停车领域是近几年才开始的新方向。基于杨海等（Yang Hai et al.，2011）提出的可交易出行积分的政策框架，张小宁、杨海和黄海军（Zhang Xiaoning，Yang Hai & Huang Haijun，2011）针对市中心停车供应不足时的早高峰通勤问题，对可交易停车管理方案进行了评估⑥。该研究分析了一个特殊网络中的各种停车管理计划，其中每一个起始点和目的地之间都由一条有瓶颈的公路和一条平行的公交线路连接。研究者比较了通过三种不同的方案（即均等分配、帕累托改善和系统最优化分配）将停车许可证分配给不同来源的通勤者，并在自由市场中引入免费的停车许可证交易，以更好地满足停车需求。结论表明，可交易的停车许可证是

---

① 王景鹏，黄海军. 用于异质用户出行管理的可交易许可证研究［J］. 系统工程理论与实践，2017，37（5）：1331 –1338.

② Zhang X，Huang H J，Zhang H M. Integrated daily commuting patterns and optimal road tolls and parking fees in a linear city［J］. Transportation Research，Part B（Methodological），2008，42（1）：38 –56.

③ Fosgerau M，de Palma，André. The dynamics of urban traffic congestion and the price of parking［J］. Journal of Public Economics，2013，105（Complete）：106 –115.

④ Qian Z，Rajagopal R. Optimal dynamic pricing for morning commute parking［J］. Transportmetrica A：Transport Science，2015，11（4）：291 –316.

⑤ Cats O，Zhang C，Nissan A. Survey methodology for measuring parking occupancy：Impacts of an on-street parking pricing scheme in an urban center［J］. Transport Policy，2016，47：55 –63.

⑥ Zhang X，Yang H，Huang H J. Improving travel efficiency by parking permits distribution and trading［J］. Transportation Research Part B Methodological，2011，45（7）：1018 –1034.

一种有效的交通管理方法。

杨海等（Yang Hai et al.，2013）又在研究中提出一种保留部分车位进行预约的政策，以缓解公路瓶颈后的排队拥堵①。研究发现，预留停车位与未预留停车位的适当组合，可以暂时缓解交通瓶颈的交通拥堵，从而降低系统总成本。Liu Wei 和杨海等（2014）进一步扩展了杨海等（Yang Hai et al.，2013）的工作，假设预留车位可能在预先确定的时间到期，并提出了一个可交易的停车许可方案来管理停车竞争和瓶颈拥堵②。

Liu Wei 和杨海等（2014）的另一研究进一步提出了同质或异质的乘客时间价值下，一种新型的可交易停车许可证计划③。该许可证方案的设计不依赖于乘客时间价值信息，该方案的性能对通勤者时间价值的变化具有鲁棒性。研究证明，非理想的许可证制度的效率损失是有限的。当通勤者是异质的，许可证政策可能会导致不同时间价值的通勤者之间的不公平。

此后，Liu Wei 和杨海等（2016）进一步推导和分析了双模态（小汽车和公共交通）多对一网络模式和出发时间选择的通勤均衡问题，讨论了停车空间约束下均衡的几个性质和所提出的停车预约系统④。研究发现，预约停车位可以帮助减少因停车竞争和道路拥堵而造成的无谓损失。向来自特定来源的出行者分配更多的预订不一定会减少他们的总出行成本，而这样做可能会增加来自其他来源的出行者的出行成本。当停车供给小于潜在需求但相对较大时，应当保留一些停车位供竞争使用；然而，当停车总量相对较少时，所有的停车位都应预留给出行者。此外，研究还发现出行者之间的预订交易会导致效率损失。这种损失可能相当大，因此研究者认为应该禁止交易。

王晶和张小宁等（Wang Jing & Zhang Xiaoning et al.，2018）研究了能够

---

① Yang H，Liu W，Wang X，et al. On the morning commute problem with bottleneck congestion and parking space constraints ［J］. Transportation Research Part B：Methodological，2013，58：106–118.

② Liu W，Yang H，Yin Y. Expirable parking reservations for managing morning commute with parking space constraints ［J］. Transportation Research Part C：Emerging Technologies，2014，44：185–201.

③ Liu W，Yang H，Yin Y，et al. A novel permit scheme for managing parking competition and bottleneck congestion ［J］. Transportation Research Part C Emerging Technologies，2014，44（4）：265–281.

④ Liu W，Zhang F，Yang H. Managing morning commute with parking space constraints in the case of a bi-modal many-to-one network ［J］. Transportmetrica，2016，12（2）：26.

同时将交通时间和排放成本最小化的停车许可证管理方法，同时还讨论了停车许可证政策下停车位的最优供给问题①。研究首先推导出目的地停车位供应充足和不足两种情况下的总出行成本和排放成本，基于此提出了一个双目标模型，用于分析停车许可分配方案和停车位供给问题。在停车许可证自由交易政策下，提出了优化停车供应的模型。研究通过数值算例表明，在城市中心限制停车可以有效降低交通排放。

5.3.6 与拥堵收费相结合的可交易许可证

美国得克萨斯大学奥斯汀分校的卡拉科克曼、卡曼杰等（Kara M. Kockelman & Sukumar Kalmanje et al.）提出了"基于积分账户的拥堵收费政策（credit-based congestion pricing，CBCP）"，卡拉科克曼及其研究团队对这一政策开展了长期跟踪研究。

2004 年，卡曼杰和卡拉科克曼（Kalmanje & Kockelman）首次在第 83 届交通运输研究委员会年会上提出 CBCP 的概念，利用对出行时间和成本变化敏感的出行选择模型，模拟了家庭出行需求，以了解在得克萨斯州奥斯汀市运用 CBCP 政策的效果以及 CBCP 政策导致的家庭价值的变化②。研究设定了全网定价、仅主要公路定价和无定价等三种不同的政策情形，从而比较该政策对不同出行者的福利影响。研究认为，CBCP 政策在缓解交通拥堵方面具有巨大的潜力，而且对不同收入、不同出行类型的群体都有好处。

2005 年，卡拉科克曼等（Kockelman et al.）设计了一项调查问卷以了解公众对 CBCP 政策（与其他运输政策相比）的看法③；问卷内容包括常规出行方式选择，对 CBCP 政策和其他运输政策的支持度以及对这些政策的反应等。在 CBCP 政策下的其中一种方案中，受访者需要考虑在 20 个工作日的高峰时段内每日通勤出行 20 英里，每天花费 5 美元的"出行积分（cred-

① Wang, J., Zhang, X., Zhang, H. M. Parking permits management and optimal parking supply considering traffic emission cost [J]. Transportation Research Part D, 2018, 60: 92 – 103.

② Kalmanje S, Kockelman K M. Credit – Based Congestion Pricing: Travel, Land Value & Welfare Impacts [J]. Transportation Research Record, 2004, 1864 (1).

③ Kockelman K M, Kalmanje S. Credit-based congestion pricing: a policy proposal and the public's response [J]. Transportation Research Part A Policy & Practice, 2005, 39 (7): 671 – 690.

its）"；同时，他们能够分配到设定出行所需的全部出行积分。当受访者被问及如果能够在月底储存这些积分，他们是否愿意减少高峰时段的私家车出行以及会减少多少天，调查结果为平均 3.58 天；其中，年轻的受访者、拥有较低收入和车辆保有量较低的人更愿意改变他们的出行方式以节省积分。

2008 年，古里帕里、卡曼杰和卡拉科克曼（Gulipalli，Kalmanje & Kockelman，2008）对 CBCP 政策的应用问题进行了更加深入的研究，采集分析了专家意见，并且对系统成本进行了预测①。该研究调查了经济学家、政府管理者、决策者、利益相关者等，收集了他们对于"积分"分配、税收使用、公众反应、相关技术、实施手段和系统影响、土地使用和周边商业的影响等问题的看法，研究结果还给出了 CBCP 的实施建议，以及对奥斯汀地区管理和技术成本的估算。同年，古里帕里和卡拉科克曼还以达拉斯 - 沃斯堡（Dallas - Fort Worth）为例，估测了 CBCP 政策对交通状况、空气质量的影响、社会福利的变化，以及在达拉斯 - 沃斯堡（Dallas - Fort Worth）地区实施的制度成本②。研究显示，即使考虑 CBCP 的实施成本，平均而言，达拉斯 - 沃斯堡的大多数人口（大约许可证政策下"合格"出行者的95%）在 CBCP 政策下的收益增加。由于纯粹的拥堵收费对所有的出行收费，没有给居民带来任何额外的好处，因此与纯粹的公路拥堵收费政策相比，CBCP 政策为解决拥堵问题提供了一种经济上可行、公平和有效的政策选择。

2011 年，卡拉科克曼和伦普（Kockelman & Lemp）在研究中着重分析了交通拥堵收费治理方案的福利影响，比较了 CBCP 方案、统一费率收费方案（flat-tolling schemes）和标准拥堵收费（standard congestion pricing）等城市交通管理政策对政府税收机会和政策福利影响③。与大部分道路投资决策将重

① Gulipalli P K, Kalmanje S, Kockelman K M. Credit - Based Congestion Pricing: Expert Expectations and Guidelines for Application [C]. Proceedings of Annual Meeting of the Transportation Research Board Washington DC, 2008.

② Gulipalli P K, Kockelman K M. Credit-based congestion pricing: A Dallas - Fort Worth application [J]. Transport Policy, 2008, 15 (1): 23 - 32.

③ Kockelman K M, Lemp J D. Anticipating new-highway impacts: Opportunities for welfare analysis and credit-based congestion pricing [J]. Transportation Research Part A Policy & Practice, 2011, 45 (8): 825 - 838.

点放在对现有出行时间的节省上不同，该研究将重点放在：通过出行者类型、目的地、出行方式和时间的变化，分析消费者剩余的改变以找到福利和收入最大化的解决方案。研究为寻找到能够提高福利和成本补偿的公路投资机会提供了可能的实用性方法，同时承认一天中不同时段、目的地、出行方式和路线的需求弹性与出行人群有层次性。

卡拉科克曼等（Kockelman et al.）认为，CBCP 是一种收入中性（revenue-neutral policy）的政策，政策中的拥堵收费基于拥挤条件下与行驶相关的负外部性收取，且收取的拥堵费以"驾驶津贴"的形式，由政府统一返还给所有持证司机。该研究团队在奥斯汀地区的调查表明，公众对 CBCP 这一政策工具持开放态度，在缓解拥堵方面具有巨大的潜力。

5.3.7 研究状况总结

综上，可交易许可证政策在交通领域的相关研究是近十几年来才刚刚兴起的新型城市交通管理政策。

关注该问题的研究者主要来自两个领域：其一为城市交通领域的研究者，在产权交易与许可证交易理论发展起来后，逐渐将许可证的概念引入交通领域，用于交通领域的拥堵等问题的规制。其二为环境领域的研究者，随着碳排放许可证政策从企业走向个人的研究热潮，这些学者首先对个人碳排放许可证交易政策开展了研究，由于交通出行的碳排放是个人碳排放的重要组成部分，一些学者的研究从个人碳排放过渡到针对个人交通碳排放控制上，而交通碳排放与交通拥堵等问题息息相关，由此再将许可证政策与交通拥堵规制等问题结合起来，将许可证政策目标从"减排"过渡到"缓堵"，可交易许可证形式从"碳排放许可证"转变为"出行许可证"，规制对象从出行的"碳排放量"转变为更加直接的"出行量"。

学者提出了几种不同的可交易许可证政策框架，包括：可交易的交通碳排放许可证、可交易的燃油许可证、可交易的出行积分计划、可交易的停车许可证和基于出行积分账户的拥堵收费政策等。

无论是从理论还是实践领域，道路交通领域内的可交易许可证政策都是非常新的概念。虽然理论界对于可交易的许可证政策（或者排放限额交易政策）探讨的时间较长，但是专门探讨将可交易的许可证政策作为一种交通管理或者拥堵治理工具的研究成果还较少。已有研究的不足表现在：

（1）对可交易许可证的政策本身缺乏深入研究

现有研究提出了几种不同类型的许可证政策方案，但通常以简单的可交易许可证政策框架为基础，基于这个简单的政策框架分析出行者的行为变化或者路网的交通流量变化等问题，对于政策框架缺乏细致、深入的研究。简单的政策框架忽略出行者行为变化的反馈效应，通常基于一个简单的运输网络和相同的出行者特征建立模型进行分析。建立在细节不明确的简单许可证政策框架之下的相关研究，其研究结果的说服力会受到影响。由于涉及的管理对象群体庞大，针对个人实施的许可证交易政策尤其需要精良的政策设计，今后的研究中应加强政策细节的研究。

（2）目前还缺乏基于真实世界的实证研究

现有实证研究要么基于虚构的决策背景，要么以非常抽象的方式调查了出行许可证（或者个人碳排放许可证）制度下的行为变化，而这些都脱离了实际的出行决策。因此，以后的研究要能够将政策框架置于人们的日常出行行为模式的背景下，将有助于更好地了解人们在许可证制度框架下的小汽车出行量变化和替代出行方式的选择等。

（3）已有研究方法的不足

许可证制度的相关研究仍然以静态、封闭的模型和技术为主，这些技术无法捕捉到许可证制度体系的动态性和复杂性，而许可证制度的这一特性是不能被忽略的。许可证必须通过市场进行交易才能达到政策优化目的，交易市场中的个人与个人之间有复杂、动态的决策和博弈过程，而正是这一过程决定了许可证制度的有效性，分析这一过程的机理将是未来必须要开展的工作。此外，与其他出行方式的交互影响也是当前出行许可证研究的一个空白。

基于上述不足，需进一步开展的研究包括：其一，可交易许可证政策应用于管理交通运输业的外部性问题还需深入研究，尤其是对应用于个人的可交易许可证政策的经济机理与政策设计等还需深入开展大量研究。其二，通过更大规模的实证性调查了解公众态度及许可证政策对不同社会群体造成的不同影响，据此实施许可证方案的细化和改进。其三，许可证交易计划所引起的公平性问题和可接受度问题值得进一步研究。其四，对可交易的许可证制度与不同的拥堵缓解政策之间的相互影响与影响的程度均还需要深入分析。其五，国内对应用于个人的许可证交易政策研究才刚刚开始，后续应根据我国国情和城市交通的实际情况，开展相应政策研究。

5.4 可交易许可证政策的实践

5.4.1 可交易许可证的应用概况

经济学家提出排放权交易（排放许可证）的概念后，许可证交易政策已经在多个行业内用于规制资源的过度使用或污染排放问题，包括：空气污染、湿地退化、农业污染、过度捕捞和水资源短缺等。美国国家环保局首先将其运用于大气污染和河流污染的管理，受到最广泛关注的实例是欧盟的碳排放交易计划（european union emission trading scheme，EU – ETS）。欧盟建立了碳排放交易体系（EU – ETS）后，欧盟各国也建立了特定污染物的排放权交易体系，如英国碳削减承诺能源效率体系、巴黎 BlueNext 碳交易市场、荷兰 Climex 交易所、奥地利能源交易所（EXAA）、欧洲气候交易所（ECX）、欧洲能源交易所（EEX）、意大利电力交易所（IPEX）、伦敦能源经纪协会（LEBA）和北欧电力交易所（NordPool）等。

其他地区的许多国家也采用许可证交易政策来实施污染管理。新加坡采用排污权贸易体系，每个季度都对生产和进口氟利昂的许可证进行拍卖。澳大利亚的新南威尔士等州，已经实施可交易的排放行动计划。智利鼓励采用包括《可交易的排放许可证》《可交易的水权》等市场化手段控制污染，新西兰和加拿大也分别于 2008 年和 2013 年相继启动了国内碳排放交易制度。如表 5 – 5 所示。

碳交易体系（市场）	启动时间	法律基础	覆盖范围	行业范围及其他
北欧电力交易所 Nord Pool	1996	强制	全国性/跨国性	电力企业交易市场
加拿大 GERT 计划	1998	自愿	地区性	北美地区，可再生能源和能源替代项目
美国 CVEAA 计划	1999	自愿	地区性	奖励信用额：碳汇
澳大利亚 SFE 交易所	2000	自愿	全国性/跨国性	澳大利亚、新西兰、日本的碳捕获项目 CCS
BP 石油公司	2000	自愿	地区性	公司内部 12 家子公司参与
壳牌集团 STEPS 计划	2000	试点	地区性	壳牌化工、冶炼、开采和生产子公司间的交易
丹麦电力行业试点	2001	强制	全国性/跨国性	美国部分州参与的内部市场，已立法
欧洲能源交易所 EEX	2002	强制	全国性/跨国性	电力、能源企业交易
英国排放交易体系	2002	自愿	全国性/跨国性	英国 6 000 家企业间交易，补贴和碳税
美国芝加哥气候交易所（Chicago Climate Exchange，CCX）	2003	自愿	全国性/跨国性	会员制运营，会员做出自愿但具有法律效力的减排承诺。目前会员达 450 多家，涉及航空、电力、环境、汽车、交通等数十个不同行业，其中包括 5 家中国会员公司
澳大利亚新南威尔士温室气体减排体系	2003	强制	地区性	新南威尔士州持有电力零售许可的电力供应零售商；直接在澳大利亚国家电力市场进行消费的电力客户；为本州大客户供电的电力生产商；某些新南威尔士州其他耗电大户以及被推选出来直接参与计划的个体
欧盟碳排放交易体系（EU-ETS）	2005	强制	全国性/跨国性	欧盟成员国按照欧盟委员会的要求自行设定碳排放上限，经欧盟委员会认定后向本国的企业分配排放许可证
挪威排放交易体系	2005	强制/自愿	全国性/跨国性	挪威冶炼、水泥和石化企业内部交易，与 EU-ETS 衔接

185

续表

碳交易体系（市场）	启动时间	法律基础	覆盖范围	行业范围及其他
欧洲气候交易所 ECX	2005	强制	全国性/跨国性	是芝加哥气候交易所（CCX）的一个全资子公司，进行 EUA、CER 交易，该气候交易所是欧盟碳排放交易体系（EU–ETS）中最大的交易所
清洁发展机制（CDM）/联合履约（JI）	2005	强制	全国性/跨国性	发达国家通过提供资金和技术的方式，与发展中国家合作，在发展中国家实施具有温室气体减排效果的项目，项目所产生的温室气体减排量用于发达国家履行京都议定书的承诺
法国未来电力交易所 Powernext	2007	强制	全国性/跨国性	电力企业交易市场
国际环境衍生品交易所 Bluenext	2008	强制/自愿	全国性/跨国性	排放权现货、期货及其他金融衍生品交易
印度碳交易所（MCX 和 NCDEX）	2008	自愿	全国性/跨国性	印度的多种商品交易所（MCX）推出 EUA 期货和 5 种 CER 期货，国家商品及衍生品交易所（NCDEX）在 2008 年 4 月推出 CER 期货
国际排放交易机制（IET）	2008	强制	全国性/跨国性	在发达国家缔约方之间采用的减排机制
新西兰碳排放交易体系（NZ ETS）	2008	强制	全国性/跨国性	目前覆盖了林业、固定式能源、工业生产和液化燃料等领域，占新西兰总排放量的 50% 左右
美国区域温室气体减排活动（RGGL）	2009	强制	地区性	基于历史二氧化碳排放量，同时根据各州用电量、人口、新增排放源等因素进行调整确定配额总量；其次，发电厂分配的配额，一般由各州自行分配
日本东京都总量限制交易体系（TMG）	2010	强制	地区性	设定排放的总限额，依据这一限额确定排放权的分配总量，再以一定的分配方式分配给受管控企业，企业获得配额后可以按需进行交易
美国加州总量控制与交易体系	2012	强制	地区性	加州碳排放交易机制以混合的配额分配体系为基础，免费分配配额和配额拍卖

续表

碳交易体系（市场）	启动时间	法律基础	覆盖范围	行业范围及其他
加拿大魁北克省排放交易体系	2013	强制	地区性	加拿大安大略省与美国加州和加拿大魁北克省建立总量控制与交易体系链接，三个司法管辖区的碳配额可以互相交易和用于履约。此外三个体系还将实施配额联合拍卖
中国碳排放交易试点	2013	强制	地区性	在北京、天津、上海、重庆、湖北、广东、深圳 7 个省市进行碳交易试点
澳大利亚碳排放交易体系	2014	强制	全国性/跨国性	2012 年 8 月，澳大利亚与欧盟达成协议，于 2015 年 7 月 1 日开始对接双方的碳排放交易体系。2018 年 7 月 1 日完成对接，双方互认碳排放配额，碳排放价格也保持一致
韩国碳排放交易体系	2015	强制	全国性/跨国性	韩国碳市场覆盖了八大行业：钢铁、水泥、石油化工、炼油、能源、建筑、废弃物处理和航空业。只要满足以下两个条件之一就会被纳入碳交易中：（1）企业总排放高于每年 125 000 吨二氧化碳当量；（2）单一业务场所年温室气体排放量达到 25 000 吨
中国碳排放交易体系	2017	强制	全国性	先期仅覆盖电力行业，首批纳入企业 1 700 余家

注：在该文献的基础上补充修改：周宏春. 世界碳交易市场的发展与启示 [J]. 中国软科学，2009（12）：39 – 48.

在运输相关领域，也有许可证交易计划的实施。美国的铅交易计划，其设计目的是降低石油中铅的含量：计划将大型炼油厂商炼油的铅含量从 1982 年的 1.1 克/加仑降低到 5 年后的 0.1 克/加仑。这个项目于 1987 年终止，达到了成功的效果：在政策执行期间达到了预期的环境控制目标，且由于铅权交易和储存的参与热情高于预期，因此实际节约的成本超过了预期。

许可证交易制度在运输领域的另外一个应用是出租车牌照的交易，这一交易在一些城市使用以限制出租车超过市场需要的数量。然而，荷兰一些城市的出租车牌照由于使用了过紧的限额，导致出租车牌照市场价格超过了政府发行的价格，出租车必须工作 24 小时，才能产生足够的利润来弥补牌照费用。由于这些牌照的高价格，甚至超过了出租车车辆本身的价格，这让公众对出租车价格产生了抵触，并对政府的政策提出批评。这样，政策陷入一个两难的境地，也让荷兰政府不得不考虑是否要放弃这一政策。

在航空领域，美国和其他地区的一些机场将许可证交易用于机场起降机位的交易，也使这些繁忙的机场跑道获得更加充分和高效的利用。在这样的交易项目中，飞机起降活动的总量被限制，航空公司被分配一些起降机位的许可，这些许可可以自己使用也可以拿来交易。①

至目前为止，可交易的许可证政策已经应用于二氧化硫、二氧化碳、氮氧化物等污染物的排放控制以及水资源的污染控制，在全球范围内的环境治理领域有广泛的应用。然而，到目前为止，已经实施的许可证交易政策下，最终实施减排的对象都是企业，目前还没有针对个人实施的许可证交易政策。

5.4.2　美国排放许可证交易实践

20 世纪 70 年代以来，美国政府开始尝试在大气污染中实施排污权交易，迄今为止成功应用的案例有酸雨计划、臭氧层消耗物质削减计划、铅淘汰计划、氮氧化物计划和污水排放权计划等。

美国第一个排污权交易政策的应用是在 20 世纪 70 年代中期美国开展的《美国排放交易计划》(*US Emissions Trading Programme*)，该计划的目的是在满足《1975 年清洁空气法案》(*Clean Air Act* 1975) 所要求的清洁空气质量标准下，增加固定资源使用的灵活性。根据政策体系的特点，美国的空气污染排污权交易政策大约可以分为两个阶段，第一阶段为 20 世纪 70 年代 ~ 90 年代初期实施的"排放削减信用"，第二阶段为 20 世纪 90 年代及以后的排污许可证交易政策。

第一阶段实施的"排放削减信用"政策，是开展排污许可证交易政策的先期实验，在这个过程中经过实践摸索逐渐形成了排污权交易的政策体系。

---

① Morrison S A, Winston C, Kahn B A E. Enhancing the Performance of the Deregulated Air Transportation System [J]. Brookings Papers on Economic Activity. Microeconomics, 1989: 61 – 123.

这一政策体系通过补偿（offset）政策、气泡（bubble）政策、储蓄（bank-ing）政策和净额结余（netting）等多项政策得以实施。

1976 年，美国国家环保局（Environmental Protection Agency，EPA）颁布了《排污补偿解释规则》，在规则中提出了补偿（offset）政策，这项政策被认为是美国最早运用排污权交易理论的政策。在这一政策下，污染企业通过削减排污量，使污染物的实际排放水平降低到政府法定标准之下，削减的差额部分可由企业申请超量治理证明，经政府认可后即可成为"排污削减信用"（emission reduction credits，ERCs）。这些"信用"（ERCs）可以出售给想进入该地区的新排放源。新排放源只要从该地区的其他排放源手中获得足够的排放削减信用，使新排放源进入该地区后的总排放量低于从前，就可以进入该地区。

1975 年美国环保局颁布了《新固定污染源执行标准》（*Standards of Per-formance for New Stationary Source*），提出"气泡（bubble）"这一概念，此后在 1977 年颁布的《清洁空气法（修正案）》中获得法律认可，到 1979 年美国环保局公布了一项名为"州执行计划中推荐使用的排污削减替代"政策，"气泡"政策正式形成。该政策允许一个企业的多个污染源可以进行调剂，企业的多个污染源可以视为一个"气泡"，只要在总量上不超过政策限制，内部可以自由分配。

最初的补偿政策不允许企业将申请获得的 ERCs 储存用于未来使用或者出售，直到 1977 年《清洁空气法（修正案）》中加入储存（banking）政策条款，允许 ERCs 可以用于未来使用或出售。1980 年，净额结余（netting）政策开始实施，该政策允许企业只要保证污染排放不会显著增加，就可以自行改造或者新增污染源。

1982 年 4 月，美国环保局颁发了《排污权交易政策报告书》。该报告将补偿政策、气泡政策、储存政策和净额结余政策合并为统一的排污权交易体系，并允许美国各州建立排污交易系统。1986 年 12 月，美国环保局颁发了《排污权交易政策的总结报告书》。该报告对多年来排污权交易的实践进行了总结，并为排污权交易制定了具体的准则，从而使得排污权交易日趋规范。[①]

1990 年，美国《空气清洁法（修正案）》的颁布，将排污权交易的应用

① 孟平. 美国排污权交易——理论、实践以及对中国的启示［D］. 上海：复旦大学，2010.

推向新的阶段。《空气清洁法（修正案）》第四条对排污权做出了明确的规定，依据该条款提出了"酸雨计划"，其主要目的是通过市场手段来控制美国国内火电厂对大气的污染。

"酸雨计划"的目标是以 1980 年的排放为基准，通过基于颁发排放许可证的"总量控制和排放交易"（cap & trade），计划 1995 年初至 2009 年底，二氧化硫年排放总量要削减 1 000 万吨，减少到 1980 年的 50%。计划的第一阶段从 1995 年开始，主要针对美国密西西比河东部排放最为集中的 110 个电厂的 263 个污染最严重的机组；第二阶段从 2000 年开始，将总计大约 3 200 个火电机组全都纳入计划，全国每年的排放总量要降至 895 万吨。

在"酸雨计划"下，二氧化硫排放许可按照一定的规则分配给参加计划的电厂，并允许排放许可的自由交易。发电厂可以选择通过购买许可证多排抑或通过自行减排来达到要求排放上限要求，超量减排可以获得许可证结余，电厂可以选择出售或存储这部分许可证。"酸雨计划"在具体政策上有较多创新，其中最突出的是：其一，建立了许可证拍卖市场，从而保证许可的可获得性，使买卖企业双方的交易价格更加透明，降低了企业的交易成本；其二，该计划另一个大胆的创新是允许任何人购买排放许可证，排放企业之外的环境组织和普通公民等均可购买，环境组织等购买但不使用许可证，事实上减少了市场上许可证的供给量，有助于提前实现减排目标。

"酸雨计划"实施初期，排放许可证的交易并不活跃，但随着时间的推移，交易规模迅速扩大，起到了超出预期的效果，政策执行成本远低于预期成本，二氧化硫的减排目标提前得以实现。1990～1995 年，参加二氧化硫排放许可证交易的电厂其二氧化硫的排放量减少了 45%，而没有参加交易体系的电厂二氧化硫排放量增长了 12%。排放权交易政策实施后，1990～2007 年，美国二氧化硫排放量减少了 43%，这一目标的实现比预定计划提前了 3 年，成本也只有预算的 1/4[1]。

根据麻省理工能源与环境政策研究中心的估算，该项政策带来的收益约为 530 亿～1 070 亿美元，主要得益于二氧化硫排放减少，从而使空气中 PM2.5 的浓度降低，进而增进了居民健康水平，减少了相关医疗支出。如

---

① 张昭贵. 美国二氧化硫排放权交易的启示 [J]. 中国石油企业，2010 (8)：32-33.

表 5 - 6 所示。

表 5 - 6　　美国二氧化硫排污权交易计划每年带来的收益（以 2000 年美元计）

收益来源	死亡率降低	发病率降低	能见度提高	生态系统效益	收益总计	政策成本	净收益
额度（亿美元）	500 ~ 1 000	30 ~ 70	40 ~ 60	5	590 ~ 1 160	5 ~ 20	580 ~ 1 140

资料来源：麻省理工能源与环境政策研究中心（MIT CEEPR 2013 年报告）。

根据美国环保局（EPA）的计算，1970 ~ 1990 年执行和遵守《清洁空气法》的直接成本是 6 890 亿美元，而直接收益是 29.3 万亿美元；最佳估计认为 1990 年实现净收益 22 万亿美元①。2011 年 EPA 发布的《〈空气清洁法案〉成本收益分析 1990 ~ 2020》估算，到 2020 年，执行该法案的私人与公共成本约为 650 亿美元/年，收益却高达将近 2 万亿美元/年，约为成本的 30 倍②。

美国的"酸雨计划"实施的二氧化硫许可交易政策是第一项真正意义上市场导向的、成熟的、成功的许可证交易政策，该政策的实施不仅实现了二氧化硫等有害气体排放的预定控制目标，证明了其有效性；同时也是一种政策成本较低的措施，证明了排放权交易政策的可行性。此外，环境经济国家研究中心（National Center for Environmental Economics）的研究表明，许可证交易并未导致排放量在区域间大规模迁移③。

2005 年 12 月，美国康涅狄格州、特拉华州、缅因州、新罕布什尔州、新泽西州、纽约州、佛蒙特州等 7 个州（其后马里兰州、马萨诸塞州、罗得岛州加入该计划）签订了区域温室气体行动（regional greenhouse gas initiative, RGGI）框架协议，形成了美国第一个以市场为基础的区域性"限额—

---

① The Benefits and Costs of the Clean Air Act 1990 to 2010 [R]. Washington D. C.：US EPA, 1999. https：//www. epa. gov/clean - air - act - overview/benefits - and - costs - clean - air - act - 1990 - 2010 - first - prospective - study.

② The Benefits and Costs of the Clean Air Act 1990 to 2020 [R]. Washington D. C.：US EPA, 2011. https：//www. epa. gov/clean - air - act - overview/benefits - and - costs - clean - air - act - 1990 - 2020 - report - documents - and - graphics.

③ The United States Experience with Economic Incentives for Protecting the Environment [R]. Washington D. C.：National Center for Environmental Economics, 2001.

交易（cap-and-trade）"型温室气体排放贸易体系，对区域范围内电力行业的温室气体排放进行控制。RGGI 规定了区域内各州的温室气体排放上限：2018 年温室气体排放量比 2009 年减少 10%，同时允许各州在排放限额的基础上制定各州自己的减排政策。2014 年，RGGI 调整了碳排放的限额政策：2015 ~ 2020 年，RGGI 的二氧化碳排放上限每年减少 2.5%[①]。RGGI 详细定义了电力部门的各项指标，制定了排放权交易体系的基本规则，对配额分配、履约核查、监测报告、配额交易、减排量购买等环节设计了完善的制度，建立了碳排放配额监测体系，用于记录和监测各州碳减排项目的执行情况[②]。

2007 年，美国西部的亚利桑那州、加利福尼亚州、新墨西哥州、俄勒冈州和华盛顿州等 5 个州发起成立了区域性气候变化应对组织——西部气候倡议（western climate initiative，WCI），其后加拿大安大略、曼尼托巴、卑诗和魁北克等 4 个省以及墨西哥的部分州相继加入，联合推动气候变化政策的制定和实施。2008 年 9 月，WCI 发布了"总量交易计划（WCI Cap & Trade Program）"，建立了区域性的排放许可证交易体系，计划到 2020 年区域内温室气体排放量比 2005 年减少 15%。这一控制体系涉及电力、工业、商业、交通运输以及居民燃料使用 5 个行业，这些部门的温室气体排放约占全部排放量的 90%[③]。

5.4.3　欧洲排放许可证交易实践

1992 年，联合国政府间气候变化专门委员会通过了《联合国气候变化框架公约》（united nations framework convention on climate change，UNFCCC），1997 年 12 月，第三次公约缔约国会议（COP3）在日本京都召开，《京都协议书》作为《联合国气候变化框架公约》的补充条款在会议上通过。《京都协议书》制定了未来温室气体减排的目标，建立了 3 个灵活的减排机制，即

① RGGI 官网，https：//www.rggi.org/。
② 钟锦文，张晓盈. 美国碳排放交易体系的实践与启示［J］. 经济研究参考，2011（28）：77-80.
③ Western Climate Initiative（WCI）官网，http：//www.westernclimateinitiative.org/the-wci-cap-and-trade-program。

国际排放贸易机制（emission trade，ET）、联合履行机制（joint implementa-
tion，JI）和清洁发展机制（clean development mechanism，CDM）；其中，国
际排放贸易机制就是二氧化碳排放权的交易制度，市场参与主体可以通过交
易市场买卖碳排放额度从而完成减排目标。2005 年公约缔约国第 11 次会议
（COP11）宣布《京都议定书》生效。

　　同年，为落实《京都议定书》的减排目标，欧盟建立了欧盟碳排放交易体
系（european union emission trading scheme，EU－ETS）。欧盟碳排放交易体系
采用"总量控制与交易（cap and trade）"的排放权交易制度，成员国按照欧盟
委员会的要求自行设定排放上限，经欧盟委员会认定后向本国的企业分配排放
许可证（欧洲排放单位，EU Allowance，EUA），企业可以通过在交易市场买卖
排放许可来调整自己的排放许可量。欧盟委员会规定，在试运行阶段，企业每
超额排放 1 吨二氧化碳，将被处罚 40 欧元，在正式运行阶段，罚款额提高至每
吨 100 欧元，并且还要从次年的企业排放许可权中将该超额排放量扣除。由此，
欧盟排放交易体系创造出一种激励机制，它激发私人部门最大可能地追求以成
本最低方法实现减排。欧盟试图通过这种市场化机制，确保以最经济的方式履
行《京都议定书》，把温室气体排放限制在社会所希望的水平上。

　　欧盟碳排放交易体系是目前全球最大的碳排放交易市场。截至 2015 年，
共有 31 个国家纳入欧盟碳排放交易体系，其交易总量占全球碳排放交易总量
的 80% 左右。欧盟排放交易体系覆盖了欧盟二氧化碳总排放的 50% 和所有温
室气体排放的 40%，覆盖对象包括超过 11 000 个发电站和厂房[1]。欧盟排放
交易体系的发展具体分为三个阶段，每个阶段在覆盖行业、减排目标、总量
设定、拍卖比例等方面有所不同，详见表 5－7。

表 5－7　　　　　　　　　　　　　欧盟碳排放交易体系的发展阶段

阶段	参与国家	管控行业	减排目标	总量设定	拍卖比例
第一阶段： 2005～2007 年	27 个	电力、石化、钢铁、建材、造纸等	完成《京都议定书》承诺减排目标的 45%	22.99 亿吨/年	排放配额均免费分配； 不超过 5%

---

[1]　http：//www.chyxx.com/industry/201801/603771.html.

续表

阶段	参与国家	管控行业	减排目标	总量设定	拍卖比例
第二阶段： 2008~2012 年	27 个	新增航空业	在 2005 年的基础上减排6.5%	20.81 亿吨/年	排放配额免费分配为主； 不超过 10%
第三阶段： 2013~2020 年	31 个	新增化工和电解铝	在 1990 年排放量基础上削减 20%	18.46 亿吨/年	增加拍卖比例，最少 2020 年达到 30% 每年，逐年增加70%

资料来源：根据 EU – ETS 官网信息整理。

在 ETS 进入第三阶段交易期（2013~2020 年）后，欧盟规定，每年发放的碳配额要求以 1.74% 的速度递减，以确保 2020 年温室气体排放量要比 1990 年至少低 20%。在第四阶段（2021~2030 年），为了实现 2030 年总体减排目标，每年发放配额以 2.2% 减少，即在 2021~2030 年期间每年减少 48 380 081 个排放配额[①]。2012 年 1 月 1 日，"欧盟航空碳排放交易指令"正式实施，即将航空业纳入欧盟碳排放交易体系（EU – ETS）。如图 5 – 3 所示。

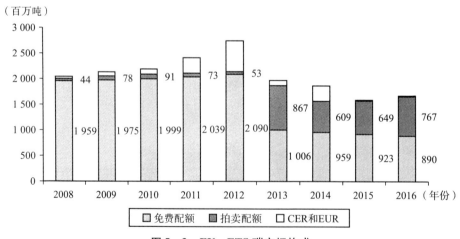

图 5 – 3　EU – ETS 碳市场构成

① https：//ec. europa. eu/clima/policies/ets/cap_en.

5.4.4 中国排放许可证交易实践

2009 年，中国政府在哥本哈根气候变化大会上承诺，中国到 2020 年单位 GDP 碳排放要比 2005 年下降 40%～45%。2015 年 6 月，中国在向联合国的应对气候变化国家自主贡献文件中提出，将于 2030 年左右使二氧化碳排放达到峰值并争取尽早实现，2030 年单位国内生产总值二氧化碳排放比 2005 年下降 60%～65%。在我国控制气候变化的宏观政策框架下，许可证（排放权）交易政策被视为一种有效的碳排放控制工具提出。

2010 年，国家"十二五"规划纲要提出，要降低能源强度和碳排放强度，作为约束性指标，逐步建立碳排放交易市场。2011 年 10 月，国家发展改革委发布《关于开展碳排放权交易试点工作的通知》，批准在北京、天津、上海、重庆、湖北、广东和深圳等 7 省市开展碳排放交易试点工作；至 2014 年，排污权有偿使用与交易的试点省市变更为 11 个：江苏、浙江、天津、湖北、湖南、河南、山西、重庆、陕西、河北和内蒙古。2014 年 8 月 6 日，国务院办公厅印发《国务院办公厅关于进一步推进排污权有偿使用和交易试点工作的指导意见》，旨在发挥市场作用促进环境保护；意见指出，建立排污权有偿使用和交易制度，是我国环境资源领域一项重大的、基础性的机制创新和制度改革，是生态文明制度建设的重要内容。截至 2016 年末，北京、天津、上海、重庆、湖北、广东和深圳等 7 个试点省市的交易市场总共完成碳排放配额交易 8 670 万吨，交易金额超过 20 亿元[1]。

表 5 - 8 梳理了 2010 年以来，我国采用碳排放交易政策应对气候变化的相关文件与措施。2010 年以来，我国无论是在理论上还是实践上，对碳排放交易政策都进行了许多有益的尝试。

---

① 中国碳交易网. 中国碳市场相关政策发展历程 [EB/OL]. http：//www. tanjiaoyi. com/article - 20320 - 1. html.

表 5 - 8　　　　　　　　2010 年以来我国碳排放交易相关政策措施

	发布日期	相关政策与行动	相关内容
国家政策	2010 年 9 月	《关于加快培育和发展战略性新兴产业的决定》	建立完善主要污染物的碳排放交易制度
	2010 年 10 月	"十二五"规划	将降低能源强度和碳排放强度作为约束性指标，逐步建立碳排放交易市场
	2012 年 11 月	"十八大"报告	积极开展碳排放权交易试点
	2013 年 11 月	十八届三中全会决议	推行碳排放权交易制度
	2015 年 9 月	《生态文明体制改革总体方案》	深化碳排放权交易试点建设，逐步建立全国碳排放权交易市场
	2015 年 9 月	《中美元首气候变化联合声明》	2017 年启动全国碳排放交易体系，覆盖钢铁、电力、化工、建材、造纸和有色六大工业行业
	2015 年 10 月	十八届五中全会决议	建立健全用能权、用水权，排污权、碳排放权初始分配制度
	2016 年 3 月	《中华人民共和国国民经济和社会发展第十三个五年规划纲要》	推动建设全国统一的碳排放交易市场，实行重点单位碳排放报告、核查、核证和配额管理制度
	2016 年 9 月	《生态文明体制改革总体方案》	建立用能权交易系统、测量与核准体系。深化碳排放权交易试点，逐步建立全国碳排放权交易市场，研究制定全国碳排放权交易总量设定与配额分配方案
国家发改委部署	2011 年 10 月	《关于开展碳排放权交易试点工作的通知》	批准京津沪渝粤鄂深七省市 2013 年开展碳排放权交易试点
	2012 年 6 月	《温室气体自愿减排交易管理暂行办法》	对 CCER 项目开发、交易与管理进行系统规范
	2012 年	—	备案第一批国家自愿减排量交易机构
	2012 年 10 月	《温室气体自愿减排项目审定与核证指南》	对 CCER 项目审定与核证机构的备案要求等进行规定
	2014 年 12 月	《碳排放权交易管理暂行办法》	对全国统一碳排放权交易市场发展方向，组织架构设计等提出规范性要求

发布日期		相关政策与行动	相关内容
国家发改委部署	2016 年 1 月	《关于切实做好全国碳排放权交易市场启动重点工作的通知》	明确参与全国碳市场的 8 个行业，要求对纳入企业历史碳排放进行核查，提出企业碳排放补充数据核算报告等
	2016 年 11 月	《"十三五"控制温室气体排放工作方案》	对"十三五"时期应对气候变化、推进低碳发展工作做出全面部署
	2017 年 12 月	《全国碳排放权交易市场建设方案（发电行业）》	坚持将碳市场作为控制温室气体排放政策工具的工作定位，以发电行业为突破口率先启动全国碳排放交易体系

2016 年，国家发改委发布《关于切实做好全国碳排放权交易市场启动重点工作的通知》，计划从 2017 年开始启动全国碳排放交易体系，第一阶段覆盖石化、化工、建材、钢铁、有色、造纸、电力和航空等 8 个行业中的重点排放企业（能耗 1 万吨标准煤及以上），覆盖企业共计 7 000 多家，碳排放总量约占全国的一半。然而，由于碳核查的困难，为保证全国碳市场能够顺利启动，第一阶段仅纳入电力行业。

2017 年底，国家发改委印发《全国碳排放权交易市场建设方案（发电行业）》，在发电行业（含热电联产）率先启动全国碳排放交易体系，参与主体是发电行业年度排放达到 2.6 万吨二氧化碳当量及以上的企业或者其他经济组织，包括其他行业自备电厂。首批纳入碳交易的企业 1 700 余家，排放总量超过 30 亿吨二氧化碳当量。方案提出，今后将分"三步走"推进碳排放交易市场体系建设工作：基础建设期——用 1 年左右时间，完成全国统一的数据报送系统、注册登记系统和交易系统建设，开展碳市场管理制度建设；模拟运行期——用 1 年左右时间，开展发电行业配额模拟交易，全面检验市场各要素环节的有效性和可靠性，强化市场风险预警与防控机制；深化完善期——在发电行业交易主体间开展配额现货交易，在发电行业碳市场稳定运行的前提下，逐步扩大市场覆盖范围，丰富交易品种和交易方式。目前，这一体系正在建设之中。

5.4.5　许可证交易政策的实践意义

许可证交易政策的应用具有如下方面的意义：

1. 证实了可交易许可证政策在解决负外部性问题上的应用价值

从 20 世纪 70 年代开始，排放权（许可证）交易政策的实践应用已经在全球范围内开展了大约 50 年，应用领域主要集中在污染物排放的治理，同时也有少量应用在其他稀缺资源的管理上。许可证交易政策在碳排放领域的应用范围已经从地区走向全国甚至全球，应用的行业从最初的一个行业逐渐发展到多个行业，涉及的企业数量由少增多，管理的复杂程度也随着政策覆盖范围的扩大而大大增加。许可证交易政策在多个层面的应用实践，不仅证实了该政策在解决负外部性问题上的价值，同时还扩大了这一政策的知名度与影响力，让更多行业的管理者看到了负外部性治理的新选择。碳排放许可证交易政策在全球范围内的实际应用，还减少了决策者对引入这一政策的多方顾虑，如实施成本与可行性等，为促进这一政策在其他领域的应用起到了积极的作用。

2. 为进一步运用许可证交易政策解决负外部性问题积累了宝贵的经验

作为一种新型政策工具，从理论上具有应用价值到实践中真正发挥其价值从而服务于相应的政策管理目标，还需要经过漫长的摸索。许可证交易政策在碳排放领域的应用实践不但实现了从无到有的突破，且经过多次试错的过程逐渐形成了较为成熟的政策体系，为该政策应用到其他行业提供了宝贵的经验。欧盟碳排放交易体系在正式运营前，进行了试验性运行，发现了政策设计中的重大缺陷，这些缺陷包括排放权许可证发放量超过实际排放量、排放权免费分配方面的问题与微观数据缺乏等问题。试运行阶段问题的发现为正式运行体系的设计提供了校正的机会和相关数据。例如，排放许可证总量设置过高，没有一个产业的排放权处于短缺状态，将导致交易市场中排放许可证的需求疲弱，价格下降；环境约束软化，企业失去采取措施降低碳排放的积极性，政策体系失去实际约束力。针对这个问题，欧盟在排放体系实施的正式阶段下调了排放许可证总量，弥补了政策的不足。

3. 对许可证交易的价格形成机制进行了有益的探索，提供了许可证交易市场体系建设的经验

价格信号是否能准确反映许可证交易市场的供需状况是衡量交易市场能否有效配置资源的基本准则。合理的价格形成机制是许可证交易政策成功运转的基本要求。欧盟排放交易体系下，排放许可的价格与造纸、钢铁产业的产量存在显著的正相关关系，产量越大，排放许可证的需求越多，排放权的价格越高，这表明在该市场体系的价格作用机制下，价格信号能较好反映碳排放许可权的供需状况，该市场是一个能够有效配置资源的市场。在该体系下，排放许可证的价格升高，将会反过来影响到企业的成本，使企业做出采取减排措施或降低产量的决策，从而实现预期的政策目标。各个国家和地区在排放权交易政策的覆盖范围、交易机制、约束条件等方面都有自己的特色，通过对不同交易政策设计与价格形成机制的比较分析，发现不同价格形成机制的优缺点，基于此可以为后续政策设计提供市场体系建设的方案和经验。

| 第 6 章 |

小汽车通行权交易政策体系设计

6.1　小汽车通行权交易政策设计概述

6.1.1　需要解决的关键问题

城市道路通行权的模糊不清是导致城市道路被过度消费的根本原因，这种"模糊不清"的状况既存在于城市交通方式之间（如常规公交与私人交通之间路权的分配）；同时也存在于交通方式内部（如私人小汽车对路权的占用没有数量和空间的界限）。在没有监管约束的情况下，小汽车成为城市公共道路上通行量的绝对主体，挤占了过多的道路资源，不仅影响私人交通，同时也降低了公共交通的出行速度，影响了公共交通的服务质量。对小汽车出行进行适当的"约束"从而避免对城市道路的"过度消费"已经得到广泛认同，但对于采用什么方法对小汽车出行行为进行规制，至今仍未得出令人满意的结论。

产权理论的提出和发展为解决公共道路的拥挤消费提供了新的思路。产权理论表明，清楚地界定通行权是解决这一问题的根本性方法。可交易的许可证就是期望通过对小汽车通行权的清晰界定与合理分配来解决城市交通拥堵的具体政策。

所谓"通行权"，就是通行道路的权利。根据产权理论，将道路的通行权进行合理地划分并将其分配给私人，私人之间可以通过自己协商得到满意的解决方案。分配给私人的通行权需要有一个具体的表现形式（实物或电子票证），以便在交易和回收时方便地验证私人所持有通行权的真实性，这个实物的表现形式即为"许可证"。"许可证"是针对小汽车设计的通行权证，是通行权的外在表现，代表了行驶于某道路的通行权利。

本章对如何合理地划分通行权利、如何设计小汽车通行权许可证的形式等问题展开尝试性的探讨。作为一种具有众多优势和潜力的拥堵治理新手段，可交易的通行权许可证尚未有成熟的政策体系。通行权交易政策体系设计是一个非常复杂的问题，需要提出多个具体问题的合理解决方案。

哈里森（Harrison，2001）在污染控制的相关研究中提出了排污权交易政策设计过程中的三个关键问题，分别是阈值问题、设计问题和实施问题[1]。2006 年英国环境、食品和农村事务部（DEFRA）的相关研究报告认为，对可交易的个人碳排放许可证政策进行评估，应考虑如下几方面的问题：①政治上的可接受性（政治上接受的条件是什么？）；②政治和制度上的可行性（制度上需要什么才能使其发挥作用？）；③公众的反应和"可接受性"（公众将如何理解这一政策、对这一政策做何反应？）；④相关措施的兼容性（如何与其他政策工具，尤其是其他交易计划相关联？）；⑤相关市场对政策的反应（能源、住房、交通运输市场会如何反应？可能会出现哪些"碳交易"计划的问题和骗局？）；⑥技术和操作的可行性（政策能否有效工作并具有足够的弹性和抗欺诈能力）；⑦建设和运营成本（建设和运行成本是多少？）；⑧经济影响（与其他限制性政策相比，其影响如何？）；⑨公平、公正和分配影响（谁盈谁亏，在哪些方面，盈亏额度是多少？）[2]。

格兰特—穆勒等（Grant – Muller et al.，2014）总结了用于解决拥堵的可交易许可计划的关键问题（详见表 6 – 1），认为识别和解决这些关键问题对

---

① Harrison D. Tradable Permits for Air Pollution Control: The United States Experience [R]. Paris: OECD, Implementing Domestic Tradable Permits for Environmental Protection, 2001: 23 – 51.

② Roberts S, Thumin J. A rough guide to individual carbon trading-the ideas, the issues and the next steps [R]. UK: Centre for sustainable energy, Report to Department for Environment, Food and Rural Affairs, 2006.

设计完善的许可证政策体系具有重要的影响①。

表 6-1 可交易许可证政策的关键问题

问题		可能的方法	备注
许可证的分配	如何分配	收费还是免费发放？ 如果收费，是统一收费还是根据 OD 不同差别收费？	—
	分配给谁	界定可以免费获得许可证的群体	例如：是所有纳税人还是所有的出行者或通勤者？
	分配多少	政府控制的总量	—
使用的区域与时间		区域还是全国范围？ 一星期、一个月还是一年？	—
收取计量单位		按出行次数还是车辆行驶里程征收？	—
监管与执行		如何使用现有技术实施有效监管？	—
许可证交易		是否是完全市场？	是否产生潜在的黑市交易？
政策兼容性		与其他政策的相互影响	例如：城市交通中的其他收费政策（如车辆使用税、停车费、公交价格、总量控制等）的影响
交易成本		在哪些环节产生哪些成本？	交易成本有赖于制度的设计

6.1.2 通行权交易政策的设计要点

根据上一小节中提出的政策设计中需要解决的关键问题，本书确定了通行权交易政策中需要明确的政策要点，分别是通行权的量化方式、通行权总量确定、通行权的分配机制、回收机制、交易机制、监管机制等 6 个要点。每个政策要点的主要设计内容与政策框架如表 6-2 所示。

---

① Grant – Muller S，Xu M. The Role of Tradable Credit Schemes in Road Traffic Congestion Management [J]. Transport Reviews，2014，34（2）：128 – 149.

表 6-2　　　　　　　　　　小汽车通行权交易政策的设计要点

设计要点	内容概述
量化方式	通过某种划分方式对道路使用权进行量化（如出行次数、出行里程或者时间框架），找到便于计量的基本单元作为发放许可证的基本单位，则道路使用权得以用许可证的形式呈现出来。许可证是道路使用权的外在表现，道路使用权是许可证的内在价值
总量确定	基于通行权的量化方式，合理确定可交易许可证的总量。许可证发放总量体现了政策目标，对政策执行和政策效果产生关键性影响。总量确定过大，达不到缓堵目标；总量确定过小，会对出行产生过度约束，不仅降低通行权交易政策的可接受性，也是对道路交通资源的浪费
分配机制	合理选取可交易小汽车通行权的免费分配对象，确定许可证的发放范围。由于存在交易成本，通行权的分配不仅直接决定了政策的公平性，还影响着政策的成本和效率。对一些特殊群体（如军队、使馆）和临时用户，提供一些特殊情况的差别分配方式
回收机制	持有许可证的小汽车能够在限定道路上通行，根据其通行情况扣除相应的许可证额度
交易机制	政府允许许可证的自由交易，并建立和维护交易市场，促进许可证在不同私人之间的自由流动，从而以较低的交易成本换取更高的资源配置效率
监管机制	政府对道路通行权的分配、回收、交易等环节进行监督，制定违规行驶的惩罚机制并监督执行

6.1.3　小汽车可交易通行权证的主要形式

通行权是无形的，必须对其进行外显化与具体化以便于实施相应管理措施。从作用环节来看，可交易通行权可以在小汽车购买、使用、停放等不同环节体现，表现为不同的可交易许可证形式，如可交易的小汽车拥有许可证、可交易的小汽车行驶许可证和可交易的小汽车停放许可证等。

如表 6-3 所示，根据实施的环节不同划分的小汽车通行权证主要有如下几种形式。因为实施的环节不同，政策措施的实施方式、难易程度以及对小汽车出行的作用方式与影响程度等都会呈现出明显的差异。

表6-3 不同形式的小汽车通行权许可证

可交易许可证的主要类型	与此对照的收费性政策	实施环节	政策着眼点	政策目标
可交易的小汽车拥有许可证	小汽车注册费,小汽车牌照使用费	购买环节	小汽车购买和拥有环节	通过小汽车保有费用的增加提高拥车成本,从而减少小汽车保有量,间接影响小汽车出行量
可交易的小汽车停放许可证	差异化征收停车费	停放环节	小汽车停放限制	通过对不同区域的停车场实施差异化管制来调节进入不同区域的小汽车出行量
可交易的小汽车燃油许可证	燃油税	使用环节	小汽车行驶总里程	通过对小汽车在一定时间段内(如一年)的燃油使用的数量管制或者价格加成来减少小汽车燃油用量,继而减少小汽车行驶量,缓解交通压力
可交易的小汽车行驶许可证	交通拥堵费	使用环节	小汽车在区域或拥堵路段的使用	通过对一定区域(或路段)的小汽车行驶量的控制来减轻特定区域内的交通拥堵状况。其中,小汽车的行驶量可以分别用里程、次数或者天数等不同单位来计量,据此可再细分为小汽车行驶里程许可证、行驶天数许可证以及行驶次数许可证等

在所有的通行权许可证形式中,可交易的小汽车行驶许可证是最为重要的类型,也是本书重点分析的许可证形式。小汽车行驶许可证又可以根据一些不同的特点设计出不同的形式,主要的行驶许可证类型及其关系如图6-1所示。

根据政府是否参与许可证收费,可以划分为"政府参与收费""不参与收费"这两种许可证类型。政府参与收费的许可证,是指将许可证分为免费和收费两类,政府免费发放基础数额的行驶许可证以保证基本出行需求,但超过基础数额的许可证需要收费,这一政策事实上是将通行权交易政策和拥堵收费政策二者结合起来,对小汽车行驶量实施"数量"和"价格"的双重管制,但数量和价格的作用点不同。

政府不参与收费的小汽车行驶许可证是通常意义的行驶许可证类型。该政策下,许可证由政府免费分配给私人并允许、促成私人之间的许可证交易,许可证的价格完全由市场供需决定,政府既不参与控制许可证价格,也不从中谋取收益。

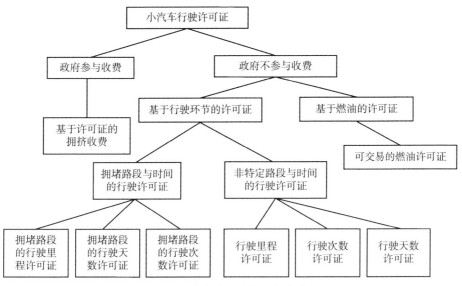

图 6-1 小汽车行驶许可证的类型

从实施许可证交易政策的载体差异，可将控制小汽车行驶的许可证分为基于燃油消耗的许可证与基于车辆行驶环节的许可证两类。基于燃油的许可证是指将汽油作为政策工具的抓手，通过控制私人用于小汽车的燃油量来减少车辆行驶量，从而达到缓解交通拥堵和二氧化碳排放的目的。这类政策为小汽车的燃油购买分配许可证，小汽车加油时必须持有并清缴相应数量的许可证才能购买燃油，如果要消耗超过配给量的汽油，则需在市场上购买许可证，从而增加了超额行驶的出行成本。

小汽车的出行量（或者对道路的使用）可以按照行驶里程、行驶次数、行驶天数等不同的单位计量，因而，着眼于小汽车行驶环节的许可证又可以根据出行量计量方式的不同具体分成为：行驶里程许可证、行驶次数许可证和行驶天数许可证；同时，根据实施范围的不同，又可划分为特定路段与时间段内实施的行驶许可证和非特定路段与时间实施的行驶许可证。

当可交易许可证应用于小汽车拥有、使用的不同环节，便需要设计不同的政策体系，同时产生不同的作用效果。下文中重点分析可交易的小汽车拥有许可证、可交易的小汽车燃油许可证、可交易的行驶里程许可证、可交易的行驶天数许可证、行驶次数许可证等典型的可交易许可证（通行权交易）

政策，提出具体的方案设计。囿于时间和研究范围的限制，本书未对可交易的小汽车停放许可证展开详细讨论。

6.2　小汽车通行权交易政策的方案设计

6.2.1　可交易的小汽车拥有许可证

小汽车拥有许可证是指政府核发的准许个人或企事业单位拥有一辆小汽车的许可凭证。个人或企事业单位在拥有一辆小汽车时，必须获得政府颁发的许可证，未获得许可证的车辆视为非法，执法机关可依法对其进行处罚。为了起到缓解交通拥堵的效果，小汽车拥有许可证的核发数量应能对该城市小汽车的保有量起到限制和约束作用，具体数据应根据城市人口、交通等状况综合确定。政府允许个体之间进行许可证的交易，新购买的小汽车只有获得许可证才能在机动车管理机构进行登记注册取得牌照。

汽车牌照是汽车的身份识别标志，是准许汽车上路行驶的凭证，是汽车通行权利的法定凭证，更是政府用来管理车辆、限定车辆行驶权利的凭证，因此汽车牌照成为许多交通管理政策的抓手。小汽车拥有许可证可与汽车牌照绑定，以小汽车牌照的获得视为许可证权利的开始，以牌照的收回作为许可证权利的灭失。

小汽车拥有许可证与新加坡实施的"拥车证（certificate of entitlement，COE）"有类似之处，但也有明显的差异。相同之处在于，两者都对车辆拥有设置门槛，对车辆保有数量进行限制［新加坡称之为车辆限额系统（vehicle quota system）］，通过小汽车保有量的控制，从源头上减少汽车行驶量，从而实现抑制私人交通、缓解交通拥堵的目的。不同之处在于，新加坡的"拥车证"政策采用政府拍卖的方式发放"拥车证"，价高者得，不允许私人之间买卖拥车证，私人想要拥有小汽车只能从政府部门拍卖获得。可交易的小汽车拥有许可证允许私人从政府或者许可证交易市场中购买许可证，许可证价格受市场供求关系决定。

1. 与现行小汽车限牌政策的比较

"汽车限牌"是指通过限制汽车上牌数量从而控制机动车数量的治堵政策。目前，国内的北京、广州、上海、贵阳、天津、杭州、深圳等城市与海南省实施了车辆限牌政策，北京、贵阳实施新增牌照摇号分配的政策，上海实施牌照拍卖政策，广州、杭州、深圳、天津等其他限制牌照的城市多采取"摇号+拍卖"的方式分配新增小汽车牌照，国内限牌城市的政策情况对比如表6-4所示。

表 6-4 国内限牌城市的政策比较

城市	限牌政策开始日期	牌照发放方式	每年新增小汽车牌照数量（万辆/年）	牌照最新拍卖均价（元，括号内为相应时间）	牌照使用年限的规定	车辆报废后是否免费获得新购车指标
上海	1994 年	拍卖	10	88 300（2018.08）	不限	是
北京	2010 年 12 月 23 日	摇号	10	—	不限	是
天津	2013 年 12 月 15 日	摇号拍卖	11	24 442（2018.10）	不限	是
广州	2012 年 6 月 30 日	摇号拍卖	12	31 654（2018.08）	不限	是
深圳	2014 年 12 月 29 日	摇号拍卖	10	54 237（2018.08）	不限	是
杭州	2014 年 3 月 25 日	摇号拍卖	8	38 815（2018.03）	不限	是
贵阳	2011 年 7 月 11 日	摇号	专段号牌 2 000 辆/月，无偿摇号上牌、普通号牌不限	—	不限	否
海南	2018 年 5 月 16 日	排号摇号拍卖	12	—	不限	是

注：根据各城市限牌政策整理。各个城市的新增指标中，摇号与拍卖的比例也不同。例如，广州根据 2018 年 7 月发布的《广州市中小客车总量调控管理办法》的规定，以 12 个月为一个周期，周期内以摇号方式配置的节能车增量指标为 1.2 万个，以摇号方式配置的普通车增量指标为 6 万个，以竞价方式配置的普通车增量指标为 4.8 万个，即三者按照 1∶5∶4 的比例配置，新增指标中的 40% 用竞价方式拍卖出售；增量指标中，单位与个人小汽车牌照指标的配置比例为 1∶9。天津按照《天津市小客车总量调控管理办法》规定，增量指标以 12 个月为一个配置周期，每个周期配置额度为 10 万个，摇号节能车、摇号普通车与竞价普通车按照 1∶5∶4 的比例配置。单位增量指标与个人增量指标按照 12∶88 配置。

　　除了表中列出的城市外，国内其余大多数城市对拥有一辆或多辆小汽车均没有任何限制性措施。近几年，伴随着汽车保有量的快速增长，拥有两辆以上小汽车的家庭数量快速上升，给城市交通带来巨大压力，但大多数城市任凭这一状况无序增长，政府未采取有效措施进行管控。

　　对比国内施行的小汽车限牌政策与本书提出的通行权交易政策，关键的差异在于：现行限牌政策的核心是"权利终身 + 不可交易"，而可交易的拥车许可证的政策核心是"权利有年限 + 权证可交易"。两者政策核心的差异导致政策执行效果上会有明显差异。

　　根据国内各个限牌城市的管理规定，通常情况下，存量小汽车车辆更新后，可免费申请获得牌照更新指标，也可以继续保留使用原车牌照，这一规定事实上给予了车辆牌照的永久使用权①。

　　小汽车牌照限制政策的目的是将城市内小汽车的保有量控制在理想的范围内，但这一政策的作用力非常有限。现有小汽车限制政策的着力点是控制新进入城市交通的小汽车数量，可以减缓小汽车保有量增长的速度；然而，现行车辆牌照可以终身使用的规则，使得小汽车牌照没有退出机制，所以小汽车的保有总量仍会持续增长。尤其是我国许多城市汽车保有量基数已经较大，在此基础上实施小汽车的拥有量控制，想要达到预期的缓堵效果非常困难。例如，上海市于 1994 年在国内最早开始实施小汽车牌照限制，经过多年有计划控制下的保有量增长，沪籍小汽车保有量控制在了相对较低的水平，但大量外地常年驻沪的小汽车（接近上海实有小汽车总量的 1/3）抵消了限牌政策的作用。北京、贵阳、广州等城市在 2010 年以后才先后出台限制性措

---

　　① 有些特殊的情况不能获得牌照更新指标，例如：（1）广州：根据 2018 年 7 月发布的《广州市中小客车总量调控管理办法》三十七条规定：机动车达到国家规定的强制报废标准，在公安交通管理综合应用平台中有达到报废标准记录的，不产生更新指标。二手车企业名下待交易二手中小客车办理转移登记、注销登记、迁出本市的变更登记后，不产生更新指标。国家或省、市明确要求淘汰的高污染车辆，在规定期限内未按要求淘汰的，不产生更新指标。（2）天津：按照《天津市小客车总量调控管理办法》规定，在市公安交通管理部门机动车登记管理系统中有强制注销记录的小客车，不产生更新指标。（3）深圳：根据《深圳市小汽车增量调控管理实施细则》第三十三条：更新指标可以直接取得。申请更新指标的个人，应当符合本实施细则第十四条第一款第（一）项规定的居住地在本市的条件或持本市有效居住证。个人使用纯电动小汽车增量指标、混合动力小汽车增量指标、电动小汽车增量指标登记的小汽车，可以按照实际车辆数申请更新指标；如名下还有其他登记在本市的小汽车，该部分小汽车只有 1 辆可以取得更新指标。个人名下有机动车应当依法办理注销登记手续但未办理的，不能取得更新指标。

施，此时小汽车基数已经庞大，交通拥堵问题已经凸显；且各城市采取的新增小汽车的数量控制政策，只能减缓小汽车保有量增速，对基数庞大的存量汽车不产生影响，因此对交通拥堵的缓解作用有限。如果要采用可交易小汽车拥有许可证政策替代限购政策，为许可证设定适当的年限是必要的，否则亦会存在调控力度有限的问题。

2. 可交易小汽车拥有许可证的年限问题

小汽车拥有许可证有必要设定一个使用年限以限定许可证权利开始与结束的时间，年限到期后许可权利自动灭失，需要获得车辆保有权利须重新购买许可证。为了减少交易次数与车主的行政负担，拥车许可证的年限可与车辆报废年限与报废标准结合起来，在新车上牌时开始权益，车辆报废时结束权益，政府部门也可以根据实际调控目标在报废年限基础上适当缩短许可年限。设定年限的小汽车拥有许可证相当于购买了固定期限内的道路通行权，加上年限的通行权能给个人更加明确的信号，也能帮助个人更加清楚地核算小汽车出行成本，促进其更加理性地做出小汽车购买与出行决策。

新加坡的拥车证有效期与车辆牌照捆绑在一起，有效期为 10 年，10 年有效期到期后车辆按要求报废或出口，也可选择交纳新一轮拥车费（按照拥车证到期前三个月的平均拥车证价格支付费用）后，将拥车证有效期延长 5 年或 10 年。因此，新加坡的"拥车证"制度实际上是一次仅出售 10 年的车辆道路使用权。新加坡的小汽车限制政策之所以缓堵效果明显，原因之一就是新加坡的牌照限制与拍卖政策框架下，设置了 10 年的牌照使用期，打破了国内现行的"牌照终身制"。除了拥车证制度限制车辆保有量，新加坡还有车辆行驶过程的拥堵收费措施——公路电子收费系统（electronic road pricing，ERP），用以调节控制公路上行驶的车流量。这两种政策分别从小汽车拥有和使用环节发力，共同实现了新加坡良好的治堵效果。

根据我国 2013 年发布的《机动车强制报废标准规定》，9 座（含 9 座）以下非营运载客汽车（包括轿车、含越野型）使用年限为 15 年；不要求强制报废，达到报废年限后要求继续使用的不需要审批，经检验合格后可延长使用年限。可以参考小汽车报废年限与技术、排放标准的相关要求，为发放的拥车许可证设置 10～15 年的有效期。有效期到期后，政府收回小汽车拥车许可证，要获得新的牌照必须重新购买小汽车拥有许可证。经过 10～15 年的过渡时间，所有小汽车将全部纳入许可证监管范围，届时政府部门可以依托许可证这一工具实施较为精准的车辆保有量控制。

目前，国内即使实施限购政策的城市，一旦获得车辆牌照使用权，不管是在限牌政策之前取得的，还是在限牌后通过摇号或拍卖取得的，这一权利便终身有效，即使车辆更新或报废，车牌或者购车指标（车辆拥有权）仍然继续保留，没有使用期限。在对新增小汽车设置门槛的同时对存量小汽车使用权不设限的做法至少具有两方面的问题：

其一，政策作用力有限，这样的政策只能减缓小汽车增长的速度，但小汽车保有量仍然保持增长，不可能实现小汽车保有量不增或减少的目标，进而对缓解交通拥堵作用力有限。

其二，公平性问题。限牌之前已经拥有小汽车的居民不用花费任何代价，免费获得永久的汽车拥有权，限牌后通过拍卖获得牌照的居民也获得了终身的使用权但付出了较大的金钱代价；通过摇号获得牌照的居民固然是幸运儿，但中签的小概率反而说明参加摇号的大部分居民无法得此好运，等待多年也无法获得拥有汽车的资格，且未来能不能获得这一权利全靠运气。这一政策体现了对既得利益者的保护与对城市新居民的歧视，不利于城市协调发展。

因此，实施小汽车限牌的城市，给存量小汽车的牌照使用权加上一个期限（如根据车辆报废年限设定），是更加公平和有效的做法。在通行权交易政策框架下，将小汽车拥有权的年限考虑进去，能够比现行限牌政策更加有效地控制、更加方便地调节管理城市小汽车保有量。机动车管理部门可以制定规则强制要求车辆拥有人在车辆上张贴许可证权利开始与到期的日期信息，便于实施行业监管或通过自动识别装置进行识别分析与自动监管。如果将来电子车牌在全国推广使用，则可将车牌有效期信息植入电子车牌基本信息中，通过无线读取设备实现车牌期限的自动化监管，管理成本将大大降低。

3. 可交易小汽车拥有许可证的实施障碍

然而，要实施"可交易的小汽车拥有许可证"绝非易事，面临的障碍主要包括：第一，居民的接受度问题。对于大多数未采取任何车辆拥有限制性政策的城市，拥有车辆的权利从无限制到有限额，从免费获得到必须付出较大的经济代价获得，从终身免费使用到车牌使用有年限限制，是艰难的政策跨越。对于已经实施小汽车限购的城市，在购买数量限制上有更好的接受度，然而对于小汽车牌照的价格仍有诸多不确定性。

第二，存量小汽车纳入监管范围难度较大。如果要增强小汽车拥车许可证的政策效果，需提出类似碳排放交易政策的拥有量削减目标，首先根据城市人口与道路条件等确定小汽车保有量的理想目标值，然后通过有计划的许可证数量发放将小汽车拥有量稳定在理想水平。要实现这一目标，必须将所有小汽车（新增＋存量）纳入许可证监管范围内，这就需要对之前没有限制性政策的存量小汽车设计新的制度安排，让其经过适当的渠道进入许可证监管范围。新增小汽车有新的制度安排是更容易接受的事情，例如，国内各城市的限牌政策均顺利推行，说明居民对新增车辆的限制性政策是理解和接受的，但对于已经上牌的小汽车进行改革难度较大。

第三，实施效果的问题。可交易的小汽车拥有许可证其对小汽车拥有量的控制效率应高于行政限牌手段，但二者同为车辆拥有环节的限制性政策，并不直接对小汽车使用产生作用。因此，可交易的小汽车拥有许可证对城市交通拥堵路段的缓解作用可能并不明确。

4. 小结

现有的车牌拍卖政策会产生"自助餐"类似现象。在吃自助餐时，顾客首先支付了固定的餐费，此后餐厅的食物便免费取食，顾客可以任意选择食物的数量和品种。在自助餐厅的规则下，顾客会倾向于吃掉超过最佳进食量的食物，直到最后一口食物的边际收益为零为止。

车牌拍卖政策相当于"小汽车行驶权的自助餐"，小汽车在拥有牌照（小汽车行驶权）时支付了固定的费用，以后可以在多年内（甚至终身）享有免费的行驶权，即小汽车每增加一次出行时不用为该次道路使用支付额外的费用（道路使用的边际成本为零），这会激励车主在支付牌照费后更多地使用通行权利。与餐厅自助餐不同的是，自助餐食客对食物数量多少的选择，不会对餐厅和食客之外的第三方产生明显的影响，而大量的小汽车在公共道路上行驶会因为相互的影响加剧而导致速度放缓、污染加剧、事故增加等负面影响，这个负面影响不仅限于参与交通的小汽车，还将影响放大到城市生活的其他人。

按照时段或路段收取许可证的政策，以及按照路段收取交通拥堵费的政策，类似于"按单点菜"的餐厅规则，将通行权细化到每次出行，让小汽车在每次出行前都会评估该次出行的边际收益是否大于边际成本，从而约束小汽车做出更加理性的选择，减少不必要的出行或者选择更加划算的替代出行方式。

6.2.2　可交易的小汽车燃油许可证

该政策通过发放燃油购买许可证来限制小汽车燃油使用量，燃油许可证可以交易，购买燃油时必须给付相应数量的许可证。

这类许可证是由个人碳排放许可交易政策演化而来。个人碳排放量不易测量，更不易于管控，因而个人碳排放的控制尤其是个人出行碳排放的控制便倾向于通过对碳排放的源头——燃油的控制来实现。

可交易的小汽车燃油许可证与燃油税是理论上可以达到同等效果的政策工具，类似于小汽车行驶许可证与拥堵费的关系。燃油税的好处在于相对低的执行、监管和交易成本，可以较低的成本达到排放目标，相比行政政策更有经济效率。但燃油税政策也存在明显的问题，表现在：①政策制定的困难性。征收燃油税的政策效果完全依赖于市场的反应，由于小汽车燃油需求很难准确估算，这导致在实际运用中实现准确的碳排放或者交通量控制目标非常困难。②燃油价格的波动性。此外，燃油价格受多种外界因素影响而呈现波动性，这也导致加收燃油税的政策效果不能确定。③政策的可执行性。可执行性是一个影响运输政策的重要因素。燃油税推高了燃油价格，这对消费者而言是不易接受的。④政策的可接受性。由于燃油税传统上是一个财政增收的工具，这一先入为主的概念已经深入人心，要把它改造为一个环境改善的政策工具可能存在困难。

与燃油税相比，可交易的燃油许可证的优势表现在：①政策方案更加精准。小汽车燃油许可证可根据环境与交通条件制定小汽车燃油购买量的上限，政策目标非常明确，政策目标的控制更加精准，理论上可以100%达到控制目标，且不受燃油价格波动的影响。②政策接受度更高。作为一个全新的政策工具，燃油可交易许可证没有"政府敛财工具"这个负面的认识，政策接受度更好。

英国利兹大学的沃特斯和泰特（Watters & Tight，2006）针对燃油税和燃油许可证政策（其目的是减少碳排放）开展的相关调查显示，对社会而言，两项政策总体上都被认为是有益的，但可交易的燃油许可证其政策效益要明显高于燃油税；从个人角度，被调查者认为可交易的许可证政策可以给个人带来收益（+0.34 分），然而燃油税会带来成本（−0.43 分），被调查者对这两种政策的评分结果有明显的差异（如表 6−5 所示）[①]。从公平性角度，调查显示，无论是从个人或是社会整体来看，许可证政策被认为会更加公平。

表 6−5　　　　　　　　　　　调查结果比较

调查项目	结果分类	可交易许可证	燃油税
（1）获得的成本/收益	个人	0.34 * （1.49）	−0.43（1.46）
	社会	1.29 * （1.64）	0.21（1.81）
（2）公平性	个人	1.31 * （1.42）	0.46（1.87）
	社会	−0.61 * （1.68）	−1.38（1.48）
（3）平均的接受程度	个人	1.17 * （1.59）	0.32（1.82）
	社会	−0.36 ** （1.45）	−1.19（1.61）
（4）对有效性的看法	个人	3.9 * （1.4）	2.2（1.4）

注：（1）调查项目 1~3 采用了 −3 ~ +3 范围的 7 级量表，负值越大表示支付成本越多，正值越大表示获得收益越多；调查项目 4 采用了 0~6 的 7 级量表；（2）括号内为标准差；（3）* 表示显著性在 0.000 的水平，** 表示显著性在 0.01 的水平。

关于接受程度，被调查者对可交易的许可证政策的接受比例为 78%，远高于英国 2005 年对道路收费政策调查的政策接受度（37%）；略微超过一半的被调查者接受燃油税政策，高于 2005 年研究对道路收费政策调查的接受度[②]。接受比例较高的主要原因是公众已经对碳减排形成了一定的认识，认

---

① Watters，H. M. Tight，M. R.，Bristow，A. L. The relative acceptability of Tradable Carbon Permits and fuel price increases as means to reduce CO_2 emissions from road transport［C］. Strasbourg：European Transport Conference，2006.

② Jaensirisak，S.，May，A. and Wardman，M. Acceptability of Road User Charging：The Influence of Selfish and Social Perspectives［C］. Schade，J. and Schlag，B.（Ed.）Acceptability of Transport Pricing Strategies，Emerald Group Publishing Limited，2003：203−218.

为出台一些政策来限制排放是合情合理的，而鉴于可交易许可证在减排和缓堵方面的有效性，因而是相对较好的选择。许可证的免费发放也增加了政策的公平性，让公众认为每个人都在约束自己的行为，减少碳排放。被调查者的个人接受度平均分值为 1.17，燃油税政策的个人接受度分值为 0.32（评分的取值范围为 [-3, 3]）。社会接受度均为负值，燃油税的接受度更低，表示社会总体接受度较差，主要原因是这一政策限制了人们出行和用车的自由。

关于政策的有效性，被调查者认为可交易的许可证政策在减少二氧化碳排放上的有效性超过燃油税，在 [0, 6] 分的评分量表中，可交易的许可证制度的评分为 3.9 分，而燃油税的评分为 2.2 分。

总体而言，可交易的燃油许可证政策除了比燃油税更加有效地减少碳排放，该政策还在影响力、收益、公平、有效性和接受度等方面优于燃油税政策。可交易的许可证政策能够给公众一个明确的信号，即发放的许可证量不会达到个人的需求量，因此更能激励个人改变出行行为；而征收燃油税更容易让公众在缴纳燃油税之后继续保持当前的出行方式，表现为额外增加了出行成本而减排作用有限，调查中很多被调查者也表示他们会通过在其他地方缩减成本来弥补在燃油税上的花费，这表明许可证制度对人们出行行为的改变有更大的驱动力。

同样着眼于燃油，可交易的小汽车燃油许可证政策也与燃油税有类似的优缺点，优点是政策实施简单，执行成本较低，同时也有与燃油税类似的缺陷：

其一，政策易受小汽车动力来源变化影响。目前，小汽车的主要燃油类型是汽油，也有部分小汽车燃油是柴油、天然气或者电力。当前，各个国家都鼓励新能源车辆的开发和使用，欧洲一些国家甚至宣布至 2030 年开始不再生产化石燃料汽车，我国也是新能源汽车的主要生产与销售国。随着时间的推移，汽油汽车的比重将会大幅度下降，这意味着仅对燃油进行控制只能控制一部分车辆的行驶量，且随着燃油车辆比重的下降，政策的控制能力会进一步下降。这一问题在新能源车发展初期可能并非严重的问题，甚至还有助推新能源汽车发展的作用，但新能源车辆比例达到一定程度时，针对燃油的许可证政策必然会失效。

其二，小汽车油耗的降低也会对政策的实施效果产生影响。汽车燃油技术的进步以及混合动力汽车的发展，让仍然以汽油为动力来源的小汽车油耗更低，使用同样多燃油可以行驶更多里程。因此政府必须对发放的燃油购买许可证数量进行调整才能将车辆行驶量控制在期望范围内。由于燃油消耗量的不断变动，要准确预估燃油消耗量与车辆行驶量之间的关系较为困难。

其三，可交易的燃油许可证制度的实施。实际上对汽油购买量实行定量配给，导致国内汽油的实际需求大于定量的供给，由此催生汽油走私或黑市汽油供应以获取暴利，给政府监管与社会稳定造成极大隐患。

其四，政策实施范围上的障碍。小汽车燃油许可证仅在全国范围内执行有效。如果在 A 城市实施了燃油许可证政策而临近的 B 城市未实施，则无法阻止 A 城市的车辆到 B 城市购买燃油，因而在市域范围内无法有效实施。

其五，小汽车燃油许可证并不能直接控制小汽车的行驶量。对行驶量的影响还取决于油价、汽车的燃油经济性、小汽车动力来源等多种因素的影响，该政策对小汽车行驶量的控制效果不如行驶环节的许可证政策。

6.2.3 可交易的小汽车行驶里程许可证

1. 设计思路

根据一个地区车辆行驶量的总体控制目标，确定每辆小汽车在固定时间段内（例如一年或一个月）内的行驶里程配额，并按照一定的方式分配给居民。小汽车在行驶时须出示或张贴许可证，行驶过程中随着行驶里程的增加扣减相应的许可证，当许可里程为零时则不能上路行驶。当然，车主也可以在交易市场购买许可证多行驶一些里程，这些多余的里程来自另一些缩减了小汽车行驶里程的居民，从而保证社会行驶总量控制在预期目标范围内。

2. 政策要点

本书从小汽车通行权的计量方式、通行权总量确定、分配机制、回收机制、交易及监管机制等方面来阐述政策内容。小汽车行驶里程许可证的政策框架，如表 6-6 所示。

表6-6 可交易小汽车行驶里程许可证

设计要点	政策内容
计量方式	以小汽车行驶里程的基本单位（1公里）进行通行权的量化
总量确定	行驶总里程许可证：划定区域范围内，估算一定时期内小汽车行驶量总量与每车平均行驶量数据，结合区域内路网的拥堵情况，确定小汽车行驶量削减比例或者行驶量配额（行驶里程许可证）总量
	分区里程许可证：对城市区域按照拥堵程度进行区域划分，每个拥堵层级的子区域分别核定行驶总量
分配机制	按照一定的方式将行驶量总配额进行划分，免费发放给当地居民，分区里程许可证按照子区域划分分别发放至不同子账户。 对一些特殊功能的小汽车（如救护车、军车、使馆用车、特殊作业车辆等），提供差别化方案。 外地牌照汽车通过禁行或者收费等方式进行管理
回收机制	行驶总里程许可证：依托车辆现有的里程记录仪，在周期开始时读取并记录车辆行驶里程数，在周期结束时再次读取行驶里程数，期末里程减去期初里程即为该周期内的行驶里程，而这一行驶里程不应超过发放给小汽车的里程配额。小汽车在该周期结束时至车辆检测部门核查该周期内的行驶里程数，如果超过额定里程需要提供额外的里程许可证（从市场购买），否则处罚
	分区里程许可证：要求所有车辆安装里程记录的新设备与账户（基于GPS技术），在固定周期开始时将配给的行驶里程许可发放至用户账户中，车载设备根据小汽车实际在不同分区的行驶里程在相应子账户中扣减许可证
交易机制	需要建立和维护许可的交易市场，以保证许可证能够在私人之间自由、快速、低成本地流动。交易机制将在后文详述
监管机制	行驶总里程许可证：通过对车载里程记录的定期核查来实施监管，为减少车主负担，可利用车辆年检等现有的定期车辆检测要求，将里程核查嵌入其中
	分区里程许可证：基于GPS技术与车载设备，收集到许可证使用的大数据，实现许可证数量的分析与自动预警、提示等功能，主要采用基于信息技术的智能监管，配合车辆年检时的设备核查等监管工作

根据小汽车行驶里程许可证是否能细分不同区域（拥堵程度）行驶的里程，可将具体的政策方案分为行驶总里程许可证和分区里程许可证两种。

（1）可交易的小汽车行驶总里程许可证。这种情况下，不需要安装额外的车载设备和新技术，应用门槛低，依托现有的车辆年检等常规车辆管理工作，完成车辆行驶里程的年度核验，监管工作简便，政策成本低。

以小汽车的行驶总里程来计量和发放许可证对于控制全社会车辆行驶总量是有效的，但它仅能从总体上控制行驶量，不能解决小汽车使用在城市不同区域的结构性失衡问题。一个城市的小汽车行驶总量超过区域内道路交通承载量会导致全局性的拥堵；而小汽车交通的结构性失衡则是导致局部性交通拥堵的原因。因此，以小汽车行驶里程许可证为基础的行驶总量控制对治理全局性交通拥堵是有效的，对于局部的交通拥堵，需采用更加精细化的调控政策，如可交易的分区里程许可证。

（2）可交易的小汽车分区里程许可证。为了区分不同拥堵程度的城市区域，可将城市区域划分为不同拥堵程度的子区域，分别核定子区域的小汽车行驶总量。居民的行驶许可证账户中，分别设置不同的子账户，用于计量车辆在城市不同子区域的可用行驶里程。例如，可将城市划分为核心区和非核心区，核心区与非核心区需要分别核算与发放里程许可证，居民许可证账户中建立两个子账户分别计算车辆在核心和非核心区域的行驶里程，小汽车在不同区域行驶时，通过地理定位技术和里程记录，从相应的子账户中扣减许可里程，从而实现城区内不同拥堵程度区域的分类调控。

小汽车分区里程许可证系统的技术设备要求更高。为了记录不同子区域的行驶里程，首先需要建立基于地理信息技术的数据系统与一个能接受信息的里程记录仪，每辆汽车需要加装车载的记录仪器，因而这一方案的技术要求与执行成本更高。此外，政策的设计与里程记录仪的使用要能够保证汽车使用者的隐私。

3. 其他问题探讨

（1）许可证的有效周期。小汽车行驶里程许可证需要设置有效期限。考虑小汽车的使用、维护保养和年检等，行驶总里程许可证的有效期不宜过短，短的有效期虽然能将行驶量控制在更精确的时间架构下，但有效期缩短会大大增加政府和出行者的负担，增加交易和监管的工作量。因此，小汽车行驶总里程许可证适用于更长的时间框架，可以根据年检安排设置一年的有效期。

（2）许可证在更小周期内的使用限额。对于分区里程许可证，为了控制许可证使用在不同小周期内（周、月、季）达到基本均衡，同时也可以设置一年内更小周期的许可证使用限额。还可以采取变通的方式，政府按照年度核发许可证的总量，但是在发放给个人时，可采取分月平均发放的方式进行，即每月发放的数量是年度许可证总量除以 12 得到的每月许可证的平均值。例如，政府部门给小汽车每年核发 1.2 万公里/年的行驶里程许可证（额度），但 1.2 万公里分为 12 个月逐次发放，每次发放 1 000 公里，或者每月在出行者的里程账户中新增 1 000 公里的行驶许可。这样的发放方式增加了发放的次数，但通过每月发放量的控制，避免了一些出行者在许可证发放初期行驶量过大从而造成交通量不均衡的问题。

（3）许可证的发放时间点。小汽车行驶里程许可证的发放也没有必要在统一的时间进行，可以与出行者的机动车驾驶证核发日期、驾驶者的生日同步，抑或是与小汽车的保险、年检日期挂钩并同步。例如，将许可证有效期的周期和小汽车年检日期同步，在车辆安全性能检测合格后核发下一年度的行驶许可里程，下一年度年检时检查记录上一年度的行驶情况，对于违规超额行驶的车辆也可在车辆年检时一并处罚。这样一来只需要将里程许可证相关工作嵌入年检工作中即可，能大大减少政策执行成本，方便政府和出行者。

政策开始执行的首次发放，应在固定日期（例如 1 月 1 日）统一向所有个人发放行驶里程许可证，有效期至其驾驶证日期或者生日，首次发放日至截止日期不足一年的以实际的天数比例计算许可证的数量。首次发放后，可以采取在每个人的驾照核发日期等基准日再次分配全年的许可证。

6.2.4 可交易的小汽车行驶次数许可证

1. 基本思路

私人交通产生的交通拥堵等外部性影响很大程度上取决于驾驶的时间和区域。根据交通流理论，确定该路段（或者区域路网内）的最优小汽车通行量，基于最优通行量确定小汽行驶次数许可证的总量，再将所有行驶许可证以一定的方式分配至出行者。拥堵区域设置卡口，对进入区域的小汽车进行许可证查验和扣减，无许可证的小汽车不能在拥堵区域内行驶。为了许可证发放与回收的便利性，许可证需采用电子账户形式，便于借助新兴信息技术实现账户的读取与监管。私人也可以不使用分配的许可证，在交易市场上出售许可证以获取经济利益；行驶次数较大的居民通过在交易市场上购买许可证以满足超出通行权配额的需求。

2. 政策要点

行驶次数许可证在计量方式、总量确定、分配与回收机制等方面的政策框架如表 6 – 7 所示。

表 6 – 7　　　　　　　可交易小汽车行驶次数许可证的政策框架

设计要素	政策内容
计量方式	确定实施监管的拥堵区域或路段，以在拥堵区域（路段）的"一次出行"作为通行权量化的基本单位
总量确定	根据交通流理论与道路设计标准，计算获得该区域路网（路段）的最优交通承载量，从中划分出最优的小汽车通行量，根据最优的小汽车交通流量确定小汽车行驶次数许可证的数量
分配机制	许可证以确定的总量为上限，免费发放给当地居民。对于设置监管区域的，监管区域内的居民可以比区域外居民适当多分配许可证以保证区内居民的基本出行。对一些特殊群体（如军队、使馆）和临时用户，提供一些特殊情况的差别分配方式
回收机制	政府在监管的拥堵道路或拥堵区域设置电子卡口，持有许可证的小汽车能够在监管道路（区域内）通行；对于监管的拥堵路段，通行一次，扣减一张许可证；对于监管区域，进入一次扣减一张许可证，也可以限定每张许可证进入区域后的停留时间，超过限定时间需要加收许可证
交易机制	需要建立和维护许可证的交易市场，以保证许可证能够在私人之间自由、快速、低成本地流动。详见后文
监管机制	在进出拥堵路段的卡口安装自动识别、视频监控等设备，实施车辆驶入的通行证核查与监管；对于未持许可证通行的车辆进行识别、筛查和确认，对已经确认的违规车辆执行罚款相关事宜

3. 行驶次数许可证与拥堵费政策的比较分析

可交易小汽车行驶次数许可证的收取方式与目前新加坡实施的交通拥堵费政策在收取方式上有类似之处，均为按次计量通行权。按行驶次数计量与收取许可证的通行权交易政策与按次计费的交通拥堵费政策都是利用市场化手段治理交通拥堵的典型方式，二者即有相同之处，也有明显差异。对两种政策在各方面的比较如表 6-8 所示。

表6-8　　　　　小汽车行驶次数许可证与按次交通拥堵费的比较

比较	小汽车行驶次数许可证	按次收取的交通拥堵费
政策原理	直接控制小汽车出行的次数，通过许可证的自由交易促进许可证向时间成本高的人群流动，从而改善资源（通行权）配置效率	通过征收交通拥堵费的形式，确定了通行权的价格（通行权的供给曲线），与通行权的需求共同作用确定出行量。其原理是政府通过征收矫正税的方式促进小汽车出行外部性的内在化
作用路径	直接控制，出行数量控制	间接控制，出行价格控制
收取方式	按行驶次数收取许可证	按行驶次数收取拥堵费
信息需求	道路通行能力、小汽车保有量、居民的数量与人口社会学特征信息等	道路通行能力，小汽车保有量，居民的数量、分布、年龄、收入等信息；还需要居民出行需求表、需求价格弹性以及与其他出行方式的交叉弹性等信息
技术支撑	按次收取的许可证所需的技术设备与道路收费系统的技术类似，区别在于所选系统的设计规范	新加坡采用专用短程无线通信（DSRC）实现自动收费，结合视频拍照系统记录违章车辆信息
政策效果	控制精准。通过小汽车行驶量上限的设定，刚性限制小汽车行驶量	准确性次之
政策柔性	具有强的政策灵活性。通过许可证价格的自动调整达到有效率的结果	政策灵活性与适应性不如通行权交易政策。需要人为调整拥堵费费率
监管难度	难度相当。在进出拥堵区域的主要道路或瓶颈路段设立许可证收取与监控设施	难度相当。在进出拥堵区域的主要道路或瓶颈路段设立收费与监控设施
政策影响	能持续推进城市出行方式的良性发展	增加出行者负担；居民对拥堵费的敏感性随着时间降低
私人支出	不超过配给量不需要支付费用，超过部分需在交易市场购买，支付费用的多少受许可证供需影响	每次出行均需缴纳费用

续表

比较	小汽车行驶次数许可证	按次收取的交通拥堵费
政策接受度	接受度较高，虽对小汽车出行有约束，只要合理规划出行，不会明显增加出行成本	接受度较低。明显增加出行者负担，且缓堵效果不够确定，居民接受度存疑
政策成本	与拥堵费相比，增加了许可证交易环节和费用，但政策制定时需要的信息采集成本比拥堵费要少	主要包括拥堵费支付设施设备、收取和监管费用

基于上述分析，与按次收取的交通拥堵费相比，可交易行驶次数许可证的优点表现在：

其一，政策效果。按照每次出行收取的许可证可以根据实际路段交通量的承载能力确定许可证的发放数量，实际上路行驶的车辆数量通常不会超过许可证的发证量，进而能够对交通流进行精准的控制。由于小汽车出行的真实需求难以精确估计，因此通行权需求与供给结合决定的市场均衡难以准确把握，这导致拥堵费率的准确制定变得困难。其次，社会经济处在不断地变化之中，按照以往经济状态设置的最佳收费额在动态的环境下不能达到最优的效果。例如，在一个经济和人口不断增长的城市，居民对道路使用的需求会上升，由于小汽车出行需求价格弹性相对缺乏，进入城市限行区的汽车数量可能会远超过最佳水平。对于交通拥堵费政策而言，确定适当的费率是拥堵费政策的一个难点，完全掌握居民出行需求信息与政策成本信息几乎是不可能的。在实践中，政府通常会通过"实验"的方法来找到合适的税率。例如，政府先根据主观判断选择一个费率，通过实施该费率并观察相应的交通量减少情况。如果交通量减少的幅度小于预期，则提高收费标准，反之亦然。

其二，政策效率。由于许可证政策允许居民选择成本最低的方法来实现目标，因此是具有成本效率的。在许可证制度下，许可证的价格是由市场决定的，因此真正反映了居民的边际支付意愿。居民可以根据自己可选的出行方式与出行成本，衡量每次小汽车出行权的机会成本，据此在使用现有许可证、购买额外许可证或者出售现有许可证改乘其他出行方式出行等决策中做出理性的选择。那些容易以较低的代价转移到其他出行方式的居民将更多地出售许可证以换取经济利益，这也是有效率的结果。

其三，政策灵活性。许可证政策具有强的政策灵活性。当外界经济社会条件发生变化时，许可证市场会自动通过价格的调整来达到新的均衡。当然，在经济增长或衰退时，政府也可以通过增加或减少许可证的数量来适应新的需求。在特殊情况下，政府还可以通过留存或者回购部分许可证以对市场进行调节。交通拥堵费政策的灵活性与适应性不如许可证政策。当收入、人口等外界条件发生变化时，如果不对拥堵费进行调整，则其控制效果将会偏离预期。然而，如果没有完备的数据，拥堵费调整方案也很难达到最优效果。频繁的收费调整会导致政策的接受变得更加困难。

其四，政策影响。许可证政策通过给予坚持可持续出行方式的居民以经济补偿的方式，能够不断鼓励居民寻找进一步减少许可证的创新出行方式，例如拼车、步行或使用公共交通，持续激励城市出行方式的良性发展。拥堵费政策会增加所有出行者的经济负担。随着时间的推移，居民对拥堵费费率的敏感性降低。

其五，政策的信息需求量。信息需求指在制定和执行政策时所需的信息量的大小。许可证政策制定时首先需要掌握道路通行能力数据以根据通行能力制定许可证的配额上限；其次需要所在地居民的数量、分布、年龄、收入等信息以用于许可证的分配和发放。拥堵费政策除了需要道路通行能力与居民特征信息外，交通拥堵费政策还需要收集居民出行需求表、需求价格弹性以及与其他出行方式的交叉弹性等信息，用于估算拥堵费的价格。

6.2.5　可交易的小汽车行驶天数许可证

城市交通流具有明显的周期性特征，以每天为周期有高峰、低谷；以每周为周期也有工作日与非工作日不同的交通流状态。基于此，设计以行驶天数计量的许可证政策，便于对不同日期的车辆出行进行差别化的管理。以天数定义许可证界定清晰、方便计量，便于大众接受和理解。

1. 基本思路

可交易的行驶天数许可证以"天"为基本单位划分通行权与发放许可证，小汽车须持有当日许可证才能通行于区域内道路。根据城市当前的小汽车出行量与拥堵状况，计算一定周期内（每月、每年）小汽车需要停驶的天数和能够行驶的天数，据此核定和发放小汽车行驶天数的许可证。监管区域的进出道路安装卡口，实施计量清缴许可证。

2. 政策要点

行驶天数许可证的设计要点和相应政策框架如表 6 – 9 所示。行驶天数许可证可以看作是在允许出行的当天可多次进出限行区的次数许可证，在回收方式、交易和监管机制等方面与行驶次数许可证有类似之处。

表 6 – 9　　　　　　　　可交易小汽车行驶天数许可证的政策框架

设计要素	政策内容
计量方式	以"一日"为基本单位划分通行权并发放许可证，每天须持有符合条件的许可证才能上路行驶
总量确定	根据交通流理论与道路设计标准，计算获得该区域路网（路段）的最优交通承载量，结合小汽车当前的行驶量，计算小汽车行驶量削减比例，再换算成同比例的车辆行驶（或停驶）天数，根据小汽车允许出行的天数确定许可证的总量
分配机制	确定每位居民的出行天数许可证数量，免费发放给当地居民，监管区域内的居民可以比区域外居民适当多分配出行天数以保证区内居民的基本出行。对一些特殊群体（如军队、使馆）和临时用户，提供差异化的分配方案
回收机制	政府在监管的拥堵道路或拥堵区域设置电子卡口，持有当天许可证的小汽车能够在限定道路上通行，根据其通行情况扣除相应的出行天数额度。持有出行天数许可证的小汽车当天可以多次进出限行区域（或路段），或者一直在限行区内行驶。许可证当天有效，过期作废；如果小汽车在限行区滞留到第二日，则需持有第二日许可证，否则违规，予以处罚
交易机制	与行驶次数许可证类似，需要建立和维护许可证的交易市场，以保证许可证能够在私人之间自由、快速、低成本地流动。详见后文探讨
监管机制	与行驶次数许可证类似，在进出拥堵路段的卡口安装自动识别、视频监控等设备，实施车辆驶入的通行证核查与监管；对于未持许可证通行的车辆进行识别、筛查和确认，对已经确认的违规车辆执行罚款相关事宜

出行天数许可证又可以根据是否区分许可证的使用日期设计不同的两种方案：第一种方案是不对出行天数许可证的适用日期做出区分，对周期内的

天数一视同仁，许可证可以在周期内的不同日期通用。例如，按"一周（7天）"限定许可证总量，许可证在一周中的任意一天均可使用，不对一周内某天的许可证进行区分。这种方案下，天数许可证只有一种类型，许可证发放与回收的组织工作简单，但可能出现在小汽车在某一天内密集使用许可证，造成该日车流拥堵的情况，不利于调节具体日期的交通流量。

第二种方案是将周期内（例如一周）的每一天分别对待，针对一周中的不同天发放差别化的许可证。例如，将许可证分为工作日与非工作日许可证两种，工作日许可证仅在工作日通用，工作日与非工作日的许可证不能通用；非工作日内（周六、周日）的行驶许可证可以通用。只能持有符合当日特定条件的通行证才能行驶在限行区域（路段）。例如，工作日仅允许持有"工作日"许可证的小汽车通行，持有非工作日许可证的小汽车不能通行。

3. 与拥堵费、行政限行政策的比较分析

小汽车行驶许可证按照行驶天数计量通行权的方式与目前国内城市广泛采用的车辆限行措施的出行权利划分方式类似，英国伦敦对交通拥堵费的收取也是按天计算的。出行天数许可证、行政限行政策和按天收取的交通拥堵费政策其目的都是为了限制交通流量，缓解交通拥堵，但在作用机理与效果方面存在差别，对三种政策的比较如表6-10所示。

表6-10　　　　　　　小汽车行驶天数许可证与相关治堵政策的比较

比较	小汽车行驶天数许可证	按天收取的交通拥堵费	行政限行政策
政策原理	直接控制小汽车的行驶天数，通过许可证的自由交易促进许可证向时间成本高的人群流动，从而改善资源（通行权）配置效率	通过按天征收交通拥堵费，确定了当天的通行权的价格（供给曲线），与通行权的需求共同作用确定当天的出行量。其原理是政府通过征收矫正税的方式促进小汽车外部成本的内在化	通过行政命令对当天的通行车辆直接进行限制（例如根据车牌尾号实施单双号限行），不符合通行要求的车辆不能出行
作用路径	直接控制，出行数量控制	间接控制，出行价格控制	直接控制，出行数量控制
收取方式	按行驶天数收取	按行驶天数收取	不需要收取凭证或费用

续表

比较	小汽车行驶天数许可证	按天收取的交通拥堵费	行政限行政策
信息需求	道路通行能力，小汽车保有量与行驶量，居民的数量、分布、年龄、收入等信息	道路通行能力，小汽车保有量与行驶量，居民的数量、分布、年龄、收入等信息；还需要居民出行需求表、需求价格弹性以及与其他出行方式的交叉弹性等信息	政策制定需要的信息量较少，主要根据特定路段的交易流量实施限行
技术支撑	按次收取的许可证所需的技术设备与道路收费系统的技术类似，区别在于所选系统的设计规范	在伦敦，拥堵费收取使用了车牌视频识别技术。罗马的收费系统结合使用了智能卡应答器和视频识别技术	技术要求低，仅需视频拍照系统记录违章车辆信息
政策柔性	具有较强的政策灵活性。通过许可证发放数量可以灵活调整，从而调节交通量至最优水平	政策灵活性与适应性不如许可证政策。需要人为调整拥堵费费率	政策备选方案有限，灵活性差
监管难度	在进出拥堵区域的主要道路或瓶颈路段设立许可证收取与监控设施自动监管，难度相当	在进出拥堵区域的主要道路或瓶颈路段设立收费与监控设施实现自动监管，难度相当	基于电子拍照系统的自动监管与交警人工监管，难度相当
政策影响	能持续推进城市出行方式的良性发展	增加出行者负担；居民对费用的敏感性随着时间降低	不能区分出行需求的紧迫程度，导致非常紧迫的出行需求得不到满足，效率较低
私人支出	不超过配给量不需要支付费用，超过部分需在交易市场购买，支付费用的多少受许可证供需影响	出行当天需缴纳费用	不需要支付通行费
政策成本	与拥堵费相比，增加了许可证交易环节和费用，但政策制定时需要的信息采集成本比拥堵费要少	主要包括拥堵费收取的设施设备、监控和管理费用	政策执行成本较低
政策效果	控制精准。通过小汽车行驶量上限的设定，刚性限制行驶量	控制能力需经过价格传导至需求量，控制效果受需求弹性影响，准确性次之	具有刚性的数量约束，但控制准确性较差

关于可交易许可证政策与拥堵费政策如何选择的问题，罗杰等（Roger Perman et al.，2003）认为：当边际减排成本（MC）的斜率小于边际损害（MD）时，排污许可优于税收；当边际减排成本（MC）的斜率大于边际损害（MD）时，税收优于排污许可证[①]。然而，由于交通拥堵及其造成的负外部影响的复杂性和不确定性，使得边际成本估算非常困难：即控制出行以达到既定拥堵控制目标的边际成本，和交通拥堵造成的负外部性的边际损害曲线都难以获取。在这种情况下，可将不同政策工具在实现缓堵目标上的确定性作为政策选择的重要依据，从实现拥堵控制的准确性这一政策目标出发，可交易许可证（通行权交易）政策是比拥堵费更适合的工具。

理论上，征收拥堵费会导致明显的价格上涨，从而致使道路使用者的出行需求减少；实际中，人们并不一定对按照新古典主义经济学预测出来的价格信号做出预期的反应，这可能削弱拥堵费在缓解拥堵方面的效力。此外，道路交通拥堵费虽然理论上有吸引力，但由于道路收费在实施时的社会接受程度有限，征收拥堵费是存在高度争议的社会性话题。从社会接受度出发，许可证也比拥堵费政策具有明显优势。

6.2.6 各种政策方案的比较分析

1. 小汽车通行权交易与个人碳排放交易政策的比较

本书提出的小汽车通行权交易政策与国外提出的个人碳排放交易政策，采用了相同的经济学原理，但在政策目标与具体的方案设计上有明显的差异，如表 6-11 所示。

通行权交易政策是直接作用于小汽车使用的，主要目的是控制拥堵，同时也可以达到多种废弃物减排的目的；而个人碳排放交易政策作用于能源（燃油、电力等）消耗，其目的是减少个人在居住和出行等各个方面的碳排放量，政策不仅限于交通领域，政策的执行可能对减少小汽车出行量有一定的作用。

---

① Perman Roger, Ma Yue, McGilvray James. Natural resource and environmental economics [M]. Pearson Education, 2003. https：//eclass. unipi. gr/modules/document/file. php/NAS247/tselepidis/ATT00106. pdf.

表 6 – 11 　　　　　小汽车通行权交易与个人碳排放交易的比较

差异	小汽车通行权交易政策	个人碳排放交易政策
政策目的	控制一定区域范围内（或者路段）的小汽车出行量，从而实现缓解交通拥堵，减少负外部性的目的。负外部性既包括碳排放的减少，同时也包括废气噪音的减少、出行时间的节约、交通事故的减少等	控制一定区域范围内个人和家庭的能源消耗量，从而减少区域内的温室气体排放
覆盖范围	政策覆盖范围内的小汽车出行。地理范围方面，可以覆盖整个行政区，也可针对城市中的拥堵区域或者路段	通常覆盖辖区内的所有能源消耗主体，既包括辖区内的居民，也覆盖辖区内的企业；不仅包括交通运输行业的燃油使用，还包括家庭取暖等活动消耗的电力等能源
政策载体	以小汽车出行的里程、天数或者次数为单位，制定小汽车出行的总量控制政策	以能源（燃油、电力等）的使用为抓手，根据不同能源的碳排放当量进行碳账户中碳排放单位的核减
实施环节	在车辆年检环节或者进入特定行驶区域时，一次性核减相应的行驶里程、次数或者天数许可证	个人在购买燃油或者电力时，在能源零售商处自动扣除碳账户中的排放额度，零售商向批发商购买燃料时也需上交相应的碳配额。碳排放额度需要逆供应链而上，直至生产企业交予政府核算。整个过程环节多、核算复杂
执行主体	城市交通管理机构与车辆管理部门为主体	环境保护机构与能源管理部门
政策影响	主要对私人小汽车的使用与居民的出行方式产生影响	对个人出行、家庭取暖等各种需要使用能源的活动产生影响

2. 行驶许可证与拥有许可证、燃油许可证政策的比较

　　本书提出了从拥有到使用的不同环节的许可证，许可证政策方案各有异同，小汽车行驶许可证与拥有许可证、燃油许可证的比较见表 6 – 12。小汽车行驶许可证直接作用于道路上的车辆数量，能够取精准地实现小汽车出行量调控；拥有许可证作用于小汽车保有量，可间接对小汽车行驶量产生影响，但影响的程度受多方面因素的制约；可交易的燃油许可证作用于小汽车的燃油使用量，从而间接影响行驶量，但受制于油价波动、黑市交易等外界波动因素的影响而导致对行驶量的作用不确定。

表 6 – 12　　　　　　　　　小汽车行驶许可证与其他许可证的比较

对比特性	小汽车行驶许可证	小汽车拥有许可证	小汽车燃油许可证
着眼环节	车辆行驶环节，直接调控小汽车行驶量	车辆拥有环节，直接调节小汽车拥有量	车辆使用环节，间接调节小汽车使用量
政策框架	小汽车需要持有许可证才能在限行区域行驶，每次通行扣减相应数量许可证，允许许可证自由交易	小汽车需要持有许可证才能获取牌照，牌照有使用期限（例如 10 年），相当于一次性获得 10 年内无限次的通行权	小汽车需要凭燃油购买许可证才能购买燃油，燃油销售商定期向政府清缴燃油许可证以完成许可证的回收。允许许可证自由交易
收取方式	车辆行驶过程中	车辆购置上牌时	车辆购买燃油时
信息需求	较高	一般	一般
技术难度	现有技术可支撑	技术难度较低	技术难度较低
实施成本	较高	较低	较低
监管难度	一般	一般	容易产生黑市交易，监管困难
缓堵效果	好：能够实现车辆在限行区内行驶量的精准控制，对全局和局部的交通拥堵可采取相应的行驶许可证进行高效的调控	不明显：不能调控存量车辆的行驶量，对缓解局部路段拥堵作用不明显	一般：对局部路段拥堵不起作用，效果容易受油价波动影响

3. 不同类型的小汽车行驶许可证的比较

　　可交易的行驶许可证中，许可证方案设计不同，其作用效果也有差异。其中，行驶总里程许可证主要实现区域内行驶总量的调控，政策方案简洁明了，执行容易，其对小汽车出行量的控制应优于燃油费、燃油许可证以及拥有环节的各项措施。如果在其他更加精细化管理的许可证政策的实施条件还不具备的情况下，可交易的行驶总里程许可证政策不失为一个好的选择。作用于行驶环节的不同类型的许可证比较见表 6 – 13。

　　如需实施局部区域与路段更加精准的交通量调控，可交易的分区里程许可证与行驶次数许可证都是好的选择。在行驶天数许可证方案下，由于在允许通行的当天车辆可以多次出入拥堵区域，因而对通行量的控制精度稍弱于前两者，但与行政限行政策相比，仍具有明显的优势。

表 6 - 13 不同类型的小汽车行驶许可证比较分析

政策对比	行驶总里程许可证	分区行驶里程许可证	行驶次数许可证	行驶天数许可证
计量单位	行驶里程（公里）	行驶里程（公里）	行驶次数（次）	天数（天）
政策特征	对固定周期内的行驶里程进行限制	对固定周期内行驶于不同拥堵区域的行驶量进行分别限制	对限行区域（路段）的行驶次数进行限制，直面拥堵路段	对限行区域内的行驶天数进行限制，一天内无限次通行
主要优点	直接调控总行驶里程，政策容易执行	能够针对不同区域的拥堵程度实施精细化调控	适用于特定时间和地点的交通拥堵控制	适用于特定地域范围内的拥堵控制
主要缺点	不能对特定时点的交通拥堵进行调控	技术难度较高	政策执行相对复杂	政策执行相对复杂
实施难度	较易	较难	较难	较难
实施成本	较低	较高	较高	较高
实施范围	全国、省域或市域等范围均可	在较大区域范围内，实现子区域的分区调控	核心拥堵区域或者瓶颈路段	城市区域或者中心拥堵区
缓堵效果	从总量上减少车辆行驶量	分区域差异化控制行驶量，缓堵效果好	能缓解具体时点的拥堵问题	能缓解具体时点的拥堵问题

总之，从缓解拥堵的效果而言，可交易的小汽车行驶许可证政策要优于可交易的小汽车燃油许可证、可交易的拥有许可证和英国学者提出的个人碳排放交易许可证计划。行驶里程许可证、行驶天数许可证和行驶次数许可证虽在许可证具体形式上有所不同，但同为控制小汽车行驶量的许可证政策，在许可证的分配机制、交易机制和监管机制等方面具有共同特征，下文以可交易的小汽车行驶许可证为主，对通行权交易政策各个环节的机制设计进行探讨。

6.3 小汽车行驶许可证的分配机制

6.3.1 初始分配方式

可交易许可证的初始分配是限额交易系统设计中最复杂的问题之一。许可证交易政策研究的初期，经济学家基于"交易成本为零"的假设，认为初始分配不会影响市场效率，因而对许可证的初始分配未给予足够的关注。随着产权理论研究的深入，越来越多经济学家意识到交易成本为零的假设在现实世界中不可能存在，转而对存在交易成本情况下的产权初始分配问题开展研究，经济学家对可交易许可证的初始权利分配问题重视起来。海斯（Heyes，1996）等经济学家认为初始排放权的分配问题是排放交易过程中的主要问题，甚至认为初始排放权的分配是形成和制定政策的最大壁垒[①]。此外，许可证的初始分配涉及公众时，分配的公平性就显得尤为重要，初始分配的不公也是形成政策阻力的重要原因。

通过对文献中现有许可证交易制度设计的梳理发现，可交易许可证的初始分配模式主要有三种：抽奖分配、拍卖分配或按标准分配。

1. 抽奖分配

抽奖分配模式类似于"彩票"的发放，通行权许可证的分配数量采取随机抽取的方式，个体分配到通行许可证的数量取决于"运气"，国内多个城市采用的汽车牌照摇号分配政策类似于这种情形。当拟分配的资源数量相对于想要获得的主体而言非常少时，采用这种分配方式是可行的。例如，2018 年 4 月的北京小汽车牌照的第二期摇号，普通小客车指标申请个人共有 2 769 423 人，而小汽车牌照配额指标为 6 333 个，平均约 1 963 人能够分配到 1 个小汽车牌照指标。约 2 000 人中选出 1 个幸运儿时，用这种方式是可行的、可接受的；即使没有获得牌照的个人，会表现出对中签者的羡慕，但通常不会质疑这一方式的公平性。这得益于其事前获知中签概率极低（概率趋于 0）的情况下，对抽中牌照的低预期，没有期望也就没有失望。

然而，对于分配资源的数量要远远超过分配个体的情形，采用这种方式来分配就会存在明显的公平性和可接受性问题。例如，政府要为某个限行区域区内的 1 000 位居民分配 10 000 张行驶许可证的所有权（平均每个居民可以分配到 10 张），如果采用抽奖分配的方式，可能会出现有些居民分配到 100 张，而另一些居民获得的许可证数量极少甚至为零。由于居民事先对获

---

① Heyes A G. Optimal taxation of flow pollutants when firms may also inflict catastrophic environmental damage [J]. Environmental & Resource Economics，1996，7（1）：1 – 14.

得许可证数量的预期会在 10 张左右，分配数量小于 10 的居民会认为自己得到了不公平的对待。这种情况下，抽奖分配方式的随机性导致的不公平是显而易见的，居民会对分配机制产生严重的质疑，从而使这一政策在分配许可证时不具有可行性。因此，后文中更多论述会放在拍卖分配和按标准分配这两种分配方式上。

同时还应注意到，根据科斯定理的基本思想，在交易成本为零的情况下，通行权（表现为许可证）的初始分配并不影响通行权的最终分配结果，后续学者的进一步研究也证实了这一点。例如，里昂（1986）从理论的角度研究了采取不同许可证初始分配方法的后果，发现从长远来看，无论权利是通过拍卖还是通过标准分配，许可证的最终分配结果都是相同的。但其中有一个重要的条件，就是允许并保证许可证在完全竞争市场中的可交易性，这样的许可证交易市场会促使许可证最终流向那些对许可证的价值评价最高的群体。

然而，尽管这些研究结果表明通行权许可证的最终分配不完全取决于其初始分配（或者说对初始分配不敏感），但初始分配的方式影响个体之间利益的分配，同时还影响着政策效率和政策执行成本。例如，许可证拍卖分配方式通常意味着经济利益从民间转移至政府部门，而按标准分配许可证则不存在这一状况。

2. 拍卖分配

拍卖分配方式是指政府在确定通行权许可证数量的基础上，按照"价高者得"的方式将通行许可证分配给出价最高的竞拍者。许可证的拍卖主要包括封闭拍卖、升价拍卖和升价时钟拍卖等类型。

在封闭拍卖方式下，竞拍人需要在竞拍时提交需求表。拍卖者将各个竞拍者的需求表相加，得到总需求曲线，通过总需求曲线和供应曲线的交点决定出清价格（Cramton，2002）[①]。如果所有竞拍人均以相同价格（即市场出清价格）支付，则称为"统一价格密封拍卖"；这种拍卖方法广泛运用，如美国 RGGR 碳排放权交易计划、欧盟碳排放权交易计划就采用了这一方式。如果要求竞买者按照其在投标书中申报的价位购买他们所需要的配额数量，

---

① Cramton P，Kerr S. Tradeable carbon permit auctions：How and why to auction not grandfather ［J］. Energy Policy，2002，30（4）：333 – 345.

则被称为"歧视性价格密封拍卖",这种拍卖方式下,竞买者支付的价格各不相同,美国 20 世纪 90 年代实施的 SO_2 交易计划中就采用了歧视性价格密封拍卖。封闭拍卖方式的缺点是竞拍人需要知道自己的个人需求曲线,此外,竞拍人不能根据其他竞拍人的出价情况调整自己的竞拍价格与数量。

在升价拍卖中,许可证的价格和数量分配都通过公开竞争的程序来确定。每个竞拍人在竞拍过程中都有机会改进自己的竞标价格与数量,从而转败为胜。经过公开竞价过程,那些愿意支付最高价格的竞拍者会赢得许可证。

在升价时钟拍卖(ascending-clock auction)中,标盘上显示当前价格。在每一轮中,竞标人提交他们愿意以该价格购买的数量(需求量)。如果竞标人的总需求量超过供给量,则提高价格,时钟增加,进入下一轮,竞标人在下一轮报出的需求数量不能随价格的增加而增加;这样持续进行,直到需求量小于供给量为止。这种拍卖机制能够促进拍卖价格迅速收敛,竞拍过程方便快捷。

从经济角度来看,拍卖是有效的许可证分配方式,因为许可证分配给了那些支付意愿最高的人,最大化了总剩余,带来有效率的分配结果。此外,在拍卖方式下,新成员可以通过竞拍自由进入市场,所有参与者都被同等对待,新进入市场者没有竞争劣势。初始许可证的拍卖价格能够作为后续交易的参考价格,从而减少后期市场交易中议价的过程,有助于在后期交易各方快速做出决策。从政府角度看,拍卖政策还能给政府带来财政收入,可用于弥补许可证政策实施过程中的系统运行费用以及公共交通费用的增加等。

然而,拍卖分配也有明显的缺点。首先,增加了出行者的出行成本,这类似于加征交通拥堵费的情形,两种政策都让出行者承担额外的费用,政府有额外的财政收入,出行成本的增加影响政策的可接受度。其次,拍卖政策下,高收入群体有更好的支付能力,在竞拍过程中更容易胜出,低收入群体支付能力较弱,在竞拍中处于劣势,竞争的结果是高收入阶层获取到更多的许可证,低收入阶层获取的许可证较少,因此小汽车出行的缩减主要由低收入群体承担,政策对低收入群体的出行产生更大的影响。

3. 按标准分配

免费分配的通行权许可证虽然不需要支付费用,没有显性的成本支出,但这些免费获得的许可证是有机会成本的，因为这些许可证可以在交易市场上出售以获取收入，收入的多少决定了机会成本的大小。理性人在做出经济决策时会考虑机会成本而不是会计成本。因此，在通行权交易政策下，虽然代表通行权的许可证免费获得，似乎与未采用许可证之前公共道路的免费通行权无异，但许可证政策下交易市场的存在让通行许可证的使用具有机会成本，公共免费道路的通行权的机会成本为零，这使他们对出行者决策产生截然不同的影响。

图 6-2 对城市公共道路上实施可交易许可证政策前后的市场状况进行对比。在未实施许可证政策的城市公共道路上，通行权的供给理论上可以达到无穷大，因此市场均衡仅由需求曲线决定，由于市场价格为零，均衡数量为需求曲线与横坐标的交点 Q_0，出行者的所有出行需求都能够得到满足。当政府以额定数量（Q_1）免费发放许可证时，通行权的市场供给曲线是一条垂直于横轴的直线，与横轴相交于 Q_1，$Q_1 < Q_0$，部分出行需求无法得到满足，通行权展现出它的稀缺性。小汽车行驶许可证的供给曲线与需求的交点决定了许可证（通行权）的市场价格（P_1），即许可证能够以该价格（P_1）在交易市场上出售，一张免费发放的许可证便有获取收益的机会，便有了机会成本。与此相对照，公共免费道路的通行权不具有稀缺性，其市场价格为零，因此不具有交换价值，因而也不具有机会成本。

从社会福利角度衡量，未实施通行权交易政策的免费公共道路条件下，出行者（通行权需求者）获得的消费者剩余为（A+B-C）的面积[1]。理论上，通行权交易政策下许可证发放数量就是根据最优社会均衡数量确定，因此按社会均衡数量确定的许可证（通行权）供给量下，能够达到社会福利的最大化，此时出行者（许可证需求者）获得的消费者剩余为（A+B）的面积，大于未实施许可证政策的消费者剩余。

如果市场条件不变，将可交易的行驶许可证政策改为收费为（P_1）的交通拥堵费政策，理论上也可以达到社会最优出行数量，但是消费者获得的福利将从许可证政策下的（A+B）缩减为 A 的面积，图中 B 的面积将被政府获得。

---

[1] 由于 Q_1 是社会最优数量，因此需求量位于 $Q_1 \sim Q_0$ 之间时，小汽车出行产生的社会成本已经超过了出行者获得的价值，因此这部分剩余应为负值。

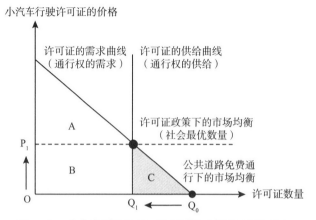

图6-2　免费发放通行许可证政策下的市场均衡对比

可交易小汽车行驶许可证的免费分配可考虑三种不同的原则：成本效率原则、行驶量原则和等量分配原则。

（1）成本效率原则

按照成本效率进行分配是指根据减少小汽车行驶量转用其他交通方式的成本大小来进行通行许可证分配，转移到其他交通方式的成本高，表明减少小汽车行驶量的效率低，那么给这些出行者多分配通行许可证，让其行驶量减少处于较少的水平；相反，转移到其他交通方式成本低的群体，表明其减少小汽车行驶量的效率更高，那么给这部分小汽车出行者少分配许可证，让这一群体更多地减少小汽车出行，更多地选择替代方式出行。按照这一原则，行驶量减少主要由那些出行替代成本低的出行者承担，因此是有效率的。

这一分配原则考虑了不同小汽车出行者的出行替代成本，有其公平性，但同时也存在诸多问题。首先，不同出行者的小汽车出行替代成本是难以准确衡量的。小汽车出行的替代成本包括两部分：显性成本和隐性成本。显性成本取决于替代出行方式的费用，如替代为常规公交、轨道交通和出租车、网约车等其他出行方式分别需要支付不等的出行费用，是为显性支出；而替代为自行车和步行等个人自助交通方式在出行过程中没有显性的费用支出。但是，出行者从小汽车出行替代为步行，会明显增加出行时间，而时间是有机会成本的。因此，在计量出行者的小汽车替代出行成本时，是否仅考虑显性成本还是显性成本与隐性成本都考虑在内？当有多种替代出行方式时，应该以何种替代出行方式为标准（步行、公交还是出租车）来计算某位出行者的替代成本呢？如果考虑隐性成本，隐性成本又应该以何种标准来计算机会成本？

显然，要清楚计算每位出行者的替代成本是复杂且工作量巨大的，如果不能计算每个出行者的替代成本，是否可以退而求其次通过划分出行者类别将出行者替代成本分为几个档次，按照不同的档次来分配许可证呢？小汽车出行替代成本的大小取决于替代出行方式的多少、替代的难易程度、居住地离主要出行目的地（如工作地、学校、商业中心等）远近等多种因素。如果替代的出行方式多、出行者离公交站点距离近、出行者居住地离目的地较近，则替代成本较低。这些因素又受制于居民收入、城市规划等其他因素，要合理划分档次也是困难的。

一种变通的思路是，按照居民居住地离市中心的远近从地域上画出圈层，居住在市中心最里层的居民周围有更加完善的公共交通系统，公共交通的可获得性好，出行距离较近，给这一层次的居民少发放许可证；居住在远离市中心的城市郊区的居民，公共交通的选择较少，可得性差（需要步行更远的距离才能接入公共交通系统），通常出行距离更远，因此给这一圈层的居民多发放许可证。然而，如果按照这一思路进行发放，也可能存在公平性的质疑。

（2）行驶量原则

行驶量原则是指根据出行者历史的行驶量水平作为许可证初始分配标准，历史行驶量多的多分配，行驶量少的少分配。澳大利亚交通运输经济局（Bureau of Transportation and Communication Economics，BTCE，1998）就曾经建议将车辆过去的行驶里程作为许可证分配的标准之一[1]。例如，以一年为期限，将小汽车在上一年度的行驶量作为许可证的分配基数，不同行驶量的小汽车都按照原行驶量的一定比例（例如80%）发放许可证。按照这一原则进行许可证初始分配的好处在于方法简单清晰，参照基数易于计算统计，执行起来方便易行。然而，按照这一原则进行分配事实上以历史行驶量作为许

---

① Dobes，L. Tradable permits in transport？［R］. Commonwealth of Australia：Bureau of Transport and Communications Economics，working paper 37，1998. https：//bitre. gov. au/publications/1998/files/wp_037. pdf.

可证初始分配的权重，历史行驶量越大，权重越大，分配到的许可证越多；历史行驶量越小，权重越小，分配到的许可证越少。这样一来，要分配到更多的许可证需要前一年行驶更多里程，当前年份行驶量多会给下一年挣取更多的配额，这样会给小汽车出行者追求更大行驶量的激励信号，同时是对行驶量少的小汽车的变相惩罚，这与可交易许可证政策对小汽车的"约束"目的相悖。因此，这样的政策设计违背了可交易许可证政策减少小汽车行驶量的初衷。

从分配公平的角度看，这样的初始分配方式也是不公平的。按照历史行驶里程来进行分配对新购买的小汽车而言形成了无形的进入壁垒：存量小汽车因为有历史行驶记录能够获得高的免费分配额度，而增量小汽车由于没有历史行驶记录需要为以后的全部行程支付费用。换言之，政策之前已经拥有小汽车的群体和政策之后才有能力购买小汽车的群体，面临着完全不同的道路使用费用，这一分配策略体现出对有车群体的倾斜和对无车群体的不公。

（3）等量分配原则

等量分配原则是指根据某些基本因素（如人口数量、家庭数量）将通行许可证等量地分配到个人或者家庭。例如，根据区域范围内的人口数量，每人分配到等量的行驶许可证，不管其历史行驶量、是否拥有小汽车以及居住地离市中心的远近等因素。这样的分配方式体现出"人人平等"的思想，确保了每个人对通行权都有平等的权利。需要多行驶的小汽车出行者必须通过付费购买的方式获得超过配额的通行权，这符合"多出行多付费"的政策原则。小汽车出行少的群体（更多地采用低碳、路权占用少的公共交通方式出行）可以出售他们未使用的行驶许可证获得收益，这个收益也是对他们采用公共交通、步行等低碳密集出行方式的补偿。

4. 小结

凯瑟琳等（Catherine et al.，2000）分析了可交易污染许可证的初始分配机制对长期效率的影响，认为排污权许可证是否应该免费分配取决于污染的分布特性①。如果排放污染物的影响是全局性的，那么所有的许可证都应该

---

① Catherine L Kling, Jinhua Zhao. On the long-run efficiency of auctioned vs. free permits [J]. Economics Letters, 2000, 69 (2)：235 – 238.

采用拍卖方式进行初始分配；如果是污染物的影响是局部性的（只给有限区域造成损害），则许可证可以免费发放；如果既导致全局性损害，又造成局部损害，则可采取部分拍卖、部分免费发放的方式进行许可证初始分配。

欧美已实施的污染权排放交易计划中，通常采用"免费按标准分配＋拍卖"的方式，其中大部分排放许可证采用免费发放方式进行初始分配，少量的排污许可证采用拍卖方式分配。

英国下议院环境审计委员会（The House of Commons Environmental Audit Committee，2005）在针对个人碳排放许可证的相关研究中指出，"人均排放量相等的基本原则是不容置疑的"[①]。

免费发放的许可证可以看作一种补贴，其分配方式对出行者的竞争能力产生影响。因此，许可证初始分配政策的公平性至关重要。可交易的小汽车行驶许可证政策的分配是直面公众的政策，影响和覆盖数百万人，本书认为，基于等量原则制定分配政策简单明了，易于执行，容易被公众理解和接受，按等量原则进行免费分配是更加公平和实际的选择。

6.3.2 分配对象的选择

在通行权许可证的分配对象上，可能的备选方案有：以小汽车为对象、以自然人为对象等不同的方式。以不同性质的对象为基础来实施许可证的分配，会导致许可证归属的不同与社会波及影响的差异。

1. 以小汽车为对象分配

通行权交易政策的目标是通过限制小汽车的使用从而缓解拥堵，因而许可证针对小汽车进行发放是最直接的方式。以小汽车为对象发放许可证具有很好的政策便利性。

在现有的监管体系下，小汽车在政府监管部门拥有完整的数据库和详细的车辆特征信息，既包括了车辆品牌、颜色、座位数、车架号、牌照号等，也包括了拥有者、保险、违章等相关信息。小汽车拥有唯一的识别码（车牌

[①] House of Commons Environmental Audit Committee. The international challenge of climate change：UK leadership in the G8 & EU，HC 105，London：The Stationery Office Ltd. 2005.

号），可以作为现成的许可证发放账户名称，为许可证发放工作省去建立全新数据库的麻烦。许可证账户与车牌号相关联，还可方便随时调用车辆相关信息，一方面有利于监管工作开展，另一方面也可以减少车主反复报送车辆相关信息的负担。

然而，以车为对象发放许可证也有明显的问题：

（1）许可证分配的公平问题

小汽车的拥有是不均衡的，收入、年龄、家庭规模等因素都会造成小汽车拥有量的差异。总体而言，高收入阶层拥有汽车的比例更高，低收入阶层拥有汽车的比例低，很多低收入家庭甚至没有能力购买小汽车；中青年人群拥有小汽车的比例比年龄偏大人群要高。如果通行权许可证以小汽车为基本单位进行分配，对于不拥有小汽车的人群而言就分配不到许可证，从而丧失了参与通行权分配的基本权利，这是不公平的。拥有小汽车就意味着能拥有许可证，富余的许可证可以在交易市场变现为现金收入，那么对于不拥有小汽车的群体而言，不但失去了拥有许可证的权利，同时也失去了将许可证变现为现金的机会。这样获取额外财富的机会对富裕阶层无关痛痒，但对于贫困阶层却很重要。因此，如果行驶许可证以小汽车为基础进行分配，等同于默认并加重了小汽车拥有的阶层差别，富裕阶层因为拥有更多的小汽车而从这一政策中能获得更多的通行权，贫困阶层因为不拥有或者少拥有小汽车而被分配更少甚至分配不到通行权，这一政策便有了"劫贫济富"的嫌疑。

（2）许可证交易政策的效果问题

许可证以小汽车为单位进行分配，不但在许可证初始分配时有贫富不均的问题，还会在更长的时间框架内拉大这一差距。试想，许可证以小汽车为基本单位进行分配的政策下，是否会激励人们购买新车以获取更多许可证，从而规避许可证的约束呢？

答案是肯定的。如果政府采取给每辆小汽车等量发放许可证的政策，那么有支付能力的富裕阶层会多购买一辆或多辆小汽车来增大获得许可证的基数。类似于很多实施单双号限行的城市，部分居民为了规避单双号限行对车辆行驶日期的限制，会在政策实施后购买第二辆车以获得更多的行驶机会。由于许可证总量一定，如果车辆基数增加，则平均分配到每辆小汽车的许可证数量便会减少。这样一来，没有经济实力购买更多车辆的穷人获得的许可证无形中被迫减少；拥有多辆小汽车的富人实际获取了更多的许可证，许可证分配上的不公平性进一步拉大。

另一方面，许可证是针对小汽车的限制性政策，但许可证按车辆分配会激励人们更多地购买汽车，从而导致小汽车保有量的上升，这与政策本意相悖。增加的小汽车需要占用更多的土地来停放，这是对公共资源的浪费；甚至会占用稀缺的公共道路资源来停车，反而会加剧拥堵。

既然给小汽车等量分配许可证会产生公平问题，是否可以通过给小汽车分配差异化的许可证数量来弥补呢？例如给富裕阶层更小的权数，给贫困阶层更大的权数？这一思路貌似可取，但是缺乏可操作性，还会引发一系列的新问题。首先，这个用于体现阶层差别的权数按照什么标准去设定才能保证公平？设定的依据是什么？其次，差别化设定，势必将人群划分为三六九等，那么这一操作是否会引起不同阶层人群的指责和倾轧，引发新的社会矛盾？再次，这个划分的工作需要开展大量的调查研究，方案的复杂性决定了需要更多的宣传才能获得公众的理解和认同，这额外增加许多政策执行费用，是否划算？最后，即使这些都不是问题，也只能解决有车族之间的分配不公问题，仍然不能解决无车人群的权利缺失问题。

2. 以个人为对象分配

这一方式是指以监管范围内的个人居民为基本单元来分配通行权，发放许可证。以人为对象发放许可证也可以有不同的情况，根据是否给辖区全部居民发放许可证可以将发放方式分为"全部发放"和"部分发放"。

"全部发放"是指给辖区所有居民都发放行驶许可证，最简单公平的做法是无论居民年龄、职业、收入等情况差别，等额发放许可证。如果许可证是免费发放的，那么小汽车行驶许可证就应被视为一种财产权；在辖区内居住的每个人都有享有道路的通行权，因此无论他们是否开车，许可证都应该发放给每个人以保证产权分配的公平性。

以"人"为对象等额发放许可证能够做到不同人群之间的公平分配，不管居民的收入高低、是否拥有小汽车；辖区居民都可以获得规定数量的许可证。对于无车的居民，虽然不能直接使用许可证，但可以通过出售许可证获取收入，亦是对其享有的通行权的价值兑现，体现了许可证政策的公平性。

此外，无车但是有许可证的居民可以凭借享有的通行权与有车但许可证不足的居民达成协定，实现同方向上的共乘出行，达到互惠互利的目的，同时社会也受益于小汽车利用率的提高与公共道路上行驶车辆的减少。

"全部发放"的方式虽然从理论方案上来讲简单、公平，但实施应用时可能面临受众巨大、分配和交易成本较高等问题。我国北上广深等一线城市常住人口都在千万以上，其他二、三线城市人口也在百万级，如果按照城市人口等额发放小汽车行驶许可证，发放对象基数巨大，无形中大大增加了分配的工作量。同时，由于基数大，每人分配到的许可证数量就少，且分配到许可证的居民中，较大一部分并不具有驾驶小汽车出行的实际能力（没有驾照或车辆），这些居民手中的许可证都必须在交易市场流转到实际的小汽车驾驶人手中才能产生价值，这样就会产生巨大的许可证交易量。总之，全民均等的初始分配方式造成许可证的初始拥有者和最终使用者高度不一致，会大大增加许可证交易环节的复杂性。

是否可以根据某些人口特征将许可证发放范围缩小，从而减少工作量，但同时又能保证分配方案的公平性呢？

"部分发放"是指根据辖区居民的某些特性差异，对居民群体进行划分，给部分群体发放许可证而另一些群体不发放的措施。例如，可以根据居民是否拥有驾照、年龄大小等划分不同的居民群体。

首先考虑，根据居民是否拥有驾照为依据，给拥有驾照的居民发放许可证，没有驾照的居民不发放许可证是否可行？

根据公安部的统计，截至 2018 年年底，全国机动车驾驶员数量达 4.09 亿人，是全国小型载客汽车保有量（2.01 亿辆）的两倍。其中，汽车驾驶员达 3.69 亿人，占驾驶员总数的 90.28%。从年龄来看，我国机动车驾驶员主要介于 26 ~ 50 岁，这个年龄段的驾驶员达 3 亿人，占驾驶员总数的 73.31%[1]。从性别来看，我国男性驾驶员达 2.86 亿人，占总驾驶员的 69.87%；女性驾驶人 1.23 亿人，占 30.13%，虽然女性驾驶员的占比逐渐提高，但男性驾驶员人数仍是女性驾驶员人数的 2 倍以上。

---

① 中国新闻网.2018 年中国小汽车保有量首次突破 2 亿辆. 发布时间：2019 - 01 - 11. https：//mbd. baidu. com/newspage/data/landingsuper？context = % 7B% 22nid% 22% 3A% 22news_ 9181083878782246931% 22% 7D&n_type = 0&p_from = 1.

如果仅给拥有机动车驾照的居民发放许可证，则能够获得许可证的居民占总人口数的比例约为28%（全国平均数，总人口按14亿计算），也即大约72%的居民无法获得行驶许可证。根据我国机动车驾驶员的年龄结构和性别结构，小汽车行驶许可证的分配主要集中在26～50岁的中青年群体，能够获得行驶许可证的男性居民远高于女性的数量。这样的分配方式一方面具有性别之间的巨大差异，容易导致众多女性居民的反对；另一方面也将大部分老年和儿童排除在外。囿于我国相关法律限制，年龄小于18周岁或者大于70周岁的居民，以及因为一些身体原因无法考取驾照的居民，不能考取驾照可能并非其本意，按照是否拥有驾照来发放许可证也会受到这一群体的反对。

城市公共道路属于全体居民，其建设和维护的费用来自政府财政收入，而财政收入来自当地居民和企业的税收，道路的通行权也应该属于全体居民。因此，按照是否拥有驾照来划分通行权，不具有公平性。

其次，"年龄"常常用作分配各种社会权利责任的依据，在分配许可证时也可用于区分不同群体。例如，凯彭斯和富雷卡（Keppens & Vereeck）[1]在提出的小汽车燃油许可证分配政策中，建议根据年龄向每个公民分配免费的初始燃料配额，年龄主要分为3个阶段：0～18岁、18～65岁、65岁以上，儿童发放的许可证数量少于成年人。尤其是未成年人，是否可以考虑给这一群体不发放或者减量发放行驶许可证？

在行驶许可证总量既定的情况下，是否给未成年人发放许可证会影响许可证在不同家庭之间的分配：如果给未成年人发放许可证，则小孩数量更多的家庭能分配到更多的许可证；如果许可证不给未成年人发放，则小孩数量更多的家庭需要购买更多的许可证以覆盖小孩的出行需求，这会增加多孩家庭的出行支出。

18岁是我国居民能否完全承担法律责任的界限，也是我国驾驶证申领的最低年龄。未满18岁的未成年人自身不会开车，但有出行需求，因为有未成年人的存在，家庭的出行需求也会增加。若只给成年人发放许可证，将使有孩子的家庭处于不利地位。另一方面，由于未成年人的出行需求与成年人不同，若向所有未成年人发放与成人相同数量的许可证，又可能高估了未成年

---

① Keppens, Mark, Vereeck et al. The design and effects of a tradable fuel permit system [C]//European Transport Conference, 2003.

人的出行需求。折中的解决方案是为每个未成年人提供成人许可证数量的一定比例（例如按照成人的一半发放）。小于 18 岁的居民通常还在上学阶段，未参与社会劳动，对社会的贡献还未显现，出行需求也相对劳动就业群体更小，对这部分人减少许可证发放比例也符合效率原则。

德雷内和艾肯（Dresner & Ekins, 2004）对限制碳排放的可交易许可证的分配影响问题进行了深入的探讨。分析显示，如果领取养老金（退休）的老人和有子女的家庭每人领取成人一半的配额，这些老人和有子女的家庭都将获益。如表 6-14 所示。

表6-14　　　　　英国碳排放配额政策（DTQs）的影响

收入十分位数	平均净收益（英镑/年）	利益受损的比例（%）	利益为正的比例（%）	损失超过 1 英镑每周的比例（per cent losing > £ 1pw）
1	36.31	18	82	3
2	23.55	27	73	2
3	23.1	27	73	4
4	14.48	34	66	7
5	7.32	43	57	8
6	-3.58	47	53	10
7	-7.32	54	46	13
8	-20.23	68	32	21
9	-29.6	75	25	27
10	-42.95	78	22	31
所有群体	0.00	48	52	13
有孩子的家庭	+11.14	41	59	13
有领取养老金的老人的家庭	+12.33	32	68	2

资料来源：德雷内和艾肯（Dresner & Ekins, 2004）的研究，影响分析基于"个人国内碳排放配额交易（DTQs）"政策，其中成人的碳排放量按人口平均分配，儿童的配额为成年人的一半。

是否给儿童分配出行许可证不是一个"谁对谁错"的问题，需要结合当地的公众意见，从提高政策可接受度的角度出发做出决策。

3. 以家庭为对象分配

家庭是社会的基本组成单元，也是许多社会政策落实的基本单位。以家庭为对象分配许可证是指以"家庭"作为基本单位建立许可证账户，考虑家庭成员的数量和年龄等特征，将许可证分配到家庭账户中，可供家庭拥有车辆直接使用，也可在许可证交易市场进行交易。许可证分配时，应该考虑家庭的成员数量，成员多的家庭多分配，成员少的家庭少分配。也可考虑家庭成员的年龄等特征（例如未成年人减半分配），按照统一的标准给不同年龄段的人进行分配，但是所有家庭成员分配到的许可证都在家庭统一账户中。

私人小汽车的所有人虽然是自然人，但私人拥有小汽车的目的并非所有者一人出行所需，而是家庭成员共享共用的出行工具，因此私人小汽车在中国也被称为"私家车"。私人小汽车能够乘坐 5～7 人，恰好是常规家庭的规模，以家庭为单位来分析私人小汽车的拥有和行驶状况更加符合实际。

以家庭为单位来分配小汽车行驶许可证的好处包括：首先，与分配到自然人相比，分配到家庭缩小了许可证分配的对象数量，减少分配的账户数量，从而减少总体的工作量。其次，家庭和私家车有更高的匹配关系，这使得许可证的初始分配家庭和最终使用家庭之间的匹配程度更高，从而减少许可证在交易市场的交易量，降低许可证交易的数量与成本。再次，以家庭为基本单位进行许可证分配时，家庭获得许可证的数量与小汽车拥有量无关；与向车辆发放许可证相比，按家庭分配许可证不会导致小汽车拥有量多获得许可证也多的情况，能够更好地兼顾公平性。

由于无论家庭拥有几辆小汽车，同样的家庭都获得相同数量的许可证，拥有多辆小汽车的家庭需要购买更多的许可证或者减少小汽车出行提高车辆利用率来满足新政约束。如果多购买许可证，会导致家庭第二辆小汽车出行的边际成本增加，使其出行成本远高于第一辆车；如果减少小汽车出行，则会导致家庭多余车辆闲置，闲置车辆仍需维护、停车等运营费用，导致家庭用车成本的增加。因此，按家庭分配许可证通过增加家庭第二辆小汽车的用车成本，促使家庭拥有更少数量的汽车，进而减少和控制城市小汽车拥有总量，有利于交通拥堵缓解。

总之，以人口为基数、以家庭为单位的小汽车行驶许可证分配政策，既能基本满足家庭拥有和使用小汽车出行的基本需求，又能对家庭拥有更多的车辆和行驶更多的里程进行限制，是可行的许可证分配策略。

4. 分配方式小结

通行权许可证的初始分配通常决定了公众对政策的接受程度，即使被认为很有效的政策，政府在考虑到政策分配可能产生的负面影响时，仍然可能选择放弃这一政策。政府可能更愿意牺牲一些效率，以获得更公平的福利分配，同时减少政策引导的负担与政策实施的阻力。

综合对比可能的许可证分配策略（见表6－15），分配到车的策略（表6－15中（1）~（3）项政策）容易促成居民购买更多小汽车，且存在公平性问题，因而不建议采用。许可证分配到人的政策（表6－15中（4）~（6）项政策）又因具体分配标准的不同而有所差别，但总体的公平性能够得到较好的保证，问题是大量的许可证被不拥有小汽车的居民持有，这部分许可证必须通过后续的交易环节流转至车主手中，因而引起较高的交易成本。"等量分配，超量购买"的策略避免了许可证从非车主流转至车主的环节，政府掌握的许可证能够以拍卖等方式更加高效地流转，但政府因此获得了拍卖收益，可能引起公众对政策初衷的质疑。为了避免这一问题，政府应将拍卖过程、收益与使用情况公开透明化，并将收益应用于公共交通改善，公共交通的改善可视为对无车群体放弃许可证收益的补贴。按照人口数量与结构将许可证分配到家庭的政策能够兼顾公平，同时减少了许可证账户数量与交易量，比分配到人的政策具有更低的交易成本与监管费用。

表6－15 不同许可证分配策略的对比

分配策略	政策描述	计算许可证时考虑的对象基数	发放许可证时的群体范围
（1）成本效率原则	按照小汽车减少行驶量的成本高低将许可证分配到车，减少行驶量成本高的多分配，减少行驶量成本低的车辆少分配	总的小汽车拥有量	全部小汽车
（2）行驶量原则	许可证按照车辆上一周期行驶量多少分配给车主，行驶量多的多分配，行驶量少的少分配	总的小汽车拥有量	全部小汽车

分配策略	政策描述	计算许可证时考虑的对象基数	发放许可证时的群体范围
（3）等量分配到车	许可证平均分配给所有的小汽车	总的小汽车拥有量	全部小汽车
（4）等量分配到所有人	许可证按地区人均分配给所有人	辖区人口数量	所有人
（5）等量分配给成年人	许可证发放给辖区内所有成年人，未成年人不发放	辖区成年人数量	所有成年人
（6）按年龄差异化分配	许可证分配给辖区内所有人，儿童发放数量为成人的一定比例（如一半）	辖区人口数量，儿童减半	所有人，儿童减半
（7）等量分配，超量购买	按照全部人口进行许可证份额计算；只发放给车辆拥有者，无车群体的许可证由政府保留并出售给小汽车拥有者	辖区人口数量	小汽车拥有者
（8）按家庭分配	按照全部人口进行许可证份额计算，许可证以家庭为单位发放到家庭账户	辖区人口数量	所有家庭

6.3.3 机构小汽车通行权分配问题

参照公安部的汽车分类标准，按照所有权属性进行划分，小汽车可以划分为私人汽车与单位（机构）汽车。私人汽车是指居住在当地的个人居民所拥有的车辆，主要用途为满足家庭日常出行需求。单位汽车指当地注册的企事业机构所拥有的车辆，私人汽车加上单位汽车统称为民用汽车。私人汽车经过近 20 年的快速增长，已经在民用汽车中占据了主要地位。按照本书对"小汽车"的范围界定（包括如下四类小、微型车辆），2017 年，全国私人小汽车与民用小汽车的总量分别为 18 186.0 万辆与 19 810.4 万辆，私人小汽车在所有民用汽车中的占比是 91.8%，剩余 8.2% 为单位拥有的小汽车。如表 6 - 16 所示。

表 6 - 16　　　　　　　　　2017 年全国各类小汽车的保有量与结构

汽车分类		小汽车拥有量（万辆）			不同类型小汽车占小汽车总量的比例（%）		
		私人汽车	单位汽车	民用汽车	各类私人汽车/小汽车总量	各类单位汽车/小汽车总量	各类民用汽车/小汽车总量
载客	小型	16 788.4	1 250.3	18 038.7	84.7	6.3	91.1
	微型	186.4	12.6	199.0	0.9	0.1	1.0
载货	轻型	1 205.7	360.6	1 566.3	6.1	1.8	7.9
	微型	5.5	0.9	6.5	0.0	0.0	0.0
小汽车合计		18 186.0	1 624.4	19 810.4	91.8	8.2	100.0

注：（1）汽车分类标准根据公安部《机动车类型术语和定义（GA802 - 2014）》划分，国家统计局的汽车分类采用这一标准；（2）2017 年数据来源于国家统计局年度数据，http：//data. stats. gov. cn/easyquery. htm？cn = C01。

从目前全国的小汽车保有量数据可以看出，私人小型载客汽车（通常意义的私家车）在所有小汽车中占到绝对的多数，2017 年占比达到 84.7%，这部分车辆也是行驶许可证监管的重点领域。对于私人小汽车，行驶许可证按照平等原则免费分配到个人或家庭是公平且容易接受的政策。

单位拥有小汽车的比例虽然不高（不同类型小汽车的所有权比例结构如图 6 - 3 所示），但在政策设计时应该对其有充分的考虑以减少政策风险。

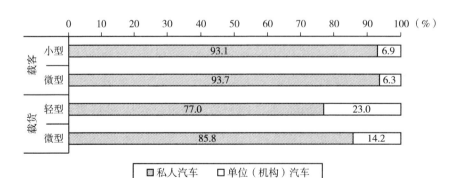

图 6 - 3　私人汽车与单位汽车在民用汽车中的占比

对单位（机构）拥有小汽车的行驶许可证（通行权）分配方式有如下三种选择：①所有许可证需要付费购买；②免费发放一定配额的许可证；③给予通行豁免权。

在为机构拥有的小汽车设计许可证分配政策时，考虑如下问题：

其一，与私人小汽车行驶许可证的分配方案的匹配问题。为了实现小汽车出行量的总量控制目标，对机构小汽车的出行限制，应该不比对个人出行的限制宽松。如果给机构车辆更高的行驶许可配额，一方面会增加私人小汽车车主对政策的反对情绪，降低政策接受度；另一方面还可能导致私人为获得更多的配额将个人名下的小汽车转移注册到企业以规避政策限制，从而导致整体政策效果大打折扣甚至失效。

其二，考虑机构与私人在负担小汽车出行费用上的能力差异。对于个人而言，小汽车出行费用占家庭支出的比例较大，而机构小汽车的出行费用对于机构的总运营费用而言占比较小，具有更好的承受能力。据统计，美国普通家庭的收入中，交通运输费用支出（主要是小汽车出行费用）是仅次于住房的第二大类支出，平均占比为19%；而居住于公共交通不发达的郊区家庭，出入依赖小汽车交通，这类家庭的交通支出占收入的比例高达25%[1]。英国近年来交通开支在家庭开支结构中的占比较为稳定，一直在14%左右[2]。欧盟的消费支出结构中，交通支出占全部支出比例达到13%左右，位居各类支出排名第二，仅次于住房水电气类的支出，2001~2011年，交通类支出占比一度下降，但一直高于13%[3]。

其三，考虑机构小汽车与私人小汽车的弹性差异。由于机构的小汽车出行费用在总支出中的比例更小，机构对通行费用增加的敏感性更低，对行驶许可证或者拥堵费政策的弹性相对缺乏。私人小汽车出行费用占家庭总支出的比例更高，私人对行驶许可证政策的敏感性也更高，然而弹性的情况还需结合家庭居住地的公共交通可获得性，可获得性好的城市区域其弹性较大。

---

[1] 美国运输部，国家运输统计数据（USDOT, National Transportation Statistics），https://www.bts.gov/product/national-transportation-statistics.

[2] 英国运输部，英国运输统计年鉴。

[3] 欧盟统计数据，http://ec.europa.eu http://ec.europa.eu/eurostat/documents/3433488/5585636/KS-SF-13-002-EN.PDF/a4a1ed61-bac7-4361-a3f0-4252140e1751?version=1.0.

居住在城市郊区的居民因为公共交通的替代性差，使得其出行高度依赖小汽车，因而这部分居民对小汽车经济政策的弹性也相对缺乏，但这与机构的弹性缺乏具有不同的原因及影响，这部分居民的弹性缺乏是城市交通缺失下的被动选择，机构的出行决策是其比较各种选择的机会成本基础上做出的主动选择。据此，也应该给机构小汽车采取比私人小汽车更加严格的政策。

其四，不同使用性质的小汽车应该根据该类型小汽车的实际使用特征分别考虑。机构小汽车按照不同使用性质可以分为营运小汽车和非营运小汽车，营运小汽车是指企业拥有并用于道路运输经营的小型客货运输车辆，主要包括城市出租车、租赁小汽车、城乡小型旅客运输车等。营业性车辆为全社会提供客货运服务，其运行效率高于小汽车，可对其采取比私人小汽车更加宽松的政策，具体的政策情况还需根据车辆的实际性质来决定。例如，传统出租车和网约车虽然都为城市居民提供个性化出行服务，但传统出租车其数量管控和安全管理等都更加严格，而网约车的管理非常松散，部分网约车主要用于家庭出行，仅在车辆有空余运力的情况下提供运输服务，这与通常意义上的出租车有很大不同，应该区别对待。

非营运性小汽车是仅用于企业内部人员通勤与公务出行需求的小型车辆，不用于营业性运输。非营运性质的机构小汽车，又包括一些特殊职能和部门的小型车辆，如政府执法车、救护车、军队车辆、外事、工程抢险车辆等，这些车辆的所有权分属于公安、消防、医院等不同的机构。因其使用性质特殊，车辆不以营运为目的，除非有特殊任务的驱动，正常情况下没有增加行驶量的主动因素。对于这一类型的车辆，即使不采用行驶许可证约束其行驶量，也不会导致其行驶量突变。再加上这些类型的车辆数量非常有限，对交通行驶量的贡献较小，可以对其实施豁免。在公安系统的机动车登记系统中，警车、救护车、消防车、工程救险车有专门的类型登记，可以方便地区分出来，且这些车辆的注册与使用都有严格的管理制度和监督机制，伪装成这类车辆以规避许可证政策限制的风险较小。

综上，对不同类型的机构小汽车采取的许可证分配思路，如图6-4所示。

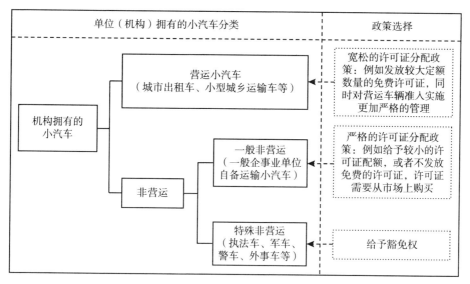

图6-4　机构小汽车的分类与政策选择

6.3.4　许可证的有效期设置问题

通常，小汽车的行驶许可证都会加上一个时间限制（有效期），当时间期限到来时，政策设计者面临两种不同的政策选择：其一，许可证到期后可以储存到下一周期使用；其二，当前周期内剩余许可证（未使用也未通过交易市场出售）到期后权利自动丧失。许可证能不能储存会产生如下一些影响：

许可证到期可以储存的好处在于，私人可以实现各个周期之间的许可证调配，若预期到未来行驶量会增加，则可将本周期内不太必要的出行缩减，减少本周期的使用量以满足未来需求；储存许可证还可以对冲许可证价格波动，例如，预期许可证价格有上升趋势，则会激励私人缩减当前的出行量以节约许可证，从而减少未来的许可证购买开支，或者在未来出售许可证以更多地获得收入。如果私人储存许可证，会减少当前周期内的许可证使用量，对当前交通拥堵控制有利，然而会增加以后周期内的许可证供给量，可能导致出行量在不同周期的分布不均，增加许可证政策的不确定性。

如果许可证的发放采取"总量趋紧"的政策，会让许可证持有者对许可证的未来价格产生较高的预期。若政府允许行驶许可证储存到以后使用，则许可证持有者会倾向于储存当前的许可证以在未来获取更高的收益。

如果许可证到期后权利自动灭失，会对私人产生在当前周期使用完权证的激励。许可证不能储存的情况下，对于多余的许可证，私人首先会选择在交易市场出售许可证以获得经济上的好处；如果还有剩余的许可证，抑或许可证的市场价格低于私人对许可证的价值判断，则会选择自己使用掉多余的许可证。既然没有了储存的预期，还不如选择及时用掉，以避免过期后一无所获。许可证不能储存时，总体完成的出行量会比能储存时更加接近总量配额。

许可证的储存量与政府发放的总量有很大关系。既然许可证政策的目标是控制小汽车出行量以实现交通拥堵缓解等目标，许可证的发放量应该是小于区域内的出行需求才能体现出对出行的约束力，那么许可证的供给是小于需求的，除非居民出行行为有较大的改变，否则理论上不存在许可证数量的绝对剩余。

澳大利亚一项针对可以交易的个人燃油许可证的研究认为，燃油许可证一旦颁发，就应一直有效，直到用掉为止，人为设定的时间范围可能会导致燃料价格在一年中的不同时间出现大幅波动；使用许可证的时间限制也是不合逻辑的，除非当前排放的温室气体造成的"损害"程度与未来的排放不同①。而另一些研究则认为，许可证的储存和预支应该不被允许，如果使用者具有预支许可证的权利，他们就不会限制自己当前的出行行为，与许可证政策的设计目标相悖。

本书认为，许可证管理可以采用大小两个周期的做法：即许可证发放采用小周期（如每月），许可证的总量核算和有效期可以采用大周期（如一年）。这样既可以保证许可证以均衡的速度发放，从而维持交通流的基本稳定，又能让居民具有对许可证在时间维度上的部分调节能力。

在一些特殊的情况下，政府也可以考虑回购居民手中的许可证的方式来减少和调节小汽车行驶量。

---

① Dobes, L. Tradable permits in transport? [R]. Commonwealth of Australia: Bureau of Transport and Communications Economics, working paper 37, 1998. https://bitre.gov.au/publications/1998/files/wp_037.pdf.

6.4 小汽车行驶许可证的交易机制

6.4.1 交易政策体系

小汽车行驶许可证的交易政策主要划分为三个环节：初始分配环节、转让交易环节与回收清缴环节（如图 6-5 所示）。

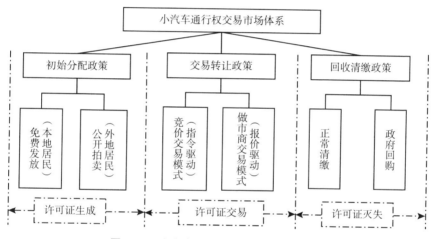

图 6-5 小汽车行驶许可证交易政策体系

小汽车行驶许可证交易的初始分配环节，是后续一切交易活动的起始点，类似证券市场中的"一级市场"，其功能是完成通行许可证的生成。许可证的初始分配可采用"免费发放 + 公开拍卖"的混合机制：主要采取免费发放的方式（给辖区内居民），对于区外居民或者外籍人员需要在辖区内短暂自驾出行的，以及辖区内的企业事业单位所属车辆的行驶许可证，可通过付费购买方式发放。

转让交易环节是指通行许可证的交易参与者（富余者、不足者）在许可证转让交易市场互通有无，实现许可证的买卖。出行许可证经过初始分配到居民后，许可证富余的居民与许可证不足的居民之间可以通过在交易市场的许可证转让实现小汽车出行权利的转移，不能免费获得许可证的居民也可以从市场上购入许可证。

作为一种有价值的权证，许可证的交易过程类似证券交易。现代证券交易有两种基本的交易制度：竞价交易模式与做市商交易（market maker）模式。目前，各大证券交易市场通常混合采用这两种交易模式的组合来实现不同证券的交易。这两种模式也适用于许可证的交易市场。

竞价交易模式采用指令驱动促进价格生成与交易达成，按成交规则又可分为连续竞价交易模式和集合竞价交易模式。交易市场的开市价格通常由集合竞价形成，随后交易系统对不断进入的投资者交易指令，按价格优先与时间优先的原则进行排序，将买卖指令配对竞价成交。

做市商交易模式是通过做市商报价驱动形成交易价格并促进交易达成。在该模式下，做市商报出权证交易的买卖价格，市场参与者从做市商手中买卖权证完成交易，市场参与者之间并不直接进行交易，做市商在其所报价位上用其自有资金或权证与市场参与者进行交易，做市商通过买卖价差赚取利润①。

许可证的价格代表着通行权的价值，有效的价格确定策略能够让许可证的价格真实反映通行权的价值，不同的市场交易机制其核心是具有不同的价格发现机制。做市商制度下，市场价格是做市商在综合分析市场所有参与者的供求与价格信息基础上，并考虑自身的风险与收益后做出的。市场参与者根据做市商的报价进行决策，市场参与者的决策反过来影响做市商的报价，两者相互影响，从而使许可证的价格靠近其真实价值。竞价交易方式下，在买卖各方充分表达自己意愿的基础上，市场通过撮合成交确定许可证的交易价格。

权证市场的运行绩效可以从市场的流动性、透明度、稳定性、安全性、效率和成本等方面进行，然而不同的市场交易模式往往在以上各个方面各有利弊，不可兼得。

---

① 王晓莉，韩立岩. 做市商制度分析及其对我国证券市场的启示［J］. 企业经济，2007（4）：156－158.

6.4.2 交易市场运行机制

许可证交易市场体系中，主要涉及政府机构、市场运营商和许可证交易的参与者三类主体。这三类主体各司其职：政府机构承担许可证的发放和回收工作，统筹整个市场的有效运转；市场运营商在政府监管下承担许可证交易的实际运作，促成许可证交易的实现；许可证交易的参与者是指在运营市场中买、卖许可证的不同群体（包括区内居民、区外人士、区内企业、投机者等），许可证在这些群体中间流动，从而实现道路资源的有效利用。

许可证在交易过程中的流转路径如图 6-6 所示，图中实线箭头表示许可证发放与交易的路径方向，实线的粗细代表了许可证流量的大小；虚线箭头表示许可证的回收方向，许可证回收后，其所代表的通行权利即时灭失。

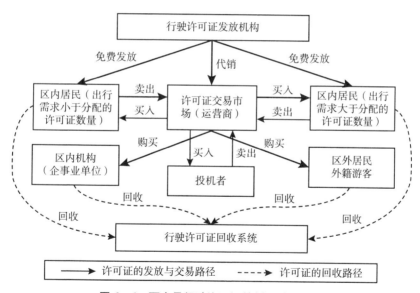

图 6-6 可交易行驶许可证的循环路径模型

（1）政府机构

在市场运行中，政府机构主要承担通行权许可证的初始发放与最终回收工作。政府将大部分许可证免费发放给符合条件的个人，但同时也保留一定比例的许可证通过拍卖等方式售卖给不符合免费领取条件的个人与机构。

（2）市场运营商

即为许可证的卖方、买方之间的交易提供电子或实体交易平台、网点，促成许可证交易发生的组织机构。由于可交易许可证采用电子形式，储存于个人的电子账户中，许可证的买卖都在网络交易平台中实时完成，运营商即为网络交易平台的运营方。

市场运营商通过撮合许可证的购买方与出售方之间的交易，或者帮助政府出售许可证，并保证一周 7 天、一天 24 小时内任何时候都可以实现交易，从而促进许可证在供需之间快速有效地流动。广泛分布在大街小巷的银行、邮局、公交智能卡充值网点、加油站、合作的连锁便利店等都可以成为智能卡片与账户的办理点，这些网点为可交易许可证的账户开办、账户使用过程中的维护提供便利。

（3）许可证交易的参与者

根据许可证来源与在市场中扮演的角色的差异，本书将许可证的使用者分为如下四类：

其一，许可证富余的圈内个人居民。这一群体是指那些在行驶许可证交易市场上总体表现为出售许可证的本地居民。这些居民符合许可证免费发放条件，从政府手中免费领取许可证，且许可证在使用周期内有富余，因此在交易市场上表现为许可证的净卖出者。由于交易市场中许可证的价格随时间波动，为了获取最大化的收益，交易市场中的净卖出者也可能选择在某个时点卖出自己全部的许可证，而后在另一个时点买入其需要使用的许可证，但总体而言，这部分居民的许可证卖出量大于购入量，在许可证交易市场获得正的经济利益。

其二，许可证不足的圈内人员。这一群体虽然符合政府免费发放许可证的条件，但其获得的许可证无法满足其小汽车出行需求，因此还需在许可证交易市场上购买许可证。这一群体购买许可证并非出于投机目的，而是需要获得许可证的使用价值，许可证在他们手中使用并不再出售。在许可证交易市场中，这一群体表现为许可证的净流入和现金的净流出。

其三，需要购买许可证的圈外人员。外地人员不具有免费获得区域内行驶许可证的权利，如需驾车出行必须购买许可证。这一群体主要包括：进入区内旅游的区外人员、外籍人员等。

其四，需要购买许可证的圈内机构。许可证免费向辖区内居民发放，辖区内的机构若不能免费获得许可证，企事业机构所拥有车辆出行时，需要从交易市场上购买许可证。

（4）投机者

一个允许自由买卖的市场，会因为不同时点买进和卖出之间的可能价差利益而存在投机者。投机者在市场上购买许可证的动机与最终买家不同，其购入许可证不是用于出行使用，而是希望储存到以后卖出可以借此获利。在一个充满不确定性的市场里，大多数的交易行为都可以被认为具有投机的成分，但严格意义上的投机行为仅包括那些以预期资本收益为主要动机的交易行为。投机者购买许可证并非他们想要获得许可证的使用价值，而是预期从许可证的价格上涨中获得收益。由于许可证市场是区域性的市场，且交易标的和市场总值并不算大，因此要从中投机获取巨大收益的可能性低，投机者完全有更好的选择，虽然有投机者参与市场，但对市场不会有太大影响。

6.5 政策实施技术与监管机制

6.5.1 交易实施技术体系

在现有的技术水平下，代表通行权的小汽车行驶许可证已经可以实现全程的信息化，许可证表现为储存在数据库中的电子凭证，类似于一种特殊的"货币"，所有操作都基于信息化数据库系统进行。电子化的许可证信息技术支撑体系构建如图6-7所示。整个技术体系由4个独立又相互联系的基本模块组成：

1. 账户管理系统

账户管理系统是储存行驶许可证账户信息的数据库系统，能够为所有符合条件的个人和机构建立并维护一个行驶许可证账户，能够为特殊群体建立并维护临时账户。账户管理系统应能够在任何给定时间保存每个人的许可证数量信息，并能支持实时的读取、查询、存入、支取等功能。账户管理系统还应具备账户的监管功能，新增符合条件的居民能及时开通账户，在个人因移出居住区或死亡而不再符合资格时能够及时终止账户，对账户的异常情况能及时发现并报告。账户管理系统还应具备建立关联账户的功能，以便于同一个家庭的账户能够实现许可证的合并使用。许可证账户应能与个人的银行、金融、社保、车辆等账户与管理系统衔接，实施信息交换与共享。

2. 分配系统

许可证分配系统能够实现定期自动向数量众多的个人分配相应数量的许可证。分配系统的关键技术在于确保许可证分配的精准性：第一，保证符合条件的个人免费收到定量的许可证，而不符合条件的个人不免费发放许可证。为了达到这一目的，需要对个人的身份信息进行核验。第二，给符合条件的个人发放的许可证数量是准确的，即每个人只收到自己应得数量的许可证。第三，发放许可证的时间点要准确。第四，系统要能够实现对发放许可证数量的统计核算与分析。

许可证分配系统还需要为不同类型的个人和企业居民建立差异化的许可证分配通道：对于符合免费分配条件的居民，建立免费发放系统，实现许可证定期自动分配到个人许可证账户；对于需要付费购买的居民，与交易平台合作建立付费购买通道，确保不符合免费发放条件的居民购买许可证的便捷性；对于军警、执法等特殊车辆，建立专门的管理渠道。所有通道发放的许可证数量由总量控制系统进行控制和分配，以确保在固定周期内发放的许可证总量不会超过计划数量。

3. 交易系统

许可证交易系统均采用信息化系统进行无纸化操作，以极低的成本、极快的速度高效地完成许可证的交易过程。许可证交易系统需构建网络线上交易平台、银行交易平台以及线下合作网点交易等多种交易渠道，以满足不同群体用户的需求，使交易过程尽可能便利化。所有交易平台由统一的交易管理系统实施管理，交易管理系统同时也是政府部门对许可证交易活动实施行业监管的入口。

4. 回收系统

小汽车行驶许可证的回收是基于车辆进行的，根据回收技术系统的不同，回收主要通过两种渠道进行：其一是采用车牌自动识别技术与移动支付技术的融合，实现扫描车牌自动扣减相应数量许可证；其二是采用我国高速公路普遍应用的 ETC 电子收费技术，实现与车载单元通信并从绑定账户中扣减电子许可证。在车辆进行年检时，管理机构通过对车辆行驶里程与许可证使用状况的核验保证许可证正确地清缴。回收的许可证通过回收核算管理系统实施统一核算管理。如图 6 - 7 所示。

前文中对许可证分配与交易系统已经有较详细的论述，下文中重点就许可证的账户系统与回收系统进行分析。

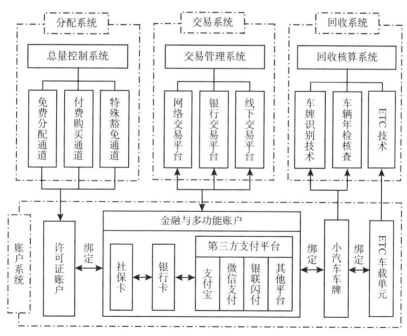

图 6 - 7　行驶许可证技术支撑体系

6.5.2 许可证账户系统

为了实现通行权许可证快速分配到个人（或者家庭），每个人（或家庭）都需要设立一个许可证电子账户，政府定期将定量的许可证存入该账户中。那些希望从交易市场中购买行驶许可证的企业或机构也需要注册一个电子账户。外地车辆或人员需在监管范围内行驶时，可以在网络或者指定的合作服务网点办理临时账户并购买行驶许可证。

通行权许可证的电子账户必须与个人的银行账户关联或者绑定，以便于在许可证交易过程中自动支出或者收入相应款项。

电子账户是许可证收入、支出、交易等过程信息的记录载体，必须建立统一的信息系统对出行许可证的电子账户实施管理。许可证账户与交易全过程均采用无纸化操作。对于儿童、老年等没有能力管理自己许可证账户的群体，以及不希望占用过多精力来管理许可证账户的无车群体，可以与运营商签订自动转存或者自动销售许可证的协议，当许可证定期发放至个人账户中时，系统会自动将许可证配额转账至指定账户，或者自动以当时的市场价格销售并将销售所得转入个人的关联银行账户中。

通行权许可证账户可单独设立，也可采取嵌入现有银行或支付系统中，例如嵌入到社会保障卡中或者网络支付平台（如支付宝）中。在现有技术条件下，单独建立并运营一个行驶许可证的账户及信息系统不存在技术上的障碍，但其建设及维护成本较嵌入现有系统必然更高。因此，在嵌入现有系统可行的情况下，首先应考虑依托现有系统嵌入相关功能，而非重新开发独立的系统。

1. 嵌入社会保障卡系统

我国发行的社会保障卡（简称社保卡）是由国家人力资源和社会保障部统一规划，由各地人力资源和社会保障部门面向社会发行，用于人力资源和社会保障各项业务领域的集成电路（IC）卡。社保卡以"一卡多用、全国通用"为总目标，不仅能够实现国内跨地区、跨业务直接办理个人的各项人力资源和社会保障事务，同时开放向其他公共服务领域的集成应用，可以作为各类政府公共服务的载体。目前，已经有民政、卫生计生、公积金、残疾人服务、涉农补贴等服务事项集成于社会保障卡上。

将通行权许可证账户嵌入社保卡的好处在于：其一，利用社保卡"身份证明"的功能，为许可证发放提供便利，减少许可证发放时居民身份核验的麻烦。社会保障卡采用居民身份证号码作为社会保障号码，卡面记载了持卡人姓名、性别、居民身份号码信息；卡内还记载了持卡人员的出生年月、民族、户籍所在地等基本信息，社保卡本身也具备身份证明的功能，便于进行各种公共管理业务的办理和身份识别。要将行驶许可证分配到个人，必须对区域内居民的基本状态进行了解，并在分配过程中需对居民身份进行核验。社保卡在发放过程中已经实施了对居民身份信息的核查工作，能够节约大量的时间和精力。

其二，利用社保卡的现有数据库与丰富的居民信息，减少建立数据库的开支。社保卡内还储存了持卡人个人就业状态（就业、失业、退休等）、社会保险、养老保险、医疗保险信息，也能储存持卡人职业资格和技能、就业经历、工伤及职业病伤残程度等多个维度信息。社保卡携带的丰富信息，可以用于开展居民状态的数据分析，尤其是分析许可证对不同居民群体的影响时，社保卡携带的居民社会特征信息可以帮助分析人员实现居民群体的划分和影响的差别化分析。

其三，社保卡发行量大，持卡人数众多，覆盖范围广，大大减少单独发卡的成本。根据人社部 2018 年第四季度新闻发布会上公开的数据，截至 2018 年底，全国社保卡持卡人数达到 12.27 亿人，持卡人约占总人口的 88%（2018 年底全国总人数 13.95 亿人）。

其四，社保卡具有金融功能，可与银行卡一样进行金融交易，为行驶许可证交易与资金往来提供了便利条件。

其五，社保卡业已推出线上业务，线上线下相融合的应用服务体系将使嵌入社保卡的公共管理事务更加便利。2018 年，全国推出了统一的"电子社保卡"，已经在 26 个省份、230 个城市签发，已有 58 款 APP 可提供电子社保卡申领服务[1]。电子社保卡的出现，让社保卡的业务办理更加便捷，以前必

---

① 中华人民共和国中央人民政府网站. 全国电子社保卡覆盖230个城市，社保卡"拥抱"移动互联网［N］. http：//www. gov. cn/xinwen/2019 - 01/25/content_5361092. htm。

须人工办理的业务，现在通过手机操作可以轻松完成；以前必须带卡办理的业务，现在采用手机中储存的电子社保卡就能直接办理。电子社保卡的开通应用，让其他公共事务的嵌入更加便捷，成本更加低廉，个人办理业务也更加方便。

2. 嵌入网络支付平台系统

许可证账户也可选择嵌入现有的网络支付平台账户中（如支付宝账户）中。目前，第三方支付平台的运用已经非常广泛，拥有极大的用户数量，国内网络第三方支付平台主要有支付宝、财付通、银联闪付等平台。

根据比达咨询发布的《2018 年度中国第三方移动支付市场发展报告》，2018 年我国第三方移动支付交易规模达到 159.8 万亿元，同比增长 51.6%。其中，最大的支付平台为支付宝，占据 52.14% 的市场份额，其次为财付通（腾讯公司第三方支付平台）占 37.31% 的市场份额，两家共同占市场份额的89.45%。如图 6-8 所示。

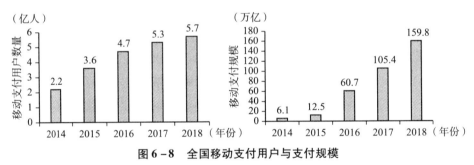

图 6-8　全国移动支付用户与支付规模

资料来源：比达咨询，《2018 年度中国第三方移动支付市场发展报告》，http://www.sohu.com/a/304665969_783965.

以支付宝为例，支付宝不仅是一个线上支付系统，更是一个网络办事中心，除了能够为居民提供网络支付、缴费、还款、转账等基本业务外，还能提供消费、出行、政务领域的众多服务。支付宝已经能够为居民提供多项公共领域的服务。根据 2019 年 1 月发布的《移动政务服务报告（2018）——重构与智慧》显示，全国已有 442 座城市（含县级市和省直辖县）将政务服务搬上了支付宝平台。其中，广州在支付宝平台搭载了 126 项政务服务，数量位居第一；深圳、武汉、杭州、上海等城市在支付宝平台提供的"互联网＋政务服务"的数量也都超过了 100 项①。在交通领域，支付宝改变了地铁、公交、停车、高速公路收费等多种交通方式的费用支付方式，使交通费支付更加快捷、便利。

根据国家规定，网络支付平台账户都采用实名认证，并绑定个人银行卡，因此也能使行驶许可证发放过程更加便利化。此外，网络支付平台具有比社保卡账户更加丰富的信息与更加强大的交易管理能力。社保卡系统只能提供基础的许可证账户，许可证交易还需结合其他交易系统实现。如果将许可证账户嵌入网络支付平台，依托现有的平台技术就能方便实现许可证的发放、交易和转赠等活动。

根据阿里巴巴 2019 财年三季度财报，截至 2018 年 12 月 31 日，支付宝及其附属公司的全球年度活跃用户已经超过 10 亿。微信 2018 年报显示，微信支付绑定银行卡的用户数量已突破 8 亿。

近年来，伴随智能手机的普及，第三方支付呈现出从 PC 端向移动端转移的趋势，移动支付用户呈现井喷式增长，2018 年中国移动支付用户数量达到约 5.7 亿人，我国移动支付技术与规模全球领先。移动支付已经成功渗透进中国人的日常生活的方方面面，无论是线上还是线下，都有丰富的支付接口满足各种支付需求。基于现有支付平台和技术，出行许可证的基本账户可与支付平台中用户的实名认证账户绑定，从而利用支付平台中用户的身份验证数据、银行卡数据等。如果用户已经绑定了其拥有车辆的相关信息，在平台内就能将用户的许可证账户、银行卡账户和车辆牌照等信息联系在一起，省去自建数据库的大量工作及成本。

6.5.3　许可证回收技术

由于许可证通常在车辆驶入某一限行区域或者路段的动态过程中收取，许可证的回收是整个体系中难度最大、成本最高的环节，通常需要外部设备的支撑。许可证作为一种电子凭证储存在个人账户中，因此对电子许可证的

---

① 中华人民共和国中央人民政府网站 . 442 城市将相关服务搬上支付宝平台——政务办事像网购一样方便［N］. http：//www. gov. cn/xinwen/2019－01/11/content_5356865. htm？_zbs_baidu_bk.

收取和对交通拥堵费的收取在技术上具有相似性，新加坡与伦敦等城市收取拥堵费时的技术体系亦可作为许可证收取系统技术的借鉴。

1. 新加坡公路电子收费技术

新加坡交通拥堵费收取采用公路电子收费系统（electronic road pricing system，ERP）。该系统采用专门的 2.5GHz 波段的小范围无线信息系统（DSRC），由三个部分组成：带现金卡的车载单元（IU）、ERP 显示牌（控制点）和控制中心。车载单元用于接收控制点发出的信息并从接触式智能卡上支付相应费用，每个车载单元的号码与其所在车辆的车牌号绑定。新加坡约 97% 的车辆装备了车载单元设备。每个收费控制点有两个天线，第一个天线用于识别车载单元的类别并根据车型收费，第二个天线用于确认收费操作。在装有车载单元的车辆上，减去 ERP 费用后现金卡上余额将持续显示 10 秒，与此同时光学传感器探测车辆的通过。如果实施了有效的 ERP 交易，正确的 ERP 费用被扣除，相应的信息将储存到当地的控制器中。如果由于一些原因没有进行有效交易，监控照相机将把车辆牌照拍摄下来并记录原因（例如，现金卡上没有现金），同时在当地的控制器中存储这些信息。当地的控制器每隔一段时间将交易数据和数字图像传到控制中心。违章/错误的车辆信息将保存 6 个月作为证实驾驶员违章行为的证据。

2. 伦敦拥堵费收费技术

伦敦的交通拥堵费收取采用的是车牌拍照技术。沿着收费边界与区域内部的路口布置着大量的摄像点，摄像头分为两类：黑白摄像头记录车辆车头（车牌）的图像，彩色摄像头拍摄背景图像，补充车牌图像。控制系统确保黑白和彩色摄像头同时拍照，保证即使在恶劣的天气条件，也能记录到可用的图像。两类摄像头的照片通过不同的网络与控制中心连接，黑白图像通过车牌自动识别技术进行分析处理。

通过拍照实施收费的技术优点是不用在车辆上安装车载单元，缺点是自动车牌识别技术的识别率不够高。伦敦拥堵收费前的研究发现，大约有 10% 的车辆经过一个摄像头时车牌不能被有效读取。伦敦的解决办法是，在收费区内密布摄像头，只要有一个地点被成功捕捉到就足以执行收费，进入收费区的车辆通常要经过好几处摄像点，至少被成功拍摄到 1 次的概率大大提高。因此，伦敦市基于车牌识别的收费技术系统与其收费政策是匹配的，"圈内收费"的模式让其可以通过多次识别的方法来弥补车牌识别率偏低的问题。

3. 我国高速公路 ETC 技术

我国高速公路普遍采用的电子不停车收费系统（electronic toll collection，ETC），其原理是通过安装在车辆挡风玻璃上的车载电子标签与在 ETC 车道安装的微波天线之间的专用微波短程通信，自动实现车辆识别、信息写入（入口）、自动缴费（出口）等活动。ETC 系统主要由车辆自动识别系统、中心管理系统和其他辅助设施等组成；其中，车辆自动识别系统又由车载单元（onboard unit，OBU，又称电子标签）、路边单元（roadside unit，RSU）、环路感应器等组成。

2016 年，交通运输部制定了《收费公路联网电子不停车收费技术要求》，确定我国使用的技术方案是"两片式电子标签 + 双界面 IC 卡的组合式电子收费系统方案"。我国 ETC 系统的主要技术指标及其与国外的比较见表 6 - 17。

表 6 - 17　　　　　　　国内外 ETC 系统技术与应用比较

比较	上海电子收费系统	广东电子收费系统	日本电子收费系统	法国电子收费系统
微波通信频段	5.8Ghz	5.8Ghz	5.8Ghz	5.8Ghz
车道天线通信模式	主、被动兼容	被动式	主动式	被动式
电子标签（OBU）种类	主动双片式、被动双片式、被动单片式 3 种	被动双片式、被动单片式 2 种	主动双片式	被动单片式
IC 卡种类	双界面 CPU 卡	双界面 CPU 卡	CPU 卡	不需要卡
车辆通行速度（公里/时）	0～160	≤50	0～180	≤50
系统反应时间（秒）	单片：0.06；双片账户：0.26；双片储值：0.47	≤0.3	不详	不详
应用情况	虹桥机场出口收费站	广东省高速公路联网收费系统	日本高速公路	法国高速公路

ETC技术在全国高速公路系统覆盖广泛，发展迅速。交通运输部发布的数据显示，截至2018年末，我国ETC用户突破7 656万，这意味着我国平均每3辆汽车就有1辆车在使用ETC（全国汽车保有量约为2亿辆）。ETC用户中，以客车用户为主，2018年末客车用户为7 134万，占ETC用户总量的93.18%。至2018年末，全国29个省份实现ETC联网收费，共有收费站9 322个，ETC专用车道19 674条，占车道总数的24%。联网区域内主线收费站ETC车道覆盖率为98.94%，匝道收费站ETC车道覆盖率为96.96%。ETC自营服务网点达到1 574个，合作代理网点58 632个，各类服务终端48 988个。2018年12月，联网区域内使用ETC的车辆通行量约为2.86亿次，占车辆总通行量的32.5%，客车的ETC使用率达到43%。

2017年9月，交通部办公厅印发的《智慧交通让出行更便捷行动方案（2017~2020年）》，将加快推进ETC拓展应用作为提升智慧交通水平的重要任务。方案提出，要不断提升ETC安装使用便利性，着重提升ETC客车使用率；研究推进标准厢式货车使用ETC，探索ETC系统与车车通信、车路协同等智慧交通发展方向的深度融合，为用户提供全方位出行服务。鼓励地方交通运输主管部门、高速公路运营主体探索ETC停车场应用，以及ETC在出租汽车、租赁汽车、公路物流等领域推广应用。

2019年5月，国务院办公厅发布《深化收费公路制度改革取消高速公路省界收费站实施方案》，要求"力争2019年底前基本取消全国高速公路省界收费站"。为了达到这一目标，全国高速公路系统需要对ETC系统进行拓展和升级，加快现有车辆免费安装ETC车载装置。方案要求，2019年底前各省（区、市）高速公路入口车辆使用ETC比例达到90%以上，同时实现手机移动支付在人工收费车道全覆盖；2019年底前完成ETC车载装置技术标准制定工作，从2020年7月1日起，新申请批准的车型应在选装配置中增加ETC车载装置。随着取消高速公路省界收费站工作的推进，2019年我国ETC用户和使用量呈现爆发式增长。

我国高速公路ETC技术类似于新加坡的电子收费技术，但我国的ETC主要应用城际的高速公路收费，而新加坡的电子收费技术应用在城市道路拥堵费、停车费、景区门票收费等多个城市领域。新加坡电子收费技术的成功让我们看到国内ETC收费技术应用拓展到城市交通的可能性。

我国高速公路 ETC 的优点在于能够实现不停车自动收费，车辆到达收费闸口减速慢行，通过过程中自动完成通行费收取，比传统收费方式节省大量人力，同时大大缩短车辆等待时间。据统计，高速公路 ETC 收费的平均时间为 3 秒，而传统方式为 14 秒，耗时约是人工收费的 1/5，单车道通行能力可达 1 000 辆/小时。ETC 技术也存在一些缺点：

其一，需要安装设备。需要使用者安装车载设备，安装成本由个人承担。目前安装 ETC 的费用为 200 ~ 350 元（也有一些银行推出免费安装的活动）。

其二，办理烦琐。依托各大银行，ETC 办理网点覆盖范围广泛，但办理所需材料较多，用户需要携带本人身份证、驾驶证、行驶证以及本年度车辆保险单等多项证明材料，还需在车前挡风玻璃上安装车载设备，整个过程较复杂。

其三，功能单一。目前 ETC 设备只能应用于高速公路收费。采用现有高速公路 ETC 技术能够实现点到点的收费，或者按次收费功能，但是现有技术不能应用于路网内的路径识别和随机路程的收费功能。

4. 基于车牌识别的移动支付技术

基于车牌识别的移动支付技术（或称为无感支付、车牌付）已经在城市停车、高速公路收费等领域开展应用。该技术的应用需要事先将车辆牌照与银行账户或者支付宝、微信等第三方支付平台绑定。车辆经过收费闸口时，通过摄像机对车牌号码进行自动识别，并自动从绑定账户中实施扣款。

"车牌付"的优点：其一，办理方便。支付宝或是微信用户只需要登录手机应用，绑定自己的车牌号、驾照和行驶证等证件即可使用。其二，成本低廉。用户不需要额外购买安装车载单元，根据视频识别的车牌号信息在支付平台绑定的银行账户中扣除通行费。其三，兼容性强。依托于支付平台的强大功能，车牌支付的应用可以迅速扩展到多个领域。

"车牌付"的缺点：其一，识别率问题。一方面，"车牌付"的摄像头有效识别距离仅有几米，而 ETC 系统的短程微波通信的检测距离可以达到十几米；另一方面，在识别准确率方面，基于牌照识别和车体特征进行视频识别的精准度不如 ETC 技术，且视频识别更容易受到天气和环境的影响，出现无法识别或者识别错误的概率更高。其二，防欺诈问题。无感支付对车辆的识别依据是车牌和车体特征（如颜色、品牌等），对于套牌车辆，系统无法分辨其真伪，只要车牌和车体特征符合系统记录，则会从关联的账户中扣除通行费。其三，车速限制问题，车牌识别要求更低的通行车速。

5. 许可证收取技术的选择

目前，国内的停车费自动支付，主要采用"车牌识别＋移动支付"技术，ETC 技术在城市交通领域的应用非常有限。高速公路的自动支付仍主要依靠 ETC 技术，但湖南、广东、四川、山西等多个省份的高速公路联网收费都在积极推广移动支付平台。这两种技术均有较为广泛的用户基础，用户群体有重叠的部分也有差异化的部分，两种技术方式不存在冲突，各有优缺点。在技术选择上可参照我国部分省份高速公路收费改革后的效果：许可证收取系统同时利用 ETC 和车牌识别两种自动收取模式，在车道数量较多的路段，两种设备系统可分道设立，并在车辆驶入收费闸口远端提前就车道分配进行提示，让车辆能提早预判，避免车流交织产生新的拥堵。

综上，许可证电子账户可以储存在智能卡或通过 APP 储存在手机上，持有者能够基于此进行方便、低成本的交易。该卡或者账户可在银行、加油站或网上通过电脑、手机快速实施许可证购买或交易。为了便于收取许可证，许可证账户应与汽车牌照关联起来，通过 RFID 设备、扫描车牌或二维码（类似于支付宝或者微信的支付二维码）等方式快速完成许可证的回收。

基于对许可证技术体系的论述，即使国内当前的技术水平，也已能够支撑行驶许可证政策的实施。随着电子车牌、网联汽车、移动支付等技术在未来数年的迅猛发展，通行权交易政策的支撑技术体系将更加完善，实施政策的成本也将更加低廉。

与其他国家相比，我国实施个人的可交易许可政策还具备一些独特的技术优势。首先，我国有世界上最多的收费公路，因此也拥有世界上最大的公路收费系统，在公路收费技术上积累了其他国家无法获得的宝贵经验。其次，我国也是世界上移动支付应用最多、普及最广的国家，这也是世界上其他任何一个国家所不具备的。再次，我国有世界上最严格、精确的居民身份管理系统，这一系统的存在能够为个人许可证交易政策提供必要的居民信息，从而大大节约许可证分配环节的数据采集成本同时避免欺诈行为。这三个方面的独特、领先优势为我国在全世界范围内率先开展小汽车通行权交易政策等新型城市交通管理创新提供了优越的制度环境与技术环境。

6.5.4　行业监管机制

由于交通运输行业的特殊性，通行权交易政策在城市交通领域的实施和监管面临诸多挑战。小汽车行驶许可证在实施中的困难性与监管的重要性源于：首先，车辆的移动性与运输服务的时空异质性。与实施许可证交易政策的其他行业相比，小汽车行驶许可证监管的对象（小汽车）是移动的而非固定的，每次车辆行驶过程都与具体的时间和空间联系起来，具有时空的异质性。其次，小汽车出行的不可储存性。小汽车出行服务不能储存以备不时之需，小汽车出行服务也不能像其他产品那样在海外生产或者购买海外的替代产品满足国内运输需求，小汽车运输活动（服务）只能在特定的起讫点之间实时发生。再次，小汽车出行具有明显的波及效应。由于包括小汽车出行在内的城市交通与多个上下游产业、与居民生活质量、与城市社会发展等都有格外紧密的联系，因此城市交通运输内部的政策可能会对相关行业的经济发展产生波及影响。最后，城市交通供需市场的特殊性。城市道路设施与交通服务通常接受政府的财政补贴，城市交通服务市场已经是被扭曲的市场，不同的运输子行业接受政府补贴的程度不同，一种城市交通政策实施，会对其他城市交通方式的客流量和收益等产生直接的影响，而影响的程度往往在事前难以估算。

为了确保小汽车行驶许可证的顺利实施，政府相关部门必须在政策实施之前就要介入，组织开展充分的调查研究，合理制订并反复论证许可证具体方案，广泛宣传以便准确传达至公众。同时，建立有效的政策监管体系，对分配、交易到回收的各个环节实施监督，以减少潜在的非法行为和不必要的交易费用。

1. 信息监测机制

监管方缺乏足够的相关信息是导致政策失败的主要原因，因此政策制定和运行过程中的信息监测机制对政策的成功运行至关重要。可交易行驶许可证信息的监测体系一定是依附于许可证的发放、交易与回收的技术系统存在的，因而，在技术系统设计时，就应考虑到信息收集和分析的便利性，将信息监测的功能集成于系统中。现代化的信息采集、数据分析技术可为行业信息监测提供更加高效和便利的途径。

基于上文设计的许可证交易技术支撑体系，许可证交易的信息监测体系与路径具体如图6-9所示。政府部门组织制定通行权交易政策各个环节的实施规范，并督促许可证分配、交易、回收和账户系统按照规范运行。在运行过程中，政府主要通过对各技术系统的信息上报与从上至下的核查实施信息监测和监督。

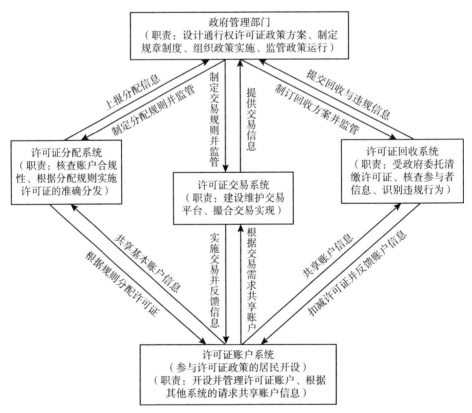

图6-9 通行权交易政策：信息流动路径与监测机制

不同系统与环节的信息监测体现在：①许可证账户系统：在用户开设账户时对开设人的个人及车辆信息进行核验（包括户口、居住地、银行账户、家庭状况、车辆数量及状况等），其目的是保证许可证的实际发放范围与政策规定的范围保持一致，尽可能避免利用虚假信息、开设虚假账户冒领许可证等违法行为的发生。②许可证分配系统：在进行许可证分配时，按规定核查账户的合规性及获得免费分配许可证的权限及类别，其目的是保证符合政策要求的群体分配到准确数量的许可证，不符合要求的群体（账户）不能免费分配许可证。③许可证交易系统：在交易环节主要是将交易市场的交易量和价格等信息及时上报与分析，对市场交易中的欺诈行为、扰乱市场等行为进行及时的识别和上报，由相关部门进行及时处理。④许可证回收系统：回收环节是以车辆为对象的，因此主要是对车辆的许可证数量是否充足、驾驶行为规范等进行核验和督查，识别违规行为，并采用自动拍照等方式记录车辆违规状况，从而保证政策执行的严肃性。

各个环节的核查信息、基础数据等应及时上报至政府部门，政府管理部门对核查情况进行抽查监督（可委托第三方机构），同时利用核查反馈信息中识别的问题对政策方案进行及时的完善，形成"至下而上"与"至上而下"双向协同的信息监测与核验机制。

2. 价格监管机制

许可证的交易是通行权交易政策受到最多质疑的环节，是否能将交易成本控制在合理的范围内决定着政策是否能够成功实施。交易环节监管的核心内容是价格监管。是否应该对许可证的价格实施政府干预以及干预的程度一直是一个争议性的话题。

基于个人的许可证交易政策还没有实施的先例，但从已经实施的国际碳排放交易市场的价格监管情况来看，大部分的碳排放交易市场对碳价格有一种或多种价格调节措施，价格调节的主要方法有政府预留配额、设置配额价格限制、配额跨期使用、配额抵消等，国外主要碳排放交易市场的价格调节措施如表 6 - 18 所示。

表 6 – 18　　　　　　　　　　国外碳排放交易的价格监管措施

监管措施	新西兰	澳大利亚	韩国	区域温室气体倡议 RGGI	西部气候倡议 WCI		日本东京都
					加利福尼亚州	魁北克省	
政府预留配额	√	×	√	×	√	√	×
设置价格限制	×	√	×	√	√	√	×
配额的跨期使用	√	√	√	—	√	√	√
配额的抵消	√	√	√	√	√	√	√

注："√"表示采取了某项价格监管措施，"×"表示没有采取某项价格监管措施，"—"表示不明确是否采取该项价格控制措施。

资料来源：高山. 碳排放权交易的监管体系研究［J］. 科技和产业，2015，15（2）：39 – 44.

　　小汽车通行权交易政策中，价格监管的目的是稳定市场价格，避免市场价格的剧烈波动从而影响市场的有效运转。在许可证交易市场的价格稳定方面，可选的方法主要是政府预留配额、配额的跨期使用和设置价格限制等三种。

　　政府预留配额的目的是通过交易市场中许可证供给数量的调控使价格趋于稳定，这种方法在美国碳排放交易政策中采用以稳定碳价，政府保留一定数量的排放许可证，一旦碳排放许可证的价格急剧上升，政府可增发一定数量的免费许可证使市场价格趋于稳定。但这种方法的应用要非常慎重，主要应对政策实施之初对市场状况的总体把握不足时的备选方案，随着对出行状况与许可证交易市场状况的掌握越来越清楚，则许可证的总量配额也会越来越准确，在这种情况下再预留配额储备反而影响政策效率。此外，如果政府反复动用预留配额免费发放给居民，会造成居民对额外配额发放的路径依赖，同时增发的配额也会影响缓堵效果，从而让公众对政府治堵的决心产生怀疑。

　　是否允许配额的跨期使用（即是否允许许可证储存至下一周期）也会对许可证的交易价格产生影响，欧盟碳排放交易市场曾经因禁止碳排放许可证的跨期使用导致市场价格暴跌，欧盟也在此后改变了政策，允许碳排放许可证的跨期使用。本书在6.3.4中详细讨论了许可证有效期设置的问题，认为应该允许行驶许可证在一定期限内的储存与跨期使用，而非许可证的永久性储存。国外碳交易市场的发展经验表明，许可证储存期限的设定不宜太长，否则容易给未来的市场带来较大的不确定性。因此，本书建议按照6.3.4 中提出的"大小周期"的做法，既给居民一定的纵向数量调节能力，又能保证因为储存造成的许可证数量在时间上的波动性不至于太大而影响政策效果。

价格管制是比前两种方法更加直接的价格控制手段，主要有制定统一交易价格、设置价格上限和（或）下限等。澳大利亚在碳排放许可证交易的价格管理上采取了渐进的价格管制模式，将碳排放市场的价格管制从开始的严格逐渐走向放松。澳大利亚碳排放价格管制的三个阶段：第一阶段按固定价格交易，第二阶段是有上下限约束的浮动价格，第三阶段是完全市场化的浮动价格①。这一渐进的思路值得在探索实施通行权交易政策时借鉴。通行权交易政策开始推行时，由于对居民的反应还没有信息反馈，出于政策的稳定性，政府可制定相对严格的价格控制政策，随着政策的逐渐稳定与居民的接受与适应，价格管制可逐渐放开。

3. 违规行为的识别与惩罚机制

对违规行为的惩罚态度与惩罚机制的有效性，不仅影响到通行权交易政策的约束力，居民的接受度与参与政策的积极性，还极大地影响着政策执行成本。良好的违规行为惩罚机制是通行权交易政策有效实施的重要保障。

在通行权交易政策监管过程中，如何防止、识别和处罚违规行为是在政策设计时就应该考虑的问题。虽然精心设计的政策系统能够减少违规行为的发生，在运营中仍必须考虑违规发生时的处理。通行权交易政策实施中，违法、违规行为可能出现在各个环节，其中主要有分配环节的冒领和回收环节的超额行驶等问题。

在分配环节，采用虚假账户或虚假信息冒领或多领许可证是要尽量规避和严厉处罚的行为。为了规避这一问题，可利用现有的金融系统信息为行驶许可证账户核验提供帮助。为了便于监管机构监控整体货币持有量、防止欺诈等，现有监管体系下的金融行业拥有最为完善的信息系统和反诈骗手段。银行信息系统除了掌握银行账户、资金流动信息，还拥有开户居民的身份、

---

① 稽欣. 国外碳排放交易体系的价格控制及其借鉴 [J]. 社会科学，2013（12）：48 – 54.

年龄、信用、收入、住所、家人、资产、车辆等全方位的信息。这些居民身份相关的信息不仅可用于银行系统的反洗钱和防欺诈等目的，还可用于社会生活中各种需要验证居民身份和财产的场景。行驶许可证新账户的开设如果能够依托银行现有的基本信息，能够大大降低系统建设的复杂性，节省许可证账户开设的时间和运营维护成本。将许可证账户与居民的身份信息与银行账户绑定，基于现有的金融平台设置许可证账户，不但有利于交易的开展，同时还有利于许可证欺诈事件的发生。

在许可证回收环节，主要的违规表现为在许可证不足的情况下通过了限制道路。对于这种"超额行驶"的情况，应该进行严厉的处罚以维护政策的执行力，可采取处以高额罚款加上驾驶证扣分的双重处罚。高额罚款能从经济上对违规行为进行约束，而驾驶证的扣分能从驾驶权的角度进行约束。高额罚款的政策，既是在欧盟等各个碳排放权交易体系中被采用以处罚超量排放的企业的方法，也是在新加坡等实施拥堵费的城市处罚偷逃交通拥堵费的车辆的措施，当然也是我国城市交通管理中进行车辆违章处罚的主要手段。

| 第 7 章 |

小汽车通行权交易政策的成本与影响

7.1　通行权交易政策的成本分析

　　无论是可交易的通行权政策，还是交通拥堵费，政策成本一直是摆在交通拥堵治理政策面前无法绕过去的障碍。由于城市交通管理涉及的对象众多，在大城市实施通行权交易政策或者交通拥堵费政策，受影响的群体既包括数以百万的小汽车出行者，还波及其他方式出行的居民，甚至是城市商业设施。因此，比起在产业链上游针对工厂实施的许可证交易政策，在城市交通领域引入可交易通行权制度的复杂程度和执行成本显然要大许多。无论边际成本控制函数和交易成本函数采用何种具体形式，交易成本均会明确地减少许可证的交易量（Stavins，1995）[①]。如何尽可能地减少政策成本，是通行权交易政策设计时必须考虑到的问题。交通拥堵费已经有实施的先例，而小汽车通行权交易政策在全球范围内还没有任何已实施的案例。通行权交易政策成本是否具有可接受性？本章从产权理论提出的"交易成本"成本角度进行分析。

7.1.1　成本内涵分析

　　交易成本是科斯研究企业这一市场经济的组织形式时发现的。科斯

　　① Stavins R N. Transaction Costs and Tradeable Permits ［J］. Journal of Environmental Economics & Management，2004，29（29）：133 – 148.

（Coase，1937）发现了组织在交易的过程中需要付出成本，这个成本是"所有发现相对价格的成本"，是"市场上发生的每一笔交易的谈判和签约的费用"。科斯在《企业的性质》中首次提出"交易成本"的思想，但并没有给出"交易成本"的明确概念，直到 1969 年阿罗（Arrow）第一次使用了"交易成本（又被称为交易费用，transaction cost）"这个术语，并将其定义为"经济制度的运行成本"①。威廉姆森（Williamson，1979）系统地研究了交易成本理论②，认为其"在经济上相当于物理系统中的摩擦力"（1985）③，后来在其出版的《治理机制》（The Mechanisms of Governance）（1996）中提出交易成本包括如下几部分：①达成双方满意的协议成本；②使协议适应预期不到的突发事件成本；③实施协议的成本；④终止协议的成本；⑤获取市场信息的费用；⑥为避免冲突而进行的谈判并付诸法律而支付的成本④。

爱格特森（Eggertson，1990）将交易成本与专有产权的转让、获取和保护联系起来，认为个人之间的产权交换相关的各种活动都会产生交易成本⑤。诺斯（North，1990）认为交易成本是生产成本的一部分，扩展了新古典主义的定义⑥。斯塔维（Stavins，1995）认为交易成本在市场经济中"无处不在"，因为市场中的各方必须找到彼此来传递、沟通和交换信息⑦。斯塔维还认为，当可交易许可证制度的交易成本涉及合作伙伴搜寻、谈判、决策、跟进与遵守规则等行为，权利的初始分配会对许可证的最终分配和减排总成本产生影响。政府管理部门应努力降低这些交易成本，例如通过畅通交易渠道提升许可证交易双方的便利性。

---

① Arrow, K. The Organisation of Economic Activity: Issues Pertinent to the Choice of Market versus Non-market Allocation [C]. In: US Joint Economic Committee, The Analysis of and Evaluation of Public Expenditure: the PPB System, Washington: Government Printing Office, 1969 (1): 59 – 73.

② Williamson O. E. Transaction – Cost Economics: The Governance of Contractual Relations [J]. Journal of Law and Economics, 1979, 22 (2): 233 – 261.

③ Williamson, O. E. The Economic Institutions of Capitalism [M]. New York: Free Press, 1985.

④ Williamson, O. E. The Mechanisms of Governance [M]. London: Oxford University Press, 1996.

⑤ Eggertsson T. Economic Behaviour and Institutions [M]. Cambridge: Cambridge University Press, 1990.

⑥ North D C. Institutions, Institutional Change and Economic Performance [M]. Cambridge: Cambridge University Press, 1990.

⑦ Stavins R N. Transaction Costs and Tradeable Permits [J]. Journal of Environmental Economics & Management, 2004, 29 (29): 133 – 148.

菲吕博腾和里克特（Furubotn & Richter，1997）综合吸收了多位经济学家的观点，认为交易成本普遍存在，包括建立、维持、调整、管制、监测和执行规则以及执行交易的成本；此外，资源错配的机会成本也应当属于交易成本的范畴[1]。德姆塞茨（Demsetz，1997）认为交易成本可以解释为"为使用价格机制而进行的任何活动的成本"[2]。

由于不同的学者有不同的研究对象与视角，因此对"交易成本"的具体内容的划分也各有侧重，并随着经济理论的发展不断演进。达尔曼（Dahlman，1979）认为，交易成本包括：①信息获取成本；②讨价还价和决策成本；③执行和控制成本[3]。米尔格龙和罗伯茨（Milgrom & Roberts，1992）将交易费用分为两类：第一类是当事人之间的信息不对称和合同不完全造成的费用；第二类为源于不完善的承诺或当事人的机会主义行为的费用[4]。福斯特和哈恩（Foster & Hahn，1993）将交易成本分为直接财务成本、监管延迟成本和间接成本（与完成贸易的不确定性相关)[5]。马林斯和巴伦（Mullins & Baron，1997）将交易成本分为直接交易成本（如发起和完成交易）和机会成本（如由于延迟或管理监督而损失的时间和资源）两类[6]。菲吕博腾和里克特（Furubotn & Richter，1997）认为交易费用由三类费用构成（每个类型又区分出固定交易成本和可变交易成本）：①使用市场的成本（市场交易成本）；②在组织内行使命令的费用（管理交易成本）；③运行和调整政治制度的成本（政治交易成本）。

OECD（2001）将交易成本分为两类：非政策相关的交易费用（由双方自愿发生交易引发的费用）和政策相关的交易费用；前者包括企业收集资

① Furubotn，E. G.，Richter R. . Institutions and Economic Theory：The Contribution of the New Institutional Economics ［M］. Ann Arbor：University of Michigan Press. 1997.

② Harold. The Firm in Economic Theory：A Quiet Revolution ［J］. American Economic Review，1997，87（2）：426 – 429.

③ Dahlman，C. J. The Problem of Externality ［J］. Journal of Law and Economics，1979，22，141 – 162.

④ Milgrom，P.，Roberts，J. Economics，Organization，and Management ［M］. New York：Prentice – Hall. 1992.

⑤ Foster，V.，Hahn，R. W. . Emissions Trading in LA：Looking Back to the Future ［R］（Working paper）. Washington：American Enterprise Institute，1993.

⑥ Mullins，F.，Baron，R. . International GHG emission trading：Policies and Measures for Common Action ［R］（Working paper 9）. Paris：OECD/IEA. 1997.

料、谈判价格、确定质量、建立排除机制、组织集体行动等有关的费用；后者包括政府在收集资料、规划和设计政策、收集收入、分发款项和监测政策结果方面所产生的费用①。

时至今日，交易成本（交易费用）的概念已经成为一个常用的经济学名词，经济学者将"交易成本"作为考察不同制度或组织优劣的指标，通过比较交易成本的高低，来进行制度和组织模式的选择。

基于前人的交易成本理论，本书认为，应当从全社会的角度来考虑交易成本，交易成本不仅包含个人和企业在市场上自愿交易的全过程中所付出的促成并实施交易的费用，还应包括政府在市场建立和监管中的费用支出。

在小汽车通行权交易政策体系中，可交易的行驶许可证采用电子凭证形式，储存在电子账户中，个人只需要在交易平台发送自己的买卖指令，通过互联网交易平台的实时撮合，就能够进行在线自动交易。在参与执行通行权交易政策的过程中，个人所需支付的成本主要表现在开立账户、购买车载设备和交易环节发生的费用。

1. 新开账户成本

如果电子行驶许可证能够嵌入现有的社保卡、银行或者第三方支付账户系统中，那么开立账户不需要额外的实体卡片，仅需在原有账户中增加账户内容即可，甚至开户的过程都可以全程在网上操作完成，不需要个人用户到实体网点办理，因此，账户开立过程中，个人用户的费用支出很低（或者不需要支付任何费用）。

2. 车载设备购买成本

如果采取新加坡 ERP 或者我国高速公路 ETC 类似系统回收行驶许可证，则需要居民在小汽车上安装车载单元以接收道路卡口的许可证清缴信号，车载单元需要支付一定的费用。但是，由于我国高速公路 ETC 系统推进速度快，2019 年又因为"取消省界收费站"的行动加速了 ETC 的安装率。如果能利用现有的 ETC 系统和设备，则无须额外安装车载设备，也就不需要支付

---

① OECD. Transaction Costs and Multifunctionality Main Issues ［R］. Paris：OECD Analytical Framework Guiding Policy Design，2001. https：//core. ac. uk/download/pdf/22870328. pdf.

额外的费用。基于视频识别的许可证回收技术和基于第三方支付平台的回收技术（例如二维码支付）无须安装车载设备，这部分支出不会发生。

3. 交易环节的成本

交易环节的谈判成本来源于个人之间或者个人与政府之间就行驶许可证价格的询价及讨价还价。由于交易市场中参与交易的主体众多，个人之间很容易找到交易对象，甚至形成公开透明的交易价格，从而使谈判和议价成本降至极低的水平。在传统市场中，谈判成本因为信息不畅而高企，成为基于个人的许可证交易政策无法逾越的障碍。然而，电子交易系统的采用让行驶许可证以电子票据的形式在系统中实时发生并完成交易，交易记录以电子信息形式储存在系统中，因此也不需要额外的合同费用。在促成和实施电子许可证交易的过程中，参与交易的个人几乎不需要支付费用就能使交易达成，交易占用的时间也非常短，时间的机会成本甚微。

综上，个人在参与小汽车通行权政策的过程中，个人必须支付的成本是较低的。通行权交易政策的交易成本主要体现在政府支出方面。政府在建立和执行政策的过程中，需要支出的成本主要表现在如下一些方面：①立法宣传成本，包括宣传成本、公众支持成本和法律障碍成本；②信息收集成本，指用于掌握外部成本大小所需获取信息的相关成本；③政策设计成本，规划设计适当的系统方案所需的成本；④系统建设成本，指建设行驶许可证交易系统的成本；⑤系统运营成本，指政策体系的运营成本，包括技术成本、机构运营成本等；⑥监管执行成本，指政府机构对政策运行的各个环节实施常规监管和违约处置的成本。

7.1.2 成本比较分析

本小节对政府在制定和执行小汽车通行权交易政策中需要支出的各种成本进行具体分析，并与拥堵费政策的成本进行对比。

1. 立法宣传成本

小汽车通行权交易政策是对小汽车自由行驶权的限制。政策实施以前，小汽车自由行驶的权利几乎完全不受限制，小汽车在通行权交易政策下将受到行驶量的约束。从完全自由到接受约束，小汽车拥有者和使用者对通行权交易政策会产生自然的抵触。

认识到小汽车使用者对通行权交易政策产生抵触的同时，也应注意到环境因素的改变会让通行权交易政策实施的阻力变得越来越小，这些外部因素主要包括环保意识的增强、污染的加剧、公众对小汽车负外部性的认识更加深入等。

首先，人们对环境污染的关注和对生活环境质量的要求都日益提高，越来越多的小汽车出行者认识到小汽车出行所造成的负外部性的存在，并且对小汽车限制性政策倾向于理解和认同。

其次，小汽车使用者同时也是交通拥堵的负外部性的最主要承受者。伴随着全球范围内愈演愈烈的交通拥堵形势，拥堵加剧导致的出行时间延长、燃油消耗增加、污染物排放增加和交通事故增加等负面影响，首先反作用于小汽车出行者自身。小汽车出行者既享受着小汽车出行便利带来的愉悦，同时也越来越多地体会到深陷交通拥堵中的焦虑和痛苦，这种负面的感受正在吞噬小汽车出行的相对优势，对拥堵治理的呼声越来越高。拥堵的加剧让出行者对机动车限制性政策的认同感逐渐上升。

再次，在小汽车限制性政策中，车辆尾号限行、交通拥堵费和通行权交易政策是具有替代性的三个主要政策工具。车辆尾号限行（例如单双号限行）是行政命令性的政策，缺乏政策灵活性，常常存在居民急需驾车出行的一天因限行政策不能出行，而允许出行的日子又没有出行需求的情况。相比之下，通行权交易政策具有更大的灵活性，在保证出行总量不超限的情况下，让小汽车使用者能够根据出行需求的急迫程度自动调节出行需求。与行政限行政策相比，小汽车使用者更易接受通行权交易政策。

与交通拥堵费相比，通行权交易政策没有"收费"这个巨大的阻力，也更易于接受。交通拥堵费的政策影响是非常广泛的，不仅包括被收费的群体，还包括大量的利益相关者。为了评估道路收费政策的可接受性，不仅需要考虑收费政策直接影响到的个人，还需要考虑利益相关群体。琼斯（Jones，1998）认为，公众和政治上的可接受性是造成道路收费政策从未得到广泛实施的原因，公众对道路收费的主要质疑包括如下一些方面：①车辆驾驶人很难接受这一政策，没有人愿意为了减轻拥堵而交费；人们为想要获得的东西付费很乐意，但要人们为不想要的东西买单是很困难的。②驾驶人会认为，改善公共交通或采取交通限制措施，如设立行人专用道或对进入中心城区的车辆进行限制等，也可以缓解交通拥堵，不一定非要通过收费来解决。③小汽车出行需求相对价格的弹性缺乏会使收费系统失效。④用于道路定价的技术是不可靠的。⑤电子道路收费系统可能侵犯车辆使用者的隐私。⑥如果拥堵收费政策限定在城市的某个拥堵区域实施，它将导致收费区域周围的拥堵加剧，从而将问题转移到以前不拥挤的地区。⑦拥堵收费是一种税收，即使收入被指定用途，公众也总是会担心政府可能会改变使用规则。⑧拥堵收费是不公平的，因为那些最没有能力支付费用的人将被收费道路排除在外①。

虽然经济学家通常都对交通拥堵费（矫正性税收）的政策效率持肯定的态度，但公众却通常不这样认为。奥伯胡茨等（Oberholzer - Gee et al.，2002）的研究认为，许多人对于采用收费政策来消除过度需求的政策机制是不认可的，个人更喜欢先到先得的原则，而不是物品稀缺时的定价②。目前，大部分城市道路空间的分配方式仍然采用"先到先得"的机制和在此基础上的一些变化形式。

综合上述分析，道路收费政策的立法成本，特别是游说成本、公众支持成本和法律障碍成本（依赖于公众和政治支持）可能是巨大的，通行权交易政策在这方面的成本要小得多。

2. 信息收集成本

对于交通拥堵费政策而言，确定合理的收费额度是政策的核心内容。交通拥堵的收费额应该根据拥堵产生的直接成本和间接成本来制定。为了合理确定拥堵收费的额度，需要分析并建立交通量、拥堵程度与环境成本之间的数量联系，还要能够定量（如以货币的形式）测度收费导致交通量变化时，各种成本支出（包括对社会环境造成的负外部性）的变化情况。同时，收费

---

① Verhoef E T. Road Pricing, Traffic Congestion and The Environment: Issues of Efficiency and Social Feasibility [J]. Transportation Journal, 1999, 40 (3): 621 – 622.

② Oberholzer – Gee F, Weck – Hannemann H. Pricing road use: politico-economic and fairness considerations [J]. Transportation Research (Part D, Transport and Environment), 2002, 7 (5): 357 – 371.

额度还应考虑技术和经济上的可行性。

由于交通拥挤和其产生的社会成本在空间和时间上是动态的、实时变化的，因此准确衡量拥堵成本一直是业界难题。许多城市的拥堵只发生在一天24小时中的几个特定小时内，其余大部分时间通行是正常的；有些城市的拥堵常常仅发生在庞大路网中的某些路段；如果按照比例来计算，拥堵路网的里程仅占整个路网里程的很少份额，拥堵时间也仅在24小时中占比甚少。城市交通拥堵影响的群体也是动态的，随着拥堵点的移动而变动。所以，城市交通拥堵成本的计算不能像常规物品一样清晰，要将这些特定时段的拥堵界定出来并在此基础上厘清其直接成本和间接成本，对其进行量化，需要大量的数据支撑，包括动态的交通流数据、不同车辆在不同工况下的燃油消耗和排放数据、出行时间成本、燃油成本与环境污染治理成本等。因此，交通拥堵费政策获取最优定价的相关信息采集与分析成本很高。

小汽车通行权交易政策设计过程中，不需要关于小汽车出行需求随价格的变动信息或需求价格弹性信息。监管机构的核心决策是出行量限额的大小，出行量限额的设定根据城市道路状况来决定，不需要个体出行需求的详细信息。因此，与交通拥堵费政策相比，通行权交易政策能减少大量的信息收集费用。为了公平合理地发放行驶许可证，需要了解当地居民的数量、年龄、收入等信息，这些信息大部分已经被政府部门掌握。

3. 政策设计成本

除了要决定出行许可证的总量，小汽车通行权交易政策的决策过程中还需要明确政策实施的地域范围、分配对象群体、分配方式等。与着眼于产业链上游的规制政策相比，直接着眼于消费者的许可证能够让消费者直观感受到政策约束，取得立竿见影的效果。然而，政策覆盖的对象从企业变为个人，政策覆盖对象的数量会有大幅度的跃升，例如针对燃油企业实施许可证交易政策，政策覆盖的企业数量以万计，针对个人的小汽车通行权交易政策涉及的对象可能以百万、千万计，因而基于个人消费者的许可证政策其分配和交易环节要比上游的许可证政策更加复杂，这也是部分学者对个人许可证交易政策存在异议的关键点。

由于小汽车通行权交易政策面临大量的对象，影响政策方案设计的因素

（变量）复杂性增加。例如，政策设计过程中，需要考虑通行权交易政策对不同年龄、收入、地域、职业人群的影响，可能需要开展大量的调查以总结反馈不同群体的接受程度，反复倾听、征求公众意见，对政策方案也需要多个轮次的论证、公示、听证、修订等才能最终获得认可。因而，政策影响对象的庞大，使得针对个人的许可证交易政策设计成本比针对企业的许可证交易政策更高。

交通拥堵费的核心价值在于能实现交通拥堵外部性的内在化。将交通拥堵外部性合理内在化的前提是对外部性有清楚的分析和计量，然而，交通拥堵外部性的界定仍是困难的。交通拥堵除了导致出行时间延迟，还造成燃油消耗增加、交通事故上升、空气污染、噪音、居住环境变差等多种直接和间接的影响。已有研究能够表明这些外部影响与交通拥堵存在正相关关系，为了使拥堵定价方案达到最优状态，有必要建立收费水平与外部影响之间的定量函数表达式。然而，人类活动的外部影响以多种方式与其环境相互作用，这种相互作用是一个非常复杂的系统（Rudel，2003）[①]，例如环境的影响，不仅来自交通拥堵，还来自于家庭活动、工业、建筑活动等多个方面，要建立一个交通拥堵和外部影响之间的函数关系式是复杂且花费巨大的。此外，要将环境等不同的外部影响都转化为"货币"数量的多少来衡量也存在困难，学界对这一问题有不同的思路和看法，一些学者采用行为学方法，而另一些学者采用非行为学方法，对拥堵外部性的货币价值的衡量仍未能形成统一的观点。

4. 系统建设成本

系统建设成本取决于可交易许可证（或者拥堵费）的收取方式和技术，主要包括两部分成本：技术系统成本和机构设置成本。

技术系统方面，传统的设置人工收费亭的方式由于收费成本高、效率低，容易造成高峰期排队缴费的状况，因为收费而人为制造出新的堵点是得不偿失的，在今天已经不具有普适性。无论是通行权交易政策，还是交通拥堵费政策，都必须引入新技术以使系统建设成本维持在可接受的范围内。

[①] Rudel，R. Fiscal Regimes and Environmental Goals in the European Transport Policy [R]. 3rd Swiss Transport Research Conference，Monte Verità，2003：19 – 21.

目前，用于交通拥堵费的电子收费技术主要有两种：车辆自动识别系统和智能卡电子收费系统。车辆自动识别系统中，通过在收费区域的出入口架设自动拍照与车牌识别系统，实现进入收费区域的车辆的自动识别、计费和收取。收费的标准可以根据拥堵程度的不同实现差异化的费率。智能卡电子收费系统中，通过架设车载智能卡和路口感应装置，实现从智能卡中自动完成拥堵费扣除。这种技术的好处在于无须识别所有车辆的车牌，有助于解决小汽车出行者担心的隐私问题；但是仍然需要配备车辆识别系统来记录那些没有成功缴费的道路使用者，作为后续追缴罚款的依据。伦敦的拥堵收费系统基于车牌自动识别技术，罗马的道路收费系统采用了智能卡应答器和摄像技术的结合。新加坡的拥堵费收费采用了电子道路收费系统（ERP）"带现金卡的车载单元＋电子收费闸门＋中央控制系统"的模式。

在技术层面，以电子票证形式存在的可交易行驶许可证与电子现金形式存在的交通拥堵费没有处理成本上的差别，小汽车行驶许可证（电子票据）的收取系统和交通拥堵费的收取系统可以采用类似的系统架构。与拥堵费政策相比，小汽车通行权交易政策需要一个额外的许可证交易系统，这部分成本是拥堵费政策所不需要的。

技术系统建设方面，成本可以分为车载单元安装成本、道路收费闸门安装成本和中央控制信息系统研发成本，其中成本占比最大的应该是车载单元的安装成本——城市的每一辆汽车均需安装相应的智能卡和配套装置，对于有数百万车辆的大都市区，这是一个浩大的工程。然而，由于ETC技术、第三方支付技术等新技术的快速发展，实施通行权交易政策的技术成本将会越来越低，技术系统的成本将不再是实施行驶通行权交易政策的障碍。基于ETC系统的道路收费技术已经从成熟走向普及，不仅为实施通行权交易政策奠定了良好的基础，同时将降低小汽车行驶许可证交易系统的建设成本。

无论是通行权交易政策还是拥堵费政策，都需要在政府相关部门增设机构实施政策的规划、协调、实施、监管等职责，产生机构设置成本。

5. 系统运行成本

系统运行成本有赖于政策设计和技术方案。政策设计决定了系统运行的程序及政府机构在系统运行中参与监管的程度，政府参与监管的环节越多，系统运行成本越高。通行权交易政策中，行驶许可证收取方案的复杂性也影响运营成本，例如是否根据不同时点交通拥堵程度的不同、许可证收取的数量是否实现差异化等。收取方案越复杂，运营成本会越高。在许可证交易环节中，政府减少干预既是降低许可证交易成本的需要，也是降低系统运行成本的要求。

不同的电子收费系统也会导致不同的运营成本。如果采用车辆自动识别系统，则可以不用安装车载记录单元，节约了车载单元的安装费用；然而，这种方式下，如何将费用账单送达车主并督促其在规定时间范围内交清费用则需要更多的运行成本。使用智能卡电子收费系统的情况下，在车辆通过收费闸口时自动完成了收费过程，无须事后补寄账单，仅需对那些违法通行的车辆发出罚款通知，此项运营费用要远低于前者。

对于通行权交易政策，不宜采用事后定期核算账单的方式，事后核算账单不能在小汽车出行时给予车辆使用者以刚性约束，减少了政策的数量约束效力，同时运营成本更高。在移动支付已经普及应用的我国，采用基于车牌识别（以及电子车牌或者二维码识别）等技术的无线支付方式可以大大减少系统建设与运营环节成本。

6. 监管执行成本

蒂坦伯格（Tietenberg，1985）将可交易许可证政策的监管与执行过程划分为四个阶段：发现违规行为、通知违规者、与违规者谈判协商遵守措施和制裁违规行为[1]。蒂坦伯格提出的四个阶段适用于针对少数上游大型企业实施的许可证交易政策，在小汽车出行许可交易政策中，与数量庞大的小汽车出行者协商谈判遵守措施是不现实的，且这一过程可以通过对违规事实的清晰记录和违规处罚的公开透明等措施加以避免。因此本书对上述四个阶段中的第三个调整为"违规者接受或提出复议"，调整后的监管执行过程分为违规行为识别、通知违规者、违规者接受或提出复议以及违规行为处罚等四个阶段。

违规行为识别的成本取决于政策体系的设计和许可证收发技术的采用。

---

[1] Tietenberg, T. H. Emissions trading：An exercise in reforming pollution policy［R］. Washington. D. C. ：Resources for the future，1985.

目前，国内外道路收费和道路违章识别都采用了电子信息化的系统和技术，道路收费几乎摒弃了人工方式，主要基于车牌识别技术、无线射频识别技术等，近两年基于网络支付平台的二维码支付技术也已经应用于城市停车、道路收费等领域。城市道路违章判别和认定已经有成熟的违章自动拍照系统应用于实践。通行权交易政策下，违规行为主要体现为行驶许可证数量不足，这与收费政策下未缴纳相应费用情况类似，信息系统需要判别该小汽车行驶许可证账户是否充足并记录未成功出示许可证的车辆牌照。对于确认违章的车辆，可根据数据库中车主的通信信息，自动给车主发送违规信息，实现违规信息的自动送达。因此，在具有合理的信息技术支撑的情况下，违章的识别和通知（信息送达）都能够以较低成本实现。

违规者接受或提出复议是指违规者收到相应违规信息后，采取的接受处罚的行为；或者违规者对于违规行为提出质疑，并以符合法律规定的方式提出复议等行为。政策设计时应该为违规者预留一定的反应时间。

违规者接受处罚后，应在规定时间范围内按要求缴纳罚款，执法机构应该开通多种渠道的支付方式，方便罚款上交。电子银行转账、第三方支付平台支付等电子缴费方式方便快捷且成本低廉，可以大大降低执法机构与违规者双方的时间成本和财务成本，但仍应该开通银行柜台、邮局等多种传统渠道以方便不会使用新技术的老年群体。对于在规定时间内未及时缴纳罚款的违规者，需要采取加倍罚款、收取滞纳金或者强制执行等手段，也可与个人征信系统联系起来，以提高政策法规的严肃性。拒不缴纳罚款的违规者数量往往是极少数，但这部分工作的人工参与程度更高，因此面临着更高的执行成本。依托于现有的收费技术、监控技术与支付技术，通行权交易政策的监管执行成本是可接受的，并将随着技术水平的提高而进一步降低。

7. 成本比较

通过上述各项具体成本的分析，本书认为，小汽车通行权交易政策的成本并不构成政策实施的主要障碍。表7-1比较了通行权交易与交通拥堵费这两种政策在各种成本支出方面的差别。总体而言，通行权交易政策的交易成本要低于交通拥堵费政策。

通行权交易政策成本与政策体系的设计高度相关，尤其是许可证的初始分配政策和交易政策。许可证交易系统的实施费用一方面取决于参与者的数量，行政成本随着参与者的增加而增加；同时还在很大程度上取决于所使用的技术和监管方式（Raux，2004）[1]。道路交通领域内信息技术的广泛使用以及电子支付与交易技术的快速发展将大大降低通行权交易政策设计、建设、运行与监管成本。

表 7 – 1 　　　　　　　　　　两种交通拥堵治理政策的成本比较

成本支出主体	成本类别	交通拥堵费政策	通行权交易政策
个人支出	账户设立成本	低（电子支付）	低（电子支付与交易）
	车载设备购买成本	车牌识别技术：无须购买；无线射频技术：需车载终端	车牌识别技术：无须购买；无线射频技术：需车载终端
	交易环节成本	谈判成本：极低（无须谈判）；合同成本：零（电子交易）	谈判成本：极低（电子交易市场，自动促成交易）；合同成本：零（电子交易）
政府支出	立法宣传成本	很高（游说成本、公众支持成本和法律障碍成本）	一般（对小汽车出行产生限制，但在同类政策中更易于接受）
	信息采集成本	很高（内部外部成本，可变道路收费的相关信息）	较低（总量设定、免费分配、拍卖相关信息）
	政策设计成本	非常高（时点变化的道路收费）	高（政策的区域范围、向个人分配和回收许可证的方式、特殊群体的处理）
	系统建设成本	中等（车辆自动识别系统＋智能卡＋拥堵收费信息系统）	中等（车辆自动识别系统＋智能卡＋许可证信息与交易系统；极大地依赖于采用的技术）
	系统运行成本	较低（人员）	较低（要求少，没有审批流程）
	监管执行成本	一般（电子车辆监测＋罚款催缴，人工为辅）	一般（电子许可证监测＋罚款催缴，人工为辅）

---

[1] Raux C. The use of transferable permits in transport policy [J]. Transportation Research Part D, 2004，9（3）：185 – 197.

续表

成本支出主体	成本类别	交通拥堵费政策	通行权交易政策
成本合计		要实现有效定价，政府面临很高的政策宣传与信息采集成本	政策宣传与信息采集成本低于拥堵费政策，系统建设、运营和监管成本与交通拥堵费政策相当

7.2 小汽车通行权交易政策的影响分析

7.2.1 政策对不同利益群体的影响

小汽车通行权交易政策不仅对通过小汽车出行群体产生直接的影响，同时还对其他的交通参与者、社会经济和环境均产生影响。通行权交易政策给一些利益相关者带来负面影响（需要他们支出费用），而给另一些利益相关者则带来正面影响（带来正的收益），因此不同的影响群体需要分别对待。

科尔比（Colby，2000）分析了水资源、土地等多个行业的可交易许可证政策，认为许可证交易政策影响的利益群体主要包括：①许可资源的用户（主要关注是否能持续获得这一资源、获得的成本、利润和对生活的影响等问题）；②环境利益关注者（主要关注政策对空气、水质、人类和生态系统的影响）；③政策制定者（立法者，主要关注选民利益、法律要求和预算目标）；④竞争性利益诉求者（competing claimant，关注获得资源的渠道和获得资源的成本）；⑤监管机构（政策执行者，关注是否能有效实施、避免政治冲突和适当的预算）；⑥经济上有关联的企业或社区（关注对就业、经济可行性和社区稳定等问题）①。

维兰德（Wieland，2004）在研究道路收费政策的影响时，将道路收费政策相关参与者和利益群体分为 4 个类别：①运输服务供应商及其利益集团（铁路、航空公司、私人基础设施供应商等提供运输相关服务的公司）；②政

---

① Colby, Bonnie G. Cap-and-Trade Policy Challenges: A Tale of Three Markets [J]. Land Economics, 2000, 76 (4): 638-658.

治家/监管者/官员（即所有在运输部门具有政治影响力的个人）；③公众及不同的利益群体（所有可能对交通政策的某些要素有意见的公民）；④媒体①。

基于科尔比（Colby）和维兰德（Wieland）等人的研究，本书认为小汽车通行权交易政策主要影响小汽车出行者、城市交通其他参与者、辖区商业设施、环保主义者、政策制定者和执行者等群体，具体影响分析如下：

1. 小汽车出行者

小汽车出行者是通行权交易政策的直接作用对象，也是受政策影响最大的群体，这一群体对通行权交易政策的接受程度左右着政策是否能够实施。通行权交易政策对小汽车出行者具有正、负双向的影响。

负面影响：小汽车出行量受限。由于通行权交易政策对小汽车行驶里程（次数或天数）进行总量限制，小汽车出行者不能再像以前一样在任何有出行意愿时驾驶小汽车出行，可能不得不改乘其他交通方式出行，或者改变原有居住与生活方式以减少行驶量。

正面影响：出行时间节约、燃油成本节约、出行体验更好。交通拥堵的缓解带来更加通畅的道路交通，小汽车行驶速度将得到提高，出行时间更短；小汽车在更好的工况下行驶，燃油经济性更高；出行者从走走停停的拥堵中解脱出来，获得更好的驾驶体验。

无法确定正负的影响：出行成本。通行权交易政策对出行者出行成本的影响取决于出行者的小汽车使用量。如果小汽车出行者在政策实施后仍然保持高于限额的出行量，则其出行成本会较政策前增加；相反，如果出行者能够将小汽车出行量削减至限额以下，则不仅出行成本不会增加，还可以通过许可证交易获得额外收益。

2. 城市交通其他参与者

城市交通其他参与者包括小汽车（私家车＋机构非运营小汽车）出行者以外的其他城市交通方式出行者，包括常规公交、出租车、网约出租车、自行车、轨道交通等，他们都是与小汽车通行权交易政策有直接竞争或互补关

---

① Wieland，B.，Seidel，T.，Matthes，A.，Schlag，B. Transport Policy，Acceptance and the Media [R]. Germany：Dresden Technical University，2004.

系的利益相关人。

常规公交出行者受到两方面的影响：一方面其与小汽车共享路权，小汽车行驶量的减少致使其他道路使用者能以更快捷的速度到达目的地，缩短常规公交的运行时间；另一方面，通行权交易政策对小汽车出行的限制迫使部分小汽车出行者转而使用其他道路交通方式，会增加常规公交等交通方式的出行量，可能引起常规公交等待时间的延长并增加车厢的拥挤度。然而，如果在政策执行同时增加常规公交数量与发车频次，则出行者体验反而可能更好。

出租车、网约车和公共租赁汽车通常为4~7座，从技术标准上属于小汽车的范畴，从使用上与小汽车构成最直接的竞争和替代关系。小汽车通行权交易政策对这类利益相关者的影响取决于具体政策是否对出租车和网约车出行量进行限制，以及限制的程度如何。如果不对出租车采用行驶许可证限额，则出租车的相对优越性会凸显，对出行时间和舒适性要求较高的私家车主会大量转乘出租车，导致出租车等待的时间可能增加；相反，若对出租车也采用行驶许可证的方式加以限制，则出租车超出限额后的运营成本增加，其竞争优势将会削弱。对于网约车，各地政府是否鼓励其发展的态度不一，鉴于政府在当前发展状况下对网约车数量的管控较为困难，如果给予网约车进出限行区域的豁免权，势必造成大量私家车注册为网约车以规避通行权交易政策下的出行限制。同理，政府如果给予出租车进出限行区域的豁免权，应该同时对传统出租车数量进行严格管控。

小汽车出行的限制可以划分出更多的路权给步行和自行车出行，这是对个人非机动出行的"供给侧"激励；另一方面，小汽车出行者改为步行或骑行能够节约行驶许可证获得经济上的激励，这是对个人非机动出行的"需求侧"激励。在供需两方面的作用下，个人非机动出行量会明显增加，从而推动城市的绿色、低碳和可持续性发展。

轨道交通不与小汽车分享路权，其运行速度不受政策影响；小汽车出行者部分转移至轨道交通，增加轨道交通客流，会增加轨道交通乘客的候车时间，降低乘坐舒适度。轨道运营公司可通过增加发车密度等方式缓解这一状况，让出行者等待时间更短、舒适度更高的同时，运营公司的收入也会获得提高。

3. 辖区商业设施

主要是指对限行区域或路段的商业设施和居民社区的影响。小汽车通行权交易政策并不直接影响娱乐购物需求，会影响购物娱乐的出行方式。娱乐购物出行对出行时间的要求更加宽松，相对于通勤出行，购物出行的弹性更大。在小汽车行驶总量有限的情况下，出行者会倾向于保留有限的行驶许可证用于更加紧迫的出行目的，优先考虑将弹性更大的购物娱乐等出行替换为公共交通方式来完成。因此，不同的出行目的下，从小汽车出行转移到公共交通的比例不同：弹性更大的购物娱乐出行转移至公共交通的比例更大。通行权交易政策对商业设施的影响程度与商业设施的位置、公共交通衔接度有密切关系。位于中心城区的商业设施，人们居住密度更高，居住地通常与商业设施的距离更近，商业设施的公共交通方式也更加完善和多样，客流转移到公共交通系统后，对这些商业设施而言可以获得更多的客流。位于城市郊区主要依靠小汽车客流的大型商业设施，在小汽车通行权交易政策下可能会面临客流减少的问题。

4. 环保主义者

小汽车在为人们提供更加舒适便利的出行的同时，还对环境产生明显的负面影响，排放二氧化碳和颗粒物在空气中，同时是城市噪音的主要来源。交通拥堵加剧了小汽车出行的负面环境影响，拥堵会大大增加污染物排放，还会增加出行者的心理负担，助长焦躁的情绪，更容易发生交通事故，使周围的人群处在不安之中。越来越多的声音表现出对小汽车各种负面影响的关注，一些城市的规划与发展也体现出从"小汽车为本"转向"以人为本"的规划方向。简·雅各布斯（Jane Jacobs）在 1961 年出版《美国大城市的死与生》时受到了城市规划管理领域的大力批判，但如今得到越来越多的城市管理者和交通规划者等专业人士的认同。

小汽车通行权交易政策的实施，会降低交通拥堵的程度，减轻私人交通造成的环境污染，对环保支持者而言是积极支持的交通政策。

5. 政策制定者

小汽车通行权交易政策的制定者包括政策制定与立法机构，可能涉及城市交通行业管理部门、法规相关部门、发改委等部门。在建立通行权交易政策之前，政策制定者就必须确定可交易的小汽车行驶许可证的数量，同时考虑到可能出现的特殊和意外情况。政策制定者必须制定行驶许可证的初始分配规则、许可证在用户之间的转移规则以及随后的监督和执行机制。此外，政策制定者还须向通行权交易政策的利益相关者、公众和立法机关解释清楚政策带来的收益和损失，只有清楚的阐释和广泛的宣传才能促成政策的落实。

6. 政策执行者

通行权交易政策在分配、交易和回收的各个环节均需要政府部门的介入。在小汽车行驶许可证的分配阶段，需要交通、车辆、环保等多个管理部门协作以确定恰当的许可证总量；需要实施居民管理的相关部门对符合免费条件的居民身份进行审查，以及车辆管理部门对符合豁免政策的特殊车辆的资格认定与日常监管等工作。在许可证交易阶段，虽然通常不主张政府对许可证价格进行干预，但对市场中的各类主体是否按照规则进行合法交易等行为仍需监管。在许可证回收阶段，需要城市交通管理部门和车辆管理机构对车辆是否依照规定缴纳许可证进行监督，对通行权交易政策中的违法和欺诈行为进行处罚等。因此，通行权交易政策的实施需要多个政府部门参与到系统的建设与运营中，需要承担系统建设和运营的相关费用。

表7-2中，总结分析了通行权交易政策对不同群体在经济、出行和车辆拥有等方面的不同影响。在出行方面，得益于拥堵的缓解，通行权交易政策对不同群体几乎都带来正的效益；在小汽车拥有方面，除不受管辖的运营车辆外，政策对小汽车拥有产生抑制作用；在经济方面，只要将小汽车出行量减少到限额以下的出行者，都能获得正的收益，超出限额的小汽车出行者支出更多费用，政府在政策制定和执行中需承担相关费用。

表7-2　　　　　　　　　小汽车通行权交易政策的影响分析

影响群体		影响的领域		
		经济方面	出行方面	小汽车拥有
小汽车出行者	出行量大	负面：需要支付超额的行驶许可证购买费用	正面：拥堵缓解，出行时间缩短、燃油费用降低、出行体验更好	产生减少小汽车拥有的激励

续表

影响群体		影响的领域		
		经济方面	出行方面	小汽车拥有
小汽车出行者	出行量小	正面：通过出售多余的行驶许可证获得收入	正面：拥堵缓解，出行时间缩短、燃油费用降低、出行体验更好	产生减少小汽车拥有的激励
其他道路交通出行者（常规公交）		正面：通过出售分配到的行驶许可证获得收入	正面：拥堵缓解，出行时间缩短、出行体验更好	抑制小汽车购买需求
其他公共交通出行者（地铁）		正面：通过出售多余许可证获得收入	接受小汽车出行转移客流，拥挤度增加（通过发车频率增加可缓解）	抑制小汽车购买需求
城市道路客运企业（营运车辆）		正面：无须支付许可证费用；运输速度提高与运输量增加促进企业收入增加	正面：拥堵缓解，运输效率提高，运输量增加	营运汽车购买需求增加
其他企事业单位（自备车辆）		负面：需要支付费用购买行驶许可证	正面：拥堵缓解，出行效率提高	产生减少拥有小汽车的激励
商业设施		无影响	对公共交通发达的商业设施带来更多客流；对郊区高度依赖小汽车出行的商业设施产生负面影响	无影响
环保主义者		无影响	正面：拥堵缓解，污染物排放减少	抑制小汽车购买需求
政策制定部门		负面：承担政策调研、规划与论证费用	正面：城市运行效率提高，城市形象与竞争力提升	对地区小汽车拥有量起到抑制作用
政策执行部门		负面：承担系统建设与运营费用	正面：城市运行效率提高，城市形象与竞争力提升	对地区小汽车拥有量起到抑制作用

7.2.2 政策对不同收入群体的影响

公共政策对不同收入群体的影响差异是政策设计时必须考虑的问题。即使小汽车行驶许可证的分配政策充分考虑了公平因素，遵守人人平等的基本原则进行许可证分配，但政策对不同收入群体最终产生正面还是负面的影响，仍需结合不同收入群体的出行特征具体分析。

1. 出行量与收入的关系

美国 1990~2017 年的历次家庭出行调查均显示，居民出行次数与家庭收入呈现正相关关系，家庭收入越高，出行次数也越多（如图 7-3 所示）。与收入最低的那部分家庭相比，收入最高的家庭每年的出行次数多出 80%。

表 7-3　　　　　　　　美国家庭收入与出行次数的关系　　　　单位：次/人·年

家庭收入（美元）	1990年	1995年	2001年	2009年	2017年
低于 15 000	2 298	2 525	2 272	2 200	2 214
15 000~24 999	3 072	3 263	3 028	2 616	2 477
25 000~34 999	3 685	3 914	3 411	3 018	2 756
35 000~49 999	4 214	4 483	4 015	3 278	2 979
50 000~74 999	4 549	4 710	4 761	3 967	3 172
75 000~99 999	4 537	4 910	5 214	4 504	3 487
100 000及以上	—	4 723	5 253	4 947	4 033
总体平均	3 262	3 828	3 793	3 466	3 140

资料来源：Summary of Travel Trends：2017 National Household Travel Survey，https：//nhts. ornl. gov/publications.

美国个人出行所采用的出行方式中，小汽车出行占据绝大部分的份额（2017 年小汽车出行在总出行里程中占 75% 以上；在总出行次数中占 82% 以上）[1]，因而根据出行次数与家庭收入的变化关系，可推知家庭收入与小汽车出行的关系成正向变动关系：收入更高的家庭，总体上小汽车出行次数也更高。从家庭拥有车辆的出行里程来看，收入越高的家庭，平均每车次的出行里程越长，如图 7-1 所示。

---

[1]　美国家庭出行调查 NHTS 2017 年度调查数据，https：//nhts. ornl. gov/person - trips。"小汽车出行量"为 NHTS 中小轿车、SUV、皮卡和小型厢式车这几种车型的出行量之和。

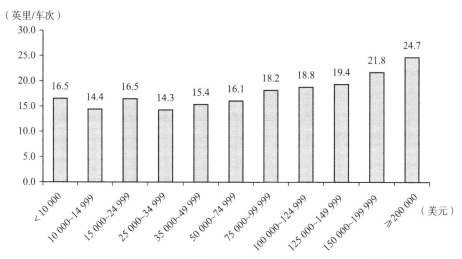

（英里/车次）

图 7 - 1　美国家庭收入与平均出行里程（根据 NHTS2017 计算）

　　我国还没有全国层面的家庭出行调查，缺乏官方的出行相关数据，可以
参考一些学者的相关调查。胡郁葱等（2018）调查了广州市不同收入水平家
庭的私家车通勤出行使用情况（有效样本 1 401 份），得出结果如表 7 - 4 所
示①。调查显示，私家车通勤出行次数总体上与家庭月收入成正向变动关系，
家庭月收入越高，私家车行驶次数也越高，家庭燃油费和停车费支出也越高。
家庭燃油费支出主要与私人小汽车行驶量有关，其次与小汽车的油耗相关。

表 7 - 4　　　　　　　广州家庭月收入与私家车通勤出行情况调查结果

家庭月收入 （万元/月）	所占比例 （%）	私家车通勤出行次数 均值（次/周）	家庭端停车费 均值（元/月）	目的地端停车费 均值（元/月）	燃油费均值 （元/月）
<0.6	1	5	168	440	821
0.6 ~ 1.2	6	7.4	189	517	1 078
1.2 ~ 2.0	26	7.86	356	595	925
2.0 ~ 3.0	48	8.15	410	713	1 122

　　①　胡郁葱，黄靖翔，石一飞等．基于家庭收入的广州市私家车通勤出行率研究［J］．重庆交通
大学学报．自然科学版，2018，37（4）：102 - 108．

续表

家庭月收入 （万元/月）	所占比例 （%）	私家车通勤出行次数 均值（次/周）	家庭端停车费 均值（元/月）	目的地端停车费 均值（元/月）	燃油费均值 （元/月）
3.0～4.0	17	9	457	850	1 200
>4.0	1	8.2	679	811	1 279

资料来源：胡郁葱等学者的调查。

综上，可以认为收入越高的群体，其总体的出行量和小汽车出行量（次数或里程）也更大。

2. 不同收入群体受政策的影响

根据上文中政策设计建议，小汽车行驶许可证的分配采用平均分配的方式，不管个人的收入高低，都获得相同数量的行驶许可证。

然而，行驶许可证的使用量与小汽车行驶量成正比，小汽车行驶量越大，使用许可证的数量也越大。而居民的小汽车出行量与收入成正比，即高收入群体的小汽车出行量大，需要使用更多的许可证，低收入群体的小汽车出行量小，需要使用的许可证相对较少。因此，人均平等的分配策略对低收入群体更友好。通行权交易政策让行驶量更小的低收入群体支付许可证费用的额度要小于行驶量大的高收入群体，甚至通过压缩小汽车出行量还能获得许可证剩余，在交易市场上出售这些许可证获得额外的收入，从而使低收入者在这一政策下可能获得正的收益。

小汽车行驶许可证的等量分配原则保证了不同群体在出行量控制上的同等责任，体现了公平原则。高收入群体如果仍想延续小汽车出行，就必须支出更多在许可证市场上购买许可证，许可证交易过程让高收入群体支付的许可证费用流入至小汽车出行量小的低收入群体，这个过程对双方都是有益的：高收入群体通过支付费用获得了更好的出行体验，只要其愿意支付相应的费用，那么"更好出行体验"对于高收入群体的价值一定大于其支付的许可证价格；低收入群体愿意出售其许可证，那么其认为许可证代表的小汽车出行权益的价值小于其市场价格。基于通行权交易政策，高收入群体付出费用换取更好的出行体验，而"更好的出行体验"是低收入群体放弃了其自身权益

"成全"的，低收入群体获得相应的经济补偿也理所应当。这样的经济利益不需要低收入群体付出额外劳动，只要出售许可证就能换取，因此免费发放的出行许可证对低收入的无车群体来讲更像是一种经济补贴。

3. 对高度依赖小汽车出行的低收入群体的影响

虽然从总体来讲，居民收入水平与小汽车出行量呈正向变动的关系，但同样是低收入群体，其小汽车出行量可能存在较大的个体差异。小汽车出行量不仅与收入相关，还与居住的区位、公共交通的可获得性、工作地与居住地的距离、公共服务设施的可获得性等因素有关。例如，居住在城区和郊区的同样收入水平的居民，因为公共交通与公共服务的可获得性差异，郊区的低收入居民对小汽车出行有更高的依赖程度，其小汽车出行量也更大，缩减小汽车出行量的难度也更大。

居住在郊区高度依赖小汽车出行的居民，可能会面临不但没有许可证剩余，反而需要从市场购买许可证以保证日常基本出行需求，通行权交易政策对他们而言可能会造成负面的经济影响。

通行权交易政策对这部分居民的不利影响并非这一政策所独有，如果收取交通拥堵费，这部分低收入居民也会受到类似的影响，由于拥堵费没有免费的行驶量配额，每公里（或每次）出行都需要缴费，因此对他们的不利影响还会更加明显。

解决这一问题可以从两个不同的角度出发：其一，给出行量大的低收入群体发放补贴；其二，采取综合性的手段缩小郊区居民的小汽车依赖度与缩短必要出行的里程。从实施的角度出发，发放补贴的方式难以实施，因为这部分低收入群体的界定和取证较为复杂，政策执行成本与经费来源等问题都是实施补贴的障碍。

缩小郊区低收入群体的小汽车依赖度与出行里程能从根本上解决问题。完善城市郊区的交通基础设施建设，增加郊区居民的公共交通可获得性，促进城市核心区与郊区的公共交通的平等化，可促使郊区低收入群体对小汽车的依赖程度逐渐降低。调整与完善城市规划建设，促进郊区在医院、学校、商业设施和就业等方面配套的均等化，能够降低郊区低收入群体的出行距离。城市公共资源的均等化和分布的合理化不仅是解决交通出行问题的一项策略，更是促进城市全面均衡发展、提升城市发展质量、增进居民获得感的必要举措。

7.2.3　通行权交易与拥堵费政策的影响比较

理论而言，拥堵费政策与通行权交易政策可以达到同等效果，但结合政策的设计与实施状况分析，两个政策对不同群体产生的影响并不相同，尤其是对不同群体的经济负担状况的影响具有明显的差别，具体如表7-5所示。

与拥堵费政策相比，通行权交易政策具有更好或至少同等的小汽车出行控制能力，两者在出行方面对各个群体的影响类似。在小汽车拥有量方面，两个政策都对小汽车拥有量具有抑制作用，拥堵费政策通过增加小汽车使用成本抑制拥车需求，小汽车通行权交易政策通过限制出行量抑制车辆购买需求。

在经济负担方面，二者对各个群体的影响有明显差异。拥堵费每次出行均需缴纳，因而给所有小汽车出行者增加负担，无论出行量的大小，由于拥堵费没有免费出行的额度，因而拥堵费政策下的出行者负担均要高于通行权交易政策。小汽车通行权交易政策下，部分出行者（小汽车行驶量少）还能获得正的经济收益。

对于通过其他公共交通方式的出行者，通行权交易政策下可以获得正的收益（出售许可行所得），可视为公共交通出行的补贴，而拥堵费政策下无此收益。比较之下，通行权交易政策对公交出行者更为有利。

表7-5　　　　　通行权交易政策与拥堵费政策的影响比较

影响群体		经济负担的影响比较	
		通行权交易政策	拥堵费政策
小汽车出行者	出行量大	负面：需要支付超额许可证购买费用	负面：需要为所有出行支付拥堵费
	出行量小	正面：通过出售多余许可证获得收入	负面：需要为所有出行支付拥堵费
其他道路交通出行者		正面：通过出售多余许可证获得收入	无影响
其他公共交通出行者		正面：通过出售多余许可证获得收入	无影响

续表

影响群体	经济负担的影响比较	
	通行权交易政策	拥堵费政策
城市客运企业（营运车辆）	正面：无须支付许可证费用；运输速度提高与运输量增加促进企业收入增加	正面：无须支付交通拥堵费；运输速度提高与运输量增加促进企业收入增加
其他企事业单位（自备车辆）	负面：需要支付费用购买许可证	负面：需要为所有出行支付拥堵费
商业设施	无影响	负面：商品供货车辆需要缴纳拥堵费
环保主义者	无影响	无影响
政府管理部门	负面：需支付系统建设与运营费用	负面：需支付系统建设与运营费用

7.3　社会发展趋势及其对通行权交易政策的影响

7.3.1　技术环境变化趋势及其对政策的影响

21 世纪以来，我国的经济实力与科技实力发生了翻天覆地的变化，小汽车制造能力与技术突飞猛进，第四代至第五代移动互联网技术覆盖广大的城市与乡村，基于银行智能卡和网络支付平台的多种支付技术广泛运用于社会生活中各个领域的支付活动，逐渐成熟的北斗系统与电子地图导航技术为小汽车出行提供更加高效的出行方案的同时，也为电子收费提供了更多的方案选择。

1. 电子支付的广泛应用将为通行权交易政策提供良好技术支撑

通行权交易政策下，许可证收取的快捷性、方便性和准确性极大地影响政策实施的可能性。许可证收取环节过程的复杂性将影响个人使用许可证的意愿；支付过程的速度如果不够快将直接影响交通流速度，从而抵消通行权交易政策对交通拥堵的缓解功能；支付环节的成本太高会影响系统建设成本与执行成本，进而影响政府实施政策的决心。我国电子支付尤其是移动支付的快速发展为行驶许可证的高效回收提供了良好的技术环境。

移动支付用手机完成货币支付或资金转移行为，期间无须使用现金、支票或银行卡，属于电子支付的一种形式，但又具备其他电子支付所不具备的移动性、及时性、方便性等特征，正是这些特征让移动支付在交通运输领域的收费系统中具有尤其重要的地位和应用前景。

美国等发达国家有完善的信用卡支付体系，虽然早在 1998 年美国出现了 PayPal 等第三方支付平台，随后还有 Apple Pay 等支付方式的发展，但移动支付的发展却比较缓慢。中国移动支付的快速发展一方面得益于网络购物平台和微信等社交软件的广泛应用，另外一方面也得益于信用卡支付系统的不够完善。智能手机的大批量生产与应用也起到了推波助澜的作用，智能手机的普及使大量网络业务从 PC 端转向手机等移动终端，网上购物平台和社交软件从 PC 端转向移动端的同时，也带动了支付方式从 PC 端转向手机。在新一轮的互联网浪潮中，线上客户已接近饱和，因此融合线上与线下的业务成了互联网巨头的发展方向，移动支付的便利化又反过来促进了线上线下购物活动的融合，实现了互惠互利于共同发展。

根据美国 Frost&Sullivan 机构的数据，2017 年我国第三方支付量达到人民币 152.9 万亿元，大约是 2015 年市场规模（37.2 万亿元）的 4 倍；预计到 2021 年达到人民币 470.1 万亿元，大约是 2017 年的 3 倍。与此相对照，POS 机服务与互联网支付虽然也在增长，但速度缓慢。到 2017 年，移动支付在第三方支付中的份额已经高达 64%。历年详细数据如图 7-2 所示。

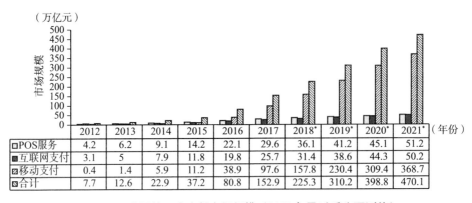

（万亿元）	2012	2013	2014	2015	2016	2017	2018*	2019*	2020*	2021*	(年份)
POS服务	4.2	6.2	9.1	14.2	22.1	29.6	36.1	41.2	45.1	51.2	
互联网支付	3.1	5	7.9	11.8	19.8	25.7	31.4	38.6	44.3	50.2	
移动支付	0.4	1.4	5.9	11.2	38.9	97.6	157.8	230.4	309.4	368.7	
合计	7.7	12.6	22.9	37.2	80.8	152.9	225.3	310.2	398.8	470.1	

图 7-2 我国第三方支付市场规模（2018 年及以后为预测值）

支付服务商 Worldpay 提供的数据显示，我国电商市场移动钱包支付占到 65%，在实体店市场移动钱包支付占比 36%，远远高于其他国家。其次为印度，移动支付在电商和实体店的占比分别为 26% 和 6%。美国的移动支付在电商和实体店的占比分别为 20% 和 3%。如表 7-6 所示。

表 7-6　　　　　　　　　2018 年主要国家移动支付占比　　　　　　单位：%

支付比例	中国	美国	日本	巴西	印度
电商市场移动钱包支付占比	65	20	3	13	26
实体店市场移动钱包支付占比	36	3	3	3	6
2018 年互联网渗透率	61	79	100	68	45

资料来源：《关于 2018 全球支付报告》，Worldpay 发布。

由此可见，我国移动支付的发展全球领先。移动支付的快速发展为我国实施交通收费的自动化和"无感化"创造了世界上独一无二的良好条件，为通行权交易政策提供了优于他国的技术环境。

2. 电子车牌技术的推广应用将降低通行权交易政策的实施成本

电子车牌（electronic vehicle identification，EVI）是指在车辆上安装一张无源射频识别（RFID）的电子车牌标签，该电子车牌标签中能够储存车辆的颜色、型号、违章等多种信息，是车辆终身、唯一的电子识别标志。同时，在需要监测车辆状态的路段架设能够读写该电子车牌的 RFID 读写器，当装载电子车牌的车辆通过架设读写器的路段时，能够自动识别、采集、读写车辆电子车牌上的数据，达到更加智能化地监管、收费等综合交通管理目的。

智慧交通是城市综合交通系统发展的必然趋势，只有让城市交通管理对象——车辆实现数字化，综合的智慧交通体系才能建立，电子车牌是实现车辆数据信息化的基本条件。电子车牌系统技术的实施，能够获得路网中车辆实时、准确的信息，通过中央信息处理平台，实现车与车、车与路、车与人之间信息的联动分析，从而实现真正意义上的智慧交通。电子车牌能够将各种交通管理所需的信息集于一身，避免不同城市交通管理目的的重复建设。

电子车牌比一般的 RFID 电子标签有更高的技术要求，至少要具备如下六条：①读写器与标签需要保证达到超远的读写距离及最大的检测范围；②读写器电路设计优化，读取速度极快，才能保证检测到高速度的运动车辆；③标签灵敏度非常高，并且拥有可擦写超大内存，才能保证读写信息获得最高实用性和准确率；④整套设备需具有超高速移动状态中可读可写功能；⑤整套设备需要有传输加密及数据保护的功能；⑥可靠的使用寿命，并无法伪造。

电子车牌与目前我国高速公路系统使用的 ETC 收费系统存在差别。现有国标 ETC 系统中的车载 OBU 是有源工作，电池有寿命，使用成本较高；再加上它信息读取时间长（一般在百毫秒级以上），需要大大降低车速。电子车牌基于无源 RFID 技术，车载终端采用无源芯片，使用寿命长，识别读取速度快，可用于车辆管理、城市交通管理与车辆支付等多种业务。因此，电子车牌更像是一张车辆的"二代身份证"，而 ETC 更接近于"自动支付的银行卡"。电子车牌与 ETC 系统的差异比较详见表 7-7。

表 7-7　　　　　　　　　电子车牌与 ETC 技术的比较

比较	电子车牌（电子车辆标识）	高速公路 ETC 系统
发行目的	以车辆管理为目的，可标识车辆唯一身份	以实现高速无障碍收费为目的，不能标识车辆身份属性
主导部门	公安部	交通运输部
主要用途	多种用途，包括车辆管理、城市交通管理、车辆限行、道路数据采集、涉车小额支付等	实现高速公路的不停车收费
技术类型	无源系统	有源系统
建设成本	车载终端：约 60 元（含产品与安装成本）；路面识读设备：约 5 万元/台	车载终端：约 100 元～300 元；路面识读设备：约 10 万元/台
车速要求	空中识读一次 20ms 左右，车辆在 240 公里时速时，都能准确读取数据	空中交易一次 200ms 左右，通常要求车速低于 60km/h
识别成功率	识别成功率可达 99.95%	ETC 系统在车速较高的情况下识别成功率低
使用寿命	车载终端不需要配置电力，使用寿命可伴随车辆终身	车载终端需要电池提供电力，寿命约为 5 年

目前，电子车牌已经在一些城市有一些小规模的应用，应用场景包括：无人全自动智慧停车场管理、车辆智慧交通管理、车辆调度管理、港口码头车辆管理、车辆智能称重管理、智能公交管理、非法车辆稽查管理、海关车辆通关管理、机动车尾气排放控制管理等。

2017 年 12 月，国家质量监督检验检疫总局、国家标准化管理委员会批准发布了机动车电子标识六项国家推荐性标准，于 2018 年 7 月 1 日起正式实施。六项国家推荐性标准分别针对机动车电子标识（以下简称电子标识）和电子标识读写设备，从产品设计、生产、试验到安装、使用的全流程，明确了详细技术要求、安全技术要求和使用规范。标准的发布将促进我国电子车牌技术从小范围的单一功能的应用扩展到全国性、跨领域的应用。如图 7 - 3 所示。

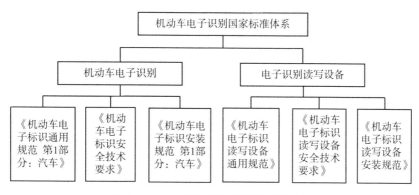

图 7 - 3 机动车电子识别国家标准体系

电子车牌的推广应用将会为交通管理的智能化提供新的基础平台。首先，电子车牌能够记录车辆型号、年检、环保、保险等多个方面更加详细的信息，方便监管与执法机关进行查验；其次，电子车牌可以和银行卡或者第三方支付系统账号进行绑定，从而实现交通收费、罚款、加油等费用的快捷支付，当然也可以将行驶许可证作为一种电子凭证记录在电子车牌中，在需要"支付"许可证的卡口实现许可证的自动给付。

此外，与基于传统车牌识别的移动支付相比，电子车牌没有了套牌的风险，也可避免因天气等原因造成的车牌识别率低的问题。与目前的高速公路ETC 系统相比，电子车牌可以更好适应城市交通的复杂环境，可以容许更高的车辆通行速度。因此，电子车牌若能强制推广应用，能够将多项城市交通管理政策集中于一体，通行权交易政策的实施便不再需要额外要求用户购置车载设备，大大节约政策实施成本，同时提升政策的可接受度。

3. 定位与导航技术的发展为车辆管理与路径规划提供数据支撑

美国的全球卫星导航系统（global positioning system，GPS）是全球范围内使用最广泛、知名度最广的卫星定位系统，除此之外，还有俄罗斯的格洛纳斯（GLONASS）、欧洲的伽利略（Galileo）全球卫星导航系统和中国的全球卫星导航系统——北斗系统（beidou navigation satellite system，BDS）。2017年11月5日，中国第三代导航卫星顺利升空，它标志着中国正式开始建造"北斗"全球卫星导航系统。时至2020年6月，中国北斗系统已成功组网运行。

全球定位导航系统在交通运输领域中应用十分广泛，包括车辆导航、车辆监控管理、电子地图与信息服务、应急救援等。全球定位系统应用于道路交通领域将有利于减缓交通拥堵，提升道路交通管理水平。

除了基于全球卫星导航系统的定位技术，智能手机都能接收到的移动信号发射塔位置和 Wi-Fi 信号，也能提供位置信息。在未来，出行者将方便地通过手机、车载平台等访问、分享这些系统提供的位置信息，多重的定位信息将实现更快和更准确的定位，为交通路径优化和交通收费提供实时的数据基础。

智能手机的普及让高德、百度地图等导航出行软件得到广泛应用，企业通过用户位置信息可以获得更加准确的交通量状况数据，这些数据一方面可以应用于地图软件中，实时预警道路交通拥堵状况，为居民出行提供方便；另一方面也可以用于城市整体的交通拥堵状况的分析。

卫星导航技术还将与自动驾驶技术和移动支付技术结合起来，在城市交通中发挥前所未有的作用。卫星导航技术与移动支付技术结合起来，可以实现交通收费系统的重大变革，新加坡新一代拥堵收费系统将基于卫星导航技术，类似的系统也能够为行驶许可证的实时自动收取提供更好的解决方案。

4. 小汽车的智能网联化将为交通管理政策提供新型基础平台

移动互联、云计算、大数据等新兴技术在各行各业加速渗透与应用，在代表制造业科技制高点的汽车制造领域，国内外汽车制造企业都在加速促进这些新兴技术的应用，制造出更加智能化的汽车，为出行者提供更加安全、环保、节能、便捷的出行体验。

汽车智能化是国际公认的未来汽车的发展方向，各个国家都在采取积极的行动，智能化技术、行业标准与法规等都在快速发展。国际自动机工程师学会（Society of Automotive Engineers，SAE）是当今汽车行业标准制定的权威国际机构，其制定的自动驾驶分类标准在全球范围内得到了最广泛的认可。SAE 将自动驾驶汽车分为可明显区分的 L0 ~ L5 的六个等级。L0 代表没有自动驾驶加入的传统人类驾驶，L1 ~ L5 则随自动驾驶的技术配置和成熟程度进行了分级，L1 ~ L5 分别为辅助驾驶、部分自动驾驶、条件自动驾驶、高度自动驾驶、完全自动驾驶（如表 7 - 8 所示）。

表 7 - 8 　　　　　　　　　　　SAE 的自动驾驶分级标准

分级（SEA Level）	名称	定义	主体			
			驾驶操作	周边监控	支援	系统作用域
LV0	无自动化	由人类驾驶员全权操控汽车，可以得到警告或干预系统的辅助	人类驾驶者	人类驾驶者	人类驾驶者	无
LV1	驾驶支援	通过驾驶环境对方向盘和加减速中的一项操作提供驾驶支持，其他的驾驶动作都由人类驾驶员进行操作	人类驾驶者 + 系统			部分
LV2	部分自动化	通过驾驶环境对方向盘和加减速中的多项操作提供驾驶支持，其他的驾驶动作都由人类驾驶员进行操作	系统			
LV3	有条件自动化	有条件自动化，由自动驾驶系统完成所有的驾驶操作；根据系统要求，人类驾驶者需要在适当的时候提供应答		系统	系统	
LV4	高度自动化	由自动驾驶系统完成所有的驾驶操作。根据系统要求，人类驾驶者不一定需要对所有的系统请求做出应答，包括限定道路和环境条件等				
LV5	完全自动化	在所有人类驾驶者可以应付的道路和环境条件下，均可由自动驾驶系统自主完成所有的驾驶操作				全域

为了促进我国汽车智能化、网联化发展，国务院、国家发展改革委、科技部、交通运输部、工信部、国家测绘地理信息局等多个部门相继出台推进汽车智能化、网联化的行业发展政策，大力支持相关研发项目，如表7-9所示。

表7-9 智能网联汽车相关政策法规和标准

部门	主要内容	时间
工业和信息化部	物联网专项（车联网是支持重点领域之一）	2011年4月
交通运输部	全国联网大型交通管理平台（"两客一危"＋货运车辆，车联网终端＋上报数据）	2011年8月
中国汽车工程学会	智能网联汽车产业技术创新战略联盟（5级智能化标准＋3级网联化标准）	2013年8月
国务院	《中国制造2025》	2015年5月
国务院	《关于积极推进"互联网＋"行动的指导意见》	2015年7月
工业和信息化部	《关于公布2015年智能制造试点示范项目名单的通告》	2015年7月
国务院	《开展智能网联汽车示范试点》	2015年9月
国务院	《贯彻落实国务院〈关于积极推进"互联网＋"行动的指导意见〉的行动计划》	2015年12月
国家测绘局	《关于加强自动驾驶地图生产测试与应用管理通知》	2016年3月
科学技术部	智能电动汽车的感知、决策与控制关键基础问题研究	2016年6月
国家发展改革委员会、交通运输部	《推进"互联网＋"便捷交通、促进智能交通发展的实施方案》	2016年7月

2011年工业和信息化部"物联网发展专项资金项目"中的智能交通领域，车联网和车路协同是重点支持领域。2013年，中国汽车工程学会联合包括汽车整车企业、科研院所、通信运营商、软硬件厂商等单位共同发起成立"车联盟产业技术创新战略联盟"，对智能网联汽车进行了定义，制定了相应的标准。根据中国汽车工程学会，智能网联汽车（intelligent and connected vehicle, ICV）是指搭载先进的车载传感器、控制器、执行器等装置，并融合现代通信与网络技术，实现车与X（车、路、人、云等）智能信息交换、共享，具备复杂环境感知、智能决策、协同控制等功能，可实现安全、高效、

舒适、节能行驶，并最终实现替代人来操作的新一代汽车①。智能网联汽车是在现有的智能交通、智能汽车和车联网等技术的综合运用下形成的，是智能汽车 + 车联网的技术融合与升级。中国汽车工程学会的相关研究表明，在智能网联汽车的初级阶段，通过先进智能驾驶辅助技术，可以使交通事故减少 30% 左右，交通效率提升 10%，油耗与排放分别降低 5%；进入智能网联汽车的终极阶段，即完全自动驾驶阶段，驾驶过程不需要人的参与，可以完全避免交通事故，提升交通效率 30% 以上。

2015 年，国务院发布的《中国制造 2025》将汽车列入十大"大力推送重点领域突破发展"之一，其中节能与新能源汽车的发展方向是：节能汽车、新能源汽车、智能网联汽车。《中国制造 2025》明确了智能网联汽车的发展目标：2020 年掌握智能辅助驾驶总体技术及各项关键技术，初步建立智能网联汽车自主研发体系及生产配套体系；2025 年掌握自动驾驶总体技术及各项关键技术，建立较完善的智能网联汽车自主研发体系、生产配套体系及产业群，基本完成汽车产业转型升级。2016 年，国家发展改革委与交通运输部联合发布《推进"互联网 +"便捷交通、促进智能交通发展的实施方案》，旨在"促进交通与互联网深度融合，推动交通智能化发展"。同年，中国汽车工程学会制定了智能网联汽车中 5 级智能化和 3 级网联化标准，如图 7 - 4 所示。

从智能网联汽车的发展阶段来看，自主式驾驶辅助系统（对应 SAE 分级的 LV1 ~ LV2）已经开始大规模产业化，网联化技术的应用已经进入大规模测试和产业化前期准备阶段，人机共驾技术（对应 SAE 分级 LV3）和无人驾驶技术（对应 SAE 分级 LV4 ~ LV5）还处于研发和小规模测试阶段②。

小汽车的智能化、网联化、清洁化与节能化发展结合在一起，势必推动汽车产业与人们出行方式甚至生活方式的巨大变革。一些国家和车企纷纷给出了停产传统燃油汽车的时间表，新概念汽车也以更快的速度推陈出新。未来的汽车，不仅是完成旅客运输的工具，更是丰富人们生活的多功能信息技术平台，除了能够实现自动导航、驾驶等功能外，还能实现支付、购物、

---

① 中国汽车工程学会. 节能与新能源汽车技术路线图［M］. 北京：机械工业出版社，2016.
② 李克强，戴一凡，李升波等. 智能网联汽车（ICV）技术的发展现状及趋势［J］. 汽车安全与节能学报，2017，8（1）：1 - 14.

娱乐、办公等多种功能。这些汽车新技术与新功能的实现，将为城市交通管理政策提供新的机遇与挑战。

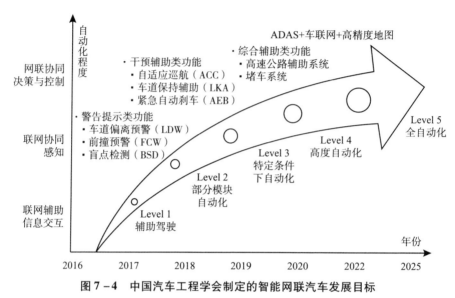

图7-4 中国汽车工程学会制定的智能网联汽车发展目标

资料来源：《中国公路学报》编辑部. 中国汽车工程学术研究综述·2017［J］. 中国公路学报，2017（6）.

一方面，小汽车的智能网联化发展将会降低对驾驶员的要求，行驶过程中驾驶员的疲劳程度会降低，舒适度增加，加上其搭载的丰富附属功能，必将引起小汽车需求的增长。在这种状况下，对小汽车购买和使用进行统筹计划和管理的必要性会进一步增加。另一方面，智能网联汽车搭载的功能更加强大的信息平台，将降低通行权交易等管理政策的技术成本，让城市交通管理更易实施。

5. 技术变革对通行权交易政策的影响总结

综合上述对交通运输行业造成巨大影响的相关技术变革，本书认为：

第一，通行权交易政策的实施技术条件已经具备，科技发展将进一步降低政策实施成本。

在以前，对移动中的车辆收取行驶许可证是一个复杂且艰巨的任务。然而，即使在我国现有的电子支付、电子交易等技术水平下，车辆在行驶过程中的许可证实时支付已经能够实现。类似的"无感"支付技术已经在局部城市和地区开展应用。我国在电子支付和电子交易方面的世界领先地位，以及其极高的覆盖率与渗透率，也为我国率先实施通行权交易政策提供了世界罕有的有利条件。

随着我国移动支付技术、电子交易技术的进一步发展，电子车牌、第五代通信技术的广泛应用，卫星导航定位与路径优化技术的深入应用，城市基础设施与小汽车智能化水平的大幅度提升，许可证的收取将更加的"无感化"和高效率，许可证收取环节对交通流速度的影响也将进一步减少。

第二，通行权交易政策设计需要的数据收集和分析将变得更准确且费用更低。

无论是对于城市交通行业管理机构，还是对于参与城市交通运营的企业，这些机构决策所需的信息从来没有像现在这样容易获得、分析和使用，在未来信息技术和软件技术的发展将使数据采集与分析的费用更低。通行权交易的政策设计与实施过程中，需要大量数据支撑决策，如小汽车出行群体的人口统计学特征、不同群体的出行偏好、道路交通流量及结构、实施后的流量监测反馈、许可证交易价格和数量分析等。未来，城市交通数据可以通过各种出行方式的商业企业（甚至包括自行车行和步行）或者出行者来进行收集，数据也可以实现便利的现场采集。例如，通过电子车牌或是牌照视频识别可以比传统手工方法以更低的成本识别到车辆进入或驶出某一路段或停车设施，同时收集到海量交通数据，以供交通流建模和交通需求分析所需。在之前的研究中，技术上的可行性始终是学者们比较担忧的问题，但是随着数据收集与分析技术的发展，这个鸿沟将得以跨越。

7.3.2 社会环境变化趋势及其对政策的影响

1. 公众环保要求与低碳出行意识日益提高

随着人民生活水平的提高，人们对生活环境质量的要求日益提高，环境保护的意识也逐渐提高，对低碳出行的认识达到空前的高度，并努力践行。

越来越多的小汽车出行者认识到小汽车出行所造成的负外部性的存在，部分先行者已经在主动减少小汽车的出行量，媒体也积极参与减少小汽车出行的活动，并积极宣传小汽车出行的负面影响，倡导绿色出行、低碳出行的意义。

"世界无车日"活动已经在全球范围内掀起热潮并产生广泛的影响。"世界无车日"来源于1998年法国绿党领导人、时任法国国土整治和环境部长的多米尼克·瓦内夫人倡议开展一项"今天我在城里不开车"活动，得到首都巴黎和其他34个外省城市的响应。1998年9月22日，法国35个城市的市民自愿弃用私家车，使这一天成为"市内无汽车日"。2000年2月，"无车日"活动被欧盟纳入环保政策框架内，9月22日也因而成为"欧洲无车日"。此后，这一活动迅速扩展到全球，成为"国际无车日"，中国的许多城市也已经积极参与到这项活动中。"无车日"通过限制机动车进入城区，设立步行区、自行车专用区和举行其他相关活动来增强民众的环保意识，了解空气污染的危害，并鼓励人们使用更为清洁的出行方式与交通工具。通过类似活动的宣传引导，保护环境、倡导绿色出行已经逐渐成为全球性共识。

人们对空气质量的关注也达到了空前的高度，在10年以前，很多居民可能都不知道PM2.5的存在，但现在，天气预报除了提供每日气象信息，同时还报告各个地区的颗粒物污染情况，人们普遍对颗粒物排放指标非常关注，甚至在重污染天气避免户外活动。从全球范围来看，中国是空气污染比较严重的国家。城市交通作为空气污染的重要来源，也更多受到人们的关注，小汽车出行是城市交通中的主要排放源，而小汽车过度使用以及造成的交通拥堵加剧了空气污染状况。从环境保护的角度，对无节制的小汽车出行进行限制的政策也更容易被接受。

随着人们对环境保护与空气质量的关注，以及对自身健康管理的重视，自行车骑行、步行等更加环保的出行方式越来越受到欢迎。越来越多的城市规划建设独立的步行和骑行系统，保证步行与骑行道路里程的同时，注重道路两侧的景观塑造，让步行和骑行成为一种环保、健康、便捷的出行方式。

2. 公共交通出行选择更加丰富多样

随着我国公交都市建设的推进，城市公共交通设施日趋完善，为公众提供更多的出行选择。近年来，我国多个城市参与到"公交都市"建设中，在增加交通出行选择的同时，城市公共交通服务质量水平也逐渐提升。轨道交通的发展和网约车服务等新型城市交通服务的多样化进一步丰富了城市交通供给。

21世纪以来，我国的城市轨道交通建设发展迅速。截至2018年底，中国大陆共有35个城市开通城市轨道交通，全国城市轨道交通运营线路达到185条，运营线路总里程达到5 761.4公里。全国城市轨道交通全年累计完成客运量210.7亿人次，同比增长14%。我国还有6 374公里的城轨在建，已批复建设轨道交通的城市达到64个，随着这些轨道线路的陆续完工，我国城市轨道交通线路里程将在近一二十年内达到上万公里。目前，城市轨道交通成网的城市仅限于北上广等少数一线城市，随着二线城市轨道交通线网规模的持续扩大，将有更多城市的轨道交通从单一线路向网络发展。轨道交通的网络化将促使以轨道交通为骨干的城市公共交通更加快速、便利，公共交通的可得性、舒适性将进一步提升，如表7-10所示。

表7-10　　　　　　2013~2018年我国城市轨道交通线网与客运量

年份	线路条数（条）	线路长度（公里）	客运量（亿人次）	线路条数增长（条）	线路长度增长（公里）	客运量增长（亿人次）
2013	87	2 539	110	—	—	—
2014	101	3 173	126	14	634	16
2015	116	3 618	138	15	445	12
2016	133	4 153	160.9	17	535	22.9
2017	165	5 033	184.8	32	880	23.9
2018	185	5 761	210.7	20	728	25.9

资料来源：中国城市轨道交通协会，2013~2018年的《中国城市轨道交通年度统计分析报告》，http：//www. camet. org. cn/index. php？ m = content&c = index&a = lists&catid = 18。

网络预约出租车（网约车）在几年内迅速席卷全国，不仅在大城市获得快速发展，在中小城市也已成为重要的出行方式。根据第三方研究机构数据，我国网约车用户规模已经达3亿~4亿人，且仍然保持较高的增长速度。2016年交通运输联合其他部委出台了《网络预约出租汽车经营服务管理暂行办法》，该办法对网约车的车辆、驾驶员、平台等问题通过限制准入、规范运营、监督处罚三种方式进行了规范，网约车开始更加规范有序地走向良性发展。相比于传统巡游出租车，网约车的最大改进在于车辆搜寻机制。得益于网络信息技术的支撑，顾客可以依托于调度平台搜寻到附近一定范围内的网约车，解决了传统巡游出租车与视域范围外的近距离乘客无法有效建立链接的问题，从而减少营运车辆的空跑里程，提高出租车利用效率的同时，减少了乘客的候车时间。此外，网约车还提供车辆预约服务，在车辆配置上有高、中、低等不同档次和价格的出行服务。在城市交通不太便利的中小城镇或城市郊区，网约车对居民出行的重要性更加突出，网约车的发展可以减少公交欠发达地区的居民对私人小汽车出行的依赖。

公共租赁自行车、共享自行车的发展掀起了城市自行车出行的热潮，让本已在城市交通中没落的自行车重新进入人们的视线，政府对低碳出行的宣传与骑行设施规划建设的完善，促进人们出行方式的转变。

轨道交通、网约车、公共租赁自行车、共享汽车等多种新型城市交通服务方式的出现，使公共交通服务更加多样化、便利化、舒适化及个性化，这些方面的改变将进一步提升公共交通的吸引力，对小汽车出行形成更加有力的竞争和替代。更加完善的公共交通系统将为小汽车通行权交易政策的实施提供支撑，公共交通可获得性的增加也将提升小汽车限制性政策的接受度。

3. 工作与生活方式的新趋势促进出行态度的转变

网络信息技术的发展极大地改变了人们的工作、学习和生活。工作、生活与娱乐趋势的变化正在改变人们对出行的态度，尤其是年轻人的出行态度。

越来越多的人选择在家工作，不需要每天固定时间到固定的工作地点上班，通勤出行的增长趋势将得以平抑。网络社交软件的应用、在线学习模式的兴起让更多的社交和学习活动可以在家通过网络完成，美国针对"千禧一代"的调查表明，相比通过汽车、商场等传统方式进行社交，年轻人更喜欢通过电话代替开车出行来进行社交活动。

购物方式也发生着巨大的变化，网络购物从电脑端转向手机端，基于手机应用的购物模式更加便捷，即使不会使用电脑的老年人也能用手机应用轻松完成购物。一些购物平台与社交网络相融合，使得网上购物仍然保持快速增长势头，各种网络销售模式的发展让网上零售交易规模和占社会零售总额的份额仍然在以较快速度增长，传统零售商店的市场份额进一步下降。网络购物比重的增加，对城市居民出行也造成影响：一方面居民去实体店购物的出行需求将继续减少，另一方面，城市物流配送车辆的行驶量会增加。由于专业化的物流公司实施消费品的配送更加高效，购物出行缩减引起的车辆行驶量减少应会大于城市配送车辆的增加，因此购物方式的转变总体上有利于车辆行驶量的减少。

根据以往的发展经验，居民出行量随着经济水平的上升表现出逐渐增加的态势，出行距离也保持增长态势。然而，基于网络科技发展起来的新兴工作、学习、娱乐、购物和社交方式的发展，表现出抑制出行需求的趋势，进而降低城市居民对小汽车出行的依赖。在这两股力量的作用下，出行需求的发展趋势会更平缓。

4. 社会环境变化对政策的影响总结

人们对环境问题的关注度和参与度的提高，让人们认识到小汽车出行与塑料袋使用具有类似的效果，给生活带来便利性的同时，其所产生的环境问题是无法忽视的。近几年来，人们对塑料袋的使用态度已经发生了明显的转变，相信这一转变在未来也会发生在小汽车出行上。

城市公共交通方式的便利化与多样化将会为人们放弃小汽车出行提供更加丰富的选择，为小汽车出行转移提供更好的支撑条件。网络购物、网络学习、在家工作等新兴生产生活模式的出现，将进一步降低居民对小汽车拥有和使用的依赖性。

公众对拥有小汽车和使用小汽车出行的态度也正在发生转变。小汽车还未进入大众家庭之前，拥有一辆小汽车是身份和地位的象征；小汽车普及过程中，通过小汽车出行是生活质量的象征。小汽车普及后，小汽车的象征性意义将逐渐消失，回归其使用价值，这对小汽车购买产生影响。

综上，社会环境在多方面的变化将促进人们重新审视小汽车对个人生活与对社会环境的意义。然而，仅靠个人的环保意识并不足以解决小汽车使用过程中产生的负外部性问题，小汽车使用的规制性政策仍有必要。当人们的小汽车购买需求回归理性，生活方式更加环保，则对小汽车限制性政策会更易接受。

7.3.3 制度环境变化趋势及其对政策的影响

1. 中国特色社会主义制度为政策创新提供了优良的政策环境

我国的社会主义制度是世界上独一无二的政治制度体系，源于我国独特的文化传统、历史积淀、国情基础和发展道路，其核心是中国共产党领导和人民主体地位，中国特色社会主义政治制度的优越性体现在政治、经济、社会、文化、军事、外交等方方面面。首先，中国特色社会主义政治制度为我国人民提供了最重要的国家公益性产品——稳定的政治与社会局面，能够有力保证党的执政理念、国家发展目标、发展规划和重大政策的连续性。其次，我国的政治体制将"人民当家作主"作为执政理念，能够兼顾全体人民的整体利益、根本利益、长远利益，广泛关注人民利益与收集人民群众的意见，让政府决策具有科学性和高效性，避免了竞争性政治体制下决策效率低下、权利各方掣肘的弊端[①]。中国人民容易形成统一的价值观，具有极强的集体主义精神，能够将集体利益放置于个人利益之上。中国的政府具有高效的组织效率，优秀的社会动员能力，强大的社会号召力，这是世界上其他国家所不具备的。正是有独特的制度、优秀的人民和强大的政府，中国才能实现"集中力量办大事"，才能实现综合国力的快速提升，才能实现人民生活水平在短时期内翻天覆地的变化。

我国政治体制造就的独特政治优势让经济政策的创新与改革具有其他国家无法比拟的优良环境。改革与创新是完善中国特色社会主义制度的驱动力，党的十九大，将"全面深化改革"作为新时代坚持和发展中国特色社会主义的基本方略写进报告。习近平总书记多次指出，"改革开放永无止境""改革开放只有进行时、没有完成时"。改革和创新的基因已深入中国人民。

我国的基本经济制度是"以公有制为主体、多种所有制经济共同发展"的制度。计划经济和市场经济都是社会资源配置的方式，在我国的经济中，

---

① 胡鞍钢，杨竺松. 中国特色社会主义政治制度的比较优势 [J]. 红旗文稿，2017 (21)：17-21.

既有计划的部分,也有市场的部分。我国的经济体制一方面强调"市场在资源配置中起决定性作用",另一方面强调"更好发挥政府作用"。相比于西方国家,市场与计划经济相结合的经济制度在我国深入人心,人民对"计划"一词有着深入的理解,也更容易接受。

通行权交易政策是"计划"与"市场"相结合的政策工具,其计划性体现在政府"紧缩"的总量控制,其市场性体现在许可证的自由交易。西方学者在讨论通行权交易政策的可行性时,通常将政府的"总量控制"作为影响政策可接受性的重要因素,并认为这种计划性对个人出行自由的限制,是阻碍政策实施的主要障碍之一。在我国市场与计划相结合的经济环境,以及人民普遍存在集体意识的社会环境,为通行权交易政策提供了优于他国的实施条件。

此外,我国是世界上唯一实行严格的户籍管理制度的大国,我国的户籍管理以户为单位,每个家庭为一户,每个自然人都有登记在册的户籍,户籍表明了自然人在当地生活的合法性。户籍制度通过公民身份登记,公民持有的身份证件是证明居民身份并确立民事权利和行为能力的凭证,方便进行社会和治安管理。可以为政府制定国民经济和社会发展规划、劳动力合理配置等提供基础数据和资料。

国外对个人许可证交易政策的可行性研究显示,其中一个主要的争论点在于如何实现将许可证低成本地发放到个人用户,并能通过适当的途径进行监督以避免欺诈行为。进一步分析发现,国外由于没有严格的个人身份管理系统,因而对人口的居住、迁徙等缺乏基本数据和信息支撑。中国的户籍管理制度给实施通行权交易政策提供了绝无仅有的基础条件。

2. 社会主要矛盾转变:高质量发展成为各行业追求目标

2017 年 10 月 18 日,习近平同志在党的十九大报告中指出,中国特色社会主义进入新时代,我国社会主要矛盾已经转化为人民日益增长的美好生活需要和不平衡不充分的发展之间的矛盾。

在城市交通领域,"主要矛盾"的转化也正在发生,城市交通供需问题已经不再是供给短缺的问题,而是供需结构性矛盾的问题,主要表现为高质量出行需求无法满足。人民对舒适、高效的出行需求日益增加,然而城市道路交通系统却有越来越拥堵不畅之势，导致小汽车出行舒适但不高效，轨道交通高效却不舒适，拥堵的环境下常规公交既不高效也不舒适，是为城市交通系统供需之主要矛盾。

交通拥堵就是城市交通系统供需矛盾激化的病症。拥堵下的城市道路交通存在大量的低质量出行服务；这样的出行方式下，虽然大家都通过小汽车完成了出行，但出行体验较差，同时出行的燃油成本、时间成本、外部成本很高，出行者和处在这一环境中的"旁观者"均深受其害而无法自我改善，需要政府完善管理进行优化调节。

在党的十九大召开之前，国家已经注意到发展问题的转变，并在2015年中央财经领导小组第十一次会议上首次提出了"供给侧改革"这一理念。随后在2016年1月26日召开的中央财经领导小组第十二次会议上，习近平发表重要讲话明确了供给侧结构性改革的根本目的是提高社会生产力水平，落实好以人民为中心的发展思想，认为供给侧结构改革"要在适度扩大总需求的同时，去产能、去库存、去杠杆、降成本、补短板，从生产领域加强优质供给，减少无效供给，扩大有效供给，提高供给结构的适应性和灵活性，提高全要素生产率，使供给体系更好适应需求结构变化"。供给侧改革的提出，既是对需求政策的"三驾马车"的反思，也是对我国经济问题的深刻把握。供给侧改革也为解决城市交通的供需矛盾提供了思路。

在城市交通领域，也有供给侧与需求侧之分，交通拥堵的形成，既有供给侧的问题，也有需求侧的问题。早期我们对城市交通拥堵的理解，就是供给不足，道路不够，因此解决的办法就是多修路，后来发现多修路不仅没解决问题，还导致小汽车出行增长远远高于道路增长的速度，城市交通拥堵的治理方略便从供给增加转向需求管理。但我国城市交通的需求管理以行政性手段为主，因为这类管理手段可以快速见效，且执行成本较低（如单双号限行）。然而，与宏观经济面临的问题类似，需求手段用得再多，如果供给水平得不到有效提升，城市交通环境仍然得到不到根本性改善。因此，城市交通从根本而言，还是要提高供给质量。提高供给质量并不能一味通过多修路来增加道路通行能力，其中更重要的问题是如何整合利用现有道路体系，通过提升城市交通管理水平，来改善城市道路的出行质量和出行体验，实现城市交通的高质量发展。

"高质量发展"不仅是城市交通管理在未来一段时间的发展目标，也为城市交通管理政策创新指明了方向。借助"高质量发展"的大势，提升城市交通水平的政策措施将得到重视，通行权交易等新政策，便有了用武之地。

3. 城市规划理念转变：从"车的城市"转变为"人的城市"

社会主义发展进入新时代，发展理念也在转变。在十八届五中全会上，我国提出了"创新、协调、绿色、开放、共享"的新发展理念，2018 年 3 月，第十三届全国人民代表大会第一次会议表决通过了《中华人民共和国宪法修正案》，将"社会文明"和"生态文明"写入宪法，形成了中国特色社会主义事业的"五位一体"总体布局。党的十八大以来，生态文明建设已成为统筹推进"五位一体"总体布局和协调推进"四个全面"战略布局的重要内容。在这样的背景下，绿色可持续发展是城市交通的必然发展趋势。

城市的无序蔓延促成了小汽车的快速增长，小汽车的快速增长又反过来加快了城市的无序蔓延。越来越多的学者和城市管理者意识到小汽车导向的城市交通的弊病与其不可持续性。

20 世纪 60 年代，简·雅各布斯的著作《美国大城市的死与生》开启了人们对城市未来发展方向的大讨论。城市应该是汽车的城市还是人的城市？这个问题的结论决定了城市规划是以汽车为导向还是以人为本的。在过去一段时间内，主流的城市交通系统规划以提高汽车行驶效率为导向，催生了越来越宽的车行道路、越来越复杂的立交桥，压缩了人行与骑行的空间，快速密集的车流与高大的立体交通对交通设施附近的行人产生压抑感，让周边的居民被迫放弃更加环保的步行与骑行。道路两侧鲜有人流，进而影响路边的商业设施。小汽车对城市交通的作用，类似于房地产对宏观经济的绑架，一方面城市发展有赖于小汽车交通的支撑，但另一方面城市对小汽车交通的过度依赖让城市陷入无序蔓延的低效状态。

对小汽车出行的肆意发展进行适当的控制已逐渐形成新的共识，许多城市开始重新审视城市交通发展目标，将城市归还给居民，从"车的城市"回归到"人的城市"。国外已经出现了较多的城市反机动化的实践探索，如韩国首尔的清溪川改造项目，通过拆除原有高架桥，从关注机动车交通需求转向关注人的活动需求，成功提升了街区活力。2010 年，美国发布了《关于面向自行车和行人的政策纲领》，鼓励行人、自行车公共交通设施建设。2018 年伦敦市在其规划中明确提出到 2041 年 80% 的人使用步行、自行车、公共交通方式出行。

2016 年 10 月，联合国"人居 Ⅲ"大会通过了《新城市议程》（*new urban agenda*），文件反复表达了"城市是所有人的城市"的思想。该文件将在今后相当长的时期内指导全球各国城市化的发展，也是迄今为止最广泛的关于城市化发展的全球共识，其中"交通要为所有人服务"的理念得到了全球范围的广泛认同。

综上，在我国优越的政治体制和社会治理环境下，加上世界领先的移动支付规模与技术、快速发展的智能汽车及相关产业、先进的全球定位与导航系统等新兴技术的支撑，为小汽车通行权交易政策创造了优于世界其他地区的应用环境。小汽车通行权交易政策是有潜力的、创新性的政策工具，可以替代拥堵费成为拥堵治理的新型手段，为城市交通治理提供创新性的思路和选择。

参考文献

［1］"中国公路学报"编辑部. 中国汽车工程学术研究综述·2017 ［J］. 中国公路学报，2017（6）.

［2］鲍月，徐猛，高自友. 基于均值—超量系统总阻抗的随机拥挤收费模型 ［J］. 管理科学学报，2015，18（1）：32－40.

［3］陈红敏. 个人碳排放交易研究进展与展望 ［J］. 中国人口资源与环境，2014，24（9）：30－36.

［4］高山. 碳排放权交易的监管体系研究 ［J］. 科技和产业，2015，15（2）：39－44.

［5］郭继孚，刘莹，余柳. 对中国大城市交通拥堵问题的认识 ［J］. 城市交通，2011，9（2）：8－14.

［6］韩小亮，邓祖新. 城市交通拥堵的经济学分析——基于计算经济学的模拟检验 ［J］. 财经研究，2006，32（5）：19－31.

［7］胡鞍钢，杨竺松. 中国特色社会主义政治制度的比较优势 ［J］. 红旗文稿，2017（21）：17－21.

［8］胡郁葱，黄靖翔，石一飞等. 基于家庭收入的广州市私家车通勤出行率研究 ［J］. 重庆交通大学学报（自然科学版），2018，37（4）：102－108.

［9］黄海军. 拥挤道路使用收费的研究进展和实践难题 ［J］. 中国科学基金，2003，17（4）：8－13.

［10］嵇欣. 国外碳排放交易体系的价格控制及其借鉴 ［J］. 社会科学，2013（12）：48－54.

[11] 孔令斌. 城市发展与交通规划: 新时期大城市综合交通规划理论与实践 [M]. 北京: 人民交通出版社, 2009.

[12] 李克强, 戴一凡, 李升波等. 智能网联汽车 (ICV) 技术的发展现状及趋势 [J]. 汽车安全与节能学报, 2017, 8 (1): 1-14.

[13] 李志纯, 丁晶. 基于活动方法的瓶颈模型与拥挤收费问题研究 [J]. 管理科学学报, 2017 (8): 97-105.

[14] 刘明君, 朱锦, 毛保华. 伦敦拥堵收费政策、效果与启示 [J]. 交通运输系统工程与信息, 2011, 11 (S1): 146-151.

[15] 罗杰·珀曼, 马越, 詹姆斯·麦吉利夫雷等. 自然资源与环境经济学 [M]. 2版. 北京: 中国经济出版社, 2002.

[16] 罗兆广. 新加坡交通需求管理的关键策略与特色 [J]. 城市交通, 2009, 7 (6): 33-38.

[17] 美国交通研究委员会, 刘晓明等译. 道路通行能力手册 (HCM2000) [M]. 北京: 人民交通出版社, 2007.

[18] 孟平. 美国排污权交易——理论、实践以及对中国的启示 [D]. 上海: 复旦大学, 2010.

[19] 孟早明, 葛兴安等. 中国碳排放权交易实务 [M]. 北京: 化学工业出版社, 2017.

[20] 牛文元. 中国新型城市化报告 [M]. 北京: 科学出版社, 2014.

[21] 泰坦伯格著, 崔卫国等译. 排污权交易: 污染控制政策的改革 [M]. 北京: 三联书店, 1992.

[22] 庞玉萍. 交通拥堵收费的福利理论与实践思考 [J]. 价格理论与实践, 2016 (6): 84-87.

[23] 邵丹娜, 刘学敏. 意愿价值评估法在城市管理决策中的应用——以杭州市拟征收交通拥堵费的意愿调查为例 [J]. 城市发展研究, 2015, 22 (2): 118-124.

[24] 汪景, 张小宁. 停车受限条件下多模式交通网络动态拥挤收费 [J]. 系统工程理论与实践, 2015, 35 (12): 3182-3191.

[25] 王简. 拥堵收费探讨——基于交通支出视角 [J]. 中央财经大学学报, 2011 (6).

[26] 王健，胡运权，徐亚国. 拥挤定价理论发展及对我国城市交通管理的启示 [J]. 交通运输系统工程与信息，2003，3（3）：52－57.

[27] 王景鹏，黄海军. 用于异质用户出行管理的可交易许可证研究 [J]. 系统工程理论与实践，2017，37（5）：1331－1338.

[28] 王晓莉，韩立岩. 做市商制度分析及其对我国证券市场的启示 [J]. 企业经济，2007（4）：156－158.

[29] 王颖，宋苏等. 拥堵收费和低排放区国际经验研究 [R]. 2016. 07. http：//www. wri. org. cn/Study－on－International－Practices－for－Low－Emission－Zone－and－Congestion－Charging.

[30] 威廉·J. 鲍莫尔，William J.，华莱士·E. 奥茨，et al. 环境经济理论与政策设计（第二版）[M]. 北京：经济科学出版社，2003.

[31] 吴子啸，黄海军. 瓶颈道路使用收费的理论及模型 [J]. 系统工程理论与实践，2000，20（1）：130－135.

[32] 新华网. 新加坡电子道路收费系统有效缓解交通拥堵 [N]. 2015. http：//news. xinhuanet. com/world/2015－12/10/c_1117424440. htm.

[33] 徐璟，欧国立. 交通拥堵收费的理论依据和政策分析 [J]. 中国工业经济，2012（12）：18－30.

[34] 晏克非，张国强，覃煜. 基于车辆动态导航的拥挤定价 [J]. 交通运输工程学报，2001，1（3）：74－76.

[35] 约瑟夫·费尔德. 科斯定理1－2－3 [J]. 经济社会体制比较，2002（5）：72－79.

[36] 张华歆，周溪召. 多模式交通网络的拥挤道路收费双层规划模型 [J]. 系统工程理论方法应用，2005，14（6）：546－551.

[37] 张华歆，周溪召. 基于社会与空间公平多用户网络拥挤收费定位 [J]. 系统工程学报，2009，24（2）：184－189.

[38] 张卿. 论大城市治理交通拥堵的政府监管制度选择与优化 [J]. 行政法学研究，2017（6）：44－57.

[39] 张五常. 交易费用的范式 [J]. 社会科学战线，1999（1）：1－9.

[40] 张昭贵. 美国二氧化硫排放权交易的启示 [J]. 中国石油企业，2010（8）：32－33.

［41］赵红军，冯苏苇. 如何有效地治理北京的交通拥堵——一个考虑环境代价的拥堵收费经济学分析与评估［J］. 城市发展研究，2015，22（12）：101 - 110.

［42］中国发展门户网. 国际经验：斯德哥尔摩交通拥堵费的效益［N］. http：//cn. chinagate. cn/data/2014 - 08/27/content_33355800. htm.

［43］中国汽车工程学会. 节能与新能源汽车技术路线图［M］. 北京：机械工业出版社，2016.

［44］钟锦文，张晓盈. 美国碳排放交易体系的实践与启示［J］. 经济研究参考，2011（28）：77 - 80.

［45］钟绍鹏，邓卫，包丹文. 考虑 ATIS 市场占有率及遵从率的随机系统最优拥挤收费模型［J］. 系统工程理论与实践，2013，33（2）：456 - 462.

［46］钟绍鹏，邓卫. 基于路径运行时间可靠度的随机系统最优拥挤收费模型［J］. 系统工程理论与实践，2010，30（12）：2297 - 2308.

［47］周宏春. 世界碳交易市场的发展与启示［J］. 中国软科学，2009（12）：39 - 48.

［48］朱永中，宗刚. 出行时间价值视角下交通拥堵收费可行性研究［J］. 软科学，2015，29（4）：124 - 128.

［49］Akamatsu T, Sato S, Xuan N L. Tradable Time - Of - Day Bottleneck Permits for Morning Commuters［J］. Journal of Japan Society of Civil Engineers, 2007, 62（4）：605 - 620.

［50］Akamatsu T, Wada K. Tradable Network Permits：A New Scheme for the Most Efficient Use of Network Capacity［J］. Transportation Research Part C Emerging Technologies, 2017, 79：178 - 195.

［51］Akamatsu T, Wada K, Hayashi, S. The Corridor Problem with Discrete Multiple Bottlenecks［J］. Transportation Research Part B, 2015, 81：808 - 829.

［52］Arentze T, Hofman F, Timmermans H. Predicting Multi-faceted Activity-travel Adjustment Strategies in Response to Possible Congestion Pricing Scenarios Using an Internet-based Stated Adaptation Experiment［J］. Transport Policy, 2004, 11（1）：31 - 41.

［53］Arnott R，André de Palma，Robin Lindsey. A Structural Model of Peak – Period Congestion：A Traffic Bottleneck with Elastic Demand ［J］. The American Economic Review, 1993, 83（1）：161 – 179.

［54］Arrow, K. The Organisation of Economic Activity：Issues Pertinent to the Choice of Market versus Non-market Allocation ［C］. In：US Joint Economic Committee, The Analysis of and Evaluation of Public Expenditure：the PPB System, Washington：Government Printing Office, 1969, （1）：59 – 73.

［55］Artem Korzhenevych, Nicola Dehnen. Update of the Handbook on External Costs of Transport ［R］. European Commission, 2014. https：//ec. europa. eu/transport/themes/sustainable/studies/sustainable_en.

［56］Ayres R U. Environmental Market Failures：Are There Any Local Market – Based Corrective Mechanisms for Global Problems? ［J］. Mitigation and Adaptation Strategies for Global Change, 1997, 1（3）：289 – 309.

［57］Aziz H M A, Ukkusuri S V, Romero J. Understanding Short-term Travel Behavior under Personal Mobility Credit Allowance Scheme Using Experimental Economics ［J］. Transportation Research Part D：Transport and Environment, 2015, 36：121 – 137.

［58］Bao Y, Gao Z, Yang H. et al. Private Financing and Mobility Management of Road Network with Tradable Credits ［J］. Transportation Research Part A：Policy and Practice, 2017, 97：158 – 176.

［59］Bao Y, Gao Z, Xu M. et al. Tradable Credit Scheme for Mobility Management Considering Travelers' loss Aversion ［J］. Transportation Research Part E Logistics & Transportation Review, 2014, 68：138 – 154.

［60］Baumol W J, Oates W E. The Use of Standards and Prices for Protection of the Environment ［J］. Swedish Journal of Economics, 1971, 73（1）：42 – 54.

［61］Ben – Elia E, Avineri E. Response to Travel Information：A Behavioural Review ［J］. Transport Reviews, 2015, 35（3）：352 – 377.

［62］Bird J, Jones N, Lockwood M. Political Acceptability of Personal Carbon Trading：Findings from Primary Research ［R］. London：Institute for Public Policy Research, 2009.

［63］ Bollinger, Christopher R, K. R. Ihlanfeldt. The Impact of Rapid Rail Transit on Economic Development: The Case of Atlanta's MARTA ［J］. Journal of Urban Economics, 1997, 42 (2): 179 – 204.

［64］ Bulteau, Julie. Tradable Emission Permit System for Urban Motorists: The Neo-classical Standard Model Revisited ［J］. Research in Transportation Economics, 2012, 36 (1): 101 – 109.

［65］ Button K. Road Pricing as an Instrument in Traffic Management ［M］// Road Pricing: Theory, Empirical Assessment and Policy. Springer Netherlands, 1995.

［66］ Capstick, S. B. , Lewis, A. Effects of Personal Carbon Allowances on Decision-making: Evidence from an Experimental Simulation ［J］. Climate Policy, 2010, 10 (4): 369 – 384.

［67］ Catherine L Kling, Jinhua Zhao. On the Long-run Efficiency of Auctioned Vs. Free Permits ［J］. Economics Letters, 2000, 69 (2): 235 – 238.

［68］ Cats O, Zhang C, Nissan A. Survey Methodology for Measuring Parking Occupancy: Impacts of an On-street Parking Pricing Scheme in an Urban Center ［J］. Transport Policy, 2016, 47: 55 – 63.

［69］ Centre for Sustainable Energy. Moderating the Distributional Impacts of Personal Carbon Trading ［R］. UK: Centre for Sustainable Energy, 2009.

［70］ Cervero Robert. Traditional Neighborhoods and Commuting in the San Francisco Bay Area ［J］. Transportation, 1996, 23 (4): 373 – 394.

［71］ Coase R H. The Firm, the Market, and the Law ［M］. Chicago: University of Chicago Press, 1988.

［72］ Coase R H. The Problem of Social Cost ［J］. The Journal of Law and Economics, 1960, 3 (4): 1 – 44.

［73］ Colby, Bonnie G. Cap-and – Trade Policy Challenges: A Tale of Three Markets ［J］. Land Economics, 2000, 76 (4): 638 – 658.

［74］ Comhar S D C. Sustainable Development Council. A Study in Personal Carbon Allocation: Cap and Share ［R］. Dublin: Comhar SDC Sustainable Development Council, 2008.

［75］ Committee on Climate Change （CCC）. Building a Low Carbon Econo-my-the UK's Contribution to Tackling Climate Change ［R］. London: Committee on Climate Change, 2008.

［76］ Crals E, Vereeck L. Property Rights in the Transport Industry: The Implementation of Tradable Fuel Permits ［C］. Electronic Proceedings of the 2nd Annual International Conference on Social Sciences, Honolulu, Hawaii, 2003.

［77］ Crals E, Keppens M. Vereeck L. Environmental Pollution and Tradable Transportation Rights Europe. Brebbia, C. A. and Wadhwa, L. C. （eds.）［M］. Urban Transport X: Urban Transport and the Environment I the 21st Century, Southampton UK: WIT Press, 2004.

［78］ Crals E, Vereeck L. Environmental Taxes Versus Trade in Emission Permits: A Transaction Cost Approach ［C］. Paper Presented at the 17th Workshop in Law and Economics, University of Erfurt: Germany, 2004.

［79］ Crals E, Vereeck L. SME's and Sustainable Entrepreneurship: Theory and Practice, In: Philips, C. （ed）. Environmental Justice and Global Citizenship ［M］. Oxford: Inter Disciplinary Press, 2004: 37 – 46.

［80］ Crals E, Keppens M, Vereeck L. Tradable Fuel Permits: Towards a Sustainable Road Transport System ［C］. In: Haugestad, A. K. and Wulfhorst J. D. （eds.）, Future as Fairness: Ecological Justice and Global Citizenship, New York: Rodopi, 2004: 121 – 138.

［81］ Crals E, Vereeck L. Taxes, Tradable Permits and Transaction Costs ［J］. European Journal of Law and Economics, 2005, 20 （2）: 199 – 223.

［82］ Crals E, Vereeck L. A More Sustainable Urban Transport System: The Case of Tradable Entry Permits ［C］. In: Brebbia, C. A. and Wadhwa, L. C. （eds.） Urban Transport XI: Urban Transport and the Environment in the 21st Century, Southampton: WIT Press, 2005: 301 – 312.

［83］ Crals E, Vereeck L. The affordability of Sustainable Entrepreneurship Certification for SME's ［J］. International Journal of Sustainable Development and World Ecology, 2005, 12 （2）: 173 – 183.

［84］ Cramton P, Kerr S. Tradeable Carbon Permit Auctions: How and Why to Auction not Grandfather [J]. Energy Policy, 2002, 30 (4): 333 – 345.

[85] d' Ouville E L, McDonald J F. Optimal Road Capacity with a Suboptimal Congestion Toll [J]. Journal of Urban Economics, 1990, 28: 34 – 49.

[86] Dahlman, C. J. The Problem of Externality [J]. Journal of Law and Economics, 1979, 22: 141 – 162.

[87] Dales J H. Land, Water, and Ownership [J]. Canadian Journal of Economics, 1968, 1 (4): 791 – 804.

[88] Dargay J, Gately D, Sommer M. Vehicle Ownership and Income Growth, Worldwide: 1960 – 2030 [J]. Energy Journal, 2007, 28 (4): 143 – 170.

[89] Department for Environment Food and Rural Affairs. Synthesis Report on the Findings from Defra's Pre – Feasibility Study into Personal Carbon Trading [R]. London: Department for Environment Food and Rural Affairs, 2008.

[90] Department for Transport. Transport Statistics Great Britain: 2017 Edition, London. https: //www. gov. uk/government/statistics/transport – statistics – great – britain – 2017.

[91] Department of Trade and Industry. Energy White Paper: Our energy future – creating a low carbon economy [R]. London: Department of Trade and Industry, 2003.

[92] Department of Trade and Industry. Meeting the Energy Challenge: a UK white paper on energyc [R]. London: The Stationery Office, 2007. https: // www. gov. uk/government/publications/meeting – the – energy – challenge – a – white – paper – on – energy.

[93] Dobes, L. Tradable permits in transport? [R]. Commonwealth of Australia: Bureau of Transport and Communications Economics, working paper 37, 1998. https: //bitre. gov. au/publications/1998/files/wp_037. pdf.

[94] Dodgson, J. , Young, J. , van der Veer, J. Paying for Road Use [R]. A Report to the Commission for Integrated Transport, National Economic Research Associates (NERA), London, 2002. www. cfit. gov. uk/research/pfru/ pdf/pfru – tech. pdf.

[95] Dogterom N, Ettema D, Dijst M. Tradable Credits for Managing Car

Travel: A Review of Empirical Research and Relevant Behavioural Approaches [J]. Transport Reviews, 2016: 1 - 22. http://www. tandfonline. com/doi/full/10. 1080/01441647. 2016. 1245219.

[96] Downs Anthony. Stuck in Traffic [M]. Washington, D. C. : The Brookings Institution; Cambridge: The Lincoln Institute of Land Policy, 1992.

[97] Dresner S, P Ekins. The Distributional Impacts of Economic Instruments to Limit Greenhouse Gas Emissions from Transport [R]. London: Policy Studies Institute, 2004.

[98] Eggertsson T. Economic Behaviour and Institutions [M]. Cambridge: Cambridge University Press, 1990.

[99] Ekins P, Dresner S. Green Taxes and Charges: Reducing Their Impact on Low - Income Households [R]. York, UK: Joseph Rowntree Foundation, 2004.

[100] Eliasson J. A Cost-benefit Analysis of the Stockholm Congestion Charging System [J]. Transportation Research Part A Policy & Practice, 2009, 43 (4): 468 - 480.

[101] Environmental Audit Committee. Personal Carbon Trading [R]. London: The Stationery Office, 2008.

[102] European Commission. Roadmap to a Single European Transport Area—Towards a Competitive and Resource Efficient Transport System [R]. 2011.

[103] Evy Crals. Tradable Rights and Transaction Costs A Comparative Analysis of Alternative Policy Instruments for Emissions, Road Use and Public Deficits [D]. Universität Erfurt, 2005. https://www. db - thueringen. de/servlets/MCRFileNodeServlet/dbt_derivate_00008277/front. html#: contents.

[104] Fan W, Jiang X. Tradable Mobility Permits in Roadway Capacity Allocation: Review and Appraisal [J]. Transport Policy, 2013, 30 (6): 132 - 142.

[105] Fawcett T, Parag Y. An Introduction to Personal Carbon Trading [J]. Climate Policy, 2010, 10 (4): 329 - 338.

[106] Feeney B P. A Review of the Impact of Parking Policy Measures on Travel Demand [J]. Transportation Planning and Technology, 1989, 13 (4): 229 - 234.

[107] Fielding, Gordon J. Transit in American Cities [M]. The Geography of Urban Transportation. New York: Guilford Press, 1995, 287 – 305.

[108] Fleming D. Tradable Quotas: Setting Limits to Carbon Emissions [R]. Newbury: Elm Farm Research Centre, 1997.

[109] Fleming D. Tradable Quotas: Using Information Technology to Cap National Carbon Emissions [J]. European Environment, 1997, 7 (5): 139 – 148.

[110] Fleming D, Chamberlin, S. TEQs (Tradable Energy Quotas): A Policy Framework for Peak Oil and Climate Change [J]. The Lean Economy Connection, London, 2011.

[111] Fleming D. Energy and the Common Purpose: Descending the Energy Staircase with Tradable Energy Quotas (TEQs) [M]. London: The Lean Economy Connection, 2007.

[112] Fosgerau M, de Palma, André. The Dynamics of Urban Traffic Congestion and the Price of Parking [J]. Journal of Public Economics, 2013, 105 (Complete): 106 – 115.

[113] Foster V, Hahn, R. W. Emissions Trading in LA: Looking Back to the Future [R] (Working paper). Washington: American Enterprise Institute, 1993.

[114] Fowkes A S, May A D, Nash C A. et al. An Investigation into the Effects of Various Transport Policies on the Levels of Motorised Traffic in Great Britain in 2006 [R]. UK: Institute of Transport Studies University of Leeds, 1995.

[115] Furubotn E G, Richter R. Institutions and Economic Theory: The Contribution of the New Institutional Economics [M]. Ann Arbor: University of Michigan Press, 1997.

[116] Giuliano G, Joyce Dargay. Car Ownership, Travel and Land Use: A Comparison of the US and Great Britain [J]. Transportation Research Part A (Policy & Practice), 2006, 40 (2): 106 – 124.

[117] Giuliano Genevieve, Kenneth A. Small. Alternative Strategies for Coping with Traffic Congestion [J]. Urban Agglomeration and Economic Growth. Heidelberg: Springer – Verlag Press, 1995: 199 – 225.

[118] Giuliano Genevieve. Land Use Impacts of Transportation Investments:

Highway and Transit [J]. The Geography of Urban Transportation. New York: Guilford Press, 1995: 305 – 341.

[119] Glaister S, Graham D J. The Demand for Automobile Fuel: A Survey of Elasticities [J]. Journal of Transport Economics & Policy, 2002, 36 (1): 1 –26.

[120] Goddard H C. Using Tradeable Permits to Achieve Sustainability in the World's Large Cities: Policy Design Issues and Efficiency Conditions for Controlling Vehicle Emissions, Congestion and Urban Decentralization with an Application to Mexico City [J]. Environmental & Resource Economics, 1997, 10 (1): 63 –99.

[121] Goddard, H. Promoting urban sustainability: The Case for a Tradable Supplementary Licence System for Vehicle Use [J]. Urban Studies, 1999, 36, 2317 –2331.

[122] Goodwin P B. A Review of New Demand Elasticities with Special Reference to Short and Long – Run Effects of Price Changes [J]. Journal of Transport Economics and Policy, 1992, 26: 155 – 169.

[123] Gough I, Abdallah S, Johnson V, Ryan – Collins J, Smith C. The Distribution of Total Greenhouse Gas Emissions in the UK and Some Implications for Social Policy [R]. London: London School of Economics, 2012.

[124] Graham D, Glaister S. Review of Income and Price Elasticities in the Demand for Road Traffic [R]. London: Department for Transport, 2002.

[125] Grant – Muller S, Xu M. The Role of Tradable Credit Schemes in Road Traffic Congestion Management [J]. Transport Reviews, 2014, 34 (2): 128 – 149.

[126] Gulipalli P K, Kalmanje S, Kockelman K M. Credit – Based Congestion Pricing: Expert Expectations and Guidelines for Application [C]. Proceedings of Annual Meeting of the Transportation Research Board Washington DC, 2008.

[127] Gulipalli P K, Kockelman K M. Credit-based Congestion Pricing: A Dallas – Fort Worth Application [J]. Transport Policy, 2008, 15 (1): 23 –32.

[128] Gunn H, Jong G D. Recent Evidence on Car Cost and Time Elasticities of Travel Demand in Europe [J]. Journal of Transport Economics & Policy, 2001, 35 (2): 137 – 160.

［129］Harold. The Firm in Economic Theory: A Quiet Revolution ［J］. American Economic Review, 1997, 87 （2）: 426 – 429.

［130］Harrison D. Tradable Permits for Air Pollution Control: The United States Experience ［R］. Paris: OECD, Implementing Domestic Tradable Permits for Environmental Protection, 2001: 23 – 51.

［131］Harwatt H. Reducing Carbon Emissions from Personal Road Transport through the Application of a Tradable Carbon Permit Scheme: Empirical Findings and Policy Implications from the UK ［C］. Leipzig: International Transport Forum, 2008.

［132］Harwatt H, Tight M R, Bristow A L, Guhnemann, A. Personal Carbon Trading and fuel price increases in the transport sector: an exploratory study of public response in the UK ［J］. European Transport, 2011 （47）: 47 – 70.

［133］Higgins T J. Parking taxes: Effectiveness, Legality and Implementation, Some General Considerations ［J］. Transportation, 1992, 19 （3）: 221 – 230.

［134］Hillman M, Fawcett T. How We Can Save the Planet ［M］. London: Penguin Books, 2004.

［135］House of Commons Environmental Audit Committee. The International Challenge of Climate Change: UK leadership in the G8 & EU, HC 105 ［R］. London: The Stationery Office Ltd, 2005.

［136］Howe C W. Taxes Versus, Tradable Discharge Permits: A Review in the Light of the U. S. and European Experience ［J］. Environmental & Resource Economics, 1994, 4 （2）: 151 – 169.

［137］J. Y. K. Luk. Electronic Road Pricing in Singapore ［J］. Road & Transport Research, 1999, 8 （4）: 28 – 30.

［138］Jaensirisak S, May A, Wardman M. Acceptability of Road User Charging: The Influence of Selfish and Social Perspectives ［C］. Schade, J. and Schlag, B. （Ed.） Acceptability of Transport Pricing Strategies, Emerald Group Publishing Limited, 2003: 203 – 218.

［139］Jagers S C, Löfgren A, Stripple J. Attitudes to personal carbon allowances: political trust, fairness and ideology ［J］. Climate Policy, 2010, 10 （4）: 410 – 431.

［140］ Jakobsson C, Fujii S, Gärling, T. Determinants of private car users' acceptance of road pricing ［J］. Transport Policy, 2000, 7 (2): 153 – 158.

［141］ James Odeck, Svein Brathan. Travel demand elasticities and users' attitudes: A case study of Norwegian toll projects ［J］. Transportation Research Part A, 2008, 42 (1): 77 – 94.

［142］ Jones P. Acceptability of Road User Charging: Meeting The Challenge. In: Acceptability of Transport Pricing Strategies ［C］//Mc – Icam Conference. Elsevier Ltd, Oxford. 2003.

［143］ Kalmanje S, Kockelman K M. Credit – Based Congestion Pricing: Travel, Land Value, Welfare Impacts ［J］. Transportation Research Record, 2004, 1864 (1).

［144］ Keppens, Mark, Vereeck, et al. The Design and Effects of a Tradable Fuel Permit System ［C］//European Transport Conference. 2003.

［145］ Kevin Washbrook. Lower Mainland Commuter Preference Survey ［R］. School of Resource and Environmental Management, Simon Fraser University (www. sfu. ca), 2002.

［146］ Kevin Washbrook, Wolfgang Haider, Mark Jaccard. "Estimating Commuter Mode Choice: A Discrete Choice Analysis of The Impact of Road Pricing and Parking Charges" ［J］. Transportation, Vol. 33, 2006, pp. 621 – 639.

［147］ Kitamura R, Mokhtarian P L, Daidet L. A Micro-analysis of Land Use and Travel in Five neighborhoods in the San Francisco Bay Area ［J］. Transportation, 1997, 24 (2): 125 – 158.

［148］ Knight F H. Some Fallacies in the Interpretation of Social Cost ［J］. The Quarterly Journal of Economics, 1924, 38 (4): 582 – 606.

［149］ Kockelman K M, Kalmanje S. Credit-based Congestion Pricing: A Policy Proposal and the Public's Response ［J］. Transportation Research Part A Policy & Practice, 2005, 39 (7): 671 – 690.

［150］ Kockelman K M, Lemp J D. Anticipating new-highway impacts: Opportunities for Welfare Analysis and Credit-based Congestion Pricing ［J］. Transportation Research Part A Policy & Practice, 2011, 45 (8): 825 – 838.

［151］ Kopits E, Cropper M. Traffic Fatalities and Economic Growth ［J］. Accident Analysis & Prevention, 2005, 37 (1): 169 – 178.

［152］ Laih, Chen – Hsiu. Queueing at a Bottleneck with Single-and Multi-step Tolls ［J］. Transportation Research Part A: Policy and Practice, 1994, 28 (3): 197 – 208.

［153］ Land Transport Authority. Public Transport Ridership ［R］. Singapore: Land Transport Authority, 2015. http://www. lta. gov. sg/content/dam/ltaweb/corp/PublicationsResearch/files/FactsandFigures/PT% 20Ridership. pdf.

［154］ Lane C, Harris B, Roberts S. An Analysis of the Technical Feasibility and Potential Cost of a Personal Carbon Trading Scheme: A Report to the Department for Environment, Food and Rural Affairs, Accenture, with the Centre for Sustainable Energy (CSE) ［R］. London: Department for Environment, Food and Rural Affairs, 2008.

［155］ Leitmann, Josef. Integrating the Environment in Urban Development: Singapore as a Model of Good Practice ［R］. Washington DC: The World Bank, Urban Development Division, 1999. http://www. ucl. ac. uk/dpu – projects/drivers_urb_change/urb_environment/pdf_Planning/World% 20Bank_Leitmann_Josef_Integrating_Environment_Singapore. pdf.

［156］ Li Y, Fan J, Zhao D. et al. Tiered Gasoline Pricing: A Personal Carbon Trading Perspective ［J］. Energy Policy, 2016, 89: 194 – 201.

［157］ Lindsey C R, Berg V A C V D, Verhoef E T. Step Tolling with Bottleneck Queuing Congestion ［J］. Journal of Urban Economics, 2012, 72 (1): 0 – 59.

［158］ Liu W, Yang H, Yin Y. Expirable Parking Reservations for Managing Morning Commute with Parking Space Constraints ［J］. Transportation Research Part C: Emerging Technologies, 2014, 44: 185 – 201.

［159］ Liu W, Zhang F, Yang H. Managing Morning Commute with Parking Space Constraints in the Case of a Bi-modal Many-to-one Network ［J］. Transportmetrica, 2016, 12 (2): 26.

［160］ Liu W, Yang H, Yin Y. et al. A novel Permit Scheme for Managing Parking Competition and Bottleneck Congestion ［J］. Transportation Research Part C

Emerging Technologies, 2014, 44 (4): 265 – 281.

［161］ London Department for Transport. Licensed Vehicles – Type, Borough. Greater London Authority ［J］. London Datastore, 2015. http: //data. london. gov. uk/dataset/licensed – vehicles – type – 0.

［162］ May A D, Milne D S. Effects of Alternative Road Pricing Systems on Network Performance ［J］. Transportation Research, Part A (Policy and Practice), 2000, 34 (6): 0 – 436.

［163］ McNamara D, Caulfield B. Examining the Impact of Carbon Price Changes under a Personalised Carbon Trading Scheme for Transport ［J］. Transport Policy, 2013, 30: 238 – 253.

［164］ Metcalfe R, Dolan P. Behavioural Economics and its Implications for Transport ［J］. Journal of Transport Geography, 2012, 24 (24): 503 – 511.

［165］ Meyer, John R., José A. Gómez – Ibáñez. Autos Transit and Cities ［M］. Cambridge: Harvard University Press, 1981.

［166］ Milgrom P, Roberts, J. Economics, Organization, and Management ［M］. New York: Prentice – Hall, 1992.

［167］ Ministry of Transport. Public Transport 2014 ［R］. Singapore: Ministry of Transport, 2015. http: //www. mot. gov. sg/About – MOT/Land – Transport/ Public – Transport/.

［168］ Montgomery W D. Markets in Licenses and Efficient Pollution Control Programs ［J］. Journal of Economic Theory, 1972, 5 (3): 395 – 418.

［169］ Morrison S A, Winston C, Kahn B A E. Enhancing the Performance of the Deregulated Air Transportation System ［J］. Brookings Papers on Economic Activity. Microeconomics, 1989: 61 – 123.

［170］ Mullins, F., Baron, R. International GHG Emission Trading: Policies and Measures for Common Action ［R］ (Working paper 9). Paris: OECD/ IEA, 1997.

［171］ Nash C A. A Reformulation of the Theory of Optimal Congestion Taxes: A Comment ［J］. Journal of Transport Eco nomics and Policy, 1982 (26): 295 – 299.

[172] Nie Y, Yin Y. Managing Rush Hour Travel Choices with Tradable Credit Scheme [J]. Transportation Research Part B, 2013, 50 (4): 1 – 19.

[173] Nie Y. A New Tradable Credit Scheme for the Morning Commute Problem [J]. Networks & Spatial Economics, 2015, 15 (3): 719 – 741.

[174] Nie Y. Transaction Costs and Tradable Mobility Credits [J]. Transportation Research Part B, 2012, 46 (1): 189 – 203.

[175] Niemeier D, Gould G, Karner A, et al. Rethinking Downstream Regulation: California's Opportunity to Engage Households in Reducing Greenhouse Gases [J]. Energy Policy, 2008, 36 (9): 3436 – 3447.

[176] North D C. Institutions, Institutional Change and Economic Performance [M]. Cambridge: Cambridge University Press, 1990.

[177] Oberholzer – Gee F, Weck – Hannemann H. Pricing Road Use: Politico-economic and Fairness Considerations [J]. Transportation Research (Part D, Transport and Environment), 2002, 7 (5): 357 – 371.

[178] Organization for Economic Cooperation and Development (OECD). Transaction Costs and Multifunctionality Main Issues [R]. Paris: OECD Analytical Framework Guiding Policy Design, 2001. https://core. ac. uk/download/pdf/22870328. pdf.

[179] Organization for Economic Cooperation and Development (OECD). Domestic Transferable Permits for Environmental Management: Design and Implementation [R]. Paris: OECD, 2001.

[180] Organization for Economic Cooperation and Development (OECD). Putting Markets to Work. The Design and Use of Marketable Permits and Obligations [R]. Paris: OECD, Public Management Occasional, 1997.

[181] Organization for Economic Cooperation and Development (OECD). Better use of infrastructures to reduce environmental and congestion costs [R]. Paris: OECD, 2013. http://www. oecd. org/eco/surveys/Belgium2013_Overview_ENG%20 (2). pdf.

[182] Organization for Economic Cooperation and Development (OECD). Lessons from Existing Trading Systems for International Greenhouse Gas Emissions

Trading [R]. Paris: OECD, Environment Directorate, 1998.

[183] Palma A D, Proost S, Seshadri R. et al. Tolls Versus Mobility Permits: A Comparative Analysis [R]. Université Paris1 Panthéon – Sorbonne (Working Papers), 2016.

[184] Parag Y, Fawcett T. Personal Carbon Trading: A Review of Research Evidence and Real-world Experience of a Radical Idea [J]. International Journal of Nanomedicine, 2014, (2): 23 – 32. https: //www. dovepress. com/personal – carbon – trading – a – review – of – research – evidence – and – real – world – e – peer – reviewed – fulltext – article – EECT.

[185] Parag Y, Strickland D. Personal Carbon Budgeting: What People Need to Know, Learn and have in order to manage and live within a carbon budget, and the policies that could support them [R]. UK: ERC Research Report, 2009.

[186] Parag, Y., Capstick, S., Poortinga, W. Policy Attribute Framing: A Comparison between Three Policy Instruments for Personal Emissions Reduction [J]. Journal of Policy Analysis and Management, 2011, 30 (4): 889 – 905.

[187] Perman Roger, Ma Yue, McGilvray James. Natural Resource and Environmental Economics [M]. Pearson Education, 2003. https: //eclass. unipi. gr/ modules/document/file. php/NAS247/tselepidis/ATT00106. pdf.

[188] Pickrell, Don H. A Desire Named Streetcar Fantasy and Fact in Rail Transit Planning [J]. Journal of the American Planning Association, 1992, 58 (2): 158 – 176.

[189] Pigou Arthur C. The Economics of Welfare [M]. London: Macmillan and Company, 1920.

[190] Plane, David A. Urban Transportation Policy Alternatives. The Geography of Urban Transportation [J]. New York: Guilford Press, 1995: 435 – 469.

[191] Prescott M. A Persuasive Climate: Personal Trading and Changing Lifestyles [R]. London: Royal Society for the Encouragement of Arts, 2008.

[192] Qian Z, Rajagopal R. Optimal Dynamic Pricing for Morning Commute Parking [J]. Transportmetrica A: Transport Science, 2015, 11 (4): 291 – 316.

[193] Raux C, Stephen Ison, Tom Rye. Tradable Driving Rights in Urban Ar-

eas: Their Potential for Tackling Congestion and Traffic-related Pollution [C]. The Implementation and Effectiveness of Transport Demand Management Measures. An International Perspective, Routledge, 95 – 120, 2008. https://halshs. archives – ouvertes. fr/halshs – 00185012v2/document.

[194] Raux C, Croissant Y, Pons D. Would Personal Carbon Trading Reduce Travel Emissions More Effectively than a Carbon Tax? [J]. Transportation Research Part D: Transport and Environment, 2015, 35 (Complete): 72 – 83.

[195] Raux C, Marlot G. A System of Tradable CO_2 Permits Applied to Fuel Consumption by Motorists [J]. Transport Policy, 2005, 12 (3): 255 – 265.

[196] Raux C. The Use of Transferable Permits in Transport Policy [J]. Transportation Research Part D: Transport and Environment, Elsevier, 2004, 9 (3): 185 – 197.

[197] Raux, C., Chevalier, A., Bougna, E., Hilton, D. Mobility Choices and Climate Change: Assessing the Effects of Social Norms and Economic incentives through Discrete Choice Experiments [C]. Paper presented at the 94th TRB annual meeting, Washington D. C, 2015.

[198] Roberts S, Thumin J. A Rough Guide to Individual Carbon Trading-the Ideas, the Issues and the Next Steps [R]. London: Centre for Sustainable Energy, Report to Department for Environment, Food and Rural Affairs, 2006.

[199] Rubin J, Leiby P N. Tradable Credits System Design and Cost Savings for a National Low Carbon Fuel Standard for Road Transport [J]. Energy Policy, 2013, (56): 16 – 28.

[200] Rudel, R. Fiscal Regimes and Environmental Goals in the European Transport Policy [C]. 3rd Swiss Transport Research Conference, Monte Verità, 2003: 19 – 21.

[201] Schade J, Schlag B. Acceptability of Urban Transport Pricing Strategies [J]. Transportation Research Part F (Psychology & Behaviour), 2000, 6 (1): 45 – 61.

[202] Selvanathan E A, Selvanathan S. The Demand for Transport and Communication in the United Kingdom and Australia [J]. Transportation Research,

Part B, 1994, 28 (1): 0 - 9.

[203] Sewell W R D J H. Dales. Pollution, Property & Prices: An Essay in Policy-making and Economics. Toronto: University of Toronto Press, 1968, pp. vii, 111 [J]. Canadian Journal of Political Science/revue Canadienne De Science Politique, 1969, 2 (3): 386.

[204] Shaheen S A, Cohen A P. Carsharing and Personal Vehicle Services: Worldwide Market Developments and Emerging Trends [J]. International Journal of Sustainable Transportation, 2013, 7 (1): 5 - 34.

[205] Shoup, D. Cashing Out Free Parking [J]. Transportation Quarterly, 1982 (36): 351 - 364.

[206] Starkey R, Anderson K. Domestic Tradable Quotas: A Policy Instrument for Reducing Greenhouse Gas Emissions from Energy Use (Technical Report 39) [R]. UK: Tyndall Centre for Climate Change Research, 2005. https: // www. fcrn. org. uk/research - library/domestic - tradeable - quotas.

[207] Starkey R. Personal Carbon Trading: A Critical Survey: Part 1: Equity [J]. Ecological Economics, 2012, 73 (1): 7 - 18.

[208] Starkey R. Personal Carbon Trading: A Critical Survey Part 2: Efficiency and Effectiveness [J]. Ecological Economics, 2012, 73 (15): 19 - 28.

[209] Stavins R N. Transaction Costs and Tradeable Permits [J]. Journal of Environmental Economics & Management, 2004, 29 (29): 133 - 148.

[210] Texas A&M Transportation Institute and Inrix, 2015 Urban Mobility, 2015.

[211] US EPA. The Benefits and Costs of the Clean Air Act 1990 to 2010 [R]. Washington D. C. : US EPA, 1999. https: //www. epa. gov/clean - air - act - overview/benefits - and - costs - clean - air - act - 1990 - 2010 - first - prospective - study.

[212] US EPA. The Benefits and Costs of the Clean Air Act 1990 to 2020 [R]. Washington D. C. : US EPA, 2011. https: //www. epa. gov/clean - air - act - overview/benefits - and - costs - clean - air - act - 1990 - 2020 - report - documents - and - graphics.

［213］The Foundation for the Economics of Sustainability（FEASTA）. Cap and Share: A Fair Way to Cut Greenhouse Gas Emissions ［R］. Ireland: FEASTA, 2008. http://www. feasta. org/documents/energy/Cap – and – Share – May08. pdf.

［214］The United States Experience with Economic Incentives for Protecting the Environment ［R］. Washington D. C. : National Center for Environmental Economics, 2001.

［215］Tian L J, Yang H, Huang H J. Tradable Credit Schemes for Managing Bottleneck Congestion and Modal Split with Heterogeneous Users ［J］. Transportation Research Part E Logistics & Transportation Review, 2013, 54 (6): 1 – 13.

［216］Tian Y, Chiu Y C. Day-to-Day Market Power and Efficiency in Tradable Mobility Credits ［J］. International Journal of Transportation Science & Technology, 2015, 4 (3): 209 – 227.

［217］Tian Y. On the Design and Numerical Analysis of Tradable Mobility Credit Strategies ［J］. Dissertations & Theses – Gradworks, 2015. http://xueshu. baidu. com/s? wd = paperuri% 3A% 285889fd0c7066bafefc4f6e63a5904c18% 29&filter = sc_long_sign&sc_ks_para = q% 3DOn% 20the% 20Design% 20and% 20Numerical% 20Analysis% 20of% 20Tradable% 20Mobility% 20Credit% 20Strategies&sc_us = 17026282450873870467&tn = SE_baiduxueshu_c1gjeupa&ie = utf – 8.

［218］Tietenberg Tom. The Tradable Permits Approach to Protecting the Commons: What Have We Learned? ［R］. FEEM Working Paper No. 36. 2002. https://ssrn. com/abstract =315500 or http://dx. doi. org/10. 2139/ssrn. 315500.

［219］Tietenberg T. H. Emissions trading: An exercise in reforming pollution policy ［R］. Washington. D. C: Resources for the future, 1985.

［220］Tietenberg, T. The Tradable – Permits Approach to Protecting the Commons: Lessons for Climate Change ［J］. Oxford Review of Economic Policy, 2003, 19 (3): 400 – 419.

［221］TRACE. Elasticity Handbook: Elasticities for Prototypical Contexts ［R］, European Commission, Directorate – General for Transport, 1999. www.

transport – research. info/Upload/Documents/200310/trace. pdf.

[222] TRACE. Review of Existing Evidence on Time and Cost Elasticities of Travel Demand and on the Value of Travel Time [C]. The Hague：TRACE Consortium，1998.

[223] Transport for London（TFL）. Central London Congestion Charging Impacts Monitoring [R]. Sixth Annual Report，London，2008.

[224] Transport for London. Central London Congestion Charging：Impacts Monitoring – First Annual Report [R]. London：Transport for London，2003. http：//content. tfl. gov. uk/impacts – monitoring – report1. pdf.

[225] Tripp J T B，Dudek D J. Institutional Guidelines for Designing Successful Transferable Rights Programs [J]. Yale Journal on Regulation，1989，6 （2）：369 – 391.

[226] U. S. Department of Transportation. Beyond Traffic：US DOT's 30 Year Framework for the Future [R]. 2015. http：//www. trb. org/Main/Blurbs/172071. aspx.

[227] UK Office for National Statistics. Percentage of Population by Religion，Borough，Greater London Authority，London Datastore，2015. http：//data. london. gov. uk/dataset/percentage – population – religion – borough.

[228] USA Energy Information Administration，US Department of Energy. Annual Energy Outlook 2017：With Projections to 2050 [R]. Washington DC，2017. https：//www. eia. gov/outlooks/aeo/.

[229] Verhoef E T，Nijkamp P，Rietveld P. The Social Feasibility of Road Pricing. A Case Study for the Randstad Area [J]. Journal of Transport Economics & Policy，1997，31（3）：255 – 276.

[230] Verhoef E T，Nijkamp P，Rietveld P. Tradeable Permits：Their Potential in the Regulation of Road Transport Externalities [J]. Environment & Planning B Planning & Design，1997，24（4）：527 – 548.

[231] Verhoef E T. Road Pricing，Traffic Congestion and The Environment：Issues of Efficiency And Social Feasibility [J]. Transportation Journal，1999，40 （3）：621 – 622.

[232] Verhoef E, Nijkamp P, Rietveld P. The Trade-off Between Efficiency, Effectiveness, and Social Feasibility of Regulating Road Transport Externalities [J]. Transportation Planning and Technology, 1996, 19 (3 – 4): 247 – 263.

[233] Vickrey W S. Congestion Theory and Transport Investment [J]. American Economic Review, 1969, 59 (2): 251 – 260.

[234] Vickrey W S. Pricing in Urban and Suburban Transport [J]. American Economic Review, 1963, 53 (2): 452 – 465.

[235] Wadud Z, Noland R B, Graham D J. Equity Analysis of Personal Tradable Carbon Permits for the Road Transport Sector [J]. Environmental Science & Policy, 2008, 11 (6): 533 – 544.

[236] Wadud Z. Personal Tradable Carbon Permits for Road Transport: Heterogeneity of Demand Responses and Distributional Analysis [D]. London: Imperial College London, 2008.

[237] Wallace A A, Irvine K N, Wright A J, Fleming P D. Public Attitudes to Personal Carbon Allowances: Findings from a Mixed-method Study [J]. Climate Policy, 2010, 10 (4): 385 – 409.

[238] Walters A A. The Theory and Measurement of Private and Social Cost of Highway Congestion [J]. Econometrica, 1961, 29 (4): 676 – 699.

[239] Wang G M, Gao Z Y, Xu M. An MPEC Formulation and its Cutting Constraint Algorithm for Continuous Network Design Problem with Multi-user Classes [J]. Applied Mathematical Modelling, 2014, 38 (5 – 6): 1846 – 1858.

[240] Wang G, Gao Z, Xu M. et al. Models and a Relaxation Algorithm for Continuous Network Design Problem with a Tradable Credit Scheme and Equity Constraints [J]. Computers & Operations Research, 2014, 41 (41): 252 – 261.

[241] Wang X, Yang H, Zhu D. et al. Tradable Travel Credits for Congestion Management with Heterogeneous Users [J]. Transportation Research Part E Logistics and Transportation Review, 2012, 48 (2): 0 – 437.

[242] Wang, J., Zhang, X., Zhang, H. M. Parking Permits Management and Optimal Parking Supply Considering Traffic Emission Cost [J]. Transportation Research Part D, 2018, 60: 92 – 103.

［243］Wang, Michael Q. Cost Savings of Using a Marketable Permit System for Regulating Light-duty Vehicle Emissions ［J］. Transport Policy, 1994, 1 (4): 221 - 232.

［244］Watters H, Tight M. Designing an Emissions Trading Scheme Suitable for Surface Transport ［J］. Institute for Transport Studies, 2007.

［245］Watters, H. M. Tight, M. R. , Bristow, A. L. The Relative Acceptability of Tradable Carbon Permits and Fuel Price Increases as Means to Reduce CO_2 Emissions from Road Transport ［C］. Strasbourg: European Transport Conference, 2006.

［246］Weitzman M L. Prices vs. Quantities ［J］. The Review of Economic Studies, 1974, 41 (4): 477 - 491.

［247］Whittles, M. J. Urban Road Pricing: Public and Political Acceptability ［M］. Ashgate Publishing Limited. Hants, England, 2003.

［248］Wieland, B. , Seidel, T. , Matthes, A. , Schlag, B. Transport Policy, Acceptance and the Media ［R］. Germany: Dresden Technical University, 2004.

［249］Williamson O. E. Transaction - Cost Economics: The Governance of Contractual Relations ［J］. Journal of Law and Economics, 1979, 22 (2): 233 - 261.

［250］Williamson, O. E. The Economic Institutions of Capitalism ［M］. New York: Free Press, 1985.

［251］Williamson, O. E. The Mechanisms of Governance ［M］. London: Oxford University Press, 1996.

［252］Wilson J D. Optimal Road Capacity in the Presence of Unpriced Congestion ［J］. Journal of Urban Economics, 1983, 13: 337 - 357.

［253］Wilson R W. Estimating the Travel and Parking Demand Effects of Employer-paid Parking ［J］. Regional Science & Urban Economics, 1992, 22 (1): 133 - 145.

［254］Xiao F, Qian Z, Zhang H M. Managing Bottleneck Congestion with Tradable Credits ［J］. Transportation Research Part B: Methodological, 2013, 56 (9): 1 - 14.

［255］Xu M, Grant – Muller S. VMT Reduction and Potential Environmental Effects with a Tradable Credits Scheme: A Simulation Case Study of Great Britain ［J］. International Journal of Sustainable Development & World Ecology, 2016: 514 – 525.

［256］Xu M, Grant – Muller S. Trip Mode and Travel Pattern Impacts of a Tradable Credits Scheme: A case study of Beijing ［J］. Transport Policy, 2016, 47: 72 – 83.

［257］Xu, M., Gao, Z. Y. Tackling Congestion and Traffic-related Pollution in Urban Areas with Trip based Tradable Driving Rights ［C］. Technical University, Delft, the Netherlands, 2011.

［258］Yang H, Liu W, Wang X. et al. On the Morning Commute Problem with Bottleneck Congestion and Parking Space Constraints ［J］. Transportation Research Part B: Methodological, 2013, 58: 106 – 118.

［259］Yang H, Wang X. Managing Network Mobility with Tradable Credits ［J］. Transportation Research Part B: Methodological, 2011, 45 (3): 0 – 594.

［260］Yang H, Huang H J. Carpooling and Congestion Pricing in a Multilane Highway with High-occupancy-vehicle Lanes ［J］. Transportation Research Part A: Policy & Practice, 1999, 33 (2): 139 – 155.

［261］Ye H, Yang H. Continuous Price and Flow Dynamics of Tradable Mobility Credits ［J］. Transportation Research Part B: Methodological, 2013, 57: 436 – 450.

［262］Zanni A M, Bristow A L, Wardman M. The Potential Behavioural Effect of Personal Carbon Trading: Results from an Experimental Survey ［J］. Journal of Environmental Economics and Policy, 2013, 2 (2): 222 – 243.

［263］Zhang X, Huang H J, Zhang H M. Integrated Daily Commuting Patterns and Optimal Road Tolls and Parking Fees in a Linear City ［J］. Transportation Research, Part B: Methodological, 2008, 42 (1): 38 – 56.

［264］Zhang X, Yang H, Huang H J. Improving Travel Efficiency by Parking Permits Distribution and Trading ［J］. Transportation Research Part B: Methodological, 2011, 45 (7): 1018 – 1034.